Clarissa Freundorfer

Die Beteiligung des Deutschen Bundestages an der Sekundärrechtsetzung der Europäischen Union

Der Beitrag der Fachausschüsse am Beispiel der Tätigkeit des Rechtsausschusses in der 15. Legislaturperiode

PETER LANG
Internationaler Verlag der Wissenschaften

Bibliografische Information der Deutschen Nationalbibliothek
Die Deutsche Nationalbibliothek verzeichnet diese Publikation in der Deutschen Nationalbibliografie; detaillierte bibliografische Daten sind im Internet über <http://www.d-nb.de> abrufbar.

Zugl.: Augsburg, Univ., Diss., 2007

D 384
ISSN 0531-7312
ISBN 978-3-631-57502-4

www.peterlang.de

Vorwort

Die vorliegende Arbeit wurde im Sommersemester 2007 von der Juristischen Fakultät der Universität Augsburg als Dissertation angenommen. Literatur ist bis Anfang 2007 berücksichtigt.

Mein herzlicher Dank gilt meinem Doktorvater Herrn Professor Dr. Johannes Masing, der die Arbeit engagiert betreut und unterstützt, sowie das Erstgutachten in sehr kurzer Zeit fertig gestellt hat. Für die zügige Erstellung des Zweitgutachtens danke ich Herrn Professor Dr. Christoph Vedder.

Danken möchte ich außerdem all denjenigen Personen, die mich bei der Anfertigung der Arbeit unterstützt haben. Besonderer Dank gebührt hier meiner Schwester Janina Freundorfer, die sich der undankbaren Aufgabe der Durchsicht und Korrektur des Manuskripts angenommen hatte, Janine Winkler, die mit gewohnt hoher Einsatzbereitschaft Formatierungsprobleme gelöst hat, die für mich unlösbar gewesen wären, sowie Christina Prinzhorn für hilfreiche Diskussionen und kritische Anmerkungen. Danken möchte ich außerdem den Mitarbeiterinnen und Mitarbeitern der Verwaltung des Deutschen Bundestages, die auf Anfragen stets freundlich und hilfsbereit geantwortet haben.

Ohne den ideellen und finanziellen Beistand meiner Eltern hätte ich meine juristische Ausbildung nicht so zügig und erfolgreich abschließen können. Dafür danke ich ihnen von Herzen.

Schließlich danke ich Sarah Bornhorst, die mich in jeder erdenklichen Weise unterstützt hat und immer für mich da war.

Inhaltsverzeichnis

Abkürzungsverzeichnis

ABl.	Amtsblatt der Europäischen Gemeinschaften
AfBFT	Ausschuss für Bildung, Forschung und Technologiefolgenabschätzung
AfEU	Ausschuss für die Angelegenheiten der Europäischen Union
AfFSFJ	Ausschuss für Familie, Senioren, Frauen und Jugend
AfGS	Ausschuss für Gesundheit und Soziale Sicherung
AfKult	Ausschuss für Kultur und Medien
AfMenschenr	Ausschuss für Menschenrechte und humanitäre Hilfe
AfTour	Ausschuss für Tourismus
AfUmwelt	Ausschuss für Umwelt, Naturschutz und Reaktorsicherheit
AfVEL	Ausschuss für Verbraucherschutz, Ernährung und Landwirtschaft
AfVerkBau	Ausschuss für Verkehr, Bau- und Wohnungswesen
AfWA	Ausschuss für Wirtschaft und Arbeit
AfWirtZE	Ausschuss für wirtschaftliche Zusammenarbeit und Entwicklung
AöR	Archiv des öffentlichen Rechts
APet	Petitionsausschuss
ApuZ	Aus Politik und Zeitgeschichte (Beilage in "Das Parlament")
AStV	Ausschuss der Ständigen Vertreter (COREPER)
AuswA	Auswärtiger Ausschuss
AWImm	Ausschuss für Wahlprüfung, Immunität und Geschäftsordnung
BayVBl	Bayerische Verwaltungsblätter
BMF	Bundesministerium der Finanzen
BMJ	Bundesministerium der Justiz
BT-Drs.	Bundestagsdrucksache
COSAC	Conférence des Organes Spécialisés dans les Affaires Communitaires et Européennes des Parlements de l'Union Européenne (Konferenz der Europaausschüsse)
COREPER	Comité des Représentants Permanents des Etats Membres (Ausschuss der Ständigen Vertreter)
DÖV	Die Öffentliche Verwaltung
DVBl	Deutsches Verwaltungsblatt
EAGV	Vertrag über die Gründung der Europäischen Atomgemeinschaft

EEA	Einheitliche Europäische Akte
EGKSV	Vertrag über die Gründung der Europäischen Gemeinschaft für Kohle und Stahl
EIoP	European Integration Online Papers
EVV	Entwurf eines Vertrages für eine Europäische Verfassung
EWG	Europäische Wirtschaftsgemeinschaft
EWGV	Vertrag über die Gründung der Europäischen Wirtschaftsgemeinschaft
EuGRZ	Europäische Grundrechte-Zeitschrift
EuR	Europarecht (Zeitschrift)
EUZBBG	Gesetz über die Zusammenarbeit von Bundesregierung und Deutschem Bundestag in Angelegenheiten der Europäischen Union
FinanzA	Finanzausschuss
GASP	Gemeinsame Außen- und Sicherheitspolitik
GESTA	Stand der Gesetzgebung (Dokumentationssystem des Deutschen Bundestages)
GGO	Gemeinsame Geschäftsordnung der Bundesministerien
GO-BT	Geschäftsordnung des Deutschen Bundestages
GO-BR	Geschäftsordnung des Bundesrates
GO-EP	Geschäftsordnung des Europäischen Parlaments
GO-Rat	Geschäftsordnung des Rates
HaushaltA	Haushaltsausschuss
InnenA	Innenausschuss
KritV	Kritische Vierteljahresschrift für Gesetzgebung und Rechtswissenschaft
NJW	Neue Juristische Wochenschrift
NVwZ	Neue Zeitschrift für Verwaltungsrecht
OLAF	Office Europêen de Lutte Anti-Fraude (Europäisches Amt für Betrugsbekämpfung)
PJZS	Polizeiliche und justizielle Zusammenarbeit in Strafsachen
RechtsA	Rechtsausschuss
Rs.	Rechtssache
SportA	Sportausschuss
SWP	Stiftung Wissenschaft und Politik
ThürVBl	Thüringer Verwaltungsblätter
TOP	Tagesordnungspunkt
VgA	Verteidigungsausschuss
WHI	Walter Hallstein Institut
ZEuS	Zeitschrift für europarechtliche Studien
ZParl	Zeitschrift für Parlamentsrecht
ZG	Zeitschrift für Gesetzgebung
ZRP	Zeitschrift für Rechtspolitik

Einleitung

A) Der Bundestag und die Europäische Union: zwischen "Sternstunden der Peinlichkeit" und neuen Perspektiven

Als "Sternstunde der Peinlichkeit" betitelte eine deutsche Tageszeitung den Auftritt deutscher Parlamentarier vor dem Bundesverfassungsgericht anlässlich der Verhandlung über das Gesetz zum Europäischen Haftbefehl. Es habe eine der peinlichsten Vorstellungen in der Geschichte des bundesdeutschen Parlamentarismus stattgefunden.[1] Was war geschehen?

Das Bundesverfassungsgericht hatte über die Verfassungsmäßigkeit des Gesetzes zur Umsetzung des Rahmenbeschlusses über den Europäischen Haftbefehl und die Übergabeverfahren zwischen den Mitgliedstaaten der Europäischen Union[2] zu entscheiden. Zur mündlichen Verhandlung am 13. und 14. April 2005 waren auch einige Bundestagsabgeordnete erschienen, die im Rechtsausschuss mit der Beratung des Gesetzentwurfes befasst gewesen waren. Diese bemängelten, dass sie bei der Umsetzung des Rahmenbeschlusses an die Vorgaben des europäischen Gesetzgebers gebunden gewesen seien, ohne eigenen Entscheidungsspielraum zu besitzen. Der EU-Haftbefehl sei für sie eine "*Heimsuchung*" gewesen, bei der Abstimmung seien sie "*normativ unfrei*" gewesen.[3] Diese Äußerungen sind deshalb so bemerkenswert, weil die Abgeordneten offensichtlich weder erkannt hatten, dass sie sich bereits vor der Abstimmung des Rates der Europäischen Union über den Rahmenbeschluss zu diesem hätten äußern können, noch dass ihnen bei der Umsetzung, wie das Bundesverfassungsgericht entschied[4], sehr wohl ein Spielraum verblieben war. Es kann also wirklich nicht von einer Sternstunde des Parlamentarismus gesprochen werden.

Diese Unzulänglichkeit bei der Behandlung eines Vorschlages für einen europäischen Rechtsakt ereignete sich immerhin ungefähr 50 Jahre nach der Gründung der Europäischen Gemeinschaften. Auch wenn sich das Instrument des Rahmenbeschlusses erst seit der Vertragsänderung von Amsterdam (1997) im Repertoire des europäischen Gesetzgebers befindet, ist es doch erstaunlich, dass sich der Bundestag trotz der jahrzehntelangen Erfahrung im Umgang mit europäischen Rechtsakten immer noch von ihnen überrumpeln lässt.

Diese Negativerfahrungen sind nicht der einzige Grund, warum die Rolle des Bundestages beim Zustandekommen europäischer Rechtsakte seit einiger Zeit wieder verstärkt im Fokus des journalistischen, politischen und auch wissenschaftlichen Interesses steht. Der Beitrag der nationalen Parlamente war auch ein wichtiges Thema im Europäischen Verfassungskonvent, der den Entwurf eines Vertrages für eine Europäische Verfassung (EVV) vorbereitet hat. Innerhalb des Konvents beschäftigte sich eine Arbeitsgruppe mit der "Rolle der einzelstaatlichen Parlamente". Deren Arbeitsergeb-

---

[1] *Prantl*, Sternstunden der Peinlichkeit, Süddeutsche Zeitung, 15.04.2005, S. 4.
[2] BGBl. I S. 1748.
[3] *Prantl*, Sternstunden der Peinlichkeit, Süddeutsche Zeitung, 15.04.2005, S. 4.
[4] BVerfG, 2 BvR 2236/04, Urteil vom 18. Juli 2005, http://www.bverfg.de.

nisse[5] führten dazu, dass die Parlamente der Mitgliedstaaten nicht nur mehrmals ausdrücklich im Entwurf für den EVV genannt waren, sondern durch das neu eingeführte Recht auf Subsidiaritätskontrolle (den so genannten "Frühwarnmechanismus") auch deutlich mehr Rechte erhalten sollten. Auch wenn der EVV nicht von allen Staaten ratifiziert wurde, und er deshalb nicht in Kraft getreten ist, wirkte diese geplante Aufwertung der nationalen Parlamente doch bereits als Katalysator für eine Neupositionierung auch des Deutschen Bundestages. Er sei endlich aus seiner "Europa-Lethargie" erwacht[6] und versuche jetzt früher Einfluss auf europäische Entwicklungen zu nehmen.[7] Zudem sollen die Rechte der nationalen Parlamente trotz des Scheiterns des EVV zukünftig aufgewertet werden. Nach dem nun verfolgten Konzept der EU sollen die Rechte der nationalen Parlamente sogar noch weiter gestärkt werden als ursprünglich geplant.[8]

In gewisser Weise kann die jetzige Situation als exemplarisch für die Rolle des Deutschen Bundestages bei der europäischen Rechtsetzung in den letzten Jahren und Jahrzehnten gesehen werden. Zum einen werden schon lange die Unzulänglichkeiten des Bundestages im Umgang mit europäischen Vorlagen beklagt. Zum anderen gab es immer wieder Bemühungen, den Bundestag durch neue Mitwirkungsinstrumente und -rechte besser an die Erfordernisse der europäischen Integration anzupassen. Wirft man einen Blick in die bisher zu diesem Thema erschienene Literatur, wird deutlich, dass der Bundestag bereits viel Kritik an seinem Umgang mit europäischen Vorlagen einstecken musste. Der Bundestag habe trotz seiner zahlreichen Aktivitäten immer noch die Rolle eines Statisten.[9] Ihm fehle das Problembewusstsein und er nutze die ihm zur Verfügung stehenden Rechte bei weitem nicht genug.[10] Auch neuere Literatur bewertet die Rolle des Bundestages überwiegend negativ. Der Bundestag lege nach wie vor die ihm in Angelegenheiten der Europäischen Union vorgeworfene Verschlafenheit nur vorsichtig ab.[11] Von den Mitte der 90er Jahre neu geschaffenen Handlungsoptionen mache er insgesamt keinen effektiven Gebrauch.[12] Er schöpfe seine Mitwirkungsrechte nicht annähernd aus.[13] Dass auch Bundestagsabgeordnete selbst den Beitrag des Bundestages bei der europäischen Gesetzgebung als verbesserungswürdig einstufen, zeigte die Plenardebatte des Deutschen Bundestages zum Vertrag über eine Europäische Verfassung vom 13. Mai 2005.[14] Darin wurde ausgeführt, dass der Bundestag die ihm zustehenden Rechte viel zu wenig nutze und viele Abgeordnete gar nicht wüssten,

---

[5] Schlußbericht der Gruppe IV über die Rolle der einzelstaatlichen Parlamente vom 22. Oktober 2002, CONV 353/02, http://european-convention.eu.int.

[6] *Bolesch*, Weckruf für Europamuffel, Süddeutsche Zeitung, 21./22.05.2005, S. 8.

[7] *Sattler*, Abgeordnete wollen das Gras wachsen hören, Das Parlament, 27.03.2006, S. 15.

[8] Vermerk des Generalsekretariates des Rates vom 26. Juni 2007, Mandat für die RK 2007, Doc. 11218/07, S. 4.

[9] *Süssmuth*, Die Rolle des Deutschen Bundestages im europäischen Einigungsprozeß zwischen Anspruch und Wirklichkeit, in: *Hellwig* (Hrsg.), Der Deutsche Bundestag und Europa, 1993, S. 10.

[10] *Lang*, Die Mitwirkungsrechte des Bundestages und des Bundesrates in Angelegenheiten der Europäischen Union, 1997, S. 371 und S. 377.

[11] *Hansmeyer*, Die Mitwirkung des Deutschen Bundestages an der europäischen Rechtsetzung, 2001, S. 352.

[12] *Huber*, Die Rolle der nationalen Parlamente bei der Rechtsetzung der Europäischen Union, 2001, S. 35.

[13] *Kietz*, Der Bundestag in der Europapolitik, SWP-Aktuell, Mai 2005, S. 8.

[14] Protokoll der 175. Sitzung des Deutschen Bundestages am 13.05.2005.

dass es diese gebe.[15] Der Bundestag könne seiner europapolitischen Verantwortung in den ihm zur Verfügung stehenden Strukturen nicht gerecht werden.[16]

B) Forschungsstand

Durch die eben skizzierten Entwicklungen sind die nationalen Parlamente und aus deutscher Sicht vor allem der Bundestag wieder vermehrt in den Fokus der Rechts- und Politikwissenschaft gelangt. Indes ist die wissenschaftliche Auseinandersetzung mit der Rolle der nationalen Parlamente in der EU nichts Neues.

Zunächst gibt es Untersuchungen, die sich allgemein mit der Rolle nationaler Parlamente in EU-Angelegenheiten beschäftigen und dabei zumeist einen länderübergreifenden Überblick über die Mitwirkungsrechte in den verschiedenen Mitgliedstaaten der EU bieten. Die ersten Arbeiten dieser Art stammen aus den 70er bzw. aus Anfang der 80er Jahre.[17] Wegen der inzwischen deutlich weiter fortgeschrittenen Integration und der Anpassung der mitgliedstaatlichen Mitwirkungsrechte an diese, besitzen diese Arbeiten heute allerdings nur noch einen geringen Erkenntniswert. Neuen Auftrieb erhielt die wissenschaftliche Diskussion ab Mitte der 90er Jahre, als im Zusammenhang mit der Ratifizierung des Vertrages von Maastricht die Mitwirkung der nationalen Parlamente in der Politik vermehrt diskutiert wurde. In diesem Zusammenhang erschienen auch eine Reihe interessanter Monographien und Studien über nationale Parlamente in der EU.[18] Diese Arbeiten enthielten vor allem eine Bestandsaufnahme der aktuellen Situation. Als im so genannten "Post-Nizza-Prozess" die Zukunft der Europäischen Union auf den Prüfstand gestellt und in diesem Zusammenhang auch über eine Neudefinition der Rolle der Parlamente nachgedacht wurde[19], erschienen schließlich einige Studien, die sich den Perspektiven der nationalen Parlamente in der künftigen Struktur der Europäischen Union widmete.[20] Die besondere Bedeutung spe-

---

[15] Sabine Leutheuser-Schnarrenberger, MdB, Protokoll der 175. Sitzung des Deutschen Bundestages am 13.05.2005, S.16372.

[16] Rainder Steenblock, MdB, Protokoll der 175. Sitzung des Deutschen Bundestages am 13.05.2005, S. 16374.

[17] *Niblock*, The EEC: National Parliaments in Community Decision-making, 1971; *Schweitzer*, Die nationalen Parlamente in der Gemeinschaft, 1978; *Herman/van Schendelen* (Hrsg.), The European Parliament and the National Parliaments, 1979; *Thöne-Wille*, Die Parlamente der EG. Das Europäische Parlament und die nationalen Parlamente, 1984; *Coombes*, Die Parlamente im EG-System, 1980.

[18] *Norton* (Hrsg.), National Parliaments and the European Union, 1995; *Chu*, Das Europäische Parlament und seine Bedeutung für den europäischen Integrationsprozess im Verhältnis zur Europapolitik nationaler Parlamente am Beispiel Deutschlands und Großbritanniens, 1995; *Smith* (Hrsg.), National Parliaments as cornerstones of European Integration, 1996; *Kamann*, Die Mitwirkung der Parlamente der Mitgliedstaaten an der europäischen Gesetzgebung, 1997; *Katz /Weßels* (Hrsg.), The European Parliament, the National Parliaments and European Integration, 1999; *Cygan*, National Parliaments in an integrated Europe, 2001; *Maurer/Wessels* (Hrsg.), National Parliaments on their ways to Europe, 2001; *Maurer*, Parlamentarische Demokratie in der Europäischen Union, 2002.

[19] Vgl. hierzu: Erklärung Nr. 13 zur Zukunft der Union zum Vertrag von Nizza zur Änderung des Vertrages über die Europäische Union, der Verträge zur Gründung der Europäischen Gemeinschaften sowie einiger damit zusammenhängender Rechtsakte, ABl. EG 2001 C 80 S. 85

[20] *Pernice*, The Role of National Parliaments in the European Union, WHI Paper 5/01, 2001; *Lais*, Die Rolle der nationalen Parlamente in einer künftigen europäischen Verfassung, ZEuS 2003, 187 ff; *Maurer/Kietz*, Die neuen Rechte der nationalen Parlamente. Umsetzungsprobleme und Empfehlungen,

zieller Europagremien bei der Mitwirkung nationaler Parlamente hebt Cordula Janowski in ihrer Dissertation hervor und vergleicht deren Stellung in den verschiedenen Mitgliedstaaten der Europäischen Union.[21] Matthias Zier wählt in seiner Arbeit einen historisch-chronologischen Aufbau und untersucht dabei vor allem die Mitwirkung der Parlamente von Dänemark, Deutschland und Österreich von der Gründung der Montanunion bis zum "Post-Nizza-Prozess".[22] Ebenfalls eine vergleichende Perspektive nimmt Marcus Obrecht in seiner politikwissenschaftlichen Dissertation ein, in der er die Arbeit des Deutschen Bundestages und der Assemblée Nationale in transnationalen Angelegenheiten untersucht.[23]

Die deutsche Wissenschaft hat naturgemäß vor allem die Situation der deutschen gesetzgebenden Körperschaften, also von Bundestag und Bundesrat, im Prozess der europäischen Einigung untersucht. Der Großteil der rechtswissenschaftlichen Arbeiten ist dabei durch eine normative Herangehensweise geprägt, d.h. die Autoren untersuchen die in der Verfassung und einfachen Gesetzen niedergelegten Mitwirkungsrechte des Bundestages und des Bundesrates. Eine der ersten Studien dazu stammt von Ulf Oetting, der sich 1973 mit dem inzwischen überholten Zustimmungsverfahren nach Art. 2 Ratifikationsgesetz zu den Römischen Verträgen auseinandergesetzt hat.[24] Gleichzeitig mit der Ratifizierung des Vertrages von Maastricht wurde in Deutschland die Mitwirkung von Bundesrat und Bundestag durch die Einfügung des neuen Art. 23 in das Grundgesetz auf eine geänderte gesetzliche Grundlage gestellt. Kirsten Schmalenbach untersucht in ihrer Dissertation das Zustandekommen des neuen Art. 23 GG und räumt dabei auch den Mitwirkungsrechten von Bundestag und Bundesrat einigen Raum ein.[25] Auch Christian Diehr behandelt den gesamten Art. 23 GG und widmet den Beteiligungsrechten von Bundestag und Bundesrat dabei eigene Kapitel.[26] Innerhalb der umfangreichsten Arbeit zum Art. 23, der Habilitationsschrift von Doris König, nehmen die Mitwirkungsrechte von Bundestag und Bundesrat ebenfalls breiten Raum ein.[27] Ausschließlich diese Rechte überprüft Ruth Lang, insbesondere dahingehend, ob sie ausreichend seien, um die bisherige Funktion und Stellung von Bundestag und Bundesrat zu sichern.[28] Ulrich Günther und Felix Hauck beschränken sich in ihren Untersuchungen jeweils auf die neu geregelten Mitwirkungsrechte des Deutschen

---

SWP-Aktuell, März 2004; *Maurer/Becker*, Die Europafähigkeit der nationalen Parlamente. Herausforderungen des EU Verfassungsvertrages für den deutschen Parlamentarismus, SWP-Aktuell, Juni 2004.

[21] *Janowski*, Die nationalen Parlamente und ihre Europagremien - Legitimationsgarant der EU?, 2004.

[22] *Zier*, Nationale Parlamente in der EU, 2005.

[23] *Obrecht*, Niedergang der Parlamente? Transnationale Politik im Deutschen Bundestag und der Assemblée Nationale, 2006.

[24] *Oetting*, Bundestag und Bundesrat im Willensbildungsprozeß der Europäischen Gemeinschaften, 1973.

[25] *Schmalenbach*, Der neue Europaartikel 23 des Grundgesetzes im Lichte der Arbeit der Gemeinsamen Verfassungskommission, 1996.

[26] *Diehr*, Die Bewahrung der demokratischen und föderativen Struktur der Bundesrepublik Deutschland im europäischen Integrationsprozeß - Der neue Art. 23, 1998.

[27] *König*, Die Übertragung von Hoheitsrechten im Rahmen des europäischen Integrationsprozesses. Anwendungsbereich und Schranken des Art. 23 GG, 2000.

[28] *Lang*, Die Mitwirkungsrechte des Bundesrates und des Bundestages in Angelegenheiten der Europäischen Union, 1997.

Bundestages.[29] Diesen widmet sich auch Dominic Kohnen und zwar unter dem Gesichtspunkt des Vorbehaltes des Gesetzes.[30] Christian Rath befasst sich ebenfalls mit den Rechten des Bundestages und bemängelt, dass der Bundestag tatsächlich bestehende Entscheidungspotenziale in europäischen Angelegenheiten nicht nutze.[31] Eine wertende Betrachtung der Mitwirkungsrechte, verbunden mit Empfehlungen für Reformen, enthält die Studie von Peter M. Huber.[32]

Zu den Arbeiten mit einer rein normativen Betrachtungsweise kommen solche, die über die Analyse der rechtlichen Grundlagen hinaus die Praxis des Bundestages im Umgang mit europäischen Vorlagen untersuchen. Obgleich nur eine Diplomarbeit, ist von den politikwissenschaftlichen Studien die von Annette Elisabeth Töller interessant. Sie untersucht für die 12. Legislaturperiode, inwieweit der Deutsche Bundestag seinem Kontrollanspruch in der Praxis nachkommt und versucht dabei auch eine Quantifizierung des Anteils europapolitisch motivierter Gesetzgebung an der Gesamtgesetzgebung.[33] Unter den juristischen Beiträgen ist der von Philippe A. Weber-Panariello hervorzuheben. Er beschreibt die innerstaatliche Willensbildung in EU-Angelegenheiten exemplarisch anhand der Parlamente von Frankreich, Deutschland und dem Vereinigten Königreich, unter besonderer Berücksichtigung der Arbeit spezieller EU-Ausschüsse.[34] Svea Kövel betrachtet das Problem vornehmlich anhand der Mitwirkung des Bundestages am Vertrag von Amsterdam und der dadurch erfolgten Veränderungen.[35] Sabine Hansmeyer erläutert den Prozess der regierungs- und parlamentsinternen Willensbildung in EU-Angelegenheiten. Dabei geht sie neben den rechtlichen Grundlagen vor allem auf die prozeduralen Abläufe bei der Behandlung von Unionsvorlagen ein.[36]

Besonderes Interesse bei der Untersuchung der Mitwirkung des Deutschen Bundestages haben die jeweiligen speziellen europarechtlichen Gremien des Parlamentes hervorgerufen. Daher existieren zum Ausschuss für die Angelegenheiten der Europäischen Union eine Reihe von Arbeiten. Viele davon sind allerdings vom Ausschusssek-

---

[29] *Günther*, Die Mitwirkung des Bundestages in Angelegenheiten der Europäischen Union nach Art. 23 GG, 1998; *Hauck*, Mitwirkungsrechte des Bundestags in Angelegenheiten der Europäischen Union, 1999.

[30] *Kohnen*, Die Zukunft des Gesetzesvorbehalts in der Europäischen Union: Zur Rolle des Bundestages in den Angelegenheiten der Europäischen Union, 1998.

[31] *Rath*, Entscheidungspotenziale des Deutschen Bundestages in EU-Angelegenheiten. Mandatgesetze und parlamentarische Stellungnahmen im Rahmen der unionswärtigen Gewalt, 2001.

[32] *Huber*, Die Rolle der nationalen Parlamente bei der Rechtsetzung der Europäischen Union, 2001.

[33] *Töller*, Europapolitik im Bundestag: eine empirische Untersuchung zur europapolitischen Willensbildung im EG-Ausschuß des 12. Deutschen Bundestages, 1995.

[34] *Weber-Panariello*, Nationale Parlamente in der Europäischen Union. Eine rechtsvergleichende Studie zur Beteiligung nationaler Parlamente an der innerstaatlichen Willensbildung in Angelegenheiten der Europäischen Union im Vereinigten Königreich, Frankreich und der Bundesrepublik Deutschland, 1995.

[35] *Kövel*, Die Mitwirkung des Deutschen Bundestages in Angelegenheiten der Europäischen Union, unter besonderer Berücksichtigung der Mitwirkung am und der Veränderung durch den Vertrag von Amsterdam, 2000.

[36] *Hansmeyer*, Die Mitwirkung des Deutschen Bundestages an der europäischen Rechtssetzung, 2001.

retariat bzw. Mitgliedern oder Ausschussvorsitzenden verfasst.[37] Die politikwissenschaftliche Dissertation von Claudia Lorenz befasst sich mit Entstehung und Arbeitsweise des EU-Ausschusses.[38] Die Tätigkeit der anderen Fachausschüsse in Angelegenheiten der Europäischen Union hat dagegen noch wenig Aufmerksamkeit erfahren. Soweit ersichtlich gibt es nur wenige Beiträge von Mitgliedern einiger Ausschüsse in einem Sammelband aus dem Jahre 1993.[39]

Zusammenfassend kann man konstatieren, dass die Stellung der nationalen Parlamente im Institutionengefüge der Europäischen Union weitgehend untersucht ist. Aus nationaler Perspektive existieren zu den gesetzlichen Grundlagen der Mitwirkung des Bundestages, wie gezeigt, schon viele Arbeiten. Das Gebiet dürfte weitgehend erforscht sein, zumal die Mitwirkung des Bundestages in der Praxis nie zu ernsten Differenzen zwischen Bundestag und Bundesregierung geführt hat, die Rechtsgrundlagen vielmehr unkontrovers angewendet wurden. Anders stellt sich die Situation für die empirische Forschung dar. Zwar liegen bereits einige empirische Arbeiten vor. Diese befassen sich jedoch entweder mit dem Bundestag als ganzem und können daher über eher allgemeine oder stichprobenartige Betrachtungen nicht hinauskommen oder konzentrieren sich auf die Arbeit des Ausschusses für die Angelegenheiten der Europäischen Union, der an der Sekundärrechtsetzung nur geringfügig beteiligt ist. Wenig bis gar nicht erforscht ist die Tätigkeit der anderen Ausschüsse im Bereich der europäischen Sekundärrechtsetzung. Teilweise wird deren Bedeutung für die Kontrolle der Regierungsvertreter im Rat gar nicht erwähnt. Eine vertiefte Auseinandersetzung mit der Mitwirkung der Fachausschüsse ist in keiner Arbeit zu finden. Der einzige Beitrag, der speziell die Arbeit des Rechtsausschusses in Angelegenheiten der Europäischen Union beleuchtet, ist, soweit ersichtlich, ein Praxisbericht vom Parlamentarier Horst Eylmann.[40]

Tatsächlich wird jedoch der Großteil der europäischen Vorlagen in den Fachausschüssen des Bundestages beraten. Der Ausschuss für die Angelegenheiten der Europäischen Union nach Art. 45 GG widmet sich vor allem wichtigen integrationspolitischen Vorhaben wie Vertragsänderungen und der Erweiterung der Europäischen Union. Sekundärrechtliche Vorlagen berät er nur vereinzelt. Das fachpolitische "Tagesgeschäft" der Europäischen Union wird vielmehr, genauso wie die fachpolitischen nationalen Vorlagen, in den darauf spezialisierten Ausschüssen beraten. Daher sind Untersuchun-

---

[37] *Hölscheidt/Schotten*, Der Unionsausschuss des Deutschen Bundestages, integration 1994, 230 ff; *Bila/Groos/Gehlen/Hasenjäger*, Der Ausschuss für die Angelegenheiten der Europäischen Union des Deutschen Bundestages, 1998; *Sterzing/Tidow*, Die Kontrolle der deutschen Europapolitik durch den EU-Ausschuss des Bundestags, integration 2001, 274 ff; *Pflüger*, Der Europaausschuss des Deutschen Bundestages in der 14. Legislaturperiode, integration 2002, 325 ff; *Fuchs*, Der Ausschuss für die Angelegenheiten der Europäischen Union - kein Ausschuss wie jeder andere!, 2003; *Fuchs*, Der Ausschuss für die Angelegenheiten der Europäischen Union des Deutschen Bundestages, ZParl 2004, 3 ff.

[38] *Lorenz*, Entstehung und Arbeitsweise des Ausschusses für die Angelegenheiten der Europäischen Union des Deutschen Bundestages, 2004.

[39] *Hellwig* (Hrsg.), Der Deutsche Bundestag und Europa, 1993, darin u.a.: *Eylmann*, Die Umsetzung von EG-Recht in nationales Recht und die Mitwirkung des Rechtsausschusses und *Walther*, Haushaltsfragen.

[40] *Eylmann*, Die Umsetzung von EG-Recht in nationales Recht und die Mitwirkung des Rechtsausschusses, in: *Hellwig* (Hrsg.), Der Deutsche Bundestag und Europa, 1993.

gen, die sich nur auf den Beitrag des EU-Ausschusses beschränken, nur bedingt aussagekräftig hinsichtlich der Frage, ob es dem Bundestag gelingt effektive Kontrolle über die Regierungsvertreter im Rat auszuüben. Aus diesem Grund stellt die vorliegende Untersuchung einen Fachausschuss des Bundestages in den Mittelpunkt der Betrachtung.

C) Untersuchungsgegenstand

Die vorliegende Untersuchung wird sich mit der Mitwirkung des Bundestages an der europäischen Sekundärrechtsetzung befassen, schwerpunktmäßig mit dem Beitrag des Rechtsausschusses. Es wurde bereits dargelegt, dass die Untersuchung der Tätigkeit der Fachausschüsse in Angelegenheiten der Europäischen Union im Gegensatz zur Untersuchung der Tätigkeit des Ausschusses für die Angelegenheiten der EU noch ein Forschungsdesiderat darstellt. Dass die Tätigkeit eines Ausschusses und nicht des Plenums des Deutschen Bundestages untersucht wird, hat mit den Eigenheiten des bundesdeutschen parlamentarischen Systems zu tun. Der Deutsche Bundestag ist ein so genanntes "Arbeitsparlament", das heißt er erfüllt seine Funktionen vor allem durch die Arbeit in den Ausschüssen und Fraktionen. Das Plenum kann sich ob der Fülle der nationalen und europäischen Gesetzesvorlagen nur mit einem Bruchteil von ihnen überhaupt näher auseinandersetzen und ist dabei auf die Vorarbeit der Fachpolitiker angewiesen.

Die Untersuchung ist überwiegend rechtstatsächlich angelegt. Die maßgeblichen verfassungsrechtlichen und einfachgesetzlichen Vorschriften, in deren Rahmen sich die Mitwirkung des Bundestages vollzieht, werden zwar dargestellt, der Schwerpunkt liegt jedoch auf der Praxis der Arbeit des Ausschusses. Zum einen sind die entsprechenden Normen in der Literatur schon ausreichend dargestellt und interpretiert worden, zum anderen ist gerade im Parlamentsrecht eine rein normative Herangehensweise nicht sachgerecht. Die Tätigkeit des Parlaments, das ja selbst Gesetzgeber ist, ist nicht zwingend durch eine strikte Anwendung der Vorschriften geprägt, sondern unterliegt auch politischen Gesetzmäßigkeiten, die sich einer normativen Betrachtung entziehen.

Neben dem Bundestag ist auch der Bundesrat gesetzgebende Körperschaft. Auch er hat Mitwirkungsrechte in Angelegenheiten der Europäischen Union. Jedoch stellt sich die Mitwirkung des Bundesrates als ein strukturell anderes Phänomen dar als die Mitwirkung des Bundestages. Der Bundesrat vertritt primär die Interessen der Länder*exekutiven*. Es geht um die Wahrung der Kompetenzen zwischen Bund und Ländern. Die Beteiligung des Bundestages soll dagegen eine Kompensation für die erlittenen Kompetenzverluste der Legislative gegenüber der Exekutive sein. Daher beschränkt sich die vorliegende Untersuchung nur auf den Bundestag und lässt die Tätigkeit des Bundesrates außen vor.

Im Mittelpunkt der Betrachtung wird der Rechtsausschuss stehen. Zwar ist dies nur einer der zahlreichen Fachausschüsse des Bundestages, doch muss man, will man nicht nur allgemeine Erwägungen anstellen, sondern umfassend und detailliert die Praxis bei der Beratung europäischer Vorlagen beleuchten, einen Schwerpunkt bilden. Der Rechtsausschuss bietet sich zum einen deshalb für eine Untersuchung an, weil er einen eigenen Unterausschuss Europarecht hat und somit die Mitarbeit an europäischer Rechtsetzung spezialisiert behandelt. Zum anderen ist der Rechtsausschuss teilweise mit Materien befasst, die bereits vergemeinschaftet sind, teilweise jedoch auch noch in der dritten intergouvernmentalen Säule verblieben sind. Möglicherweise lassen sich hier Unterschiede in der Kontrolldichte feststellen. Außerdem ist der Rechtsausschuss ein klassischer Gesetzgebungsausschuss, der im nationalen Bereich vor allem mit der Beratung von Gesetzesvorlagen zu tun hat.[41] Es wird also interessant sein zu sehen, wie er im Bereich der europäischen Rechtsetzung die Aufgabe als Kontrollinstanz meistert.

D) Quellenlage

Die Tätigkeit des Bundestages und seiner Ausschüsse lässt sich über die vom Bundestag im Internet zur Verfügung gestellte Dokumentation gut erschließen. Auf dem *Parfors-Server* können alle Bundestagsdrucksachen ab der 7. Wahlperiode abgerufen werden.[42] Als Drucksache veröffentlicht werden unter anderem die "Unterrichtungen über die gemäß § 93 GO-BT an die Ausschüsse überwiesenen Unionsvorlagen und Unionsdokumente" gemäß § 93 Abs. 4 Satz 1 GO-BT. Aus diesen lassen sich sämtliche EU-Vorlagen ersehen, die dem Bundestag in der 15. Legislaturperiode zugeleitet wurden, sowie an welche Ausschüsse sie jeweils überwiesen wurden. Die einzelnen EU-Vorlagen sind allerdings nicht als Bundestagsdrucksachen veröffentlicht. Beschlussempfehlungen der Ausschüsse werden ebenfalls zur Bundestagdrucksache. Ergeht die Beschlussempfehlung zu einer EU-Vorlage, wird auch diese in der Drucksache mit veröffentlicht (§ 93 Abs. 4 Satz 2 GO-BT). Auch die Plenarprotokolle des Bundestages sind über Parfors abrufbar. Die Gesetzgebungstätigkeit des Bundestages kann über *GESTA* (Stand der Gesetzgebung) nachvollzogen werden.[43] Darin sind alle nationalen Gesetzesvorlagen enthalten, die in der Legislaturperiode eingebracht wurden, unabhängig davon, ob sie tatsächlich zu einem Gesetz geworden sind oder an den Mehrheitsverhältnissen gescheitert sind. Vorschläge für EU-Rechtsakte sind nicht enthalten. Interessant im Hinblick auf den Anteil europapolitisch motivierter Gesetzgebung im Bundestag ist jedoch, dass bei den nationalen Gesetzentwürfen jeweils vermerkt ist, ob ihnen ein europäischer Impuls zugrunde lag. Als europäische Impulse werden dabei z.B Richtlinien genannt, in deren Umsetzung das nationale Gesetz ergehen soll, aber mitunter auch bloße Überlegungen der Kommission, in einem bestimmten Bereich Regelungen einzuführen.

Die Tätigkeit speziell des Rechtsausschusses wurde über die Tagesordnungen des Ausschusses und über die Protokolle der Sitzungen des Rechtsausschusses und seines Unterausschusses Europarecht nachvollzogen. Die Tagesordnungen sind im Internet zugänglich.[44] Gemäß § 73 Abs. 1 GO-BT ist über jede Ausschusssitzung außerdem ein schriftliches Protokoll anzufertigen. Dieses muss mindestens alle Anträge und alle Beschlüsse des Ausschusses enthalten. Die Ausschussprotokolle der 15. Legislaturperio-

---

[41] *Eylmann*, Die Umsetzung von EG-Recht in nationales Recht und die Mitwirkung des Rechtsausschusses, in: *Hellwig* (Hrsg.), Der Deutsche Bundestag und Europa, 1993, S. 115.
[42] http://www.bundestag.de, genau: http://dip.bundestag.de/parfors/parfors.htm.
[43] http://www.bundestag.de, genau: http://www.bundestag.de/bic/standgesetzgebung/index.html.
[44] http://www.bundestag.de, genau: http://www.bundestag.de/ausschuesse/archiv15/.

de gehen darüber hinaus. Sie beinhalten auch die Wortbeiträge der Abgeordneten zu den jeweiligen Anträgen. Da die Sitzungen der Ausschüsse des Bundestages grundsätzlich nicht öffentlich sind (§ 69 Abs. 1 Satz 1 GO-BT), werden auch die Ausschussprotokolle nicht veröffentlicht. Sie sind allerdings gemäß § 73 Abs. 2 Satz 1 GO-BT auch keine Verschlusssachen im Sinne der Geheimschutzverordnung. Daher werden sie der Öffentlichkeit nach Ablauf der Legislaturperiode zugänglich gemacht. Aus diesem Grunde lagen bei der Arbeit die Protokolle der 15. Legislaturperiode, die das Sekretariat des Rechtsausschusses dankenswerterweise übersendet hatte, vollständig vor. Die Protokolle der 16. Legislaturperiode konnten hingegen für die Arbeit noch nicht verwendet werden.

Auch der "Werdegang" der EU-Vorlagen, die im Ausschuss auf der Tagesordnung standen, konnte aus Internetquellen erschlossen werden. Im Dokumentationszentrum *PreLex* der Europäischen Union können die einzelnen Etappen des gemeinschaftlichen Gesetzgebungsprozesses zwischen der Europäischen Kommission und den anderen Institutionen verfolgt werden.[45] Man kann daraus also ersehen, welchen Weg ein Gesetzgebungsvorschlag bis zu seiner Verabschiedung oder seinem Scheitern im Rat durchlaufen hat und wann die wesentlichen Entscheidungen getroffen wurden. Dies ermöglichte insbesondere einen zeitlichen Abgleich zwischen dem Verfahren auf europäischer Ebene und der Behandlung der Vorlagen im Rechtsausschuss.

Ergänzend zu diesen Quellen habe ich einen Fragebogen an alle 33 Mitglieder des Rechtsausschusses der 15. Legislaturperiode verschickt. Der Inhalt des Fragebogens ergibt sich aus Anlage 1 und Anlage 2. Es wurden 16 Fragebögen ausgefüllt zurückgeschickt. Dies entspricht also einer Rücklaufquote von fast 50 %. Die Antworten aus den Fragebögen werden allerdings nur als Hintergrundinformation verwendet. Ihre Aussagekraft ist aufgrund der geringen absoluten Anzahl der beantworteten Fragebögen gering.

Auch wenn damit eine Vielzahl von aussagekräftigen Quellen zur Verfügung stand, bleibt trotzdem ein Teil der Tätigkeit des Bundestages im Dunkeln. Nicht nachvollzogen werden konnten insbesondere Vorberatungen zu den EU-Vorlagen in den Arbeitsgruppen und -kreisen der Fraktionen. Ebenfalls nicht möglich war es, die informellen Kontakte, die einzelne Abgeordnete zu Parlamentariern des Europäischen Parlamentes oder Mitgliedern anderer europäischer Institutionen hatten, aufzuschlüsseln.

E) Gang der Darstellung

Im ersten Kapitel wird zunächst dargestellt, welche Rolle die nationalen Parlamente auf der europäischen Ebene spielen und welche Aufgabe sie im Hinblick auf das Demokratieprinzip zu erfüllen haben. Dabei wird auch ein kurzer Überblick über Mitwirkungsrechte der Parlamente in anderen Mitgliedstaaten der EU gegeben. Dadurch wird ein Vergleichsmaßstab für die Bewertung der Mitwirkung des Bundestages gewonnen. Anschließend wird im zweiten Kapitel der normative Rahmen dargestellt, innerhalb dessen sich die Mitwirkung des Bundestages vollzieht. Dies beinhaltet zum einen eine

---

[45] http://europa.eu.int/prelex/.

kurze Darstellung der Mechanismen der Rechtsetzung in der Europäischen Union und zum anderen die Erläuterung der verfassungsrechtlichen und einfachgesetzlichen Vorschriften über die Mitwirkung des Bundestages. Daran anschließend wird im dritten Kapitel beschrieben, wie sich die Mitwirkung des Bundestages in der Praxis vollzieht. Dabei soll nicht nur das Verfahren der Überweisung von Unionsvorlagen näher dargestellt werden, sondern auch welche Rolle die Fachausschüsse im Vergleich zum Ausschuss für die Angelegenheiten der EU bei der Beratung von EU-Vorlagen spielen.

Im Folgenden wird dann einer dieser Fachausschüsse im Mittelpunkt der Erörterung stehen: der Rechtsausschuss. Im vierten Kapitel wird zunächst der Tätigkeitsbereich des Rechtsausschusses in Angelegenheiten der Europäischen Union erläutert, sowie die Art und Weise, in der sich der Rechtsausschuss intern organisiert hat, um europäische Vorlagen möglichst effektiv zu beraten. Daran anschließend wird im fünften Kapitel die Tätigkeit des Rechtsausschusses in Angelegenheiten der Europäischen Union in der 15. Legislaturperiode dargestellt und bewertet. Die 15. Legislaturperiode ist die letzte abgeschlossene Legislaturperiode. Damit wird eine komplette Wahlperiode betrachtet. Das fünfte Kapitel schließt mit einem Ausblick in die 16. Legislaturperiode.

Am Ende der Darstellung ist es schließlich möglich, einige Fragen zu beantworten: Leistet der Rechtsausschuss einen effektiven Beitrag bei der Kontrolle der europäischen Sekundärrechtsetzung? Welche Rückschlüsse lassen sich aus dem Beitrag des Rechtsausschusses für den Bundestag insgesamt ziehen? Und falls das Ergebnis negativ ausfällt: Welche Verbesserungsmöglichkeiten können ergriffen werden, um eine effektivere Arbeit mit EU-Vorlagen zu gewährleisten?

Kapitel 1: Die Rolle nationaler Parlamente in der supranationalen Staatenordnung der Europäischen Union

A) Supranationale Rechtsetzung und Demokratieprinzip

Die Europäischen Gemeinschaften haben eine bemerkenswerte Entwicklung hinter sich. Nachdem sie zunächst einen thematisch beschränkten Zuständigkeitsbereich hatten und vor allem auf wirtschaftliche Integration angelegt waren, wurden ihnen mit der Zeit immer mehr Kompetenzen übertragen. Insbesondere die Europäische Wirtschaftsgemeinschaft wurde so zu einer Organisation mit Zuständigkeiten auf einer Vielzahl ehemals rein national zu regelnder Politikbereiche. Die Umbenennung in "Europäische Gemeinschaft" war daher nur konsequent. Die EG ist heute alles andere als eine herkömmliche internationale Organisation. Kennzeichnend ist vor allem ihre Supranationalität. Diese drückt sich zum einen darin aus, dass die EG verbindliche Beschlüsse je nach Kompetenzgrundlage auch mit einfacher oder qualifizierter Mehrheit fassen kann. Zum anderen wirken viele Beschlüsse unmittelbar gegenüber den Bürgern und nicht nur gegenüber den Mitgliedstaaten.[46]

Außerdem wurde im Jahre 1993 als bisher weitgehendste Veränderung im Prozess der europäischen Integration die Europäische Union geschaffen, die nicht nur die bisherigen Gemeinschaften unter einem neuen Dach zusammengefasst hat, sondern auch neue Handlungsfelder im Bereich der Gemeinsamen Außen- und Sicherheitspolitik und der Zusammenarbeit im Bereich Inneres und Justiz erschlossen hat. Es gibt daher heute kaum noch Politikbereiche, die nicht von der europäischen Einigung in mehr oder weniger starker Weise betroffen wären. Die EU hat somit insbesondere Einfluss auf die Agrar-, Verkehrs-, Wirtschafts-, Bildungs-, Handels-, Sozial-, Gesundheits-, Kultur-, Außen-, Verteidigungs-, Innen- und Rechtspolitik. Auch wenn dieser Einfluss je nach Politikbereich unterschiedlich stark ausfällt, ist es auf jeden Fall schwierig, einen Bereich zu finden, in dem die EU nicht bereits in irgendeiner Weise tätig ist.

I) Die Diskussion über die demokratische Legitimation der Europäischen Union

Aufgrund der wachsenden Kompetenzen der EG, respektive der EU, stellte sich die europäische Integration für die nationalen Parlamente als Erosion ihrer eigenen Zuständigkeiten dar. Durch die Übertragung von Aufgaben auf die europäische Ebene verloren sie zunehmend eigene Handlungsfelder. Auf europäischer Ebene handeln im Rat für die Mitgliedstaaten Vertreter der jeweiligen nationalen Regierung und nicht der Parlamente. Es stellt sich somit die Frage, inwieweit auch die von der EG/EU ausgeübten hoheitlichen Akte durch eine parlamentarische Rückkopplung demokratisch legitimiert sind. Die Notwendigkeit zur demokratischen Legitimation ergibt sich dabei nicht nur daraus, dass alle Mitgliedstaaten der EU Demokratien sind, sondern auch aus den europäischen Verträgen selbst. So lässt sich aus verschiedenen Einzelbestimmungen des primären Unionsrechts ein allgemeines demokratisches Strukturprinzip erse-

---

[46] *Streinz*, Europarecht, 6. Auflage 2003, S. 52 f.

hen.[47] Das Bekenntnis zur Demokratie ist in der Präambel und in Art. 6 Abs. 1 des Vertrages über die EU enthalten. Einen spezifischen normativen Gehalt des Demokratieprinzips kann man dem Unionsvertrag allerdings nicht entnehmen.[48]

Im Wesentlichen besteht Einigkeit darüber, dass die von der Europäischen Union ausgeübte Hoheitsgewalt auf zweierlei Weise demokratisch legitimiert wird. Sie stützt sich zum einen auf die durch die nationalen Parlamente vermittelte demokratische Legitimation der Regierungsvertreter im Rat, und zum anderen auf die Legitimation durch das Europäische Parlament.[49] Das Europäische Parlament verfügt über eine Reihe von Mitwirkungsrechten. Ist ein Rechtsakt im Verfahren der Mitentscheidung nach Art. 251 EG zu erlassen, bedarf es zwingend der Zustimmung des Europäischen Parlaments. Beim Verfahren der Zusammenarbeit nach Art. 252 EG kann das Parlament im Ergebnis überstimmt werden. Am schwächsten ist die Stellung des Europäischen Parlaments, wenn es vor Erlass eines Rechtsaktes lediglich angehört wird. Wegen dieser Speisung aus zwei Quellen wird die Legitimation der EU auch als duale Legitimation bezeichnet.[50] Dieses Grundmodell der demokratischen Legitimation der EU wird nur sehr vereinzelt als solches in Frage gestellt.[51]

Verschiedene Auffassungen bestehen allerdings zu der Frage, welche parlamentarische Ebene die Hauptlast der Legitimation trägt und in der Zukunft tragen soll. In der Vergangenheit und zum Teil auch noch heute ist diese Diskussion mit der Frage verbunden gewesen, ob die Handlungen der Union *ausreichend* demokratisch legitimiert seien oder ob die EG/EU nicht an einem Demokratiedefizit leide.[52] Inzwischen hat sich in der juristischen Literatur überwiegend die Auffassung herausgebildet, dass die Europäische Union nicht an einem Defizit ihrer demokratischen Legitimation leide. Auf der europäischen Ebene könne demokratische Legitimation nicht in gleicher Weise hergestellt werden wie auf nationalstaatlicher Ebene.[53] Die europäische Integration beseitige nicht die demokratische Staatlichkeit, sondern hebe sie auf eine neue Stufe der Verwirklichung.[54] Die feststellbaren Abweichungen gegenüber dem parlamentarischen Nationalstaat seien eine notwendige Konsequenz der bipolaren Fundierung der EU[55] bzw. der Eingliederung eines kleinen in einen großen Verband.[56] Außerdem dür-

---

[47] *Kaufmann*, Europäische Integration und Demokratieprinzip, 1997, S. 86; *Kamann*, Die Mitwirkung der Parlamente der Mitgliedstaaten an der europäischen Gesetzgebung, 1997, S. 250; so auch schon für die Rechtslage vor dem Vertrag von Maastricht: *Huber*, Die Rolle des Demokratieprinzips im europäischen Integrationsprozeß, Staatswissenschaften und Staatspraxis 1992, 349, 350; in diese Richtung auch EuGH, Rs. 138/79 - *Roquette Frères*.

[48] *Kaufmann*, Europäische Integration und Demokratieprinzip, 1997, S. 100.

[49] *Kluth*, Die demokratische Legitimation der Europäischen Union, 1997, S. 87; *König*, Die Übertragung von Hoheitsrechten im Rahmen des europäischen Integrationsprozesses, 2000, S. 614.

[50] *Hilf/Burmeister*, The German Parliament and European Integration, in: *Smith* (Hrsg.), National Parliaments as cornerstones of European Integration, 1996, S. 65; *Kamann*, Die Mitwirkung der Parlamente der Mitgliedstaaten an der europäischen Gesetzgebung, 1997, S. 257

[51] *Janowski*, Die nationalen Parlamente und ihre Europagremien, 2005, S. 233, die versucht, Alternativen zum dualen Legitimationsmodell zu entwickeln.

[52] *Neunreither*, The Democratic deficit of the European Union: towards closer cooperation between the European Parliament and the National Parliaments, Government and Opposition 1994, 299.

[53] *Kaufmann*, Europäische Integration und Demokratieprinzip, 1997, S. 481.

[54] *Kaufmann*, Europäische Integration und Demokratieprinzip, 1997, S. 481.

[55] *Kluth*, Die demokratische Legitimation der Europäischen Union, 1997, S. 96.

fe nicht übersehen werden, dass viele der Politikfelder, denen sich die Europäische Union widmet, rein national gar nicht mehr bearbeitet werden könnten. Ist aber eine grenzüberschreitende Zusammenarbeit notwendig, dann biete die EU einen deutlich höheren Demokratiestandard als völkerrechtliche ad-hoc-Vereinbarungen.[57] Dazu kommt, dass die europäischen Verträge, die von den jeweiligen nationalen Parlamenten ratifiziert worden sind, bereits ein Programm für die Gesetzgebung in den jeweiligen Politikbereichen enthalten. Auch dadurch wird ein gewisses Maß an Demokratie vermittelt. In manchen Bereichen, wie zum Beispiel der Rechtsharmonisierung, ist dieses Programm zwar sehr unbestimmt, in anderen Bereichen aber bereits sehr dicht. So vermittelt insbesondere Art. 31 EU den Maßnahmen im Bereich polizeiliche und justizielle Zusammenarbeit demokratische Legitimation. Hier sind die Maßnahmen der EU nämlich bereits relativ detailliert angelegt.[58]

Auch wenn die demokratische Legitimation ausreichend ist, ist das Demokratieniveau doch geringer als in den europäischen Nationalstaaten. Daher ist die Verbesserung der demokratischen Legitimation der EU eine vielfach vorgebrachte rechtspolitische Forderung. Dabei ist umstritten, wie ein höherer Standard erreicht werden könnte. Im Wesentlichen kann man hier zwei Theorien unterscheiden, wobei zu beachten ist, dass einige Autoren davon ausgehen, dass die EU an einem demokratischen Defizit leide.

Für die Vertreter der nationalstaatlich orientierten These vom *strukturellen Demokratiedefizit*[59] oder *Demokratiedilemma*[60] sind die Organe der Europäischen Union selbst nicht in der Lage, dem Defizit abzuhelfen. Für eine völlige Parlamentarisierung der Europäischen Union fehle es nämlich an vorrechtlichen Voraussetzungen.[61] Ohne bestimmte politisch-kulturelle Voraussetzungen bleibe Demokratie nur ein abstraktes Zurechnungsprinzip.[62] Die Gesamtheit der Bürger der Europäischen Union sei weder durch eine einheitliche politische Identität, noch durch soziale Homogenität verbunden.[63] Es fehle auch an den Bedingungen für eine europäische parlamentarische Öffentlichkeit. Weder gebe es eine gemeinsame Sprache, noch europäische Medien, Parteien oder Verbände.[64] Eine weitere Demokratisierung könne daher nur durch eine bessere Rückbindung an die nationale Ebene erreicht werden. Die alleinige Stärkung des Europäischen Parlaments würde das Demokratiedilemma dagegen sogar noch verschärfen.[65]

---

[56] *König*, Die Übertragung von Hoheitsrechten im Rahmen des europäischen Integrationsprozesses, 2000, S. 626.
[57] *Classen*, Europäische Integration und demokratische Legitimation, AöR 119 (1994), 238, 258; *Craig/de Burca*, EU Law, 2. Auflage 1998, S. 158.
[58] *Tomuschat*, Ungereimtes, EuGRZ 2005, 453, 456.
[59] *Maurer*, Parlamentarische Demokratie in der Europäischen Union, 2002, S. 51.
[60] *Steffani*, Das Demokratie-Dilemma der Europäischen Union, ZParl 1995, 33.
[61] BVerfG E 89, 155, 185 - *Maastricht*; *Diehr*, Die Bewahrung der demokratischen und föderativen Struktur der Bundesrepublik Deutschland im europäischen Integrationsprozeß, 1998, S. 117 ff; *Schieren*, Nationale Parlamente als Legitimationsgrund europäischer Politik, ZParl 2001, 339, 341.
[62] *Huber*, Die parlamentarische Demokratie unter den Bedingungen der europäischen Integration, in: *Huber/Mößle/Stock* (Hrsg.), Zur Lage der parlamentarischen Demokratie,1995, S. 110.
[63] *Di Fabio*, Der neue Art. 23 des Grundgesetzes, Der Staat 1993, 191, 204; *Kaufmann*, Europäische Integration und Demokratieprinzip, 1997, S. 261.
[64] *Kaufmann*, Europäische Integration und Demokratieprinzip, 1997, S. 269.
[65] *Steffani*, Das Demokratie-Dilemma der Europäischen Union, ZParl 1995, 33, 38.

Dem wird entgegen gehalten, dass sich die vorrechtlichen Voraussetzungen erst entwickeln müssten und dies umso schneller der Fall sei, desto mehr dem Europäischen Parlament Kompetenzen zuwüchsen.[66] Auch sei die soziale Homogenität innerhalb der Europäischen Union hinreichend groß. Es sei ein gesicherter Grundkonsens über gemeinsame Werte vorhanden.[67] Außerdem wird der Auffassung vom strukturellen Demokratiedefizit vorgeworfen, sie sei zu sehr auf den traditionellen Nationalstaat fixiert, der ein Volk als Legitimationssubjekt voraussetze.[68] Grundsätzlich sei eine "Demokratie ohne Volk" möglich, ohne dass Abstriche am Legitimationskonzept erforderlich seien.[69] Die Theorie erfasse den evolutiven Charakter der Integration nicht und lasse außerdem die Entwicklungsgeschichte der meisten westeuropäischen Nationalstaaten außer Acht.[70] Ein striktes Festhalten an der Voraussetzung eines homogenen Volkes als Legitimationssubjekt hieße, den Völkern aufgrund ihrer unterschiedlichen Kulturen die gemeinsame Legitimationsfähigkeit auch für die Zukunft abzusprechen.[71]

Für die Vertreter der überstaatlich orientierten These vom *institutionell parlamentarischen Defizit*[72] besteht das Hauptproblem darin, dass die nationalen Parlamente bei jedem Kompetenztransfer von der nationalen auf die europäische Ebene Mitwirkungsmöglichkeiten eingebüßt hätten, die dem Europäischen Parlament entweder verspätet oder gar nicht zugewachsen seien.[73] Dieses Defizit könne durch eine Stärkung der Mitwirkungsrechte des Europäischen Parlaments behoben werden.[74] Die europäischen Verträge gingen davon aus, dass das Europäische Parlament eigenständige Legitimationsfähigkeit besitze. Dagegen sei keines der staatlichen Parlamente dazu gewählt, irgendeine Funktion im Rahmen der Union zu erfüllen. Sie erfüllten vielmehr jeweils nur staatlich begrenzte Interessen.[75] Auch wiesen empirische Ergebnisse darauf hin, dass die nationalen Parlamente nicht dazu in der Lage seien, die an die EU abgetretenen Befugnisse durch die effektive Ausübung von Kontrollfunktionen zu kompen-

---

66 *Classen*, Europäische Integration und demokratische Legitimation, AöR 119 (1994), 238, 257; *Neunreither*, The Democratic deficit of the European Union: towards closer cooperation between the European Parliament and the National Parliaments, Government and Opposition 1994, 302; *Kluth*, Die demokratische Legitimation der Europäischen Union, 1997, S. 61; *Maurer*, National Parliaments in the European Architecture, in: *Maurer/Wessels* (Hrsg.), National Parliaments on their ways to Europe, 2001, S. 47.

67 *Kluth*, Die demokratische Legitimation der Europäischen Union, 1997, S. 59; *Kamann*, Die Mitwirkung der Parlamente der Mitgliedstaaten an der europäischen Gesetzgebung, 1997, S. 227.

68 *König*, Die Übertragung von Hoheitsrechten im Rahmen des europäischen Integrationsprozesses, 2000, S. 484.

69 *Classen*, Europäische Integration und demokratische Legitimation, AöR 119 (1994), 238, 247; *Kluth*, Die demokratische Legitimation der Europäischen Union, 1997, S. 43; *Kamann*, Die Mitwirkung der Parlamente der Mitgliedstaaten an der europäischen Gesetzgebung, 1997, S. 224f.

70 *Maurer*, Parlamentarische Demokratie in der Europäischen Union, 2002, S. 53.

71 *Hansmeyer*, Die Mitwirkung des Deutschen Bundestages an der europäischen Rechtsetzung, 2001, S. 39.

72 *Neunreither*, The Democratic deficit of the European Union: towards closer cooperation between the European Parliament and the National Parliaments, Government and Opposition 1994, 300; *Maurer*, Parlamentarische Demokratie in der Europäischen Union, 2002, S. 44.

73 *Maurer*, Parlamentarische Demokratie in der Europäischen Union, 2002, S. 44.

74 *Coombes*, Die Parlamente im EG-System, 1980, S. 158; *Pöhle*, Parlamente in der EG, integration 1992, 72, 81.

75 *Bieber*, Demokratische Legitimationen in Europa, Die Union 1999, 55, 63.

sieren.[76] Die Arbeitsweise der nationalen Parlamente lasse sich mit der Eigendynamik des europäischen Entscheidungsprozesses nicht vollständig in Einklang bringen.[77]

Diese Diskussion konnte hier nur kurz angerissen werden. Sie ist auch sicherlich noch nicht abgeschlossen. Auch ist zu beachten, dass die Beantwortung der Frage, welcher Strang innerhalb der dualen Legitimation gestärkt werden soll, vor allem damit zusammenhängt, welche Entwicklung die EU weiterhin nehmen soll. Diejenigen, die sich langfristig vorstellen können, dass die EU ein Bundesstaat wird, werden die Rolle des Europäischen Parlaments stärken wollen. Diejenigen, die darauf bedacht sind, dass die Souveränität der Mitgliedstaaten erhalten und die EU weiterhin ein Staatenverbund bleibt, werden die Bedeutung der nationalen Parlamente erhalten wollen. Daher handelt es sich letztlich um eine politische und nicht um eine rechtliche Diskussion.

II) Ergebnis und Zusammenfassung

Tatsächlich ist die Behauptung, die EU leide an einem demokratischen Defizit nicht richtig. Mögen auch häufig Defizite bei der Vermittlung der Tätigkeit der Europäischen Union gegenüber der Öffentlichkeit bestehen, ändert dies doch nichts daran, dass die von der EU ausgeübte Hoheitsgewalt formal demokratisch legitimiert ist. Dies bedeutet jedoch nicht, dass eine Stärkung des Legitimationsniveaus nicht möglich und sicher auch wünschenswert wäre.

Die Legitimation wird über zwei Stränge vermittelt. Sowohl das Europäische Parlament als auch die nationalen Parlamente haben teil daran. Man wird nicht leugnen können, dass das Europäische Parlament in den letzten zehn Jahren, also seit der durch den Vertrag von Maastricht angestoßenen Diskussion über die demokratische Legitimation der EU, seine Stellung innerhalb des Institutionengefüges gefestigt hat. Es hat oft selbstbewusst von seinen Rechten Gebrauch gemacht und wird von der Öffentlichkeit stärker wahrgenommen. Es war also tatsächlich in der Lage die von den Vertretern der Theorie des strukturellen Demokratiedefizites geforderte Öffentlichkeit selbst herzustellen. Damit hat zwar einerseits das Europäische Parlament als eigenständiger Legitimationsstrang eine immer größere Bedeutung erfahren und es kann heute nicht mehr davon gesprochen werden, dass es nur neben die durch die nationalen Parlamente vermittelte Legitimation tritt[78], oder dass es gar nur ein demokratisches Dekorum darstelle.[79] Auf der anderen Seite darf aber nicht übersehen werden, dass die EU nach wie vor nur ein Staatenverbund ist, in dem die Interessen der verschiedenen Mitgliedstaaten in einen Ausgleich gebracht werden müssen. Dies setzt voraus, dass der im Rat artikulierte Wille der Mitgliedstaaten über eine demokratische Rückkopplung an das jeweilige nationale Parlament verfügt. Die Legitimation über die nationalen Parlamente dient der Wahrung der nationalen und regionalen Interessen der Mitgliedstaaten und

---

[76] *Maurer*, Parlamentarische Demokratie in der Europäischen Union, 2002, S. 385.
[77] *König*, Die Übertragung von Hoheitsrechten im Rahmen des europäischen Integrationsprozesses, 2000, S. 599.
[78] So das BVerfG in BVerfG E 89, 155, 185 - *Maastricht*.
[79] So *Huber*, Die Rolle des Demokratieprinzips im europäischen Integrationsprozeß, Staatswissenschaften und Staatspraxis 1992, 349, 358.

der Absicherung des Subsidiaritätsprinzips.[80] Der praktische Erfolg der europäischen Gesetzgebung hängt auch von einer Rückbindung an die nationale Ebene ab. Diese kann niemals durch das Europäische Parlament, das die nationalen Besonderheiten nicht kennt, ersetzt werden. Daher ist die duale Legitimation nicht nur der Ist-, sondern der in den bisherigen Verträgen angelegte Soll-Zustand.[81]

Idealerweise wird die demokratische Legitimation der Handlungen der Europäischen Union daher durch das Zusammenwirken der beiden Stränge erreicht. Während das Europäische Parlament seine Kontrollfunktion aus dem Blickwinkel des gesamteuropäischen Interesses ausführt, legitimieren die nationalen Parlamente das Handeln ihres Vertreters im Rat auch unter dem Blickwinkel ihrer nationalen Interessen.[82] Solange eine Entwicklung der Europäischen Union zu einem Bundesstaat politisch nicht gewollt ist, sondern die nationale Souveränität der Mitgliedstaaten erhalten bleiben soll, ist dies die einzige angemessene Art der demokratischen Legitimation. Daher darf eine Ausweitung der Kompetenzen des Europäischen Parlaments nicht zu Lasten der Mitwirkungsrechte der nationalen Parlamente gehen. Beide Stränge müssen vielmehr gleichmäßig gestärkt werden, da sie Legitimation auf unterschiedlichen Ebenen vermitteln.[83] In der Politikwissenschaft wird hierfür der Begriff des *Mehrebenenparlamentarismus* verwendet.[84] Beide parlamentarischen Ebenen erfüllen einen bedeutenden Beitrag bei der Legitimation der EU. Für das Europäische Parlament heißt das vor allem, dass seine Mitwirkungsrechte in den Bereichen gestärkt werden müssen, in denen es bisher nur angehört wird. Das betrifft überwiegend Rechtsakte aus der so genannten zweiten und dritten Säule. Welche Bedeutung die beiden parlamentarischen Ebenen in der Praxis der europäischen Rechtsetzung tatsächlich erlangen, hängt dann vor allem davon ab, wie selbstbewusst sie von ihren Rechten Gebrauch machen. Hier droht das Europäische Parlament den nationalen Parlamenten den Rang abzulaufen. Zu beachten ist noch, dass die Legitimationskette zu den nationalen Parlamenten immer dann brüchig wird, wenn Entscheidungen im Rat mit Mehrheit getroffen werden. Hier muss das am gesamteuropäischen Interesse orientierte Europäische Parlament die Legitimation auffangen.

Auch wenn die beiden parlamentarischen Ebenen getrennt Legitimation vermitteln, ist doch eine Zusammenarbeit zwischen den nationalen Parlamenten und dem Europäischen Parlament für beide Seiten hilfreich. Die Zusammenarbeit vermittelt aber nicht als solche Legitimation, sondern dient nur der Unterstützung der beiden Ebenen bei ihrer jeweils eigenen Legitimationsleistung.

---

[80] *Hansmeyer*, Die Mitwirkung des Deutschen Bundestages an der europäischen Rechtsetzung, 2001, S. 101.

[81] *Kamann*, Die Mitwirkung der Parlamente der Mitgliedstaaten an der europäischen Gesetzgebung, 1997, S. 257; *Magiera*, Die Arbeit des europäischen Verfassungskonventes und der Parlamentarismus, DÖV 2003, 578, 579.

[82] *Magiera*, Die Arbeit des europäischen Verfassungskonvente und der Parlamentarismus, DÖV 2003, 578, 582.

[83] *Katz/Weßels*, The European Parliament, the National Parliaments and European Integration, 1999, S. 3; *Cygan*, National Parliaments in an integrated Europe, 2001, S. 221; *Friedrich Ebert Stiftung*, Arbeitsgruppe Europäische Integration, Arbeitspapier Nr. 13, 2002, S. 3.

[84] *Maurer*, Parlamentarische Demokratie in der Europäischen Union, 2002, S. 21.

Zusammenfassend kann man festhalten, dass die demokratische Legitimation der von der Europäischen Union ausgeübten Hoheitsgewalt dual vermittelt wird. Sowohl die nationalen Parlamente, als auch das Europäische Parlament spielen dabei eine wichtige Rolle. Zwar gibt es unterschiedliche Auffassungen zu der Frage, welcher der beiden Legitimationsstränge der wichtigere sei, einig ist man sich aber darüber, dass die nationalen Parlamente einen wesentlichen Anteil an der demokratischen Legitimation der EU haben. Eine Vollparlamentarisierung in dem Sinne, dass das Europäische Parlament einziges Gesetzgebungsorgan wird, wäre mit der Verfassungsstruktur der Europäischen Union nicht vereinbar.[85] Die duale demokratische Legitimation der EU ist kein Übergangsstadium, sondern der verfassungsdogmatisch geforderte Modus demokratischer Legitimation.[86]

B) Europarechtliche Vorgaben für die Einbindung nationaler Parlamente

Es wurde soeben herausgearbeitet, dass die nationalen Parlamente eine wesentliche Rolle bei der demokratischen Legitimierung des hoheitlichen Handelns der Europäischen Union spielen. Überblicksartig haben die nationalen Parlamente auf europäischer Ebene im Wesentlichen drei Funktionen: Sie ratifizieren nach den nationalen Rechtsordnungen Änderungen des Primärrechts, sie setzen europäische Richtlinien in nationales Recht um und sie kontrollieren die Mitglieder ihrer Regierung im Rat.[87] Gleichwohl sind sie in den geltenden Verträgen an keiner Stelle erwähnt. In Art. 7 EG sind als Organe der Europäischen Gemeinschaften lediglich das Europäische Parlament, der Rat, die Kommission, der Gerichtshof und der Rechnungshof erwähnt. Art. 48 Abs. 3 EU spricht davon, dass Änderungen des Vertrages von allen Mitgliedstaaten gemäß ihren verfassungsrechtlichen Vorschriften ratifiziert werden müssen, weist aber nicht darauf hin, dass dies insbesondere durch Zustimmung des Parlaments geschehen kann. Art. 249 Abs. 3 EG geht davon aus, dass die Umsetzung von Richtlinien durch die innerstaatlichen Stellen erfolgt, bezeichnet diese innerstaatlichen Stellen jedoch nicht näher. Es wird ausdrücklich erwähnt, dass die umsetzende staatliche Stelle häufig das nationale Parlament sein wird. Die dritte Funktion schließlich, die nationale Parlamente im Zusammenhang mit der europäischen Integration zu erfüllen haben, nämlich die Kontrolle der Regierungsvertreter im Rat, findet keinerlei Niederschlag in den Verträgen.

I) Anerkennung der nationalen Parlamente auf der Ebene der Europäischen Union

Dass die nationalen Parlamente in den Verträgen an keiner Stelle ausdrücklich erwähnt sind, heißt nicht, dass sie nicht als Akteure im europäischen Integrationsprozess anerkannt wären. Bis 1979 hatten sie sogar eine ausdrücklich im Primärrecht genannte Funktion. Gemäß Art. 21 Abs. 1 EGKSV, Art. 138 Abs. 1 EWGV und Art. 107 Abs. 1

---

[85] *Huber*, Die parlamentarische Demokratie unter den Bedingungen der europäischen Integration, in: *Huber/Mößle/Stock* (Hrsg.), Zur Lage der parlamentarischen Demokratie,1995, S. 127; *Kamann*, Die Mitwirkung der Parlamente der Mitgliedstaaten an der europäischen Gesetzgebung, 1997, S. 259.
[86] *Kluth*, Die demokratische Legitimation der Europäischen Union, 1997, S. 95.
[87] *Bieber*, Demokratische Legitimationen in Europa, Die Union 1999, 55, 58; *Maurer/Becker*, Die Europafähigkeit der nationalen Parlamente, SWP-Studie, Juni 2004, S. 7.

EAGV (jeweils in alter Fassung) setzte sich das Europäische Parlament damals nämlich aus Vertretern der nationalen Parlamente zusammen. Es handelte sich also um eine reine Delegiertenversammlung, die freilich keine Mitbestimmungsrechte hatte, sondern nur vom Rat angehört wurde. Mit der ersten Direktwahl 1979 verloren die nationalen Parlamente diese Stellung, die ihnen eine direkte Verbindung zu den europäischen Institutionen gesichert hatte. Da in der Folgezeit das politische Interesse vor allem dahin ging, die Stellung des Europäischen Parlaments aufzuwerten, dauerte es bis in die 90er Jahre bis die Stellung der nationalen Parlamente wieder ausdrücklich anerkannt wurde. Die Regierungskonferenz von Maastricht fügte dem Maastrichter Vertrag die Erklärung Nr. 13 zur Rolle der einzelstaatlichen Parlamente in der Europäischen Union bei.[88]

Darin heißt es

"Die Konferenz hält es für wichtig, eine größere Beteiligung der einzelstaatlichen Parlamente an den Tätigkeiten der Europäischen Union zu fördern.

Zu diesem Zweck ist der Informationsaustausch zwischen den einzelstaatlichen Parlamenten und dem Europäischen Parlament zu verstärken. In diesem Zusammenhang tragen die Regierungen der Mitgliedstaaten unter anderem dafür Sorge, dass die einzelstaatlichen Parlamente zu ihrer Unterrichtung und gegebenenfalls zur Prüfung rechtzeitig über die Vorschläge für Rechtsakte der Kommission verfügen.

Nach Ansicht der Konferenz ist es ferner wichtig, dass die Kontakte zwischen den einzelstaatlichen Parlamenten und dem Europäischen Parlament insbesondere dadurch verstärkt werden, dass hierfür geeignete gegenseitige Erleichterungen und regelmäßige Zusammenkünfte zwischen Abgeordneten, die an den gleichen Fragen interessiert sind, vorgesehen werden."

Diese Erklärung ist zwar nicht bindend im Sinne eines völkerrechtlichen Vertrages, dürfte aber ein auslegendes Instrument im Sinne von Art. 31 Abs. 2 der Wiener Vertragsrechtskonvention sein[89] und führte auf jedem Fall zu einer Selbstbindung der Mitgliedstaaten.[90] Das Augenmerk der Erklärung liegt vor allem darauf, die Information der nationalen Parlamente zu verbessern. Dagegen macht die Erklärung keinerlei Vorgaben hinsichtlich einer Mindestbeteiligung der nationalen Parlamente am europäischen Willensbildungsprozess.

1997 wurde die Rolle der nationalen Parlamente dadurch aufgewertet, dass den Verträgen mit dem Inkrafttreten des Vertrages von Amsterdam ein Protokoll über die Rol-

---

[88] Erklärung Nr. 13 zur Schlußakte der Maastrichter Konferenz vom 7. Februar 1992 zur Rolle der einzelstaatlichen Parlamente in der Europäischen Union, ABl. EG 1992 C 191, S. 100.

[89] *Weber*, Die Rolle der nationalen Parlamente in der Verfassungsentwicklung der Europäischen Union, in: *Wollenschläge/Kreßel/Eggexr* (Hrsg.), Festschrift für Hans Hablitzel, 2005, S. 325, 328.

[90] *König*, Die Übertragung von Hoheitsrechten im Rahmen des europäischen Integrationsprozesses, 2000, S. 598.

le der einzelstaatlichen Parlamente beigefügt wurde.[91] Dieses Protokoll ist, obwohl nicht in den Verträgen zur Gründung der EG und der EU selbst integriert, rechtlich verbindlich.[92] In dem Protokoll wird zunächst der Wunsch geäußert, eine stärkere Beteiligung der einzelstaatlichen Parlamente an den Tätigkeiten der Europäischen Union zu fördern und ihnen bessere Möglichkeiten zu geben, sich zu Fragen, die für sie von besonderem Interesse sein können, zu äußern. Sodann gliedert sich das Protokoll in zwei Teile. Im ersten Teil werden Mindestanforderungen an die Unterrichtung der Parlamente der Mitgliedstaaten dahingehend gestellt, dass ihnen alle Vorschläge für Rechtsakte rechtzeitig zugeleitet werden sollen. Außerdem sollen zwischen dem Zeitpunkt, zu dem ein Vorschlag dem Rat und dem Europäischen Parlament zugeleitet wird und dem Zeitpunkt der Beschlussfassung im Rat mindestens sechs Wochen liegen. Im zweiten Teil wird die Konferenz der Europaausschüsse, kurz *COSAC*[93], auf die unten noch näher einzugehen sein wird, ausdrücklich anerkannt und ihr ein Selbstbefassungsrecht eingeräumt. Die Ausführungen zur COSAC betreffen vor allem die Justiz- und Innenpolitik. Damit soll die in diesem Bereich bestehende geringe Kontrolle durch das Europäische Parlament, das bei Maßnahmen in der dritten Säule der EU nur angehört wird, kompensiert werden.[94] Ebenso wie die Erklärung zum Vertrag von Maastricht macht auch das Protokoll Nr. 9 keine Vorgaben hinsichtlich einer Mindestbeteiligung der nationalen Parlamente. Keine der Regierungen wird gezwungen, die Sechswochenfrist für ein Beratungs- oder Konsultationsverfahren in ihrem Parlament zu nutzen.[95] Trotzdem bedeutete das Protokoll eine Aufwertung der nationalen Parlamente, da es in völkerrechtlich verbindlicher Form ihre Rolle anerkannte.

II) Zukünftige Rolle der nationalen Parlamente nach dem Entwurf des Vertrages über eine Verfassung für Europa

Auf der Regierungskonferenz von Nizza im Jahr 2001 wurde das Protokoll über die Rolle der nationalen Parlamente nicht geändert. Jedoch wurde die Frage der Beteiligung der nationalen Parlamente in den so genannten "Post-Nizza-Prozess" mit aufgenommen. In der Erklärung zur Zukunft der Union[96] war vorgesehen, dass im Rahmen des weiteren Reformprozesses unter anderem folgende Frage geklärt werden sollte: "*die Rolle der nationalen Parlamente in der Architektur Europas*". Entsprechend wurde die Rolle der Parlamente auf der Regierungskonferenz von Laeken im Dezember

---

[91] Protokoll Nr. 9 zum Vertrag über die Europäische Union und zu den Verträgen zur Gründung der Europäischen Gemeinschaft und der Europäischen Atomgemeinschaft über die Rolle der einzelstaatlichen Parlamente in der Europäischen Union 1997, ABl. EG 1997 C 340, S. 113.

[92] *Friedrich Ebert Stiftung*, Arbeitsgruppe Europäische Integration, Die Rolle der Nationalen Parlamente in der europäischen Integration, Arbeitspapier Nr. 13, 2002, S. 4.

[93] Conférence des organes spécialisés dans les affaires communitaires et européennes des parlements de l'Union européenne.

[94] *Friedrich Ebert Stiftung*, Arbeitsgruppe Europäische Integration, Die Rolle der Nationalen Parlamente in der europäischen Integration , Arbeitspapier Nr. 13, 2002, S. 6.

[95] *Friedrich Ebert Stiftung*, Arbeitsgruppe Europäische Integration, Die Rolle der Nationalen Parlamente in der europäischen Integration, Arbeitspapier Nr. 13, 2002, S. 4.

[96] Erklärung Nr. 13 zur Zukunft der Union zum Vertrag von Nizza zur Änderung des Vertrages über die Europäische Union, der Verträge zur Gründung der Europäischen Gemeinschaften sowie einiger damit zusammenhängender Rechtsakte, ABl. EG 2001 C 80, S. 85.

2001 in das Mandat für den Europäischen Verfassungskonvent aufgenommen[97] und innerhalb des Europäischen Konvents eine Gruppe "Einzelstaatliche Parlamente" gebildet. Diese legte am 22. Oktober 2002 ihren Schlussbericht vor.[98] Darin empfahl sie die Anerkennung der Rolle der einzelstaatlichen Parlamente im Verfassungsvertrag, eine bessere und unmittelbare Unterrichtung der nationalen Parlamente, die Einführung eines "Frühwarnmechanismus" zur Kontrolle des Subsidiaritätsprinzips durch die nationalen Parlamente, eine engere Zusammenarbeit und einen intensiveren Austausch zwischen den einzelstaatlichen Parlamenten und eine verstärkte Einbeziehung der einzelstaatlichen Parlamente in die Ausarbeitung der Grundzüge der EU-Politik.

Diese Vorschläge wurden im Entwurf für den Vertrag über eine Verfassung für Europa[99] weitgehend aufgegriffen. Die nationalen Parlamente sollten im Verfassungsvertrag mehrmals ausdrücklich genannt werden.[100] Dies bedeutete einen Systemwechsel gegenüber den bisherigen Verträgen, die sich nur an die Mitgliedstaaten in ihrer Gesamtheit wenden.[101] Da das Ratifizierungsverfahren nicht in allen Mitgliedstaaten erfolgreich verlaufen ist, haben die Mitgliedstaaten zwischenzeitlich das Ziel aufgegeben, den Verfassungsvertrag in Kraft zu setzen. Stattdessen soll ein Reformvertrag ausgearbeitet werden, der die bestehenden Verträge ändert. Doch sollen die Rechte der nationalen Parlamente auch durch diesen Vertrag aufgewertet werden. Nach dem Konzept des Reformvertrages soll in den EUV folgender Artikel über die Rechte der nationalen Parlamente eingefügt werden:

"Die nationalen Parlamente tragen aktiv zur reibungslosen Funktionsweise der Union bei, indem sie

a) von den Organen der Union unterrichtet werden und ihnen die Entwürfe von Europäischen Gesetzgebungsakten gemäß dem Protokoll über die Rolle der nationalen Parlamente in der Europäischen Union zugeleitet werden;

b) dafür sorgen, dass der Grundsatz der Subsidiarität gemäß den Verfahren nach dem Protokoll über die Anwendung der Grundsätze der Subsidiarität und der Verhältnismäßigkeit beachtet wird;

c) sich im Rahmen des Raums der Freiheit, der Sicherheit und des Rechts an den Mechanismen zur Bewertung der Durchführung der Unionspolitiken in diesem Bereich nach Artikel [III-260] beteiligen und in die politische Kontrolle von Europol und die Bewertung der Tätigkeit von Eurojust nach den Artikeln [III-276 und III-273] einbezogen werden;

---

[97] Europäischer Rat, Erklärung von Laeken- Die Zukunft der Europäischen Union , 15.12.2001, http://european-convention.eu.int.

[98] Schlußbericht der Gruppe IV über die Rolle der einzelstaatlichen Parlamente vom 22. Oktober 2002, CONV 353/02, http://european-convention.eu.int.

[99] Vertrag über eine Verfassung für Europa, ABl. EG 2004, C 310, S. 1.

[100] Art. I-11; Art. I-18; Art. I-42 Abs. 2; Art. I-58 Abs.2; Art. III-259; Art. III-261; Art. III-273 Abs. 1; Art. III-276 Abs.2 ; Art. IV-443 EVV.

[101] *Hölscheidt*, Europatauglichkeit des Grundgesetzes, in: *Derra* (Hrsg.), Freiheit, Sicherheit und Recht, 2006, S. 213.

d) sich an den Verfahren zur Änderung der Verträge nach Artikel [IV-443 und IV-444] beteiligen;

e) über Anträge auf Beitritt zur Union nach Artikel [49] unterrichtet werden;

f) sich an der interparlamentarischen Zusammenarbeit zwischen den nationalen Parlamenten und mit dem Europäischen Parlament gemäß dem Protokoll über die Rolle der nationalen Parlamente in der Europäischen Union beteiligen."[102]

Eine tatsächliche Aufwertung ihrer Rechte ist durch die Einführung des so genannten "Frühwarnmechanismus" geplant, mit welchem die nationalen Parlamente an der Kontrolle der Einhaltung des Subsidiaritätsprinzips mitwirken sollen. Die Einzelheiten sind im Entwurf des Protokolls über die Anwendung der Grundsätze der Subsidiarität und der Verhältnismäßigkeit enthalten.[103] Dieses sieht in seinem Art. 6 vor, dass die nationalen Parlamente oder die Kammern eines dieser Parlamente binnen acht Wochen[104] nach dem Zeitpunkt der Übermittlung eines Entwurfs eines Europäischen Gesetzgebungsakts in einer begründeten Stellungnahme an die Präsidenten des Europäischen Parlaments, des Rates und der Kommission darlegen können, weshalb der Entwurf ihres Erachtens nicht mit dem Subsidiaritätsprinzip vereinbar ist. Die Stellungnahme muss vom Adressaten berücksichtigt werden. Erreicht die Anzahl der begründeten Stellungnahmen, wonach der Entwurf eines Europäischen Gesetzgebungsakts nicht mit dem Subsidiaritätsprinzip im Einklang stehe, mindestens ein Drittel der Gesamtzahl der den nationalen Parlamenten zugewiesenen Stimmen, so muss der Entwurf gemäß Art. 7 des Protokolls überprüft werden. Zwar können die nationalen Parlamente schon jetzt im Rahmen der Kontrolle der Ratsvertreter auch eine Subsidiaritätsprüfung durchführen, doch gäbe ihnen das neue Verfahren die Möglichkeit, sich mit ihrer Subsidiaritätsrüge unmittelbar an die Kommission zu wenden. Das Verfahren hat das Potenzial bei bedachter und abgestimmter Anwendung die Rolle der nationalen Parlamente im Institutionengefüge der EU nachhaltig zu stärken.[105]

Schließlich soll auch das Protokoll über die Rolle der nationalen Parlamente in der Europäischen Union neugefasst worden.[106] Nach Art. 1 und 2 des Entwurfes des Protokolls sollen den nationalen Parlamenten künftig Konsultationsdokumente und Vorschläge für Rechtsakte unmittelbar durch die Kommission bzw. das Europäische Parlament zugeleitet werden und nicht vermittelt durch die Regierungen.

Noch ist diese Stärkung der Rolle der nationalen Parlamente Zukunftsmusik. Fest steht aber, dass die Bedeutung der nationalen Parlamente für die Legitimierung des europäi-

---

[102] Vermerk des Generalsekretariates des Rates vom 26. Juni 2007, Mandat für die RK 2007, Doc. 11218/07, S. 13.
[103] Vertrag über eine Verfassung für Europa, ABl. EG 2004, C 310, S. 207.
[104] Nach dem Konzept des Reformvertrages sollen die nationalen Parlamente nicht nur sechs, sondern acht Wochen zur Prüfung der Gesetzentwürfe Zeit haben; Vermerk des Generalsekretariates des Rates vom 26. Juni 2007, Mandat für die RK 2007, Doc. 11218/07, S. 4.
[105] *Meyer/Hölscheidt*, Die Europäische Verfassung aus der Sicht des Deutschen Bundestages, integration 2003, 345, 348; *Range*, Europäische Verfassung: Neue EU-Kompetenzen für den Deutschen Bundestag, 2004, S. 3; *Kietz*, Der Bundestag in der Europapolitik, SWP-Aktuell 19, Mai 2005, S. 3.
[106] Vertrag über eine Verfassung für Europa, ABl. EG 2004, C 310, S. 204.

schen Integrationsprozesses in letzter Zeit erhöhte Aufmerksamkeit erfahren hat. Dies sollte ihnen unabhängig vom Inkrafttreten des Vertrages das notwendige Selbstbewusstsein geben, ihre Rolle im europäischen Willensbildungsprozess effektiv wahrzunehmen.

Nicht aufgegriffen wurden im Rahmen der Verfassungsdebatte solche Vorschläge, die eine Aufwertung der nationalen Parlamente durch Schaffung eines neuen, aus Vertretern der nationalen Parlamente zusammengesetzten Gremiums bzw. einer weiteren parlamentarischen Kammer auf europäischer Ebene vorgesehen hatten. Entsprechende Optionen waren im Vorfeld der Verfassungsdebatte auf höchster politischer Ebene geäußert worden.[107] Letztlich wurde allerdings davon Abstand genommen, da eine zusätzliche Verkomplizierung des Institutionengefüges befürchtet wurde.[108] Auch wäre dies nicht im Sinne des Modells einer dualen Legitimation. Das einzelne nationale Parlament kann nur das Handeln seines Regierungsvertreters demokratisch legitimieren. Dafür bedarf es aber keines Gremiums auf europäischer Ebene, sondern nur einer effektiven Wahrnehmung der im nationalen Recht verankerten Kontrollrechte.

III) Grenzen der Mitwirkung nationaler Parlamente

Den europäischen Verträgen können also - bisher - noch keine zwingenden Anforderungen an die Mitwirkungsrechte der nationalen Parlamente entnommen werden. Ergänzend stellt sich noch die umgekehrte Frage, ob sich in den europäischen Verträgen Grenzen für die Mitwirkung der nationalen Parlamente finden. Diskutiert wird, ob eine starke Beteiligung der nationalen Parlamente gegen Art. 10 EG verstoßen könnte. Art. 10 EG verlangt:

"Die Mitgliedstaaten treffen alle geeigneten Maßnahmen allgemeiner oder besonderer Art zur Erfüllung der Verpflichtungen, die sich aus diesem Vertrag oder aus Handlungen der Organe der Gemeinschaft ergeben. Sie erleichtern die Erfüllung dieser Aufgabe.
Sie unterlassen alle Maßnahmen, welche die Verwirklichung der Ziele dieses Vertrages gefährden könnten."

Denkbar ist, dass es gegen diesen Grundsatz der Zusammenarbeit verstoßen würde, wenn eine nationale Regierung an eine Stellungnahme des Parlaments gebunden wäre und deshalb einem Rechtsakt nicht zustimmen könnte.[109] Die ganz überwiegende Meinung geht jedoch davon aus, dass auch bei einer Bindung an die Stellungnahme des Parlaments ein Widerspruch mit Art. 10 EG nicht gegeben ist. Ein solcher würde nur

---

[107] *Maurer*, National Parliaments in the European Architecture, in: *Maurer/Wessels* (Hrsg.), National Parliaments on their ways to Europe, 2001, S. 32; *Pernice*, The Role of National Parliaments in the European Union, WHI-Paper 5/01, 2001, S. 12; *Friedrich Ebert Stiftung*, Arbeitsgruppe Europäische Integration, Arbeitspapier Nr. 13, 2002, S. 7.

[108] *Lais*, Die Rolle der nationalen Parlamente in einer künftigen europäischen Verfassung, ZEuS 2003, 187, 190; *Magiera*, Die Arbeit des europäischen Verfassungskonvents und der Parlamentarismus, DÖV 2003, 578, 580; *Maurer/Becker*, Die Europafähigkeit der nationalen Parlamente, SWP-Aktuell, Juni 2004, S. 10.

[109] So *Everling*, Überlegungen zur Struktur der Europäischen Union und zum neuen Europa-Artikel des Grundgesetzes, DVBl. 1993, 936, 946.

dann eintreten, wenn die nationalstaatlichen Regelungen eine Mitwirkung des Parlaments vorsähen, die von vornherein auf die Verhinderung von flexiblen und kompromissbereiten Verhalten gerichtet wäre, so dass die Funktionsfähigkeit des Rates nicht mehr gegeben wäre.[110] Auch sei die Rückkopplung der europäischen an die nationale Ebene gerade Sinn der Ratskonstruktion. Darin könne auch bei starker Beteiligung des Parlaments keine Obstruktion gesehen werden.[111] Dies ist überzeugend. Die Gegenauffassung verkennt, dass der Regierungsvertreter im Rat die Meinung seines Mitgliedstaates vertritt. Wie diese Position zustande gekommen ist und ob der Regierungsvertreter an die Auffassung seiner Regierung oder seines Parlaments gebunden ist, interessiert die europäische Rechtsordnung nicht.

C) Beteiligung der Parlamente der Mitgliedstaaten im Überblick

Auch wenn einige Mindestrechte der nationalen Parlamente, wie das Recht auf rechtzeitige Information, zwischenzeitlich auf europäischer Ebene anerkannt sind, ist es doch jedem einzelnen Mitgliedstaat selbst überlassen, wie er die Mitwirkung seines Parlaments ausgestaltet. In welcher Weise die Parlamente zu EU-Vorlagen Stellung nehmen können und welche Wirkung eine solche Stellungnahme hat, regelt jeder Mitgliedstaat selbst. Es darf auch nicht verkannt werden, dass die Parlamente der einzelnen Staaten große Unterschiede aufweisen. In der EU der 25 Mitgliedstaaten gab es 14 Einkammer- und 11 Zweikammerparlamente[112] mit einer jeweils unterschiedlichen Stellung innerhalb des Staates. Wie die einzelnen Parlamente jeweils eingebunden sind, hängt stark vom politischen System und der politischen Tradition des Landes ab.

Trotz der daraus resultierenden Unterschiede im Detail kennen alle Mitgliedstaaten der Europäischen Union Mitwirkungsrechte ihres Parlaments in europäischen Angelegenheiten. Im Folgenden soll ein kurzer Überblick über die Mitwirkungsrechte der verschiedenen Parlamente gegeben werden. Dieser basiert allerdings überwiegend nur auf der Auswertung von Sekundärliteratur und nicht auf Informationen unmittelbar aus den Parlamenten. Da über die zwölf neuen Mitgliedstaaten der EU, die im Jahre 2004 und Anfang 2007 beigetreten sind, noch keine Studien existieren, konzentriert sich die folgende Darstellung auf die Parlamente der alten Mitgliedstaaten, definiert als alle Staaten, die 2004 schon Mitglied waren. Außerdem beschränkt sich die Darstellung jeweils auf eine Kammer des Parlaments, auch wenn - wie z.B. in Österreich oder Großbritannien - mehrere Kammern existieren. Auf die Mitwirkungsrechte des Deutschen Bundestages wird unten[113] ausführlich eingegangen, so dass eine Darstellung hier zunächst unterbleiben kann.

---

[110] *Kaufmann*, Europäische Integration und Demokratieprinzip, 1997, S. 283; *Kamann*, Die Mitwirkung der Parlamente der Mitgliedstaaten an der europäischen Gesetzgebung, 1997, S. 298; *Hansmeyer*, Die Mitwirkung des Deutschen Bundestages an der europäischen Rechtsetzung, 2001, S. 55.

[111] *Classen*, Europäische Integration und demokratische Legitimation, AöR 119 (1994), 238, 254; *Rath*, Entscheidungspotenziale des Deutschen Bundestages in EU-Angelegenheiten, 2001, S. 234.

[112] *Meyer/Hölscheidt*, Die Europäische Verfassung aus der Sicht des Deutschen Bundestages, integration 2003, 345.

[113] Vgl. unten Kapitel 2 B, S. 53 ff.

I) Institutionelle Ausformung der parlamentarischen Mitwirkung an der europäischen Rechtsetzung in den verschiedenen Mitgliedstaaten im Vergleich

Als erstes stellt sich die Frage, ob die Parlamente der Mitgliedstaaten institutionelle Veränderungen vorgenommen haben, um EU-Vorlagen zu behandeln, insbesondere ob sie spezielle Europagremien eingerichtet haben. Die 15 "alten" Mitgliedstaaten hatten alle bis Mitte der 90er Jahre institutionelle Vorkehrungen zur Behandlung von EU-Vorlagen innerhalb ihres Parlaments getroffen.[114] Dabei hatten die meisten der nationalen Parlamente spezielle Gremien zur Behandlung von EU-Vorlagen eingerichtet. Die Stellung und Zusammensetzung dieser Gremien variiert jedoch stark zwischen den einzelnen Mitgliedstaaten. In manchen Mitgliedstaaten werden die europäischen Vorlagen ausschließlich im europäischen Spezialgremium behandelt, in anderen hat der EU-Ausschuss dagegen nur eine koordinierende Funktion, während die eigentliche Beratung in den nach Fachbereichen aufgegliederten Ausschüssen stattfindet.

Im österreichischen Nationalrat werden EU-Vorlagen zentral im Hauptausschuss und seinem EU-Unterausschuss beraten. Der Hauptausschuss kann gegenüber der Regierung unmittelbar eine Stellungnahme abgeben.[115] Im dänischen Parlament werden die EU-Vorlagen zwar in den verschiedenen Fachausschüssen beraten, diese können aber nur Empfehlungen gegenüber dem EU-Ausschuss ("*Europaudvalg*") abgeben, der über das weitere Verfahren entscheidet und als einziger Ausschuss Stellungnahmen gegenüber der Regierung abgeben kann.[116] Ähnlich ist das Modell in Schweden, wo die Fachausschüsse zwar selbst Berichte an das Plenum richten können, zunächst aber an den EU-Ausschuss ("*EU-Nämnden*") herantreten müssen, der der Regierung unmittelbar ein Mandat in europäischen Angelegenheiten erteilen kann,[117] und in Finnland, wo die Vorlagen in den Fachausschüssen vorberaten werden, ein Mandat an die Regierung aber nur vom Großen Ausschuss bzw. in GASP-Angelegenheiten vom Auswärtigen Ausschuss erteilt werden kann.[118] Auch in Portugal und Irland haben die EU-Ausschüsse bei der Behandlung von EU-Vorlagen eine Vorrangstellung gegenüber den Fachausschüssen.[119] Genau umgekehrt ist das Prozedere in Frankreich. Hier hat

---

[114] Übersicht bei *Janowski*, Die nationalen Parlamente und ihre Europagremien, 2005, S. 70.

[115] *Wohnout*, Die Mitwirkungsrechte des österreichischen Parlaments an der Willensbildung in der EU, Die Union 1999, 69, 78; *Blümel/Neuhold*, The Parliament of Austria: A Large Potential with little implications, in: *Maurer/Wessels* (Hrsg.), National Parliaments on their ways to Europe, 2001, S. 328; *Janowski*, Die nationalen Parlamente und ihre Europagremien, 2005, S. 100.

[116] *Arter*, The Folketing and Denmarks European Policy, in: *Norton* (Hrsg.), National Parliaments and the European Union, 1995, S. 120; *Jensen*, Prior Parliamentary Consent to Danish EC Policies, in: *Smith* (Hrsg.), National Parliaments as cornerstones of European integration, 1996, S. 44; *Janowski*, Die nationalen Parlamente und ihre Europagremien, 2005, S. 105.

[117] *Hegeland*, The Parliament of Sweden: A Successful Adapter in the European Arena, in: *Maurer/Wessels* (Hrsg.), National Parliaments on their ways to Europe, 2001, S. 384; *Janowski*, Die nationalen Parlamente und ihre Europagremien, 2005, S. 112 ff.

[118] *Raunio*, The Parliament of Finland: A Model Case for effective Scrutiny?, in: *Maurer/Wessels* (Hrsg.), National Parliaments on their ways to Europe, 2001, S. 180; *Hegeland/Neuhold*, Parliamentary Participation in EU affairs in Austria, Finland and Sweden, EioP 2002, No.10, 5.

[119] *Laffan*, The Parliament of Ireland: A Passive Adapter coming in from the cold, in: *Maurer/Wessels* (Hrsg.), National Parliaments on their ways to Europe, 2001, S. 260; *Fraga*, The Parliament of Portugal: Loyal Scrutiny and Informal Influence, in: ebd., 2001, S. 367; *Janowski*, Die nationalen Parlamente und ihre Europagremien, 2005, S. 175.

die EU-Delegation ("*Delegation de l'Assemblée Nationale de l'Union Européene*") nur beratende Funktion. Stellungnahmen an die Regierung können nur von den Fachausschüssen vorbereitet werden.[120] Ähnlich ist es in Belgien, in den Niederlanden, und in Spanien. Das "*Comité d'avis chargé de questions européenes*" (Belgien), die "*Vaste Commissie voor Europese Zaken*" (Niederlande) und die "*Comisión mixta para la Unión Europea*" (Spanien) haben nur beratende Funktion gegenüber den Fachausschüssen und dem Plenum.[121] Auch in Italien liegt die Hauptverantwortung für die Beratung europäischer Vorlagen nach wie vor bei den Fachausschüssen und nicht beim EU-Ausschuss.[122] Die "*Epitropi Europaikon Ypothesson*" des griechischen Parlaments hat eine besonders schwache Stellung. Sie tritt nur sehr selten zusammen und erarbeitet lediglich allgemein gehaltene Berichte.[123] Das britische Parlament ist ein klassisches Redeparlament. Daher ist die Vorauswahl an EU-Dokumenten hier auch nicht auf die Vorbereitung von Stellungnahmen, sondern zunächst auf die Auswahl für eine Debatte gerichtet. Die solchermaßen vom "*European Scrutiny Committee*" ausgewählten Vorlagen werden in drei "*European Standing Committees*" debattiert, die nach europäischen Politikbereichen untergliedert sind.[124] Ausnahmsweise kann die Debatte auch unmittelbar im Plenum erfolgen.[125] Die anderen nach Fachbereichen gegliederten "*Select Committees*", können sich zwar auch mit europäischen Vorlagen befassen, tun dies aber in aller Regel nicht.[126] Keinen speziellen EU-Ausschuss hat das Parlament von Luxemburg. Hier werden europäische Vorlagen, die Änderungen des Primärrechts betreffen, im Ausschuss für Äußeres, Verteidigung und europäische Angelegenheiten ("*Commission des Affaires étrangères et européenes et de la Défense*") mitbehandelt. Vorlagen für Sekundärrechtsakte werden in den Fachausschüssen beraten.[127]

Obwohl also in allen genannten nationalen Parlamenten Sondergremien für Angelegenheiten der Europäischen Union existieren, sind große Unterschiede zwischen ihrer

---

[120] *Dubois*, The European Union: An opportunity for the French Parliament to recover powers?, in: *Smith* (Hrsg.), National Parliaments as cornerstones of European Integration, 1996, S. 54; *Szukala/Rozenberg*, The French Parliament and the EU: Progressive Assertion and Strategic Investment, in: *Maurer/Wessels* (Hrsg.), National Parliaments on their ways to Europe, 2001, S. 223; *Janowski*, Die nationalen Parlamente und ihre Europagremien, 2005, S. 128.

[121] *Basabe Lloréns/González Escudero*,The Parliament of Spain: Slowly Moving onto the European Direction?, in: *Maurer/Wessels* (Hrsg.), National Parliaments on their ways to Europe, 2001, S. 207; *Vandevivre*, The Federal Parliament of Belgium, in: ebd., S. 80; *Hoetjes*, The Parliament of the Netherlands and the European Union: Early Starter, Slow Mover, in: ebd., 2001, S. 353 f; *Janowski*, Die nationalen Parlamente und ihre Europagremien, 2005, S. 148, S. 153, S. 168 und S. 177.

[122] *Bindi Calussi/Grassi*, The Parliament of Italy: From benevolent Observer to Active Player, in: *Maurer/Wessels* (Hrsg.), National Parliaments on their ways to Europe, 2001, S. 278.

[123] *Zervakis/Yannis*, The Parliament of Greece: Slow but Constant Moves towards European Integration?, in: *Maurer/Wessels* (Hrsg.), National Parliaments on their ways to Europe, 2001, S. 160.

[124] *Norton* , The United Kingdom, Political Conflict, Parliamentary Scrutiny, in: *Norton* (Hrsg.) , National Parliaments and the European Union, 1995, S. 96; *Carter*, The Parliament of the United Kingdom: From Supportive Scrutiny to Unleashed Control?, in: *Maurer/Wessels* (Hrsg.), National Parliaments on their ways to Europe, 2001, S. 404; *Janowski*, Die nationalen Parlamente und ihre Europagremien, 2005, S. 138.

[125] *Cygan*, National Parliaments in an integrated Europe, 2001, S. 62.

[126] *Cygan*, National Parliaments in an integrated Europe, 2001, S. 73.

[127] *Bossaert*, The Luxembourg Chamber of Deputies: From a toothless tiger to a critical watchdog?, in: *Maurer/Wessels* (Hrsg.), National Parliaments on their ways to Europe, 2001, S. 303; *Janowski*, Die nationalen Parlamente und ihre Europagremien, 2005, S. 155f.

Stellung im Verhältnis zu den anderen Ausschüssen und zum Plenum festzustellen. Welche Vor- und Nachteile die unterschiedlichen Strukturen haben, wird später anhand der Aufgabenverteilung innerhalb des Deutschen Bundestages detailliert untersucht werden.

II) Kontrollbasis und Wirkung einer Stellungnahme der mitgliedstaatlichen Parlamente im Vergleich

Unterschiede gibt es auch bei der Menge an Dokumenten, die die Parlamente von ihren Regierungen zugeleitet bekommen. Besonders viele erhält der österreichische Nationalrat. Da er die EU-Vorlagen von allen Regierungsressorts getrennt und überdies häufig in mehreren Sprachfassungen - und daher oft doppelt oder dreifach - überwiesen bekommt, wird geschätzt, dass die Abgeordneten mit ca. 20.000 EU-Vorlagen pro Jahr nahezu überschüttet werden.[128] Das finnische Parlament erhalte dagegen nur etwa 90 EU-Vorlagen pro Jahr.[129] Das Parlament von Belgien und das Parlament von Frankreich erhalten jedes Jahr etwas mehr als 2000 Vorlagen.[130] Wie später noch herausgearbeitet werden wird, werden dem Deutschen Bundestag etwa 800 Vorlagen pro Jahr formal zugeleitet. Ungefähr genauso viele erhält der schwedische Riksdag pro Jahr.[131]

In nahezu allen alten Mitgliedstaaten findet die Kontrolle der EU-Rechtsetzung während des Willensbildungsprozesses, also vor der endgültigen Entscheidung im Rat statt. Nur in Griechenland erfolgt lediglich eine ex-post-Kontrolle.[132] Gemein ist den nationalen Parlamenten, dass sie zu den EU-Vorlagen Stellungnahmen abgeben können. Gering sind die Unterschiede in den einzelnen Mitgliedstaaten auch hinsichtlich der Frage, welche Auswirkungen eine Stellungnahme hat, die das jeweilige Parlament zu einer Vorlage abgibt. In den meisten Mitgliedstaaten bindet eine Stellungnahme zu einer europäischen Vorlage die nationale Regierung rechtlich nicht bei ihren Verhandlungen im Rat. Keine Verpflichtung der Regierung dem Votum des Parlaments zu fol-

---

[128] *Wohnout*, Die Mitwirkungsrechte des österreichischen Parlaments an der Willensbildung in der EU, Die Union 1999, 69, 74; *Blümel/Neuhold*, The Parliament of Austria: A Large Potential with little implications, in: *Maurer/Wessels* (Hrsg.), National Parliaments on their ways to Europe, 2001, S. 325; *Hegeland/Neuhold*, Parliamentary Participation in EU affairs in Austria, Finland and Sweden, EioP 2002, No.10, 8.

[129] *Hegeland/Neuhold*, Parliamentary Participation in EU affairs in Austria, Finland and Sweden, EioP 2002, No.10, 9; *Janowski*, Die nationalen Parlamente und ihre Europagremien, 2005, S. 55.

[130] *Szukala/Rozenberg*, The French Parliament and the EU: Progressive Assertion and Strategic Investment, in: *Maurer/Wessels* (Hrsg.), National Parliaments on their ways to Europe, 2001, S. 238; *Vandevivere*, The Federal Parliament of Belgium: Between Wishes, Rules and Practice, in: ebd., 2001, S. 84.

[131] *Hegeland*, The Parliament of Sweden: A Successful Adapter in the European Arena, in: *Maurer/Wessels* (Hrsg.), National Parliaments on their ways to Europe, 2001, S. 381; *Hegeland/Neuhold*, Parliamentary Participation in EU affairs in Austria, Finland and Sweden, EioP 2002, No.10, 10.

[132] *Kamann*, Die Mitwirkung der Parlamente der Mitgliedstaaten an der europäischen Rechtsetzung, 1997, S. 184; *Zervakis/Yannis*, The Parliament of Greece: Slow but Constant Moves towards European Integration?, in: *Maurer/Wessels* (Hrsg.), National Parliaments on their ways to Europe, 2001, S. 160.

gen, besteht namentlich in Belgien[133], Finnland[134], Frankreich[135], Großbritannien[136], Schweden[137], Italien[138], Irland[139] und in Luxemburg[140]. Eine besonders starke Stellung hat das Parlament von Dänemark. Es kann die Regierung mit seinem vom EU-Ausschuss abgegebenen Votum binden.[141] In der Praxis stellt die Regierung im EU-Ausschuss ihre Position vor und darf mit dieser in die Verhandlungen gehen, sofern das Parlament nicht widerspricht.[142] Auch der österreichische Nationalrat kann bindende Stellungnahmen abgeben. Die Regierung kann allerdings aus zwingenden außen- und integrationspolitischen Gründen davon abweichen.[143] In den Mitgliedstaaten, in denen die Regierung rechtlich gebunden werden kann, sind die Stellungnahmen regelmäßig so formuliert, dass der Regierung ein gewisser Verhandlungsspielraum verbleibt.[144] In den Mitgliedstaaten, in denen die Regierung keiner rechtlichen Bindung unterliegt, trifft sie zumindest eine politische Bindung. Wie stark die ausgelöste politische Bindung ist, hängt vor allem davon ab, wie stark die Stellung des Parlaments allgemein im politischen System des Landes ist. Letztlich unterscheidet sich die tatsächliche Situation in Staaten mit lediglich politischer Bindung häufig nicht wesentlich von der Situation in Staaten mit rechtlicher Bindung. In manchen Staaten gibt es darüber hinaus eine so genannte *parliamentary* oder *scrutiny reserve*. Dies bedeutet, dass die Regierung mit der Abgabe ihres Votums im Rat warten muss, bis sich das Parlament mit einer Vorlage befasst hat. Dadurch kann das Parlament zumindest erreichen, dass

---

133 *Vandevivere*, The Federal Parliament of Belgium: Between Wishes, Rules and Practice, in: *Maurer/Wessels* (Hrsg.), National Parliaments on their ways to Europe, 2001, S. 84.

134 *Raunio*, The Parliament of Finland: A Model Case for effective Scrutiny?, in: *Maurer/Wessels* (Hrsg.), National Parliaments on their ways to Europe, 2001, S. 184.

135 *Dubois*, The European Union: An opportunity for the French Parliament to recover powers?, in: *Smith* (Hrsg.), National Parliaments as cornerstones of European Integration, 1996, S. 60.

136 *Munro*, The UK Parliament and EU Institutions, in: *Smith* (Hrsg.), National Parliaments as cornerstones of European Integration, 1996, S. 95; *Carter*, The Parliament of the United Kingdom: From Supportive Scrutiny to Unleashed Control?, in: *Maurer/Wessels* (Hrsg.), National Parliaments on their ways to Europe, 2001, S. 412.

137 *Hegeland*, The Parliament of Sweden: A Successful Adapter in the European Arena, in: *Maurer/Wessels* (Hrsg.), National Parliaments on their ways to Europe, 2001, S. 385.

138 *Bindi Calussi/Grassi*, The Parliament of Italy: From benevolent Observer to Active Player, in: *Maurer/Wessels* (Hrsg.), National Parliaments on their ways to Europe, 2001, S. 289.

139 *Laffan*, The Parliament of Ireland: A Passive Adapter coming in from the cold, in: *Maurer/Wessels* (Hrsg.), National Parliaments on their ways to Europe, 2001, S. 262.

140 *Bossaert*, The Luxembourg Chamber of Deputies: From a toothless tiger to a critical watchdog?, in: *Maurer/Wessels* (Hrsg.), National Parliaments on their ways to Europe, 2001, S. 306.

141 *Jensen*, Prior Parliamentary Consent to Danish EC Policies, in: *Smith* (Hrsg.), National Parliaments as cornerstones of European integration, 1996, S. 42.

142 *Laursen*, The Danish Folketing and its European Affairs Committee, in: *Maurer/Wessels* (Hrsg.), National Parliaments on their ways to Europe, 2001, S. 105.

143 *Wohnout*, Die Mitwirkungsrechte des österreichischen Parlaments an der Willensbildung in der EU, Die Union 1999, 69, 72; *Blümel/Neuhold*, The Parliament of Austria: A Large Potential with little implications, in: *Maurer/Wessels* (Hrsg.), National Parliaments on their ways to Europe, 2001, S. 32; *Hegeland/Neuhold*, Parliamentary Participation in EU affairs in Austria, Finland and Sweden, EioP 2002, No.10, 3.

144 *Jensen*, Prior Parliamentary Consent to Danish EC Policies, in: *Smith* (Hrsg.), National Parliaments as cornerstones of European integration, 1996, S. 43; *Blümel/ Neuhold*, The Parliament of Austria: A Large Potential with little implications, in: *Maurer/Wessels* (Hrsg.), National Parliaments on their ways to Europe, 2001, S. 329.

eine Stellungnahme noch rechtzeitig vor der Beschlussfassung im Rat ergeht. Ein solches Recht haben insbesondere die Parlamente von Finnland[145] und Großbritannien[146].

D) Zusammenarbeit zwischen den verschiedenen Parlamentsebenen

Im Zuge der Anerkennung der nationalen Parlamente als wichtige Akteure bei der Legitimation der Europäischen Union entwickelte sich eine Zusammenarbeit zwischen dem Europäischen Parlament und den nationalen Parlamenten. In der Frühphase des europäischen Einigungsprozesses hatte eine natürliche Verbindung zwischen dem Europäischen Parlament und den nationalen Parlamenten bestanden, denn ursprünglich wurde das Europäische Parlament nicht selbst gewählt, sondern war aus Delegierten der verschiedenen nationalen Parlamente zusammengesetzt.[147] Mit Ende des Doppelmandates im Jahre 1979 verselbständigte sich das Europäische Parlament aber zunehmend. Es versuchte - zumeist erfolgreich - bei jeder Vertragsänderung seine eigenen Rechte zu stärken. Als dann aber die nationalen Parlamente und ihre Legitimationsleistung wieder mehr in den Fokus des Interesses rückte, war das Europäische Parlament bemüht, eine Zusammenarbeit mit den nationalen Parlamenten zu etablieren.

In der Geschäftsordnung des Europäischen Parlaments findet sich ein eigener Titel V über die Beziehungen zu den nationalen Parlamenten. In Art. 123 Abs.1 GO-EP ist bestimmt, dass das Europäische Parlament die nationalen Parlamente regelmäßig über seine Aktivitäten informiert. Art. 124 GO-EP regelt die Zusammensetzung der Delegation des Europäischen Parlaments zur COSAC und Art. 125 GO-EP die Zusammensetzung der Delegationen zu sonstigen Konferenzen der Parlamente. Zuständig für die Beziehungen mit den nationalen Parlamenten ist gemäß Art. 24 Abs. 3 GO-EP die Konferenz der Präsidenten, die aus dem Präsidenten des Europäischen Parlaments und den Vorsitzenden der Fraktionen zusammengesetzt ist.

Das wichtigste Gremium für die Zusammenarbeit zwischen den Parlamenten ist die *COSAC*, die *Conférence des organes spécialisés dans les affaires communitaires et européennes des parlements de l'Union européenne*. Sie wurde 1989 gegründet und ist ein Zusammenschluss der spezialisierten EU-Ausschüsse der nationalen Parlamente und Vertretern des Europäischen Parlaments. Jedes Parlament entsendet sechs Mitglieder in die halbjährlich stattfindenden Sitzungen von COSAC.[148] Oben wurde bereits erwähnt, dass die COSAC im Protokoll über die Rolle der nationalen Parlamente zum Vertrag von Amsterdam von den Mitgliedstaaten anerkannt wurde. Ihr wurde darin das Recht eingeräumt "*jeden ihr zweckmäßig erscheinenden Beitrag für die Organe der Europäischen Union zu leisten*". Außerdem darf sie "*Vorschläge oder Initiativen im Zusammenhang mit der Errichtung eines Raumes der Freiheit, der Sicherheit und*

---

[145] *Raunio*, The Parliament of Finland: A Model Case for effective Scrutiny?, in: *Maurer/Wessels* (Hrsg.) National Parliaments on their way to Europe, 2001, S. 184.
[146] *Munro*, The UK Parliament and EU Institutions, in: *Smith* (Hrsg.), National Parliaments as cornerstones of European Integration, 1996, S. 94; *Cygan*, National Parliaments in an integrated Europe, 2001, S. 64.
[147] Vgl. oben B I, S. 31.
[148] Einzelheiten ergeben sich aus der Geschäftsordnung der COSAC, ABl. EG 2004 C 270, S. 1 vom 4.11.2004.

des Rechts prüfen." In dem Protokoll wird jedoch auch darauf hingewiesen, dass die Beiträge der COSAC die einzelstaatlichen Parlamente nicht binden.

Die Bedeutung der COSAC wird unterschiedlich eingeschätzt. Teilweise wird darauf hingewiesen, dass die nationalen Parlamente gut beraten seien, wenn sie den durch das Protokoll in Aussicht gestellten direkten Einfluss der COSAC auf die Organe der Union ausnutzten und versuchten gemeinsame Standpunkte zu den im Protokoll genannten Gegenständen zu entwickeln.[149] Die COSAC stelle ein praktikables und entwicklungsfähiges Forum für die Parlamente dar.[150] Sie könne insbesondere auch im Bereich der Subsidiaritätskontrolle genutzt werden.[151]

Kritisiert wird dagegen zum einen, dass die COSAC nur aus den spezialisierten EU-Ausschüssen zusammengesetzt sei, obwohl EU-Vorlagen auch in anderen Ausschüssen beraten würden. Aufgrund dieser Zusammensetzung verwundere die hervorgehobene Stellung von COSAC.[152] Tatsächlich werden denn auch innerhalb der COSAC überwiegend institutionelle Themen diskutiert und nur selten politikfeldspezifische.[153] Einen relevanten Einfluss auf Akte der Sekundärrechtsetzung übt sie nicht aus. Problematisch an der Zusammensetzung sei auch, dass keinerlei strukturelle Homogenität oder gemeinsame verfassungsrechtliche Position zwischen den spezialisierten Europaausschüssen der verschiedenen Mitgliedstaaten bestehe.[154] Ein weiteres Manko sei das Fehlen eines ständigen Sitzes und eines festen Sekretariates, was eine kontinuierliche Arbeit erschwere.[155] Im Rahmen der Verfassungsdebatte wurde diskutiert, die COSAC zu einer festen Institution auszubauen. Dies wurde jedoch abgelehnt, da der institutionelle Ausbau der COSAC nur ein weiteres Organ auf Unionsebene schüfe,[156] was die Transparenz des EU-Geschehens zusätzlich erschweren würde.[157]

Die COSAC hat sicherlich ihre Berechtigung, soweit es darum geht ein Forum zu schaffen, in dem nationale und europäische Parlamentarier zusammenkommen können, um Fragen der Zukunft der EU und der Stellung der nationalen Parlamente zu diskutieren. Hierfür eignet sich auch die Zusammensetzung aus Vertretern der Spezialausschüsse für europäische Angelegenheiten. Bei der Kontrolle der Sekundärrechtsetzung kommt ihr allerdings nur eine völlig untergeordnete Rolle zu. Dies liegt zum

---

[149] *Schröder*, Die Parlamente im europäischen Entscheidungsgefüge, EuR 2002, 301, 306.
[150] *Friedrich Ebert Stiftung*, Arbeitsgruppe Europäische Integration, Die Rolle der Nationalen Parlamente in der europäischen Integration, Arbeitspapier Nr. 13, 2002, S. 6.
[151] *Friedrich Ebert Stiftung*, Arbeitsgruppe Europäische Integration, Die Rolle der Nationalen Parlamente in der europäischen Integration, Arbeitspapier Nr. 13, 2002, S. 11.
[152] *Maurer*, Parlamentarische Demokratie in der Europäischen Union, 2002, S. 363.
[153] *Maurer*, Nationale Parlamente in der Europäischen Union, integration 2002, 20, 30; *Friedrich Ebert Stiftung*, Arbeitsgruppe Europäische Integration, Die Rolle der Nationalen Parlamente in der europäischen Integration, Arbeitspapier Nr. 13, 2002, S. 6.
[154] *Kaufmann*, Europäische Integration und Demokratieprinzip, 1997, S. 378; *Bieber*, Demokratische Legitimationen in Europa, Die Union 1999, 55, 65.
[155] *Lais*, Die Rolle der nationalen Parlamente in einer künftigen europäischen Verfassung, ZeuS 2003, 187, 190.
[156] *Huber*, Die Rolle der nationalen Parlamente bei der Rechtsetzung der Europäischen Union, 2001, S. 53.
[157] *Pöhle*, Das Demokratiedefizit der Europäischen Union und die nationalen Parlamente, ZParl 1998, 77, 89.

einen an der Zusammensetzung nur aus Europa- statt aus Fachpolitikern. Zum anderen auch an dem zu großen Intervall, das zwischen verschiedenen Sitzungen liegt. Außerdem kann es den Einfluss des einzelnen Parlaments auch schmälern, wenn es, bevor es eine negative Stellungnahme zu einem Vorschlag für einen europäischen Rechtsakt formuliert, erst eine Abstimmung mit anderen Parlamenten herbeizuführen versucht. Die COSAC kann den nationalen Parlamenten bestenfalls zusätzliche Informationen zu Vorhaben der EU erschließen. Die Kontrollhandlungen müssen aber von jedem Parlament selbst gegenüber der eigenen Regierung erfolgen.

E) Zusammenfassung zur Rolle der nationalen Parlamente

Die nationalen Parlamente sind im Modell der dualen Legitimation, welches der Struktur der EU als Staatenverbund entspricht, einer der beiden legitimationsvermittelnden Stränge. Da das Europäische Parlament und die nationalen Parlamente jeder auf ihre Weise Legitimation vermitteln, werden sie auch langfristig nebeneinander bestehen bleiben, es sei denn der politische Wille der Mitgliedstaaten ändert sich dahingehend, dass aus dem Staatenverbund ein Bundesstaat werden soll, in dem die Nationalstaaten völlig aufgehen.

Auch wenn die nationalen Parlamente zwischenzeitlich auf der europäischen Ebene anerkannt worden sind, hängt es nach wie vor fast ausschließlich von der jeweiligen nationalen Rechtsordnung ab, wie sie in den Prozess der europäischen Rechtsetzung eingebunden werden. Das Protokoll über die Rolle der einzelstaatlichen Parlamente stellt lediglich sicher, dass die nationalen Parlamente über Vorschläge für europäische Rechtsakte rechtzeitig informiert werden. Jeder Mitgliedstaat muss selbst entscheiden, wie er das eigene nationale Parlament optimal in den Willensbildungsprozess des Rates einbezieht. Allerdings wäre es gleichwohl wünschenswert, wenn die nationalen Parlamente demnächst in den Verträgen selbst erwähnt wären. Dies würde auch nach außen dokumentieren, dass die demokratische Legitimation nicht nur vom Europäischen Parlament vermittelt wird.

Kapitel 2: Die Sekundärrechtsetzung der Europäischen Union und die Grundlagen der Mitwirkung des Deutschen Bundestages

A) Rechtsetzung in der Europäischen Union

Im Folgenden soll der Blick speziell auf das deutsche Parlament, den Bundestag, gerichtet werden. Bevor jedoch die Beteiligung des Bundestages an der Sekundärrechtsetzung der Europäischen Union untersucht wird, muss erläutert werden, wie Rechtsetzung in der Europäischen Union funktioniert. Nur wenn man sich die speziellen Mechanismen, denen die Rechtsetzung in der Europäischen Union unterliegt, vor Augen hält, ist es möglich, den Beitrag des Bundestages einzuordnen. Nur auf diese Weise können außerdem die Ansatzpunkte herausgearbeitet werden, an denen der Bundestag an der Rechtsetzung mitwirken bzw. diese kontrollieren kann.

Dazu soll nach einigen allgemeinen Ausführungen zur europäischen Rechtsetzung (I), das Rechtsetzungsverfahren in der EU chronologisch dargestellt werden (II), allerdings nur insoweit es für das weitere Verständnis der Abhandlung erforderlich ist. Abschließend werden zusammenfassend die Ansatzpunkte für eine Beteiligung des Bundestages herausgearbeitet (III).

I) Allgemeines zur Rechtsetzung in der Europäischen Union

1) Unterscheidung zwischen Primärrechtsetzung und Sekundärrechtsetzung

Das Recht der Europäischen Union lässt sich grob in Primär- und Sekundärrecht unterteilen.[158] Als Primärrecht bezeichnet man dasjenige Recht, mit welchem die Mitgliedstaaten die Europäischen Gemeinschaften und die Europäische Union gegründet und fortentwickelt haben. Das Sekundärrecht ist demgegenüber das von den Organen der EU selbst erlassene Recht. Die Urheber von primärem und sekundärem Gemeinschaftsrecht sind also verschieden. Daher stellt sich auch die Beteiligung des Bundestages daran als etwas tatsächlich, wie dogmatisch völlig verschiedenes dar. Während der Bundestag beim Abschluss von völkerrechtlichen Verträgen zur Fortentwicklung der Europäischen Union mit einem Gesetz zustimmen muss (Art. 23 Abs. 1 GG), ist er an der Sekundärrechtsetzung nicht unmittelbar beteiligt. Hier kann er lediglich die deutschen Regierungsvertreter im Rat der EU kontrollieren.

2) Anwendungsvorrang des Europarechts

Sowohl das primäre, als auch das sekundäre Gemeinschaftsrecht genießen Anwendungsvorrang vor mitgliedstaatlichem Recht und zwar grundsätzlich auch vor den Verfassungen der Mitgliedstaaten. Dies hat der EuGH 1964 in einem Urteil ausgesprochen:

"Aus alledem folgt, dass dem vom Vertrag geschaffenen, somit aus einer autonomen Rechtsquelle fließenden Recht, wegen dieser seiner Eigenständigkeit keine wie immer

---

[158] *Streinz*, Europarecht, 6. Auflage 2003, S. 2.

gearteten innerstaatlichen Rechtsvorschriften vorgehen können, wenn ihm nicht sein Charakter als Gemeinschaftsrecht aberkannt und wenn nicht die Rechtsgrundlage der Gemeinschaft selbst in Frage gestellt werden soll."[159]

Auch das BVerfG anerkennt den Anwendungsvorrang des Gemeinschaftsrechts, leitet diesen jedoch nicht aus der Eigenständigkeit der Rechtsordnung ab, sondern aus dem Rechtsanwendungsbefehl des Zustimmungsgesetzes zu den Verträgen.[160] Nicht nur das Gemeinschaftsrecht, sondern auch das Recht der zweiten und dritten Säule der EU hat Vorrang vor innerstaatlichem Recht. Konsequenz des Anwendungsvorranges ist, dass europäisches Recht nicht durch nationale Rechtssätze umgangen oder außer Kraft gesetzt werden kann. In dem Maße, in dem die Europäische Union von ihren Rechtsetzungskompetenzen Gebrauch macht, sind dem nationalen Gesetzgeber, also in der Bundesrepublik Deutschland vor allem dem Bundestag, Handlungsmöglichkeiten genommen.

3) Das Prinzip der begrenzten Einzelermächtigung

Die Europäischen Gemeinschaften dürfen nur dann rechtsetzend tätig werden, wenn ihnen die Verträge ausdrücklich eine Kompetenz zugewiesen haben. Dieses so genannte "Prinzip der begrenzten Einzelermächtigung" ergibt sich aus Art. 5 Abs. 1 EU.[161] Die Kompetenzen der EU sind mit jeder Vertragsänderung angewachsen. Außerdem macht sie von manchen Kompetenzen umfassend Gebrauch. Insbesondere die Kompetenz zur Angleichung von Rechtsvorschriften nach Art. 94 ff EG hat in der Praxis erhebliche Bedeutung. Zusätzlich ermöglicht Art. 308 EG als eine Art Generalklausel den Erlass von Vorschriften für unvorhergesehene Fälle. In welchem Umfang die Europäische Union bereits von ihren Kompetenzen Gebrauch gemacht hat, ist im einzelnen schwer zu bestimmen und von Politikbereich zu Politikbereich sehr unterschiedlich. Aufgrund der vielen Kompetenznormen und der dynamischen Auslegung selbiger durch die Europäische Kommission und den Europäischen Gerichtshof, ist das nationale Recht jedenfalls schon in erheblichem Umfang von europäischen Regelungen überformt.

4) Die verschiedenen Sekundärrechtsakte des europäischen Gemeinschaftsrechts

Gemäß Art. 249 EG erlassen die Organe der Europäischen Gemeinschaften Verordnungen, Richtlinien und Entscheidungen, sprechen Empfehlungen und Stellungnahmen aus.

Wenn es im Folgenden um die Beteiligung des Bundestages an der Sekundärrechtsetzung der Europäischen Gemeinschaft geht, dann geht es dabei vor allem um die Beteiligung am Erlass von Verordnungen und Richtlinien. Denn diese sind sowohl von ihrer Quantität, als auch von ihren Rechtswirkungen die wichtigsten Handlungsinstrumente der Europäischen Gemeinschaften. Während die Verordnung unmittelbar in jedem

---

[159] EuGH, Urteil vom 15. Juli 1964, Rs. 6/64, Rn. 12 - *Costa/ENEL.*
[160] BVerfG E 73, 339, Rn. 94 - *Solange II.*
[161] *Streinz*, Europarecht, 6. Auflage 2003, S. 197.

Mitgliedstaat gilt, ist die Richtlinie nur hinsichtlich des zu erreichenden Zieles verbindlich, überlässt jedoch den innerstaatlichen Stellen die Wahl der Form und der Mittel (Art. 249 EG). Beide Rechtsakte haben teil am Vorrang des Gemeinschaftsrechts, stehen also der Anwendung jedes widersprechenden innerstaatlichen Rechtssatzes entgegen.

5) Rechtsakte innerhalb der zweiten und dritten Säule des Unionsrechts

Bekanntlich ist bei der Europäischen Union zu unterscheiden zwischen ihrer ersten Säule, den Europäischen Gemeinschaften (seit Auslaufen des Vertrages der Europäischen Gemeinschaft für Kohle und Stahl sind das noch die Europäische Gemeinschaft und die Europäische Atomgemeinschaft) und den beiden weiteren Säulen. In der zweiten Säule wird die Gemeinsame Außen- und Sicherheitspolitik (GASP) verankert, in der dritten Säule findet man die polizeiliche und justizielle Zusammenarbeit in Strafsachen (PJZS). Alle gemeinsam bilden nach Art. 1 Abs. 3 EUV die Europäische Union, die man sich bildlich als Tempel mit drei Säulen und einem Dach vorstellen kann.[162]

Im Gegensatz zur ersten Säule sind die GASP und die PJZS intergouvernmentale Handlungsformen. Beschlüsse können im Rat nur einstimmig getroffen werden und das Europäische Parlament wird nur angehört. Auch die Handlungsinstrumente sind andere als innerhalb der Europäischen Gemeinschaften. Interessant für unsere weitere Betrachtung sind vor allem diejenigen Handlungsinstrumente, die in ihren Rechtswirkungen den Rechtsakten der ersten Säule nahe kommen und damit eine Fortentwicklung gegenüber rein intergouvernmentalen Handlungsinstrumenten darstellen. Hier sind insbesondere die Rahmenbeschlüsse der dritten Säule gemäß Art. 34 Abs. 2 lit. b) EUV zu nennen, die weitgehend die gleichen Wirkungen haben wie Richtlinien gemäß Art. 249 EG.[163] Sie sind für die Mitgliedstaaten hinsichtlich des zu erreichenden Zieles verbindlich, überlassen jedoch den innerstaatlichen Stellen die Wahl der Form und der Mittel. Im Unterschied zu Richtlinien ist bei ihnen jedoch gemäß Art. 34 Abs. 2 lit. b) Satz 2 EUV die unmittelbare Wirksamkeit ausdrücklich ausgeschlossen. Auch kann die Umsetzung durch die Mitgliedstaaten von der Kommission hier nicht gerichtlich erzwungen werden. Nach Auffassung des Bundesverfassungsgerichts sind daher auch die Anforderungen an das Demokratieprinzip gewahrt, obwohl das Europäische Parlament bei Rahmenbeschlüssen lediglich angehört wird:

"Das Europäische Parlament, eigenständige Legitimationsquelle des europäischen Rechts, wird in dem Rechtsetzungsprozess lediglich angehört (vgl. Art. 39 Abs.1 EU), was im Bereich der "dritten Säule" den Anforderungen des Demokratieprinzips entspricht, weil die mitgliedstaatlichen Legislativorgane die politische Gestaltungsmacht im Rahmen der Umsetzung, notfalls auch durch die Verweigerung der Umsetzung, behalten."[164]

---

[162] *Röben*, in: *Grabitz/Hilf* (Hrsg.), Das Recht der Europäischen Union (Stand 1999), Art. 34 EUV, Rn. 14; *Wasmeier*, in: *von der Groeben* (Hrsg.), Kommentar zum EUV, 2003, Art. 34, Rn. 8

[163] EuGH, Urteil vom 16.6.2005, Rs. C- 105/03 - *Pupino*.

[164] BVerfG, Urteil vom 18. Juli 2005, 2 BvR 2236/04, Rn. 81, http://www.bverfg.de.

Damit misst das Bundesverfassungsgericht der Umsetzung bei Rahmenbeschlüssen eine größere Bedeutung zu als bei Richtlinien. Bei letzteren muss bereits beim Beschluss über die Richtlinie selbst den demokratischen Anforderungen genügt sein. Allerdings ist die Argumentation, wonach die demokratische Legitimation notfalls über die Missachtung des - jedenfalls für die Mitgliedstaaten - bindenden Rahmenbeschlusses herbeizuführen sei, durchaus angreifbar (zumal sich das Gericht im entsprechenden Urteil an keiner Stelle mit der Frage auseinandersetzt, inwieweit Legitimation schon durch die Beteiligung des Bundestages an der Verabschiedung des Rahmenbeschlusses herbeigeführt wurde). So stellt auch die Richterin Lübbe-Wolff in einer abweichenden Meinung fest:

"Wo man demokratische Legitimation in der Freiheit des Parlaments zum Verstoß gegen Unionsrecht aufsuchen zu müssen glaubt, liegt etwas im Argen."[165]

II) Das Rechtsetzungsverfahren in der Europäischen Union

1) Rechtsetzungsverfahren bei Rechtsakten der Europäischen Gemeinschaft

a) Vorschlag der Kommission

Das Rechtsetzungsverfahren in der ersten Säule der Europäischen Gemeinschaft beginnt immer mit der Erarbeitung eines Vorschlages durch die Europäische Kommission. Für das Verfahren der Mitentscheidung ergibt sich das aus Art. 251 Abs. 2 EG, für das Verfahren der Zusammenarbeit aus Art. 252 lit a) EG und für das Verfahren der Anhörung aus der jeweiligen Kompetenznorm, die das Verfahren der Anhörung vorschreibt. Es ist eine der Besonderheiten des Rechtsetzungsverfahrens in der EG, dass allein die Kommission ein Initiativrecht besitzt.[166] Allerdings kann der Rat die Kommission gemäß Art. 208 EG auffordern, geeignete Vorschläge zu unterbreiten. Überdies erarbeitet die Kommission die Vorschläge nicht allein, sondern bezieht Experten aus den nationalen Ministerien mit ein.[167] Dies soll helfen, den beabsichtigten Text mit den nationalen Rechtsordnungen und den Vorstellungen der Mitgliedstaaten abzugleichen. Dabei ist allerdings zu berücksichtigen, dass zum einen die nationalen Experten ihren Mitgliedstaat nicht binden können, zum anderen eine endgültige nationale Haltung zu diesem Zeitpunkt noch nicht feststehen wird.[168]

Große Bedeutung bei der Ausarbeitung von Vorschlägen haben außerdem so genannte Grünbücher. Dies sind von der Europäischen Kommission veröffentlichte Mitteilungen, die der Diskussion über einen bestimmten Politikbereich dienen. Sie richten sich

---

[165] BVerfG, Urteil vom 18. Juli 2005, 2 BvR 2236/04, abweichende Meinung der Richterin Lübbe-Wolff, Rn. 177, http://www.bverfg.de; kritisch auch *Tomuschat*, Zum Urteil des Bundesverfassungsgerichts über den Europäischen Haftbefehl, EuGRZ 2005, 453, 455.

[166] *Schweitzer*, in: Grabitz/Hilf (Hrsg.), Das Recht der Europäischen Union (Stand 2000), Art. 202, Rn. 4; *Schmitt von Sydow*, in: *von der Groeben* (Hrsg.), Kommentar zum EUV, 2003, Art. 211, Rn. 41.

[167] *Röhl*, Die Beteiligung der Bundesrepublik Deutschland an der Rechtsetzung im Ministerrat der Europäischen Union, 415, 415; *Schmitt von Sydow*, in: *von der Groeben* (Hrsg.), Kommentar zum EUV, Art. 211, Rn. 43.

[168] *Röhl*, Die Beteiligung der Bundesrepublik Deutschland an der Rechtsetzung im Ministerrat der Europäischen Union, EuR 2004, 415, 415.

an interessierte Dritte, Organisationen und Einzelpersonen, die dadurch die Möglichkeit erhalten, an der jeweiligen Konsultation und Beratung teilzunehmen.[169] Dabei wird eine bestimmte Konsultationsfrist gesetzt, innerhalb derer Stellungnahmen abgegeben werden können. Aus diesen "Programmen" entwickelt die Kommission dann bei Bedarf einzelne Vorschläge. Mitunter folgen auf Grünbücher noch so genannte Weißbücher. Diese enthalten Vorschläge für ein Tätigwerden der Gemeinschaft in einem bestimmten Bereich und dienen dazu, die Bereiche aus den Grünbüchern weiter zu entwickeln.[170] Zu erwähnen sind noch die "Mitteilungen der Kommission an den Rat und das Europäische Parlament", in denen die Kommission über einen bestimmten Politikbereich und Überlegungen zu Rechtsetzungsakten in diesem Bereich berichtet.

Neben diese mehrstufige Entwicklung einzelner Rechtsakte tritt eine übergreifende Planung der Europäischen Kommission. Entsprechend Art. 2 ihrer Geschäftsordnung erlässt die Kommission jährlich ein Arbeitsprogramm, in dem die politischen Ziele und ein operationelles Programm für die von der Kommission zu fassenden Beschlüsse im Rahmen der jährlichen politischen Strategie bestimmt werden. In diesem Programm bestimmt die Kommission die wesentlichen politischen Prioritäten und gesetzgeberischen Initiativen.[171] Das Arbeitsprogramm wird dem Rat und dem Parlament vorgelegt. Aufgrund der eben geschilderten Mehrstufigkeit des Verfahrens lässt sich schon erahnen, dass es lange dauern kann bis der endgültige Vorschlag der Kommission vorliegt.

b) Rechtsetzungsverfahren im Rat

Liegt der endgültige Vorschlag der Kommission vor, wird er dem Rat zugeleitet. Zugleich wird der Vorschlag dem Europäischem Parlament, dem Wirtschafts- und Sozialausschuss und gegebenenfalls auch dem Ausschuss der Regionen zugeleitet.

Der Rat ist gemäß Art. 203 EG aus den Vertretern der Mitgliedstaaten zusammengesetzt, wobei es nicht eine feste Besetzung gibt, sondern je nach Fachgebiet in wechselnden Besetzungen entschieden wird. Seit Juni 2002 tagt der Rat nur noch in neun unterschiedlichen Besetzungen. Diese ergeben sich aus Anhang 1 der Geschäftsordnung des Rates.[172] Die Vertreter der Mitgliedstaaten müssen nach Art. 203 EG aus der Ministerebene stammen. Gewohnheitsrechtlich ist anerkannt, dass dies nicht nur Minister, sondern auch Staatssekretäre sein können.[173] Da der Rat so hochrangig besetzt ist, steht für die Sitzungen nur wenig Zeit zur Verfügung. Deshalb wäre es undenkbar,

---

169 Webseite der EU: http://europa.eu.int, genau: http://europa.eu.int/scadplus/glossary/green_paper_de.htm (Abruf: 12.02.2006).

170 Webseite der EU: http://europa.eu.int, genau: http://europa.eu.int/scadplus/glossary/white_paper_de.htm (Abruf: 12.02.2006).

171 Webseite der EU: http://europa.eu.int, genau: http://europa.eu.int/comm/atwork/programmes/index_de.htm (Abruf: 12.02.2006).

172 Es sind dies die Besetzungen: Allgemeine Angelegenheiten und Außenbeziehungen; Wirtschaft und Finanzen; Zusammenarbeit in den Bereichen Justiz und Inneres; Beschäftigung, Sozialpolitik, Gesundheit und Verbraucher; Wettbewerbsfähigkeit; Verkehr, Telekommunikation und Energie; Landwirtschaft und Fischerei; Umwelt; Bildung, Jugend und Kultur.

173 *Schweitzer*, in: *Grabitz/Hilf* (Hrsg.), Das Recht der Europäischen Union (Stand 2000), Art. 203, Rn. 5.

dass der gesamte Verhandlungsprozess in den Ratssitzungen selbst stattfindet. Vielmehr hat sich der Rat einen gut funktionierenden Verwaltungsunterbau eingerichtet, der mit Beamten der Mitgliedstaaten besetzt ist.[174] Zentrales Gremium dabei ist der Ausschuss der Ständigen Vertreter gemäß Art. 207 Abs. 1 EG (abgekürzt *AStV* oder *COREPER* für *Comité des représentants permanents*).[175] Der AStV klärt alle Fragen soweit wie möglich vor, bevor sie dem Rat unterbreitet werden, vgl. Art. 19 GO-Rat. Dabei kann er sich wiederum auf die Vorarbeiten von über 250 Arbeitsgruppen und Ausschüssen stützen.[176] An den Sitzungen des AStV nehmen auch Vertreter der Kommission teil. Damit wird der AStV zu *der* Schnittstelle zwischen den europäischen Organen und den nationalen Regierungen.[177] So ist es letztlich auch der AStV, der das Bindeglied zwischen dem nationalen und dem europäischen Willensbildungsprozess darstellt. Die deutschen Mitglieder des AStV entstammen der Ständigen Vertretung der Bundesrepublik Deutschland bei der Europäischen Union. Sie erhalten ihre Weisungen für ihr Verhalten in den Sitzungen des AStV von der Bundesregierung.

Nachdem ein Rechtsakt im AStV eine Vorklärung erfahren hat, unterbreitet dieser dem Rat einen Text zur Annahme, der auf die Tagesordnung des Rates gesetzt wird. Bei Ratssitzungen gibt es zwei Arten von Tagesordnungspunkten: A-Punkte sind diejenigen Punkte, die im Rat ohne Aussprache angenommen werden (vgl. Art. 3 Abs. 6 GO-Rat). Nur über so genannte B-Punkte findet im Rat noch eine echte Beratung statt. Etwa drei Viertel der Ratsentscheidungen kommen als A-Punkte ohne Aussprache im Rat zustande, so dass hier praktisch die endgültige Entscheidung bereits im AStV getroffen wird.[178] Trotzdem ist aufgrund der Verschränkung des AStV mit dem entscheidungsbefugten Rat eine dauernde politische Kontrolle gewährleistet, so dass die Arbeit des AStV hinreichend legitimiert ist.[179] Allerdings wird berichtet, dass es auch denkbar sei, dass ein Kommissionsentwurf in der Arbeitsgruppe genehmigt wird und sowohl AStV, als auch den Rat selbst nur noch formal durchläuft, so dass eine politische Einflussnahme kaum mehr stattfinde.[180] Daneben können Rechtsakte des Rates über eine dringende Angelegenheit auch in einem schriftlichen Verfahren angenommen werden, vgl. Art. 12 GO-Rat. Häufig entscheidet der Rat über einen Rechtsakt in einem zweistufigen Verfahren. Zunächst kommt eine politische Einigung zustande und erst in einer späteren Ratssitzung wird der formale Beschluss gefasst. Grund hierfür

---

[174] *Röhl*, Die Beteiligung der Bundesrepublik Deutschland an der Rechtsetzung im Ministerrat der Europäischen Union, EuR 1994, 415, 418; *Mayer*, Nationale Regierungsstrukturen und europäische Integration, EuGRZ 2001, 111, 112.

[175] Im Bereich der Agrarpolitik ist zentrales Gremium zur Vorbereitung von Ratsbeschlüssen nicht der AStV, sondern der Sonderausschuss für Landwirtschaft.

[176] Vgl. Webseite des Rates der EU: http://www.consilium.europa.eu, genau: http://www.consilium. europa.eu /showPage.asp?id=426&lang=de (Abruf: 12.02.2006).

[177] *Röhl*, Die Beteiligung der Bundesrepublik Deutschland an der Rechtsetzung im Ministerrat der Europäischen Union, EuR 1994, 415, 420.

[178] *Röhl*, Die Beteiligung der Bundesrepublik Deutschland an der Rechtsetzung im Ministerrat der Europäischen Union, EuR 1994, 415, 425; *Mayer*, Nationale Regierungsstrukturen und europäische Integration, EuGRZ 2001, 111, 112.

[179] *Jacqué*, in: *von der Groeben* (Hrsg.), Kommentar zum EUV, 2003, Art. 207, Rn. 11; *Schweitzer*, in: *Grabitz/Hilf*, Das Recht der Europäischen Union (Stand 2003), Art. 207, Rn. 8.

[180] *Mayer*, Nationale Regierungsstrukturen und europäische Integration, EuGRZ 2001, 111, 113. *Hansmayr*, Die Mitwirkung des Deutschen Bundestages an der europäischen Rechtsetzung, 2001, S. 48.

ist, dass der Rat sich bereits zu einem Zeitpunkt politisch einig ist, zu dem noch keine Stellungnahme des Europäischen Parlaments vorliegt. Die formelle Verabschiedung wird dann nachvollzogen, wenn die Stellungnahme des Parlaments abgegeben wurde.[181]

Auch das Verfahren innerhalb des Rates kann noch einmal eine längere Zeit in Anspruch nehmen. Letztlich kommt es darauf an, wie kontrovers die Positionen der Mitgliedstaaten sind.

c) Mitwirkung des Europäischen Parlaments

Die Mitwirkung des Europäischen Parlaments ist je nach Politikbereich unterschiedlich ausgestaltet. Die verschiedenen Verfahren sind sehr kompliziert. Eine Darstellung dieser Verfahren im einzelnen ist hier sicher entbehrlich. Notwendig ist es allerdings sich klar zu machen, dass es Rechtsakte gibt, die nur verabschiedet werden können, wenn das Europäische Parlament zustimmt und Rechtsakte, die auch ohne eine solche Zustimmung ergehen können. Im Wesentlichen gibt es drei Arten der Mitwirkung des Europäischen Parlaments. Welches Verfahren zur Anwendung kommt, bestimmt sich nach der jeweiligen Kompetenznorm.[182] Im Anhörungsverfahren wird das Europäische Parlament lediglich angehört, es kann den Erlass eines Rechtsaktes also nicht verhindern.[183] Ist das Verfahren der Zusammenarbeit anwendbar, kann das Europäische Parlament einen gemeinsamen Standpunkt des Rates ablehnen, was dazu führt, dass der Rat in zweiter Lesung nur einstimmig entscheiden kann, Art. 252 c) EG. Hier kann das Europäische Parlament das Rechtsetzungsverfahren also verzögern und die Anforderungen für den Rat erhöhen, einen Rechtsakt aber nicht gegen den Willen des Rates verhindern. Am stärksten ist die Position des Rates im Verfahren der Mitentscheidung nach Art. 251 EG. Können sich Rat und Europäisches Parlament hier nicht auf einen gemeinsamen Rechtsakt einigen, kann der vorgeschlagene Rechtsakt nicht erlassen werden, vgl. Art. 251 Abs. 6 EG.

Neben der notwendigen Beteiligung des Europäischen Parlaments ist teilweise auch noch die Anhörung des Wirtschafts- und Sozialausschusses und des Ausschusses der Regionen vorgesehen. Hierbei handelt es sich aber immer nur um eine reine Anhörung. Die Position der genannten Organe bindet den Rat in keiner Weise.

d) Veröffentlichung und Bekanntgabe

Gemäß Art. 254 EG sind Verordnungen und Richtlinien im Amtsblatt der Europäischen Union zu veröffentlichen. Sie treten zum festgelegten Zeitpunkt oder anderenfalls am zwanzigsten Tag nach der Veröffentlichung in Kraft.

---

[181] *Röhl*, Die Beteiligung der Bundesrepublik Deutschland an der Rechtsetzung im Ministerrat der Europäischen Union, EuR 1994, 415, 417.
[182] *Streinz*, Europarecht, 6. Auflage, 2003, Rn. 440.
[183] *Streinz*, Europarecht, 6. Auflage, 2003, Rn. 440.

2) Rechtsetzungsverfahren bei Rechtsakten innerhalb der dritten Säule der EU

Wenn man sich mit dem Tätigkeitsbereich des Rechtsausschusses auseinandersetzt, dann muss man neben Rechtsakten der Europäischen Gemeinschaft auch solche der dritten Säule der EU, also der PJZS betrachten. Hier sind einige Abweichungen zum eben geschilderten Rechtsetzungsverfahren zu beachten. Bei der PJZS geht es um ein *gemeinsames Vorgehen der Mitgliedstaaten* und eine *Zusammenarbeit*, Art. 29 EU. Schon aus diesen Begriffen ist abzuleiten, dass es sich im Bereich der PJZS nicht um supranationale Rechtsetzung, sondern nur um eine – allerdings besonders intensive - intergouvernmentale Zusammenarbeit handelt. Laut BVerfG ist das Unionsrecht nach wie vor eine Teilrechtsordnung, die bewusst dem Völkerrecht zugeordnet ist.[184] Daraus ergeben sich auch die Abweichungen im Rechtsetzungsverfahren. Zum einen haben im Unionsrecht auch die Mitgliedstaaten ein Initiativrecht, vgl. Art. 34 Abs. 2 EU. Außerdem können Beschlüsse hier nur einstimmig ergehen, Art. 34 Abs. 2 EU. Schließlich wird das Europäische Parlament immer nur angehört, Art. 39 Abs. 1 EU. Aufgrund der geringen Mitwirkung des Europäischen Parlaments ist dies ein Bereich, bei dem die nationalen Parlamente besonders wachsam sein müssen.

III) Folgerungen für eine Mitwirkung des Deutschen Bundestages

Ohne das Verfahren der Beteiligung des Bundestages hier schon im Einzelnen darzustellen, soll kurz der Frage nachgegangen werden, welche Folgerungen aus dem Ablauf des europäischen Rechtsetzungsverfahrens für die Mitwirkung des Bundestages gezogen werden können.

Interessant ist zunächst, zu welchem Zeitpunkt im Rechtsetzungsverfahren noch eine effektive Chance besteht, auf die Ratsentscheidung Einfluss zu nehmen. Wie oben gesehen, gehen der Veröffentlichung eines Vorschlages für einen Rechtsakt durch die Kommission einige Vorarbeiten voraus. Dabei werden häufig auch formelle Dokumente veröffentlicht. Das gilt zum einen für das Jahresprogramm der Kommission und zum anderen für die Grün- und Weißbücher und sonstige Mitteilungen. In diesem Stadium geht es der Kommission gerade darum, in einen Austausch darüber einzutreten, welche Regelung getroffen werden soll. Daher ist hier die theoretische Möglichkeit Einfluss zu nehmen noch relativ groß. Durch die Veröffentlichung der Konsultationsdokumente ist es darüber hinaus relativ einfach, den Entscheidungsprozess der Kommission zu verfolgen. Liegt der endgültige Vorschlag der Kommission einmal vor, schließt sich das Verfahren im Rat an, das zunächst durch den AStV gesteuert wird Aufgrund der Nichtöffentlichkeit der Sitzungen des AStV, ist es schwierig, dieses Verfahren zu verfolgen. In den Ausschusssitzungen werden schon wichtige Vorentscheidungen getroffen. Kommt ein Beschlussgegenstand auf die Tagesordnung des Rates, ist es für eine Einflussnahme oft schon zu spät, vor allem, wenn es sich um einen so genannten A-Punkt handelt. Schließlich ist zu beachten, dass vor dem formellen Beschluss des Rates oft wesentlich früher bereits eine politische Einigung ergeht. Der tatsächliche Beschluss ist dann nur noch eine Formsache und ein Einfluss auf die Entscheidung zu diesem Zeitpunkt praktisch ausgeschlossen. Dies muss man im Auge

---

[184] BVerfG, Urteil vom 18. Juli 2005, 2 BvR 2236/04, Rn. 81, http://www.bverfg.de.

behalten, wenn man das "Timing" untersucht, mit dem der Bundestag an europäische Vorlagen herangeht.

Des Weiteren ist zu beachten, dass das Europäische Parlament je nach Politikbereich in unterschiedlicher Intensität an der Rechtsetzung beteiligt wird. Wenn man davon ausgeht, dass sich die demokratische Legitimation durch das Europäische Parlament und durch die nationalen Parlamente ergänzt, dann muss dem Bundestag natürlich um so mehr an einer effektiven Mitwirkung gelegen sein, um so weniger das Europäische Parlament beteiligt ist. Dies gilt im Besonderen für Rechtsakte aus der dritten Säule. Schließlich ist bei der Darstellung des europäischen Rechtsetzungsverfahrens deutlich geworden, dass die europäische und die nationale Ebene nicht etwa zwei getrennte Bereiche sind, sondern dass eine ständige Verzahnung zwischen europäischen Stellen, insbesondere den Beamten der Kommission, und nationalen Stellen, also den nationalen Beamten in den Ausschüssen und Arbeitsgruppen des AStV, bzw. des AStV selber stattfindet. Das Bild von einem Rechtsakt "aus Brüssel", der die nationalen Stellen quasi überrollt, ist also sicherlich falsch. Vollzieht sich europäische Rechtsetzung aber zu einem Teil immer auch im nationalen Raum, muss auch das nationale Parlament permanent wachsam sein. Darüber darf aber natürlich nicht vergessen werden, dass das nationale Parlament nicht auf die Akteure in Rat und AStV als solches Einfluss nehmen kann, sondern immer nur auf den jeweiligen nationalen Vertreter.

Auf der anderen Seite ist aber auch zu berücksichtigen, dass das europäische Rechtsetzungsverfahren relativ kompliziert ist. Ein Vorschlag durchläuft viele Beratungsstadien und kann daher auch zu vielen Zeitpunkten geändert werden. Für nationale Parlamente ist es sehr schwierig, immer darüber auf dem Laufenden zu sein, welche Fassung des Rechtsaktes gerade die aktuelle ist und wann und in welcher Art und Weise der endgültige Beschluss gefasst wird.[185] Letztlich ist es aber wegen des mehrphasigen, langwierigen und in großen Teilen öffentlichen Entscheidungsverfahrens eigentlich nicht denkbar, dass der Bundestag, ausgehend von der objektiven Informationsmöglichkeit, von einem Vorschlag der Kommission überrascht wird.

B) Verfassungsrechtliche und einfachgesetzliche Grundlagen der Mitwirkung des Bundestages an der Sekundärrechtsetzung in der Europäischen Union

I) Verfassungsrechtliche Notwendigkeit der Mitwirkung des Bundestages

Es wurde bereits herausgearbeitet, dass die Europäische Union die nationalen Parlamente als Akteure bei der europäischen Rechtsetzung kennt, gleichwohl sie noch nicht in den Verträgen selbst erwähnt sind. Die Legitimation europäischer Rechtsetzung wird über zwei Stränge vermittelt: über einen gemeinschaftlichen Legitimationsstrang, das heißt über die Mitwirkung des Europäischen Parlaments, und über einen nationalen Legitimationsstrang, das heißt über die Rückkopplung der Regierungen an die nationalen Parlamente.[186]

---

[185] *Rath*, Entscheidungspotenziale des Deutschen Bundestages in EU-Angelegenheiten, 2001, S. 95.
[186] Vgl. oben Kapitel 1 A, S. 25.

Die Frage, in welchem Maße die Parlamente der Mitgliedstaaten an der Rechtsetzung beteiligt sind, ist eine Frage des jeweiligen nationalen Rechts. Das deutsche Recht regelt die Mitwirkung des Bundestages in Art. 23 GG und einfachgesetzlich insbesondere im Gesetz über die Zusammenarbeit von Bundesregierung und Bundestag in Angelegenheiten der Europäischen Union (EUZBBG). Bevor auf diese verfassungsrechtlichen und einfachgesetzlichen Grundlagen näher eingegangen wird (II), soll vorweg der Frage nachgegangen werden, ob aus allgemeinen Verfassungsprinzipien Anforderungen an die Mitwirkung des Deutschen Bundestages an der europäischen Rechtsetzung abgeleitet werden können.

Es sind insbesondere zwei Prinzipien der deutschen Verfassungsordnung, die die Mitwirkung des Bundestages an europäischer Rechtsetzung erfordern könnten. Zum einen könnte sich die Notwendigkeit zur Mitwirkung aus dem Demokratieprinzip ergeben, zum anderen aus dem Gewaltenteilungsprinzip, welches eine Ausprägung des Rechtsstaatsprinzips ist. Beide Prinzipien sind über die Ewigkeitsgarantie des Art. 20 GG i.V.m. Art. 79 Abs. 3 GG geschützt, sind also veränderungsfest.[187]

1) Aus dem Demokratieprinzip abgeleitete Anforderungen an die Mitwirkung des Bundestages

a) Gewährleistungsgehalt des Demokratieprinzips

Oben wurde erläutert, inwieweit das Handeln der EU demokratisch legitimiert ist und wie das Legitimationsniveau erhöht werden könnte.[188] Anknüpfend an diese Diskussion geht es im Folgenden um die Frage, ob das Demokratieprinzip der deutschen Verfassung eine Mitwirkung des Deutschen Bundestages an Regierungsentscheidungen verlangt. Es geht nicht um die Frage, inwieweit das Demokratieprinzip Mindestanforderungen an die Struktur der Europäischen Union stellt, sondern darum, was innerhalb der bestehenden Strukturen für die Mitwirkung des Bundestages aus dem Demokratieprinzip folgt.

Gemäß Art. 20 Abs. 1 GG ist die Bundesrepublik Deutschland ein demokratischer und sozialer Bundesstaat. Nach Art. 20 Abs. 2 Satz 1 GG geht alle Staatsgewalt vom Volke aus. Sie wird vom Volke in Wahlen und Abstimmungen und durch besondere Organe der Gesetzgebung, der vollziehenden Gewalt und der Rechtsprechung ausgeübt (Art. 20 Abs. 2 Satz 2 GG). Daraus folgt, dass die Ausübung jeglicher staatlicher Gewalt der demokratischen Legitimation bedarf und auf das Volk zurückführbar sein muss.[189] Das Bundesverfassungsgericht hat in seiner Maastricht-Entscheidung ausgeführt:

"Zu dem gemäß Art. 79 Abs. 3 GG nicht antastbaren Gehalt des Demokratieprinzips gehört, daß die Wahrnehmung staatlicher Aufgaben und die Ausübung staatlicher Befugnisse sich auf das Staatsvolk zurückführen lassen und grundsätzlich ihm gegenüber verantwortet werden muss."[190]

---

[187] *Bryde*, in: *von Münch/Kunig* (Hrsg.), Grundgesetzkommentar, 5. Auflage 2001, Art. 79, Rn. 39, 43.
[188] Vgl. oben Kapitel 1 A, S. 25 ff.
[189] *Schnapp*, in: *von Münch/Kunig* (Hrsg.), Grundgesetzkommentar, 5. Auflage 2001, Art. 20, Rn. 18.
[190] BVerfG E 89, 155, 182 - *Maastricht*.

Der Bundestag als einziges direkt gewähltes Organ auf Bundesebene hat dabei eine entscheidende Rolle. In der repräsentativen parlamentarischen Demokratie der Bundesrepublik Deutschland ist er primäres Forum politischer Willensbildung.[191]

b) Sicherstellung des Legitimationsniveaus bei Rechtsakten der Europäischen Union

Durch die Verlagerung von Kompetenzen von den Mitgliedstaaten auf die Europäische Union verliert der Bundestag zunehmend Entscheidungsbefugnisse. Hauptrechtsetzungsorgan auf der Ebene der EU ist der Rat, der aus Regierungsmitgliedern zusammengesetzt ist. Der deutsche Regierungsvertreter im Rat ist im Gegensatz zum Bundestag nur mittelbar demokratisch legitimiert.[192] Das Legitimationsniveau sinkt also insoweit.[193] Fraglich ist, ob dieses Absinken des Legitimationsniveaus zulässig ist, bzw. ob es kompensiert werden muss.

aa) Zulässigkeit des niedrigeren Legitimationsniveaus

Das BVerfG hat hierzu ausgeführt, dass sich der notwendige Zurechnungszusammenhang auf verschiedene Weise, nicht nur in einer bestimmten Form, herstellen lasse. Es sei entscheidend, dass ein hinreichend effektiver Gehalt an demokratischer Legitimation, ein bestimmtes Legitimationsniveau, erreicht werde.[194] Dabei könne in einem Staatenverbund demokratische Legitimation nicht in gleicher Form hergestellt werden wie innerhalb einer durch eine Staatsverfassung einheitlich und abschließend geregelten Staatsordnung. Würden supranationalen Organisationen Hoheitsrechte eingeräumt, verliere das vom Volk gewählte Repräsentationsorgan, der Deutsche Bundestag, und mit ihm der wahlberechtigte Bürger notwendig an Einfluss auf den politischen Willensbildungs- und Entscheidungsprozess.[195] Dies sei in der Integrationsoffenheit des Grundgesetzes angelegt.[196]

Gemäß dieser Rechtsprechung ist es also verfassungsrechtlich zulässig, dass das Legitimationsniveau bei Rechtsetzungsakten der Europäischen Union niedriger ist als bei solchen, die in der Kompetenz des Bundestages verblieben sind.

bb) Ausreichende Sicherstellung des Legitimationsniveaus durch Mitwirkung des Bundestages

Doch auch wenn das Legitimationsniveau niedriger sein darf, muss ein hinreichend effektiver Gehalt an demokratischer Legitimation vermittelt werden. Denkbar ist zunächst, dass dieser schon durch die Zustimmung des Bundestages zu den Verträgen der Europäischen Union erreicht wird. In den Verträgen sind die Kompetenzen der

---

[191] *Sachs*, in: *Sachs* (Hrsg.), Grundgesetz-Kommentar, 3. Auflage 2003, Art. 20, Rn. 38.
[192] *Sommermann*, in: *von Mangoldt/Klein/Starck* (Hrsg.), GG Kommentar, 2005, Art. 20, Rn. 95.
[193] *Huber*, Die parlamentarische Demokratie unter den Bedingungen der europäischen Integration, in: *Huber/Mößle/Stock*, Zur Lage der parlamentarischen Demokratie, 1995, S. 113.
[194] BVerfG E 89, 155, 182 - *Maastricht*.
[195] BVerfG E 89, 155, 182 - *Maastricht*.
[196] BVerfG E 89, 155, 183 - *Maastricht*.

Europäischen Union festgelegt. Der Deutsche Bundestag sanktioniert also insoweit die Entäußerung seiner Gesetzgebungskompetenzen selbst. Entsprechend hat das BVerfG geurteilt, dass im Zustimmungsgesetz die demokratische Legitimation sowohl der Existenz der Staatengemeinschaft als auch ihrer Befugnisse zu Mehrheitsentscheidungen ruhe.[197] Jedoch kann das Integrationsprogramm der europäischen Verträge nicht ausreichen, um die notwendige Legitimation jedes Rechtsetzungsaktes der EU sicherzustellen. Das BVerfG hat ausgeführt, dass auch auf nationaler Ebene eine lebendige Demokratie erhalten bleiben müsse.[198] Daher sei es notwendig, dass der Bundestag - wie in Art. 23 GG vorgesehen - an der Wahrnehmung der deutschen Mitgliedschaftsrechte in der Europäischen Union beteiligt sei und überdies die europäische Politik der Bundesregierung auch durch deren parlamentarische Verantwortlichkeit beeinflusse.[199] Denn dies veranlasse eine Auseinandersetzung der Öffentlichkeit und der politischen Parteien mit der Europapolitik der Bundesregierung und werde damit zu einem Faktor für die Wahlentscheidung der Bürger.[200]

Die in Art. 23 GG vorgesehene Beteiligung erscheint so als notwendiger Mindestausgleich für die Einbußen an nationalen Gesetzgebungskompetenzen.[201] Der Kernbereich des aus dem Grundgesetz abgeleiteten Demokratieprinzips verbiete es, dass europäische Rechtsetzung ohne Beteiligung des Bundestages stattfinde.[202] Ein Mindestmaß an Gestaltungsmacht könne in diesem Zusammenhang nur über die Kontrolle der im Rat vertretenen und parlamentarisch verantwortlichen Bundesregierung erreicht werden.[203] Den nationalen Parlamenten sei insoweit eine Verantwortung zugewachsen, derer sie sich bewusst werden müssten.[204] Gleichzeitig erfordere dies auch Transparenz der Entscheidungsstrukturen innerhalb der Regierung.[205] Da Art. 23 Abs. 3 GG eine spezifische Ausprägung des Demokratieprinzips sei, begründe er nicht nur ein Recht, sondern auch eine Pflicht des Bundestages zur Beteiligung.[206] Darüber hinaus stellt sich die Frage, inwieweit aus dem Demokratieprinzip folgt, dass Stellungnahmen, die der Bundestag in europäischen Angelegenheiten abgibt, gegenüber der Bundesregierung bindend sein müssen.[207] Auf diese Diskussion soll unten noch näher eingegangen werden.[208]

---

[197] BVerfG E 89, 155, 184 - *Maastricht*.
[198] BVerfG E 89, 155, 186 - *Maastricht*.
[199] BVerfG E 89, 155, 191 - *Maastricht*.
[200] BVerfG E 89, 155, 191 - *Maastricht*.
[201] *Lang*, Die Mitwirkungsrechte des Bundestages und des Bundesrates in Angelegenheiten der Europäischen Union, 1997, S. 279; *Sommermann*, in: *von Mangoldt/Klein/Starck* (Hrsg.), GG Kommentar, 2005, Art. 20, Rn. 95.
[202] *Hansmeyer*, Die Mitwirkung des Deutschen Bundestages an der europäischen Rechtsetzung, 2001, S. 103.
[203] *Huber*, Die Rolle der nationalen Parlamente bei der Rechtsetzung der Europäischen Union, 2001, S. 10.
[204] *Tomuschat*, Ungereimtes, EuGRZ 2005, 453, 456.
[205] *Mayer*, Nationale Regierungsstrukturen und europäische Integration, EuGRZ 2002, 111, 117.
[206] *Streinz*, in: *Sachs* (Hrsg.), Grundgesetz Kommentar, 3. Auflage 2003, Art. 23, Rn. 99.
[207] *Hauck*, Mitwirkungsrechte des Deutschen Bundestages in Angelegenheiten der Europäischen Union, 1999, S. 91.
[208] Vgl. unten II 3 d, S. 67.

cc) Problem von Mehrheitsentscheidungen

Als besonderes Problem im Hinblick auf die demokratische Rückkopplung von Entscheidungen der Europäischen Union an die nationalen Parlamente stellen sich Mehrheitsentscheidungen dar. Nur die deutschen Ratsmitglieder sind dem Bundestag gegenüber verantwortlich und von diesem kontrollierbar. Kommt eine Entscheidung ohne die Zustimmung des deutschen Vertreters im Rat zustande, wird die Legitimationsvermittlung brüchig. Das demokratische Prinzip wird weiter beschränkt.[209] Jedoch wird auch diese Einschränkung des Legitimationsniveaus im Hinblick auf die Integrationsoffenheit des Grundgesetzes hingenommen.[210]

2) Aus dem Gewaltenteilungsprinzip abgeleitete Anforderungen an die Mitwirkung des Bundestages

a) Gewährleistungsgehalt des Gewaltenteilungsprinzips

Das in Art. 20 Abs. 2 Satz 2 und Art. 1 Abs. 3 GG verankerte Gewaltenteilungsprinzip ist ein zentrales Element formeller Rechtsstaatlichkeit.[211] Die Gewaltenteilung gebietet zwar keine strenge Trennung zwischen den Gewalten, doch sind diese jeweils in ihrem Kernbereich geschützt.[212] Für das Verhältnis von Legislative und Exekutive bedeutet das, dass die grundlegende Rechtsetzung beim Parlament liegen muss. Auf der anderen Seite besteht jedoch auch ein Kernbereich exekutiver Eigenverantwortung, in den das Parlament nicht eingreifen darf.[213]

b) Das Gewaltenteilungsprinzip bei Rechtsakten der Europäischen Union

Im Zuge der europäischen Integration wurden Angelegenheiten, die vorher auf der nationalen Ebene vom Bundestag zu entscheiden waren, auf die europäische Ebene verlagert. Dort ist Hauptrechtsetzungsorgan der Rat, in dem die Bundesrepublik Deutschland durch ein Mitglied der Regierung vertreten wird. Zunächst ist zu klären, welcher Gewalt das Handeln in Angelegenheiten der Europäischen Union zuzurechnen ist. Einerseits ist denkbar, dass durch die Verschiebung von Rechtsetzungskompetenzen auf die Europäische Union und damit auf ein Exekutivorgan eine Akzentverschiebung *zu Lasten des Bundestages* stattfindet. Auf der anderen Seite könnte das Mitwirkungsrecht des Bundestages dann eine Verschiebung *zu Lasten der Exekutive* darstellen, wenn europäische Angelegenheiten Teil der auswärtigen Gewalt wären, und diese in die alleinige Zuständigkeit der Exekutive fiele.

---

[209] *Geiger*, Reformvorschläge zur Steigerung der Legitimationswirkung des Europäischen Parlaments, in: *Geiger* (Hrsg.), Neuere Probleme der parlamentarischen Legitimation im Bereich der auswärtigen Gewalt, 2003, S. 256; *Huber*, Die parlamentarische Demokratie unter den Bedingungen der europäischen Integration, in: *Huber/Mößle/Stock* (Hrsg.), Zur Lage der parlamentarischen Demokratie, 1995, S. 113 und 116; *Obrecht*, Niedergang der Parlamente, 2006, S. 81.

[210] *Huber*, Die parlamentarische Demokratie unter den Bedingungen der europäischen Integration, in: *Huber/Mößle/Stock* (Hrsg.), Zur Lage der parlamentarischen Demokratie, 1995, S. 116.

[211] *Sommermann*, in: *von Mangoldt/Klein/Starck* (Hrsg.), GG Kommentar, 2005, Art. 20, Rn. 197.

[212] BVerfG E 34, 52, 59.

[213] *Schultze-Fielitz*, in: *Dreier* (Hrsg.), Grundgesetz Kommentar, 1998, Art. 20 Rn. 68; *Sommermann*, in: *von Mangoldt/Klein/Starck* (Hrsg.), GG Kommentar, 2005, Art. 20, Rn. 219.

Inwieweit europäische Angelegenheiten zur auswärtigen Gewalt zu zählen sind, ist in der Literatur umstritten. Definiert man auswärtige Gewalt als Maßnahmen, die auf die Beziehung des Staates zu anderen Völkerrechtssubjekten gerichtet sind, dann stellen sich europäische Angelegenheiten formal als auswärtige Angelegenheiten i.S.d. Art. 32 Abs. 1 GG dar.[214] Sieht man jedoch die rechtliche Besonderheit der europäischen Politik in der unmittelbaren Wirkung sekundärer Rechtsakte, dann stellt sich die Tätigkeit des Regierungsvertreters im Rat funktionell als Gesetzgebung und damit als Teil der Legislative dar.[215] Teilweise wird versucht, europäische Angelegenheiten als eigenständige Gewalt neben der auswärtigen Gewalt zu konstruieren. Diese wird entweder als Unterfall der auswärtigen Gewalt entwickelt[216] oder als neuer rechtlich selbständiger Fall der Staatsgewalt bzw. neue staatliche Handlungssphäre gesehen.[217] Als Begriffe für diese weitere Gewalt haben sich dabei eingebürgert: unionswärtige[218] oder europawärtige[219] Gewalt.

Doch selbst wenn europäische Angelegenheiten Teil der auswärtigen Gewalt wären, dann ist doch inzwischen anerkannt, dass dem Bundestag dabei auch ein Mitwirkungsrecht zukommen kann.[220] Hatte das BVerfG noch in seinem Urteil zur Stationierung von Pershing-Raketen in Deutschland einen grundsätzlichen Vorrang der Regierung in auswärtigen Angelegenheiten postuliert[221], so entwickelte es später eine konstitutive Zustimmungspflicht des Bundestages zu bewaffneten Eingriffen der Bundeswehr[222] und zu Fortentwicklungen des Konzepts der NATO.[223] Eine alleinige Zuständigkeit der Bundesregierung in auswärtigen Angelegenheiten existiert daher nicht mehr. Zum Teil wird die auswärtige Gewalt daher auch als eine kombinierte Gewalt bezeichnet.[224] Darüber hinaus wird zu Recht darauf hingewiesen, dass die bloße dogmatische Einordnung der Beteiligungsrechte als auswärtige Gewalt ebenso wenig eine exekutive

---

[214] *Scholz*, in: *Maunz/Dürig/Herzog* (Hrsg.), Grundgesetz (Stand 1996), Art. 23, Rn. 96; *Diehr*, Die Bewahrung der demokratischen und föderativen Struktur der Bundesrepublik Deutschland im europäischen Integrationsprozeß, 1998, S. 145; *König*, Die Übertragung von Hoheitsrechten im Rahmen des europäischen Integrationsprozesses, 2000, S. 380.

[215] *Kabel*, Die Mitwirkung des Deutschen Bundestages in Angelegenheiten der Europäischen Union, in: *Randelzhofer* (Hrsg.), Gedächtnisschrift für Eberhard Grabitz, 1995, S. 246; *Hansmeyer*, Die Mitwirkung des Deutschen Bundestages an der europäischen Rechtsetzung, 2001, S. 123.

[216] *Rath*, Die unionswärtige Gewalt des Deutschen Bundestages, ZParl 1995, 114, 117; *ders.*, Entscheidungspotenziale des Deutschen Bundestages in EU-Angelegenheiten, 2001, S. 25.

[217] *Kohnen*, Die Zukunft des Gesetzesvorbehalts in der Europäischen Union, 1998, S. 131.

[218] *Rath*, Die unionswärtige Gewalt des Deutschen Bundestages, ZParl 1995, 114; *ders.*, Entscheidungspotenziale des Deutschen Bundestages in EU-Angelegenheiten, 2001, S. 19; *Kamann*, Die Mitwirkung der Parlamente der Mitgliedstaaten an der europäischen Gesetzgebung, 1997, S. 311.

[219] *Hansmeyer*, Die Mitwirkung des Deutschen Bundestages an der europäischen Rechtsetzung, 2001, S. 114.

[220] *Kokott*, Kontrolle der auswärtigen Gewalt, DVBl. 1996, 937, 937; *Diehr*, Die Bewahrung der demokratischen und föderativen Struktur der Bundesrepublik Deutschland im europäischen Integrationsprozess, 1998, S. 150; *König*, Die Übertragung von Hoheitsrechten im Rahmen des europäischen Integrationsprozesses, 2000, S. 134, S. 381.

[221] BVerfG E 68,1.

[222] BVerfG E 90, 286.

[223] BVerfG E 104, 151.

[224] *Kokott*, Kontrolle der auswärtigen Gewalt, DVBl. 1996, 937, 938, *König*, Die Übertragung von Hoheitsrechten im Rahmen des europäischen Integrationsprozesses, 2000, S. 133.

Kompetenzpräsumtion stützen könne wie eine Einordnung als europawärtige Gewalt eine prinzipielle Parlamentszuständigkeit.[225]

Zum Teil wird in der Literatur auch mit Hilfe der vom Bundesverfassungsgericht entwickelten Rechtsfigur[226] der "funktionsgerechten Organstruktur" argumentiert. Danach ergebe sich aus dem Grundsatz der Gewaltenteilung, dass jede Gewalt diejenigen Aufgaben wahrnehmen solle, für die es am besten ausgestattet sei. Daraus werden unterschiedliche Folgerungen für die Wahrnehmung von europäischen Angelegenheiten gezogen. Manche stellen darauf ab, dass für Tätigkeiten innerhalb von supranationalen Organisationen die Regierung am besten geeignet sei, da sie auf unterschiedliche Verhandlungssituationen schneller reagieren könne.[227] Andere sehen in europäischen Angelegenheiten den Bundestag als prädestiniert für die Mitbestimmung an, weil es hier in besonderem Maße notwendig sei, Öffentlichkeit und Transparenz herzustellen und er als einziges Organ unmittelbar gewählt sei.[228] Im Ergebnis erscheint das Kriterium der funktionsgerechten Organstruktur nicht besonders hilfreich bei der Kompetenzzuordnung, da es rein auf Praktikabilitätserwägungen abstellt[229] und die Frage, ob die Möglichkeit zur flexiblen Verhandlungsführung oder die Vermittlung von Transparenz als wichtiger angesehen wird, je nach persönlicher Präferenz ganz unterschiedlich beantwortet werden kann. Sie liegt daher im Vorverständnis begründet, welches wiederum aus der Zuordnung der Tätigkeit in europäischen Angelegenheiten zur Exekutive oder zur Legislative folgt. Ein weiterer Erkenntnisgewinn ist damit also nicht verbunden.

Tatsächlich erscheint es unangemessen, bei europäischen Angelegenheiten weiterhin in den überkommenen Kategorien von innenpolitischen und auswärtigen Angelegenheiten zu denken. Dies hieße zu verkennen, in welchem Maße mittlerweile Entscheidungen mit unmittelbarer Wirkung für die rechtsunterworfenen Bürger von europäischen Organen getroffen werden. Es handelt sich also sicher nicht mehr um auswärtige Angelegenheiten im ursprünglichen Sinne, sondern um eine Art "europäische Innenpolitik".[230] Der Verfassungsgeber hat durch Art. 23 GG selbst angedeutet, dass die Grundsätze für das Verhältnis von Regierung und Parlament in auswärtigen Angelegenheiten auf europäische Angelegenheiten nicht übertragbar sind.[231] Es handelt sich

---

[225] *Hansmeyer*, Die Mitwirkung des Deutschen Bundestages an der Europäischen Rechtsetzung, 2001, S. 114.
[226] BVerfG E 68, 1, 86.
[227] *Kohnen*, Die Zukunft des Gesetzesvorbehalts in der Europäischen Union, 1998, S. 43.
[228] *Rath*, Entscheidungspotenziale des Deutschen Bundestages in EU-Angelegenheiten, 2001, S. 140.
[229] *Hansmeyer*, Die Mitwirkung des Deutschen Bundestages an der Europäischen Rechtsetzung, 2001, S. 148.
[230] *Wilhelm*, Europa im Grundgesetz: Der neue Art. 23, BayVBl. 1992, 705, 708; *Kabel*, Die Mitwirkung des Deutschen Bundestages in Angelegenheiten der Europäischen Union, in: *Randelzhofer* (Hrsg.), Gedächtnisschrift für Eberhard Grabitz, 1995, S. 246; *Kokott*, Kontrolle der auswärtigen Gewalt, DVBl. 1996, 937, 938; *Lang*, Mitwirkungsrechte des Bundesrates und des Bundestages in Angelegenheiten der Europäischen Union, 1997, S. 275; *Rath*, Entscheidungspotenziale des Deutschen Bundestages in EU-Angelegenheiten, 2001, S. 23.
[231] *Kohnen*, Die Zukunft des Gesetzesvorbehalts in der Europäischen Union, 1998, S. 114.

hierbei nicht nur um eine Modifizierung der bisherigen Systematik[232], sondern um eine grundsätzliche Kehrtwende.

Ob die Wahrnehmung der europäischen Angelegenheiten einer eigenen Kategorie im Sinne einer unionswärtigen Gewalt bedarf, sei dahingestellt. Entscheidend ist, dass es sich bei europäischer Sekundärrechtsetzung funktionell um Gesetzgebung handelt. Daher entspricht die Machtverteilung in der EU nicht dem Gewaltenteilungsprinzip des deutschen Grundgesetzes.[233] Ähnlich wie bei den Anforderungen des Demokratieprinzips ist dies jedoch im Hinblick auf die Integrationsoffenheit des Grundgesetzes zulässig.[234] Daraus ergibt sich aber auch, dass der Bundestag wegen des Verlustes seiner Gesetzgebungskompetenzen durch die Möglichkeit einer Mitwirkung an der Rechtsetzung der Europäischen Union kompensiert werden muss.[235] Dies sei notwendig, um die gestörte Balance der Verfassungsstruktur in der Bundesrepublik Deutschland wiederherzustellen.[236] Auch ergebe sich daraus die Verpflichtung des Bundestages, seine Mitgestaltungsrechte umfassend wahrzunehmen. Er habe insbesondere für eine Organisation seiner Binnenstruktur zu sorgen, die es ihm ermögliche, seine Rechte effektiv wahrzunehmen.[237] Ob daraus auch ein Letztentscheidungsrecht des Bundestages im Sinne einer Bindung der Bundesregierung an dessen Stellungnahme folgt, ist umstritten. Darauf soll unten näher eingegangen werden.[238]

3) Fazit für die Rolle des Deutschen Bundestages

Im Modell der dualen Legitimation verläuft einer der beiden Legitimationsstränge über die Regierungsvertreter im Rat zu den nationalen Parlamenten. Die genaue Ausgestaltung dieses Legitimationsstrangs ist europarechtlich den nationalen Rechtsordnungen überlassen. Aus den Prinzipien der Demokratie und der Gewaltenteilung des deutschen Grundgesetzes können besondere Anforderungen an die Ausgestaltung der Mitwirkung des Deutschen Bundestages abgeleitet werden. Die Rechte zur Mitwirkung des Deutschen Bundestages an der europäischen Rechtsetzung sind also nicht etwa konstitutiv durch die Schaffung des Art. 23 GG begründet worden, sondern folgen bereits aus diesen allgemeinen Verfassungsprinzipien. Die Mitwirkung des Deutschen Bundestages wird als Kompensation für die durch die europäische Integration verursachten Verschiebungen im Verfassungsgefüge verlangt. Dies gilt insbesondere auch deshalb, weil die Rechtsetzung der Europäischen Union nicht dem gleichen Legitimationsniveau genügt wie die nationale Rechtsetzung. Art. 23 Abs. 3 GG erweist sich so als eine

---

[232] so *König*, Die Übertragung von Hoheitsrechten im Rahmen des europäischen Integrationsprozesses, 2000, S. 380.
[233] *Hauck*, Mitwirkungsrechte des Deutschen Bundestages in Angelegenheiten der Europäischen Union, 1998, S. 109.
[234] *Hauck*, Mitwirkungsrechte des Deutschen Bundestages in Angelegenheiten der Europäischen Union, 1998, S. 110.
[235] *Kabel*, Die Mitwirkung des Deutschen Bundestages in Angelegenheiten der Europäischen Union, in: *Randelzhofer* (Hrsg.), Gedächtnisschrift für Eberhard Grabitz, 1995, S. 246; *Lang*, Mitwirkungsrechte des Bundesrates und des Bundestages in Angelegenheiten der Europäischen Union, 1997, S. 276.
[236] *Breuer*, Die Sackgasse des neuen Europaartikels, NVwZ 1994, 417, 426.
[237] *Kohnen*, Die Zukunft des Gesetzesvorbehalts in der Europäischen Union, 1998, S. 170.
[238] Vgl. unten II 3 d, S. 67.

Ausprägung des allgemeinen Demokratieprinzips. Der Deutsche Bundestag sollte sich dieser Verpflichtung bewusst sein, wenn er seine Rechte aus Art. 23 GG wahrnimmt. Auf diese Rechte ist im Folgenden näher einzugehen.

II) Art. 23 GG und Ausführungsgesetze

Die Mitwirkung des Bundestages an europäischen Angelegenheiten ist verfassungsrechtlich notwendig, um die Grundsätze der Demokratie und der Gewaltenteilung nicht zu verletzen. Im Folgenden ist zu betrachten, wie die Stellung des Bundestages bei europäischen Angelegenheiten verfassungsrechtlich bzw. einfachgesetzlich im Einzelnen ausgestaltet ist. Diese Frage ist in der juristischen Literatur bereits nahezu erschöpfend behandelt worden. Zum weiteren Verständnis der Arbeit ist es aber unerlässlich, zumindest kurz einen Überblick über die maßgeblichen Vorschriften und ihre Auslegung zu geben.

1) Entstehungsgeschichte von Art. 23 GG und Rechtslage davor

Mit dem Gesetz zur Änderung des Grundgesetzes vom 21.12.1992[239] wurde ein neuer Art. 23 ins Grundgesetz eingefügt. Dieser enthält in seinem Absatz 1 ein grundsätzliches Bekenntnis zur europäischen Integration und eine Struktursicherungsklausel, sowie die Voraussetzungen für die Übertragung von Hoheitsrechten auf die Europäische Union.[240] In seinen Absätzen 2 bis 7 regelt er die Mitwirkung der gesetzgebenden Körperschaften Bundestag und Bundesrat an der europäischen Rechtsetzung.

Der Bundestag hatte auch schon vor Inkrafttreten des Art. 23 GG das Recht, sich mit europäischen Vorlagen zu befassen. Die Mitwirkung beruhte auf Art. 2 des Zustimmungsgesetzes zum Vertrag über die Europäische Gemeinschaft und zur Europäischen Atomgemeinschaft von 1957.[241] Dieser lautete:

"Die Bundesregierung hat Bundestag und Bundesrat über die Entwicklungen im Rat der Europäischen Wirtschaftsgemeinschaft und im Rat der Europäischen Atomgemeinschaft laufend zu unterrichten. Soweit durch den Beschluss eines Rats innerdeutsche Gesetze erforderlich werden oder in der Bundesrepublik Deutschland unmittelbar geltendes Recht geschaffen wird, soll die Unterrichtung vor der Beschlussfassung des Rats erfolgen."

Art. 2 des Zustimmungsgesetzes sollte sicherstellen, dass der Bundestag auch über diejenigen Materien informiert wurde, von denen er nichts wusste und nach denen er deshalb nicht fragen konnte.[242] Denn grundsätzlich hatte und hat der Bundestag immer

---

[239] BGBl. I S. 2086.

[240] *Classen*, in: *von Mangoldt/Klein/Starck* (Hrsg.), Bonner Grundgesetz, 2005, Art. 23, Rn.7; *Streinz*, in: Sachs (Hrsg.), Grundgesetzkommentar, 2003, Art. 23, Rn. 15.

[241] BGBl. II, S. 753; *Hölscheidt*, Parlamentarische Mitwirkung bei der europäischen Rechtsetzung, KritV 1994, 405, 416; *Günther*, Die Mitwirkung des Bundestages in Angelegenheiten der Europäischen Union nach Art. 23 GG, 1998, S. 21.

[242] *Oetting*, Bundestag und Bundesrat im Willensbildungsprozeß der Europäischen Gemeinschaften, 1973, S. 37.

die Möglichkeit, europäische Vorlagen zu thematisieren und Stellungnahmen im Rahmen eines schlichten Parlamentsbeschlusses abzugeben. Dies folgt aus seinem Recht die Regierungstätigkeit umfassend zu kontrollieren.[243] Die Parlamentsbeschlüsse, die der Bundestag nach einer Unterrichtung entsprechend Art. 2 abgeben durfte, hatten keine rechtliche, sondern lediglich eine politische Verbindlichkeit.[244]

In der einzigen umfangreichen Arbeit, die zum alten Mitwirkungsverfahren erschienen ist, der Dissertation von Ulf Oetting aus dem Jahre 1973, wurde das Verfahren nach Art. 2 insgesamt positiv beurteilt. Es sei eine dem damaligen Stand der funktionellen Integration adäquate Technik mittelbarer Konsentierung und Kontrolle öffentlicher Gemeinschaftsgewalt.[245] Es gab jedoch auch kritische Stimmen, die in dem Zuleitungsverfahren eine Art "parlamentarisches Schattenboxen" sahen.[246] Das Verfahren habe zwar einen gewissen Informationswert, doch finde eine Mitwirkung beim Entscheidungsprozess nicht statt.[247] Formal wirkt Art. 2 des Zustimmungsgesetzes immer noch fort, da das Zustimmungsgesetz noch in Kraft ist. Praktische Bedeutung hat er seit Inkrafttreten des Art. 23 GG wegen der daraus resultierenden weitergehenden Rechte aber nicht mehr.[248]

Es waren vor allem die Bundesländer, die mit dieser Beteiligungsregelung nicht mehr einverstanden waren und im Zuge der Ratifizierung des Vertrages von Maastricht eine weitere Aufwertung ihrer Mitwirkungsrechte forderten.[249] Zuvor hatten sie durch das Zustimmungsgesetz zur Einheitlichen Europäischen Akte bereits das Recht erhalten, bei Vorhaben, die nach innerstaatlicher Kompetenzverteilung alleinige Länderangelegenheiten darstellten, eine Stellungnahme abzugeben.[250] Der Bundestag unternahm zunächst keine entsprechenden Bemühungen. Grund für diese Zurückhaltung war vor allem, dass sich der Bundestag nur als eine Art "Statthalter" des aufzuwertenden Euro-

---

[243] *Fischer*, Die Europäische Union im Grundgesetz: der neue Art. 23 GG, ZParl 1993, 32, 41; *Schmalenbach*, Der neue Europaartikel 23 im Lichte der Arbeit der Gemeinsamen Verfassungskommission, 1996, S. 147; *Lang*, Mitwirkungsrechte des Bundesrates und des Bundestages in Angelegenheiten der Europäischen Union, 1997, S. 72.

[244] *Ferdinand*, EG-Vorlagen im Plenum, in: *Roll* (Hrsg,), Festschrift für Werner Blischke, 1982, S. 159; *Lang*, Mitwirkungsrechte des Bundesrates und des Bundestages in Angelegenheiten der Europäischen Union, 1997, S. 72.

[245] *Oetting*, Bundestag und Bundesrat im Willensbildungsprozeß der Europäischen Gemeinschaften, 1973, S. 167.

[246] *Ferdinand*, EG-Vorlagen im Plenum, in: *Roll* (Hrsg.), Festschrift für Werner Blischke, 1982, S. 146.

[247] *Ferdinand*, EG-Vorlagen im Plenum, in: *Roll* (Hrsg.), Festschrift für Werner Blischke, 1982, S. 162f; *König*, Die Übertragung von Hoheitsrechten im Rahmen des europäischen Integrationsprozesses, 2000, S. 136.

[248] *Lang*, Mitwirkungsrechte des Bundesrates und des Bundestages in Angelegenheiten der Europäischen Union, 1997, S. 289; *Hansmeyer*, Die Mitwirkung des Deutschen Bundestages an der europäischen Rechtsetzung, 2001, S. 222.

[249] *Günther*, Die Mitwirkung des Bundestages in Angelegenheiten der Europäischen Union nach Art. 23 GG, 1998, S. 21.

[250] Text abgedruckt bei *Morawitz/Kaiser*, Die Zusammenarbeit von Bund und Ländern bei Vorhaben der Europäischen Union, 1994, S. 161; *Schede*, Bundesrat und Europäische Union, 1994, S. 38; *Halfmann*, Entwicklungen des deutschen Staatsorganisationsrechts im Kraftfeld der europäischen Integration, 2000, S. 43; *Classen*, in: *v. Mangoldt/Klein/Starck* (Hrsg.), Bonner Grundgesetz, 2005, Art. 23 Rn. 80.

päischen Parlaments sah und sein Augenmerk daher darauf richtete, dass letzteres durch den Vertrag über die Gründung der Europäischen Union gestärkt wurde.[251] Hierbei fand der Bundestag aber keine Unterstützung bei den Parlamenten einiger anderer Mitgliedstaaten, die eine Aufwertung des Europäischen Parlaments gegenüber den nationalen Parlamenten ablehnten.[252] Deshalb, und um nicht auch noch Boden gegenüber den Ländern bzw. dem Bundesrat zu verlieren, verlangte schließlich auch der Bundestag eine Aufwertung seiner eigenen Stellung in europäischen Angelegenheiten.[253] So wurde die Frage der Beteiligung von Bundestag und Bundesrat bei europäischen Angelegenheiten ein Thema der Gemeinsamen Verfassungskommission und später des Sonderausschusses Europäische Union (Vertrag von Maastricht).[254] Ergebnis der Arbeit des Sonderausschusses waren die Absätze 2 bis 7 des Art. 23 GG. Die darin gefundene Regelung stellt den Versuch dar, die zu Lasten des Bundestages und der Länder erfolgte Kompetenzverschiebung auf die Europäische Union und die damit im innerstaatlichen Zuständigkeitsgefüge verbundene Aufwertung der Exekutive gegenüber der Legislative und des Bundes gegenüber den Ländern zu kompensieren.[255]

2) Die geltende Rechtslage

Die Grundnorm hinsichtlich der Beteiligung von Bundestag und Bundesrat bei der Mitwirkung in Angelegenheiten der Europäischen Union ist Art. 23 Abs. 2 GG:

"In Angelegenheiten der Europäischen Union wirken der Bundestag und durch den Bundesrat die Länder mit. Die Bundesregierung hat den Bundestag und den Bundesrat umfassend und zum frühestmöglichen Zeitpunkt zu unterrichten."

Der Begriff "mitwirken" bringt eine aktive Rolle der gesetzgebenden Körperschaften bei der Willensbildung auf europäischer Ebene zum Ausdruck.
Die Rechte des Bundestages werden in Art. 23 Abs. 3 GG weiter ausgeführt:

"Die Bundesregierung gibt dem Bundestag Gelegenheit zur Stellungnahme vor ihrer Mitwirkung an Rechtsetzungsakten der Europäischen Union. Die Bundesregierung berücksichtigt die Stellungnahmen des Bundestages bei den Verhandlungen. Das Nähere regelt ein Gesetz."

Von der Gesetzgebungskompetenz zur näheren Regelung des Verhältnisses von Bundestag und Bundesregierung hat der Bundestag am 12. März 1993 Gebrauch gemacht. Das "Gesetz über die Zusammenarbeit von Bundesregierung und Deutschem Bundes-

---

[251] *Weber-Panariello*, Nationale Parlamente in der Europäischen Union, 1995, S. 246; *Günther*, Die Mitwirkung des Bundestages in Angelegenheiten der Europäischen Union nach Art. 23 GG, 1998, S. 23.

[252] *Lang*, Mitwirkungsrechte des Bundesrates und des Bundestages in Angelegenheiten der Europäischen Union, 1997, S. 116.

[253] *Lang*, Mitwirkungsrechte des Bundesrates und des Bundestages in Angelegenheiten der Europäischen Union, 1997, S. 117.

[254] *Schmalenbach*, Der neue Europaartikel 23 im Lichte der Arbeit der Gemeinsamen Verfassungskommission, 1996, S. 147.

[255] *Scholz*, in: Maunz/Dürig (Hrsg.), Grundgesetz (Stand 1996), Art. 23, Rn. 92; *Günther*, Die Mitwirkung des Bundestages in Angelegenheiten der Europäischen Union nach Art. 23 GG, 1998, S. 51.

tag in Angelegenheiten der Europäischen Union"(EUZBBG)[256] wiederholt in seinem § 1 das Postulat, dass der Bundestag in Angelegenheiten der Europäischen Union an der Willensbildung des Bundes mitwirkt. Im Weiteren konkretisiert es die Rechte des Bundestages auf Information und Stellungnahme.

Die Absätze 4 bis 6 des Art. 23 GG betreffen die Rechte der Länder und spielen deshalb für die weitere Untersuchung keine Rolle.

3) Einzelfragen

Art. 23 GG hat in der juristischen Literatur große Beachtung gefunden. Einige Einzelfragen sind dabei sehr kontrovers diskutiert worden. In der Praxis haben die Vorschriften aber bisher keinen Anlass zu Streit zwischen den beteiligten Akteuren gegeben. Im Folgenden sollen die wesentlichen Auslegungsfragen daher nur kurz dargestellt werden.

a) Angelegenheiten der Europäischen Union nach Art. 23 Abs. 2 Satz 1 GG

Die Mitwirkung des Bundestages bezieht sich auf alle "Angelegenheiten der Europäischen Union". Die systematische Auslegung unter Berücksichtigung von Art. 23 Abs. 3 Satz 1 GG ergibt, dass dies mehr umfasst als Rechtsetzungsakte der EU. Unter den Begriff fallen daher alle europäischen Vorhaben, an denen die Bundesregierung ihrerseits mitzuwirken berechtigt oder verpflichtet ist. Eine inhaltliche Einschränkung wäre mit dem Normzweck, Bundestag und Bundesrat an der Willensbildung der EU zu beteiligen, nicht vereinbar.[257]

b) Die Unterrichtungspflicht nach Art. 23 Abs. 2 Satz 2 GG

Art. 23 Abs. 2 Satz 2 GG wird in § 3 EUZBBG konkretisiert:

"Die Bundesregierung unterrichtet den Bundestag umfassend und zum frühestmöglichen Zeitpunkt über alle Vorhaben im Rahmen der Europäischen Union, die für die Bundesrepublik Deutschland von Interesse sein könnten."

Umfassend in diesem Sinne ist eine Unterrichtung dann, wenn sie dem Bundestag alle diejenigen Informationen liefert, die dieser zur Wahrnehmung seiner Mitwirkungsrechte bedarf.[258] Fraglich ist, inwieweit eine Einschränkung der Unterrichtungsverpflichtung dadurch stattfindet, dass die Vorhaben für die Bundesrepublik *von Interesse* sein müssen. Durch dieses Korrektiv wollte der Gesetzgeber eine Eingrenzung der enormen Informationsflut erreichen, die der Bundestag erfahrungsgemäß ohnehin

---

[256] BGBl. I S. 311.

[257] *Günther*, Die Mitwirkung des Bundestages in Angelegenheiten der Europäischen Union nach Art. 23 GG, 1998, S. 54.

[258] *Günther*, Die Mitwirkung des Bundestages in Angelegenheiten der Europäischen Union nach Art. 23 GG, 1998, S. 57.

nicht bewältigen könne.[259] Allerdings wäre eine freie Vorselektion durch die Bundesregierung verfassungsrechtlich problematisch[260], weshalb eine solche Einschränkung überwiegend nicht anerkannt wird. Der Bundestag müsse selber entscheiden, welche Informationen er zur Wahrnehmung seiner Rechte bedürfe.[261] Bestehen Zweifel über das Interesse der Bundesrepublik Deutschland, müsse die Bundesregierung daher unterrichten.[262] Nach anderer Auffassung hat die Bundesregierung ein Auswahlrecht, welches sie nach pflichtgemäßem Ermessen ausüben dürfe.[263]

Der *frühestmögliche* Zeitpunkt für die Unterrichtung ist derjenige, zu dem die Unterrichtung überhaupt organisatorisch möglich ist.[264] Dabei sind dem Bundestag grundsätzlich auch schon Vorentwürfe der Kommission, soweit sie der Bundesregierung vorliegen, zuzuleiten.[265] Die Unterrichtung muss außerdem in jedem Fall vor der Festlegung des Abstimmungsverhaltens der Bundesregierung erfolgen.[266]

Weitere Einzelheiten über das Unterrichtungsverfahren ergeben sich aus § 4 EUZBBG:

"Die Bundesregierung übersendet dem Bundestag insbesondere die Entwürfe von Richtlinien und Verordnungen der Europäischen Union und unterrichtet den Bundestag zugleich über den wesentlichen Inhalt und die Zielsetzung, über das beim Erlass des geplanten Rechtsetzungsakts innerhalb der Europäischen Union anzuwendende Verfahren und den voraussichtlichen Zeitpunkt der Befassung des Rates, insbesondere den voraussichtlichen Zeitpunkt der Beschlussfassung im Rat. Sie unterrichtet den Bundestag unverzüglich über ihre Willensbildung, über den Verlauf der Beratungen, über die Stellungnahmen des Europäischen Parlaments und der Europäischen Kommission, über die Stellungnahmen der anderen Mitgliedstaaten sowie über die getroffenen Entscheidungen."

Hinsichtlich des Satzes 2 besteht weitgehend Einigkeit dahingehend, dass die Bundesregierung nur über das Ergebnis ihrer Willensbildung berichten muss und nicht über

259 *Lang*, Mitwirkungsrechte des Bundesrates und des Bundestages in Angelegenheiten der Europäischen Union, 1997, S. 289.
260 *Hauck*, Mitwirkungsrechte des Bundestages in Angelegenheiten der Europäischen Union, 1999, S. 44.
261 *Hansmeyer*, Die Mitwirkung des Deutschen Bundestages an der europäischen Rechtsetzung, 2001, S. 215.
262 *Günther*, Die Mitwirkung des Bundestages in Angelegenheiten der Europäischen Union nach Art. 23 GG, 1998, S. 61.
263 *Möller/Limpert*, Informations- und Mitwirkungsrechte des Bundestages in Angelegenheiten der Europäischen Union, ZParl 1993, 21, 25; *Lang*, Mitwirkungsrechte des Bundesrates und des Bundestages in Angelegenheiten der Europäischen Union, 1997, S. 290.
264 *Hansmeyer*, Die Mitwirkung des Deutschen Bundestages an der europäischen Rechtsetzung, 2001, S. 213.
265 *Günther*, Die Mitwirkung des Bundestages in Angelegenheiten der Europäischen Union nach Art. 23 GG, 1998, S. 63.
266 *Streinz*, in: Sachs (Hrsg.), Grundgesetzkommentar, 2003, Art. 23, Rn. 96.

die regierungsinterne Entscheidungsfindung.[267] Diese müsse als Kernbereich der exekutiven Tätigkeit nicht offen gelegt werden.[268] Allerdings müsse die Bundesregierung nicht nur ihre endgültige Verhandlungsposition darlegen, sondern auch Änderungen derselben während der Verhandlungen auf europäischer Ebene.[269] Ansonsten wäre eine effektive Mitwirkung des Bundestages nicht möglich.[270]

c) Gelegenheit zur Stellungnahme bei Rechtsetzungsakten

Art. 23 Abs. 3 Satz 1 GG wird in § 5 Satz 1 und 2 EUZBBG konkretisiert:

"Die Bundesregierung gibt vor ihrer Zustimmung zu Rechtsetzungsakten der Europäischen Union dem Bundestag Gelegenheit zur Stellungnahme. Die Frist zur Stellungnahme muss so bemessen sein, dass der Bundestag ausreichend Gelegenheit hat, sich mit der Vorlage zu befassen."

Der Wortlaut von § 5 EUZBBG darf nicht dahingehend missverstanden werden, dass die Bundesregierung nur dann Gelegenheit zur Stellungnahme geben muss, wenn sie einem Rechtsetzungsakt positiv zustimmen möchte.[271] Das würde die Mitwirkungsmöglichkeiten des Bundestages unangemessen einschränken und stünde überdies nicht mit dem Wortlaut des Art. 23 Abs. 3 Satz 1 GG im Einklang. Entscheidend ist vielmehr das Wort *vor*, denn in der Vergangenheit war es häufig ein Problem, dass der Bundestag Vorlagen erst zugeleitet bekam, bzw. diese erst beriet, als das Rechtsetzungsverfahren auf europäischer Ebene bereits abgeschlossen war.[272]

Der Begriff *Rechtsetzungsakte der EU* ist zwar grundsätzlich weit zu verstehen. Doch sei Art. 23 III GG nur dann einschlägig, wenn eine aufgrund des Unionsrechts ergehende Rechtshandlung auf die Schaffung materieller Rechtsvorschriften in Deutschland gerichtet sei und den Bundestag dadurch in seiner Rechtstellung beeinträchtige, weil er entsprechende Rechtsakte auf nationaler Ebene in Gesetzesform beschließen

---

[267] *Günther*, Die Mitwirkung des Bundestages in Angelegenheiten der Europäischen Union nach Art. 23 GG, 1998, S. 60; *König*, Die Übertragung von Hoheitsrechten im Rahmen des europäischen Integrationsprozesses, 2000, S. 390.

[268] *Brenner*, Das Gesetz über die Zusammenarbeit von Bundesregierung und Deutschem Bundestag in Angelegenheiten der Europäischen Union, ThürVBl. 1993, 196, 200; *Diehr*, Die Bewahrung der demokratischen und föderativen Struktur der Bundesrepublik Deutschland im europäischen Integrationsprozeß, 1998, S. 136; *Bruckmann*, Die grundgesetzlichen Anforderungen an die Legitimation der europäischen Unionsgewalt, 2004, S. 262.

[269] *Hauck*, Mitwirkungsrechte des Bundestages in Angelegenheiten der Europäischen Union, 1999, S. 49.

[270] *Hansmeyer*, Die Mitwirkung des Deutschen Bundestages an der europäischen Rechtsetzung, 2001, S. 219.

[271] *Lang*, Mitwirkungsrechte des Bundesrates und des Bundestages in Angelegenheiten der Europäischen Union, 1997, S. 294; *Kövel*, Die Mitwirkung des Deutschen Bundestages in Angelegenheiten der Europäischen Union, 2000, S. 20; *Hansmeyer*, Die Mitwirkung des Deutschen Bundestages an der europäischen Rechtsetzung, 2001, S. 226.

[272] *Kabel*, Die Mitwirkung des Deutschen Bundestages in Angelegenheiten der Europäischen Union, in: *Randelzhofer* (Hrsg.), Gedächtnisschrift für Eberhard Grabitz, 1995, S. 258; *Ismayr*, Der Deutsche Bundestag, 2. Auflage 2001, S. 292.

müsste.[273] Rechtsetzungsakte in diesem Sinne sind jedenfalls Verordnungen und Richtlinien nach Art. 249 Abs. 1 EG[274], sowie Rahmenbeschlüsse nach Art. 34 Abs. 2 lit. b) EUV.[275] Entscheidungen, Empfehlungen und Stellungnahmen nach Art. 249 Abs. 1 EG fallen nicht darunter.[276]

Eine *Pflicht zur Stellungnahme* folgt für den Bundestag aus Art. 23 GG nicht.[277] Art. 23 statuiert lediglich eine *Pflicht zur Mitwirkung*.[278] Trotzdem sollte der Bundestag sich durch Art. 23 GG veranlasst sehen, tatsächlich Stellungnahmen zu erarbeiten und so einen Beitrag zur besseren parlamentarischen Kontrolle der europäischen Rechtsetzung zu leisten.[279]

d) Pflicht zur Berücksichtigung der Stellungnahme durch die Bundesregierung

Gemäß Art. 23 Abs. 3 Satz 2 GG *berücksichtigt die Bundesregierung die Stellungnahme des Bundestages bei ihren Verhandlungen.* § 5 Satz 3 EUZBBG bestimmt:

"Die Bundesregierung legt die Stellungnahme ihren Verhandlungen zugrunde."

Es ist äußerst streitig, inwieweit hieraus eine Bindung der Bundesregierung an die Stellungnahmen des Bundestages resultiert. Auffallend ist bereits der unterschiedliche Wortlaut von Art. 23 GG und § 5 EUZBBG, denn *zugrundelegen* suggeriert eine stärkere Bindung als *berücksichtigen*. Der Sonderausschuss Europäische Union (Vertrag von Maastricht) ging davon aus, dass hierin kein Widerspruch zu sehen sei. Vielmehr beziehe sich *zugrundelegen* auf den Beginn der Verhandlungen im Rat, bei dem die Bundesregierung von der Stellungnahme des Bundestages ausgehen solle, und *berücksichtigen* auf den gesamten Verhandlungs- und Entscheidungsprozess im Ministerrat, bei dem die Bundesregierung entsprechend der jeweiligen Verhandlungssituation die Stellungnahme nur berücksichtigen müsse.[280] Folgt man dieser Auslegung nicht, son-

---

[273] *Günther*, Die Mitwirkung des Bundestages in Angelegenheiten der Europäischen Union nach Art. 23 GG, 1998, S. 76; *Classen*, in: *v. Mangoldt/Klein/Starck* (Hrsg.), Bonner Grundgesetz, 2005, Art. 23, Rn. 75.

[274] *König*, Die Übertragung von Hoheitsrechten im Rahmen des europäischen Integrationsprozesses, 2000, S. 391; *Scholz*, in: *Maunz/Dürig* (Hrsg.), Grundgesetz (Stand 1996), Art. 23, Rn. 111; *Günther*, Die Mitwirkung des Bundestages in Angelegenheiten der Europäischen Union nach Art. 23 GG, 1998, S. 82, 86.

[275] *König*, Die Übertragung von Hoheitsrechten im Rahmen des europäischen Integrationsprozesses, 2000, S. 391; *Classen*, in: *v. Mangoldt/Klein/Starck* (Hrsg.), Bonner Grundgesetz, 2005, Art. 23, Rn. 75.

[276] *Günther*, Die Mitwirkung des Bundestages in Angelegenheiten der Europäischen Union nach Art. 23 GG, 1998, S. 90f.

[277] *Scholz*, in: *Maunz/Dürig* (Hrsg.), Grundgesetz, (Stand 1996), Art. 23, Rn. 119; *Günther*, Die Mitwirkung des Bundestages in Angelegenheiten der Europäischen Union nach Art. 23 GG, 1998, S. 147.

[278] *Streinz*, in: *Sachs* (Hrsg.), Grundgesetzkommentar, 2003, Art. 23, Rn. 99.

[279] *Kabel*, Die Mitwirkung des Deutschen Bundestages in Angelegenheiten der Europäischen Union, in: *Randelzhofer* (Hrsg.), Gedächtnisschrift für Eberhard Grabitz, 1995, S. 256; *Kohnen*, Die Zukunft des Gesetzesvorbehalts in der Europäischen Union, 1998, S. 125.

[280] *Möller/Limpert*, Informations- und Mitwirkungsrechte des Bundestages in Angelegenheiten der Europäischen Union, ZParl 1993, S. 21, 27; *Schmalenbach*, Der neue Art. 23 des Grundgesetzes im Lichte der Arbeit der Gemeinsamen Verfassungskommission, 1996, S. 153; *Hansmeyer*, Die Mitwirkung des Deutschen Bundestages an der europäischen Rechtsetzung, 2001, S. 231.

dem sieht § 5 EUZBBG als inhaltliche Abweichung gegenüber Art. 23 Abs. 3 GG, dann wird man eine teleologische Reduktion von § 5 vorzunehmen haben, da einfaches Gesetzesrecht die Verfassungsbestimmung nicht zu ändern vermag.[281] Ist man der Meinung, dass § 5 EUZBBG nicht in diesem Maße teleologisch reduziert werden kann, dann ist es konsequent, die Vorschrift als verfassungswidrig zu bewerten.[282] Vorzugswürdig ist die Auffassung, die § 5 EUZBBG teleologisch reduziert. Die Auffassung der Gemeinsamen Verfassungskommission ist deshalb nicht überzeugend, weil die Bundesregierung in der Praxis keine Abstufung hinsichtlich der Berücksichtigung der Stellungnahme je nach Stand der Verhandlungen vornimmt. Da aber § 5 durch entsprechend einschränkende Auslegung "gerettet" werden kann, besteht andererseits keine Notwendigkeit, von einer Verfassungswidrigkeit auszugehen.

Die überwiegende Auffassung in der Literatur geht davon aus, dass Stellungnahmen nach Art. 23 Abs. 3 GG die Bundesregierung lediglich politisch binden. Eine rechtliche Bindung bewirke Art. 23 Abs. 3 GG nicht.[283] Begründet wird das zum einen mit dem Eigenbereich der Regierung, der eine strikte Bindung an Vorgaben des Parlaments ausschließe[284], zum anderen mit den Notwendigkeiten der Entscheidungsfindung auf europäischer Ebene.[285] Eine strikte Bindung würde die Verhandlungsposition der Bundesregierung behindern und wäre überdies nicht mit Art. 10 EG vereinbar.[286] Auch würden die Verantwortungsbereiche verwischt, wenn die Bundesregierung eine Position vertreten müsse, die der ihrigen entgegenstehe.[287] Jedoch müsse die Bundesregierung sich mit der Stellungnahme des Bundestages qualifiziert auseinandersetzen.[288] Die Stellungnahme sei insoweit einem Abwägungsbelang bei der Aufstellung von Bebauungsplänen vergleichbar.[289] Die Bundesregierung treffe eine Befassungs-, und im Falle des Abweichens von der Stellungnahme, eine Begründungspflicht gegenüber dem Bundestag.[290] Wolle sie die Stellungnahme in keiner Weise berücksichtigen,

---

[281] *Günther*, Die Mitwirkung des Bundestages in Angelegenheiten der Europäischen Union nach Art. 23 GG, 1998, S. 168; *König*, Die Übertragung von Hoheitsrechten im Rahmen des europäischen Integrationsprozesses, 2000, S. 393; *Streinz*, in: *Sachs* (Hrsg.), Grundgesetzkommentar, 2003, Art. 23, Rn. 101.

[282] *Rath*, Entscheidungspotenziale des Deutschen Bundestages in EU-Angelegenheiten, 2001, S. 251; *Classen*, in: *v. Mangoldt/Klein/Starck* (Hrsg.), Bonner Grundgesetz, 2005, Art. 23, Rn. 78.

[283] *Kohnen*, Die Zukunft des Gesetzesvorbehalts in der Europäischen Union, 1998, S. 118; *Günther*, Die Mitwirkung des Bundestages in Angelegenheiten der Europäischen Union nach Art. 23 GG, 1998, S. 169.

[284] *Hansmeyer*, Die Mitwirkung des Deutschen Bundestages an der europäischen Rechtsetzung, 2001, S. 229.

[285] *König*, Die Übertragung von Hoheitsrechten im Rahmen des europäischen Integrationsprozesses, 2000, S. 393.

[286] *Everling*, Überlegungen zur Struktur der Europäischen Union und zum neuen Europa-Artikel des Grundgesetzes, DVBl. 1993, 936, 946.

[287] *Brenner*, Das Gesetz über die Zusammenarbeit von Bundesregierung und Deutschem Bundestag in Angelegenheiten der Europäischen Union, ThürVBl. 1993, 196, 202.

[288] *Möller/Limpert*, Informations- und Mitwirkungsrechte des Bundestages in Angelegenheiten der Europäischen Union, ZParl 1993, 21, 27; *Lang*, Mitwirkungsrechte des Bundesrates und des Bundestages in Angelegenheiten der Europäischen Union, 1997, S. 308; *Rath*, Entscheidungspotenziale des Deutschen Bundestages in EU-Angelegenheiten, 2001, S. 251.

[289] *Di Fabio*, Der neue Art. 23 des Grundgesetzes, Der Staat 1993, 191, 207.

[290] *Scholz*, in: *Maunz/Dürig* (Hrsg.), Grundgesetz (Stand 1996), Art. 23, Rn. 117; *Kamann*; Die Mitwirkung der Parlamente der Mitgliedstaaten an der europäischen Gesetzgebung, 1997, S. 79f; *König*,

müsse sie dafür grundsätzlich unabweisbare Gründe benennen.[291] Damit sei Art. 23 Abs. 3 GG letztlich ein Unterfall bzw. eine Weiterentwicklung des schlichten Parlamentsbeschlusses.[292] Als solcher wurden die Willensbekundungen des Parlaments zu europäischen Themen vor der Neuregelung in Art. 23 GG angesehen. Schlichte Parlamentsbeschlüsse können vom Parlament jederzeit gefasst werden und erzeugen zwar keine justiziable, wohl aber eine politische Bindung, da sie als Willensbekundungen der Volksvertretung von der Regierung nicht einfach ignoriert werden können.[293] Im Notfall hätte das Parlament auch die Möglichkeit, die Regierung über ein Misstrauensvotum nach Art. 67 GG zu stürzen. Dadurch erhält der schlichte Parlamentsbeschluss, wenn auch keine rechtliche *Verbindlichkeit*, so doch zumindest eine rechtliche *Erheblichkeit*.[294]

Von Teilen der Literatur wird jedoch unter bestimmten Umständen auch eine rechtliche Bindung an die Stellungnahme angenommen. Es sei mit dem Demokratieprinzip nicht vereinbar, wenn der Bundesregierung ein Letztentscheidungsrecht in allen europäischen Angelegenheiten zukomme. Daher sei sie zumindest bei besonders wichtigen Fragen, die für die europäische Integration oder im Hinblick auf die europäische Gesetzgebung von besonderer Bedeutung seien, an die Auffassung des Bundestages gebunden.[295] Wann Fragen eine Bedeutung erlangen, die eine Bindung an die Stellungnahme des Bundestages erforderlich mache, könne in Anlehnung an die zum Parlamentsvorbehalt entwickelte Wesentlichkeitsrechtsprechung des Bundesverfassungsgerichts entschieden werden.[296] In besonderem Maße komme eine Bindung bei der Setzung von Recht in der Zusammenarbeit im Bereich Inneres und Justiz in Betracht.[297] Nach einer weiteren Ansicht müsse die Bundesregierung einer Stellungnahme grundsätzlich folgen und könne nur aus integrationspolitischen oder gesamtstaatlichen Gründen ausnahmsweise abweichen.[298]

Die Übertragung von Hoheitsrechten im Rahmen des europäischen Integrationsprozesses, 2000, S. 394.

[291] *Hansmeyer*, Die Mitwirkung des Deutschen Bundestages an der europäischen Rechtsetzung, 2001, S. 230.

[292] *Möller/Limpert*, Informations- und Mitwirkungsrechte des Bundestages in Angelegenheiten der Europäischen Union, ZParl 1993, S. 21, 28; *Weber-Panariello*, Nationale Parlamente in der Europäischen Union, 1995, S. 275; *Lang*, Mitwirkungsrechte des Bundesrates und des Bundestages in Angelegenheiten der Europäischen Union, 1997, S. 316; *Diehr*, Die Bewahrung der demokratischen und föderativen Struktur der Bundesrepublik Deutschland im europäischen Integrationsprozeß, 1998, S. 126; *König*, Die Übertragung von Hoheitsrechten im Rahmen des europäischen Integrationsprozesses, 2000, S. 397; *Hansmeyer*, Die Mitwirkung des Deutschen Bundestages an der europäischen Rechtsetzung, 2001, S. 229.

[293] *Günther*, Die Mitwirkung des Bundestages in Angelegenheiten der Europäischen Union nach Art. 23 GG, 1998, S. 143; *Hölscheidt*, The German Bundestag: From benevolent weakness towards supportive scrutiny, in: *Maurer/Wessels*, National Parliaments on their ways to Europe, 2001, S. 123.

[294] *Klein*, Aufgaben des Bundestages, in: *Isensee* (Hrsg.), Handbuch des Staatsrechts, 1988, S. 349.

[295] *Hauck*, Mitwirkungsrechte des Deutschen Bundestages in Angelegenheiten der Europäischen Union, 1999, S. 104.

[296] *Hauck*, Mitwirkungsrechte des Deutschen Bundestages in Angelegenheiten der Europäischen Union, 1999, S. 118.

[297] *Hauck*, Mitwirkungsrechte des Deutschen Bundestages in Angelegenheiten der Europäischen Union, 1999, S. 139.

[298] *Kövel*, Die Mitwirkung des Deutschen Bundestages in Angelegenheiten der Europäischen Union, 2000, S. 51.

Von der Frage, ob eine Stellungnahme nach Art. 23 Abs. 3 GG verbindlich ist, ist die Frage zu unterscheiden, ob der Bundestag überhaupt in der Lage ist, die Bundesregierung bei europäischen Angelegenheiten rechtlich zu binden. Nach einer Auffassung hat der Bundestag immer die Möglichkeit statt eine Stellungnahme nach Art. 23 Abs. 3 GG abzugeben, ein förmliches Gesetz zu erlassen, mit welchem er die Bundesregierung binden könne.[299] Diese "Mandatsgesetze" würden zwar selten zustande kommen, da zumeist nur die Opposition ein politisches Interesse an ihnen hätte, käme es aber einmal dazu, dann hätten sie eine wichtige Thematisierungsfunktion und würden "Sternstunden des Parlamentarismus" markieren.[300] Wichtig sei vor allem, dass sich der Bundestag dieser Möglichkeit der Einflussnahme bewusst werde, da er dann selbstbewusster und effektiver mit seinen Rechten umgehen könne.[301] Die überwiegende Meinung lehnt die Möglichkeit zu förmlichen Gesetzen in europäischen Angelegenheiten jedoch ab, da es keinen gegenständlich unbegrenzten Bereich der Parlamentsgesetzgebung gebe und Art. 23 GG das Verhältnis zwischen Bundestag und Bundesregierung abschließend regele.[302]

Die herrschende Meinung, wonach Stellungnahmen nach Art. 23 Abs. 3 GG keine rechtliche Bindung zukommt, ist überzeugend. Eine solche wollte der Verfassungsgeber offensichtlich nicht schaffen und hätte er auch nur durch ausdrückliche Erwähnung in Art. 23 GG erreicht. "Berücksichtigen" meint schon vom Wortlaut her keine strikte Bindung.[303] Überdies dürfte eine politische Verbindlichkeit bereits ausreichen.[304] Die Bundesregierung, die von der Mehrheit des Bundestages getragen wird, kann sich über eine Stellungnahme nicht ohne weiteres hinwegsetzen. Wie stark der Bundestag die Bundesregierung an die eigenen Vorgaben binden möchte, kann durch den Wortlaut der Stellungnahme gesteuert werden. So kann sie als Bitte, Ersuchen, Empfehlung oder Aufforderung formuliert sein.[305] Umso "schärfer" der Ton, desto geringer die Wahrscheinlichkeit, dass sich die Bundesregierung darüber hinwegsetzt. Dies gilt insbesondere bei solchen Entscheidungen, die im Rat einstimmig getroffen werden, so dass die Bundesregierung nicht gezwungen ist, einem Kompromiss zuzustimmen.[306] Dagegen ist es abzulehnen, für einzelne Fälle eine rechtliche Verbindlichkeit der Stel-

---

[299] *Rath*, Die unionswärtige Gewalt des Deutschen Bundestages, ZParl 1995, 114, 140; Scholz, in: *Maunz/Dürig* (Hrsg.), Grundgesetz (Stand 1996), Art. 23, Rn. 92; *Günther*, Die Mitwirkung des Bundestages in Angelegenheiten der Europäischen Union nach Art. 23 GG, 1998, S. 174; *Rath*, Entscheidungspotenziale des Deutschen Bundestages in EU-Angelegenheiten, 2001, S. 103; *Hölscheidt*, The German Bundestag: From benevolent weakness towards supportive scrutiny, in: *Maurer/Wessels* (Hrsg.), National Parliaments on their ways to Europe, 2001, S. 124; *Bruckmann*, Die grundgesetzlichen Anforderungen an die Legitimation der europäischen Unionsgewalt, 2004, S. 342.

[300] *Rath*, Entscheidungspotenziale des Deutschen Bundestages in EU-Angelegenheiten, 2001, S. 111.

[301] *Rath*, Entscheidungspotenziale des Deutschen Bundestages in EU-Angelegenheiten, 2001, S.69.

[302] *Kaufmann*, Europäische Integration und Demokratieprinzip, 1997, S. 456; *Hansmeyer*, Die Mitwirkung des Deutschen Bundestages an der europäischen Rechtsetzung, 2001, S. 135; *Rojahn*, in: *von Münch/Kunig* (Hrsg.), Grundgesetz-Kommentar, 5. Auflage 2001, Art. 23, Rn.61.

[303] *Bruckmann*, Die grundgesetzlichen Anforderungen an die Legitimation der europäischen Unionsgewalt, 2004, S. 257.

[304] *Fischer*, Die Europäische Union im Grundgesetz: der neue Art. 23 GG, ZParl 1993, 32, 42.

[305] *Kamann*; Die Mitwirkung der Parlamente der Mitgliedstaaten an der europäischen Gesetzgebung, 1997, S. 77.

[306] *König*, Die Übertragung von Hoheitsrechten im Rahmen des europäischen Integrationsprozesses, 2000, S. 393.

lungnahme anzunehmen. Schon die Abgrenzung der solchermaßen "wesentlichen" Angelegenheiten zu den sonstigen würde zu große Probleme bereiten und wäre nicht justiziabel. Von einer lediglich politischen Bindung gingen im übrigen auch die Abgeordneten des 15. Deutschen Bundestages selbst aus, wobei sie allerdings der Meinung waren, dass ein Abweichen von der Stellungnahme vor allem dann in Betracht komme, wenn es die Verhandlungssituation im Rat erfordere, und nicht bereits wenn die Bundesregierung anderer Meinung sei.[307] Der Überblick über die Mitwirkungsrechte der Parlamente der anderen Mitgliedstaaten hat überdies gezeigt, dass die nationalen Parlamente in den meisten Staaten lediglich eine politische Bindung der Regierung herbeiführen können. Die Frage, ob der Bundestag daneben jederzeit durch ein förmliches Gesetz eine strikte Bindung erzeugen könnte, ist eine rein akademische. Es ist kaum vorstellbar, dass die Mehrheit des Bundestages die Bundesregierung in einem solchen Maße unter Druck setzt bzw. die Regierung nicht ihrerseits signalisiert, dem mittels einer Stellungnahme vom Bundestag artikulierten Willen bereits ohne förmliches Gesetz zu folgen.
Später wird gezeigt werden, dass die Stellungnahmen des Bundestages in der Praxis in der Regel weniger auf Konfrontation mit der Bundesregierung angelegt sind, als vielmehr darauf, der Bundesregierung auf dem europäischen Parkett Rückendeckung zu geben. In diesem Sinne werden sie häufig im Zusammenwirken zwischen Regierung und Parlament erarbeitet und erhalten daraus ihre tatsächliche Verbindlichkeit.

4) Bewertung der Rechte des Bundestages nach Art. 23 GG

Art. 23 GG wurde in der Literatur vielfach kritisiert. Der Bundestag sei zwar deutlich aufgewertet, aber nur unvollkommen kompensiert worden und dies in geringerem Maße als der Bundesrat, dessen Stellungnahme unter bestimmten Umständen *maßgeblich* berücksichtigt werde.[308] Art. 23 GG stelle keine angemessene Antwort auf die Herausforderungen der europäischen Integration dar, weil er den Vorrang exekutiver Organe bei der Ausgestaltung der Europapolitik weiter stärke.[309] Er sei bestenfalls eine Ersatzlösung, die den Verlust an eigenen Gesetzgebungskompetenzen des Bundestages nicht auszugleichen vermöge.[310] Der Bundestag werde nicht nachhaltig gestärkt.[311] Die Beschränkung des Bundestages auf Informationsrechte, sowie das schlichte Berücksichtigungsgebot, seien nicht geeignet, die mit der Europäisierung verbundenen Kompetenzeinbußen auch nur annähernd auszugleichen.[312] Von anderer Seite wurde kritisiert,

---

[307] Entschließungsantrag der Fraktionen SPD, CDU/CSU, Bündnis 90/Die Grünen und FDP vom 11. Mai 2005, BT-Drs. 15/5493, S. 2.

[308] *Di Fabio*, Der neue Art. 23 des Grundgesetzes, Der Staat 1993, S. 191, 209; *Lang*, Die Mitwirkungsrechte des Bundestages und des Bundesrates in Angelegenheiten der Europäischen Union, 1997, S. 369 f; *Bruckmann*, Die grundgesetzlichen Anforderungen an die Legitimation der europäischen Unionsgewalt, 2004, S. 327; *Hölscheidt*, Europatauglichkeit des Grundgesetzes, in: Derra (Hrsg.), Freiheit, Sicherheit und Recht, 2006, S. 218.

[309] *Classen*, Maastricht und die Verfassung: kritische Bemerkungen zum neuen "Europa-Artikel" 23 GG, ZRP 1993, S. 57.

[310] *Breuer*, Die Sackgasse des neuen Europaartikels, NVwZ 1994, 417, 426.

[311] *Hölscheidt*, Parlamentarische Mitwirkung bei der europäischen Gesetzgebung, KritV 1994, 405, 421.

[312] *Huber*, Die Rolle der nationalen Parlamente bei der Rechtsetzung der europäischen Union, 2001, S. 35.

dass die Prärogative der Bundesregierung deutlich beschnitten werde und durch diese "integrationspolitische Knebelung" die Stellung Deutschlands in Europa geschwächt werde.[313]

Zum Teil fällt die Bewertung der Rechte des Bundestages nach Art. 23 GG auch positiv aus. Art. 23 GG sei ein wohlaustarierter Kompromiss zwischen den Interessen der Bundesregierung und des Bundestages.[314] Er schaffe die notwendigen Voraussetzungen für einen stärkeren parlamentarischen Einfluss und werde damit dem Ziel gerecht, die Kompetenzeinbußen des Bundestages zumindest teilweise zu kompensieren.[315] Er führe zu einer erheblichen Stärkung der Informations- und Beteiligungsrechte des Bundestages und sei ein tauglicher Rahmen, innerhalb dessen sich der Bundestag Einfluss verschaffen könne, wenn er dies in der Praxis konsequent verfolge.[316]

Tatsächlich hat der Bundestag aufgrund des Art. 23 Abs. 2 und 3 GG ein großes Potenzial, an der Willensbildung in Angelegenheiten der Europäischen Union effektiv mitzuwirken. Problematisch erscheinen weniger seine Rechte nach Art. 23 GG, als vielmehr die Nutzung derselben. Nur wenn er seine Rechte tatsächlich ausübt, kann er auf die deutsche Europapolitik effektiv Einfluss ausüben. Entscheidend ist dabei auch, inwieweit er sich seiner Rechte überhaupt bewusst ist. Dies soll im 5. Kapitel am Beispiel des Rechtsausschusses untersucht werden. Erst im Anschluss daran können die Rechte nach Art. 23 GG abschließend bewertet werden.

5) Geplante Änderungen durch das Gesetz zur Stärkung der Rechte von Bundestag und Bundesrat

Der Bundestag hat am 12. Mai 2005 das Gesetz über die Ausweitung und Stärkung der Rechte des Bundestages und des Bundesrates in Angelegenheiten der EU verabschiedet.[317] Dieses tritt allerdings entsprechend seinem Art. 3 erst mit Inkrafttreten des Vertrages über eine Verfassung für Europa in Kraft. Da die EU das Konzept des Verfassungsvertrages aufgegeben hat, wird das Inkrafttreten des Gesetzes nun aller Voraussicht nach an das Inkrafttreten des so genannten Reformvertrages gekoppelt werden. In dem Gesetz werden die Rechte des Bundestages vor allem hinsichtlich der im Vertrag für eine Europäische Verfassung vorgesehenen Subsidiaritätsrüge und -klage erweitert. Das Recht auf Information und auf Stellungnahme bleibt im Wesentlichen unverändert erhalten.

---

[313] *Brenner*, Das Gesetz über die Zusammenarbeit von Bundesregierung und Deutschem Bundestag in Angelegenheiten der Europäischen Union, ThürVBl. 1993, 196, 203.

[314] *Möller/Limpert*, Informations- und Mitwirkungsrechte des Bundestages in Angelegenheiten der EU, ZParl 21, 32.

[315] *Günther*, Die Mitwirkung des Bundestages in Angelegenheiten der Europäischen Union nach Art. 23 GG, 1998, S. 64.

[316] *Schwarze*, Deutscher Landesbericht, in: *ders* (Hrsg.), Die Entstehung einer europäischen Verfassungsordnung, 2000, S. 159; *König*, Die Übertragung von Hoheitsrechten im Rahmen des europäischen Integrationsprozesses, 2000, S. 414.

[317] Beschlussempfehlung des Ausschusses für die Angelegenheiten der Europäischen Union vom 11.05.2005, BT-Drs. 15/5492.

Ergänzend zur geplanten Gesetzesänderung hat der Bundestag allerdings eine Vereinbarung mit der Bundesregierung über die Zusammenarbeit in Angelegenheiten der Europäischen Union abgeschlossen.[318] Gemäß dieser Vereinbarung werden die Informationsrechte des Bundestages ausgeweitet.[319] Insbesondere wird ausdrücklich festgelegt, dass auch über Vorhaben aus der zweiten und dritten Säule der EU unterrichtet werden soll. Auch soll eine Beschleunigung der Unterrichtung erreicht werden. Außerdem wird festgelegt, dass die Stellungnahme des Bundestages verbindliche Grundlage für die Verhandlungen der Bundesregierung im Rat wird.[320] Zeichnet sich ab, dass die Position des Bundestages in einem wesentlichen Belang im Rat nicht durchsetzbar ist, soll die Bundesregierung einen Parlamentsvorbehalt einlegen, und sich vor der abschließenden Entscheidung im Rat bemühen, ein Einvernehmen mit dem Bundestag herzustellen. Die Regierung darf außerdem aus außen- oder integrationspolitischen Gründen von der Stellungnahme abweichen. Eine Abweichung ist gegenüber dem Bundestag zu begründen. Die Vereinbarung führt zu einer gewissen Aufwertung der Stellungnahmen des Bundestages. Allerdings ist die Bundesregierung nach wie vor lediglich politisch gebunden und darf aus wichtigen Gründen von der Stellungnahme des Bundestages abweichen. Es bleibt daher abzuwarten, ob diese Vereinbarung die Rechte des Bundestages in der Praxis zu stärken vermögen wird.

---

[318] Antrag der Fraktionen CDU/CSU, SPD, FDP, DIE LINKE und Bündnis 90/Die Grünen, Annahme einer Vereinbarung zwischen dem Deutschen Bundestag und der Bundesregierung über die Zusammenarbeit in Angelegenheiten der Europäischen Union, BT-Drs. 16/2620, vom Plenum angenommen in der 52. Sitzung des 16. Deutschen Bundestages, vgl. Protokoll der Sitzung, S. 5053 ff.
[319] Vgl. I. der Vereinbarung.
[320] Vgl. II. der Vereinbarung.

Kapitel 3: Umsetzung der Rechte in der Praxis und Binnenorganisation des Bundestages bei der Behandlung von Unionsvorlagen

Die Rolle des Bundestages in Angelegenheiten der Europäischen Union hängt nur teilweise davon ab, welche Rechte ihm zugestanden werden. Wichtig ist darüber hinaus, inwieweit er in der Lage ist, sich selbst so zu organisieren, dass er diese Rechte auch wahrnehmen kann. Dies erfordert eine große organisatorische Anpassungsleistung. Nur wenn die Informationen richtig verteilt und selektiert werden und Kapazitäten zur Kenntnisnahme von EU-Vorlagen und zur Erarbeitung von Stellungnahmen vorhanden sind, können die Rechte überhaupt genutzt werden. Im Folgenden soll daher zunächst dargestellt werden, wie die Rechte des Bundestages auf Information und auf Stellungnahme in der Praxis umgesetzt werden (A) und sodann, wie sie im Rahmen der Binnenorganisation des Bundestages wahrgenommen werden (B).

A) Verfahren bei der Überweisung von Unionsvorlagen

Gemäß den §§ 3 und 4 EUZBBG unterrichtet die Bundesregierung den Bundestag über alle Vorhaben im Rahmen der EU und übersendet ihm insbesondere die Entwürfe von Richtlinien und Verordnungen der EU. Vorhaben gemäß §§ 3-5 EUZBBG und gemäß Art. 2 des Zustimmungsgesetzes zu EWG und Euratom, sowie Unterrichtungen des Europäischen Parlaments werden als Unionsvorlagen bezeichnet (§ 93 Abs. 1 GO-BT).

Die Menge der dem Bundestag überwiesenen Unionsvorlagen ist in den vergangenen Jahren kontinuierlich angestiegen. In der 6. Legislaturperiode (1969-1972) waren es noch 946 EG-Vorlagen, in der 7. (1972-1976) bereits 1759.[321] In der 13. Legislaturperiode (1994-1998) wurden 2952 EU-Vorlagen überwiesen und in der 14. Legislaturperiode (1998-2002) 3137.[322] Bis zum Ende der 15. Legislaturperiode waren dem Bundestag insgesamt 2445 Vorlagen überwiesen worden. Dabei handelte es sich um 2146 Überweisungen vom Rat und um 299 Unterrichtungen des Europäischen Parlaments.[323] Zwar waren dies weniger Vorlagen als in der vorangegangenen Legislaturperiode, doch war die 15. Legislaturperiode aufgrund der vorgezogenen Neuwahlen um ein Jahr kürzer als die 14. Legislaturperiode. Insofern war wiederum ein leichter Anstieg der Anzahl von EU-Vorlagen zu verzeichnen. Von den in der 15. Legislaturperiode überwiesenen Vorlagen enthielten immerhin 1278 Vorschläge für Rechtsakte.[324] Als Rechtsakte der EU werden für die Zwecke dieser Untersuchung solche Handlungen verstanden, die einen Beschluss des Rates erfordern. Dies umfasst sowohl die in Art. 249 EG genannten Rechtsetzungsakte, als auch Beschlüsse zum Abschluss eines

---

[321] *Schindler* (Hrsg.), Datenhandbuch zur Geschichte des Deutschen Bundestages 1983-1991, 1994, S. 2590.

[322] *Feldkamp* (Hrsg), Datenhandbuch zur Geschichte des Deutschen Bundestages 1994-2003, 2005, S. 605; leicht abweichende Zahlen nennt *Hölscheidt*, The German Bundestag: From benevolent weakness towards supportive scrutiny, in: *Maurer/Wessels* (Hrsg.), National Parliaments on their ways to Europe, S. 135.

[323] Ergebnis einer eigenen Auszählung der "Unterrichtungen über die gemäß § 93 GO-BT an die Ausschüsse überwiesenen Vorlagen" aus der 15. Legislaturperiode, die als Bundestagsdrucksachen veröffentlicht sind.

[324] Eigene Auszählung.

Abkommens nach Art. 133 Abs. 5 EG, Beschlüsse betreffend die Gerichtsbarkeit wie Art. 245 Abs. 2 EG, Rahmenbeschlüsse nach Art. 34 Abs. 2 b) EU und Beschlüsse nach Art. 34 Abs. 2 c) EU. Entscheidend ist also, dass es innerhalb des Rates zu einer Willensbildung kommt.

Zu dieser bereits beachtlichen Menge an Unionsvorlagen werden dem Bundestag noch eine Reihe von Folgedokumenten wie Dokumente zu Ratssitzungen, Mitteilungen von Kommission und Rat etc. zugeleitet, deren Anzahl auf zwischen 15.000 und 20.000 pro Jahr geschätzt wird.[325] Es ist ohne weiteres ersichtlich, dass bereits die Menge von Unionsvorlagen den Bundestag vor eine große organisatorische Herausforderung stellt, vor allem wenn man bedenkt, dass er zugleich auch noch die zahlreichen nationalen Vorlagen bearbeiten muss. Wie der Bundestag mit den EU-Vorlagen verfährt, ergibt sich zunächst aus § 93 GO-BT. Außerdem hat der Ausschuss für die Angelegenheiten der Europäischen Union am 25. Oktober 1995 Grundsätze über die Behandlung der ihm gemäß § 93 GO-BT zugeleiteten Vorlagen aufgestellt.[326] Das Verfahren auf Seiten der Bundesregierung ist in einer Ressortabsprache der Ministerien geregelt und als Anlage 11 zu § 74 Abs. 2 und 3 der Gemeinsamen Geschäftsordnung der Bundesministerien (GGO) beigefügt.[327] Daraus ergibt sich, dass das Verfahren der Überweisung von Unionsvorlagen im Wesentlichen wie folgt abläuft:

Die Unionsvorlagen werden der Bundesregierung vom Generalsekretariat des Rates über die Ständige Vertretung in Brüssel zugeleitet. Innerhalb der Bundesregierung ist seit 1998 das Bundesministerium der Finanzen für die Unionsvorlagen zuständig (vorher war es das Bundesministerium für Wirtschaft)[328] Dieses leitet die EU-Vorlagen umgehend dem Bundestag zu. Dabei ist zwischen der förmlichen Zuleitung, der allgemeinen Zuleitung und der zusätzlichen Unterrichtung zu unterscheiden (vgl. I der Ressortabsprache). Förmlich zugeleitet werden nach I. 1. der Ressortabsprache Vorschläge für Rechtsakte der EU. Diese werden mit einem förmlichen Zuleitungsschreiben versehen, das insbesondere Informationen über die dem Vorschlag zugrundeliegende Rechtsgrundlage, einen Hinweis auf das im Rahmen der Behandlung des EU-Vorhabens anzuwendende Verfahren, einen Hinweis auf die voraussichtliche Verabschiedung im Rat und die Benennung des federführenden Ressorts enthält. Im Rahmen der allgemeinen Zuleitung leitet das BMF nach I. 2. der Ressortabsprache alle eingehenden Ratsdokumente dem Bundestag zu. Die zusätzliche Unterrichtung erfolgt über alle Rechtsakte und sonstige Beschlüsse, die nicht unter I. 1. und 2. fallen und wird durch das jeweils federführende Ressort gegenüber dem federführenden Ausschuss vorgenommen. In der Praxis erfolgt das sowohl schriftlich, als auch mündlich in den Ausschusssitzungen. Daneben werden dem Bundestag vom Generalsekretariat des Eu-

---

[325] *Sterzing/Tidow*, Die Kontrolle der deutschen Europapolitik durch den EU-Ausschuss des Bundestags, integration 2001, 274, 281; *Hölscheidt*, The German Bundestag: From benevolent weakness towards supportive scrutiny, in: *Maurer/Wessels* (Hrsg.), National Parliaments on their ways to Europe, 2001, S. 135.

[326] Abgedruckt in *Lorenz*, Entstehung und Arbeitsweise des Ausschusses für die Angelegenheiten der Europäischen Union des Deutschen Bundestages, 2004, S. 70 ff.

[327] Gemeinsame Geschäftsordnung der Bundesministerien, Fassung vom 26. Juli 2000, http: //www.bmi.bund.de

[328] *Hölscheidt*, The German Bundestag: From benevolent weakness towards supportive scrutiny, in: *Maurer/Wessels* (Hrsg.), National Parliaments on their ways to Europe, 2001, S. 122.

ropäischen Parlaments Entschließungen des Europäischen Parlaments unmittelbar zugeleitet.

Schwierig zu beurteilen ist, ob dem Bundestag auch wirklich alle relevanten Vorlagen überwiesen werden. Theoretisch ist es denkbar, dass einzelne EU-Vorlagen dem Bundestag nicht zugeleitet werden. Aufgrund der Masse des vom Bundestag zu bewältigenden Materials dürfte es kaum auffallen, wenn einzelne Vorlagen aus welchen Gründen auch immer nicht beim Bundestag ankommen. Später wird aber noch gesehen werden, dass Ausschüsse nicht darauf angewiesen sind, dass ihnen eine EU-Vorlage überwiesen wird, sondern dass sie diese auch unabhängig von einer Überweisung beraten könnten.

Innerhalb des Bundestages gelangen die im Wege der förmlichen und allgemeinen Zuleitung überwiesenen Unionsvorlagen zunächst zum Ausschuss für die Angelegenheiten der EU (näher zur Rolle des EU-Ausschusses bei der Behandlung von Unionsvorlagen siehe unten B II 3 b). Das Europabüro als organisatorisch eigenständige Einheit des Sekretariats des EU-Ausschusses erfasst alle Vorlagen EDV-mäßig (§ 9 der Grundsätze des EU-Ausschusses) und bereitet für jede Vorlage einen Überweisungsvorschlag vor. Dieser wird mit den Fachausschüssen abgestimmt.[329] Schließlich legt der Vorsitzende des EU-Ausschusses dem Präsidenten des Bundestages den Überweisungsvorschlag vor. Der Präsident überweist die Unionsvorlagen im Benehmen mit dem Ältestenrat an einen Ausschuss federführend und meist an einen oder mehrere weitere mitberatend (§ 93 Abs. 3 GO-BT). Dieses Verfahren ist gegenüber der Verweisung von nationalen Vorlagen insoweit abgekürzt, als der "Umweg" über das Plenum nach § 80 Abs. 1 GO-BT vermieden wird. Zu beachten ist allerdings, dass dieses Verfahren nur bei der Überweisung von EU-Vorlagen angewandt wird. Wenn Abgeordnete bzw. Fraktionen einen Antrag nach §§ 75 Abs. 1 lit d) GO-BT stellen, findet das normale Überweisungsverfahren nach § 80 GO-BT statt, auch wenn dieser Antrag eine europäische Angelegenheit zum Inhalt hat.

Im Ergebnis gelangen die EU-Vorlagen ebenso wie nationale Vorlagen zu den Ausschüssen. Die Ausschüsse setzen die EU-Vorlagen auf die Tagesordnung und können mit ihnen dann auf zweierlei Weise verfahren. Entweder sie erarbeiten eine Beschlussempfehlung mit Bericht, die dem Bundestagsplenum vorgelegt wird oder sie nehmen die Vorlage lediglich zur Kenntnis.[330] In ersterem Fall kann sich das Plenum in einer Aussprache mit der Beschlussempfehlung auseinandersetzen oder sie ohne Aussprache übernehmen. Hierauf wird später noch näher einzugehen sein. Ist die Beschlussempfehlung vom Plenum angenommen, stellt sie die Stellungnahme des Bundestages im Sinne des Art. 23 Abs. 3 GG dar. Nimmt der Ausschuss die Vorlage lediglich zur Kenntnis, ohne eine Beschlussempfehlung zu erarbeiten, wird dies im Anhang zum

---

329 *Hansmeyer*, Die Mitwirkung des Deutschen Bundestages an der europäischen Rechtsetzung, 2001, S. 295 f.

330 *Hansmeyer*, Die Mitwirkung des Deutschen Bundestages an der europäischen Rechtsetzung, 2001, S. 299.

Protokoll der darauf folgenden Plenarsitzung erwähnt.[331] In diesen Fällen findet also keine inhaltliche Beschäftigung des Plenums mit der Vorlage statt.

Anders als nationale Vorlagen (§ 77 Abs. 1 GO-BT) werden EU-Vorlagen nur ausnahmsweise als Drucksache verteilt. Gemäß § 93 Abs. 4 GO-BT werden die Titel der überwiesenen Unionsdokumente in einer Sammelübersicht aufgenommen, die als Bundestagsdrucksache verteilt wird und aus der ersichtlich ist, welchen Ausschüssen die Vorlagen überwiesen wurden. Die einzelne Vorlage wird nur dann als Bundestagsdrucksache verteilt, wenn es der EU-Ausschuss beantragt, wenn es im Ältestenrat vereinbart wird, oder wenn der federführende Ausschuss eine über die Kenntnisnahme hinausgehende Beschlussempfehlung vorlegt.

Tatsächlich erarbeitet der Bundestag nur zu einem kleinen Teil der EU-Vorlagen Beschlussempfehlungen. In der 12. Legislaturperiode waren es 239 (bei 2070 EU-Vorlagen), in der 13. Legislaturperiode 166 (bei 2952 EU-Vorlagen), in der 14. Legislaturperiode 102 (bei 3137 EU-Vorlagen)[332] und in der 15. Legislaturperiode 72 (bei 2445 EU-Vorlagen)[333]. Der Anteil der im Plenum debattierten Beschlussempfehlungen lag jeweils noch deutlich darunter.

Obwohl der Bundestag also viel Kapazität zur Bewältigung der EU- Vorlagen aufwendet, wird das Ergebnis seiner Arbeit nur in wenigen Fällen außenwirksam.[334] Das Verfahren bei der Behandlung von EU-Vorlagen wird daher vom Bundestag selbst als verbesserungswürdig eingeschätzt. Kritisch wird insbesondere auch die Informationslage gesehen. Trotz der Masse an EU-Dokumenten, die dem Bundestag zugeleitet werden, und trotz der zusätzlich von den Ministerien bereitgestellten Informationen, fühlen sich Abgeordnete nicht besonders gut über die von Ihnen zu behandelnden Vorlagen informiert. Ich habe den Mitgliedern des Rechtsausschusses des 15. Deutschen Bundestages in einem Fragebogen die Frage gestellt: *"Wie fühlen Sie sich über Europäische Vorlagen, die der Rechtsausschuss berät, informiert?"*. Von 16 Abgeordneten, die die Frage beantworteten, fühlte sich keiner sehr gut informiert, nur zwei fühlten sich gut informiert, fünf zufrieden stellend, fünf immerhin ausreichend und vier sogar mangelhaft.

In einem gemeinsamen Entschließungsantrag aller Fraktionen des 15. Deutschen Bundestages vom 11. Mai 2005[335] stellten die Abgeordneten fest, dass der Bundestag die ihm gegebenen Möglichkeiten der Einflussnahme auf europäische Gesetzgebung zukünftig besser ausschöpfen müsse. Daher sei eine Vereinbarung zwischen dem Deut-

---

[331] *Hölscheidt*, The German Bundestag: From benevolent weakness towards supportive scrutiny, in: *Maurer/Wessels* (Hrsg.), National Parliaments on their ways to Europe, 2001, S. 138; *Wissenschaftlicher Dienst des Deutschen Bundestages* (Hrsg.), Die Behandlung von Unionsvorlagen im Deutschen Bundestag, Der aktuelle Begriff, 22.12.2004, http://www.bundestag.de.

[332] *Feldkamp* (Hrsg.), Datenhandbuch zur Geschichte des Deutschen Bundestages 1994-2003, 2005, S. 605.

[333] Eigene Auszählung.

[334] *Hölscheidt*, Die neuen Bundesländer und der Parlamentarismus in der Europäischen Union, ZParl 2001, 325, 333.

[335] Entschließungsantrag der Fraktionen SPD, CDU/CSU, Bündnis 90/Die Grünen und FDP vom 11. Mai 2005, BT-Drs. 15/5493.

schen Bundestag und der Bundesregierung über die Zusammenarbeit in Angelegenheiten der Europäischen Union zu schließen, sowie die Geschäftsordnung und die Arbeitsweise des Deutschen Bundestages an die europapolitischen Erfordernisse anzupassen.[336] Eine entsprechende Vereinbarung wurde zwischenzeitlich geschlossen.[337] Außerdem solle ein Verbindungsbüro des Bundestages beim Europäischen Parlament in Brüssel geschaffen werden, um dem Bundestag mehr eigene Informationsquellen zu erschließen.[338] Auch ein solches Büro existiert mittlerweile. Verbessert werden soll darüber hinaus auch die Arbeit der Bundestagsverwaltung bei der Behandlung von europäischen Vorlagen. Daher hat die Verwaltung des Deutschen Bundestages im Frühjahr 2005 einen so genannten "Aufbaustab Europa" gebildet, der beim Direktor des Bundestages angesiedelt ist. Dieser soll Konzepte für eine künftige Zusammenarbeit zwischen Bundestag und Bundesregierung in europäischen Angelegenheiten entwerfen.[339]

Durch die geplante Neufassung des Protokolls über die Rolle der nationalen Parlamente würde eine weitere Anpassung des Überweisungsverfahrens nötig. Insbesondere sieht das Protokoll vor, dass den nationalen Parlamenten Konsultationsdokumente und Vorschläge für Rechtsakte unmittelbar durch die Kommission bzw. das Europäische Parlament zugeleitet werden. Würde neben der unmittelbaren Zuleitung durch die europäischen Organe das Unterrichtungssystem des Art. 23 Abs. 2 Satz 2 GG beibehalten, bekäme der Bundestag viele Dokumente doppelt, was angesichts der ohnehin bereits beklagten "Informationsflut" sicher nicht erstrebenswert wäre.

Um nähere Erkenntnisse über die Effektivität der Arbeit des Bundestages in Angelegenheiten der EU zu gewinnen, wird in der Folge einen genauerer Blick auf einen einzelnen Ausschuss des Bundestages geworfen. Zunächst soll aber das Ausschusswesen im Allgemeinen und seine Bedeutung für die Behandlung von Unionsvorlagen im Besonderen näher betrachtet werden.

B) Die Bedeutung des Ausschusswesens für die Behandlung von Unionsvorlagen

I) Das Fachausschusswesen des Deutschen Bundestages

Es ist das Ziel dieser Arbeit, anhand der Tätigkeit des Rechtsausschusses speziell den Beitrag der Fachausschüsse bei der Beteiligung des Bundestages an der Sekundärrechtsetzung in der Europäischen Union näher zu beleuchten. Diese Eingrenzung bedarf der Erläuterung in zweierlei Hinsicht. Zum einen muss die Tätigkeit der Fachausschüsse zu derjenigen des Ausschusses für die Angelegenheiten der Europäischen Union abgegrenzt werden. Denn auf den ersten Blick wäre es natürlich nahe liegend, sich mit dem Beitrag des "Spezialausschusses" des Bundestages für Angelegenheiten der EU zu befassen. Warum gleichwohl die Tätigkeit der Fachausschüsse in den Mittelpunkt der Betrachtungen gestellt wird, wird in II erläutert. Zunächst soll aber darge-

---

[336] BT-Drs. 15/5493, S. 2.
[337] Vgl. oben Kapitel 2 B II 5, S. 72.
[338] BT-Drs. 15/5493, S. 4.
[339] Protokoll der 22. Sitzung des Unterausschusses Europarecht, S. 10.

legt werden, warum die Untersuchung dem Beitrag der Ausschüsse gilt und nicht dem des Plenums, welches einem vielfach als erstes in den Sinn kommt, wenn man an „den Bundestag“ denkt. Das wird verständlich, wenn die Bedeutung und die Arbeitsweise der Bundestagsausschüsse im Verfassungsgefüge des Grundgesetzes herausgearbeitet werden. Gleichzeitig ist die Kenntnis über die Arbeitsweise der Ausschüsse notwendig, um die spätere Untersuchung hinsichtlich des Beitrages des Rechtsausschusses nachvollziehen zu können.

1) Bedeutung der Ausschüsse für die Arbeit des Bundestages

Von der Öffentlichkeit wird primär das Plenum des Deutschen Bundestags wahrgenommen. Dort finden die Debatten statt, denen sich der Hauptteil der Berichterstattung der Medien widmet. Hier erwartet der Bürger "seinen" Abgeordneten und wundert sich, wenn im Plenum vor leeren Bänken gesprochen wird. Das Bild vom allzuständigen Plenum als zentralem Ort der parlamentarischen Debatte, entspricht jedoch nicht der Realität. Tatsächlich findet der quantitativ größte Teil der Arbeit nicht im Plenum, sondern in den Ausschüssen statt.[340] In ihnen vollziehe sich der wesentliche Teil der Willensbildung des Bundestages.[341] Die vornehmste Aufgabe des Parlaments, die Gesetzgebung, findet ebenfalls vor allem in den Ausschüssen statt.[342] Mitunter werden die Ausschüsse daher auch als "Herzstück der parlamentarischen Tätigkeit" bezeichnet,[343] die eine "reduzierte Plenarfunktion" wahrnähmen.[344] Die politikwissenschaftliche Literatur weist jedoch zurecht darauf hin, dass Zentrum der parlamentarischen Willensbildung eher die Fraktionen seien.[345] In deren Arbeitskreisen und -gruppen werden die inhaltlichen Beratungen zu den Vorlagen geführt und die Ausschusssitzungen intensiv vorbereitet.[346] Die Ausschüsse seien daher weniger ein "Plenum im Kleinformat", als eher ein "Plenum in der Testphase", in dem die Meinungsbildung der Fraktionen überprüft werde.[347] Der Ausschuss könne daher als "parlamentarischer Notar" bezeichnet werden.[348]

Die Verlagerung der parlamentarischen Arbeit vom Plenum in die Ausschüsse ist im modernen Staat eine Notwendigkeit. Das Parlament ist mit einer Unmenge von Aufgaben aus allen Politik- und Lebensbereichen betraut, denen es nur gerecht werden kann,

---

[340] *Ismayr*, Der Deutsche Bundestag, 1992, S. 184; *Ismayr*, Der Deutsche Bundestag, 2. Auflage 2001, S. 167; *Linck*, Die Öffentlichkeit der Parlamentsausschüsse aus verfassungsrechtlicher und rechtspolitischer Sicht, DÖV 1973, 513, 516; *Zeh*, Das Ausschusssystem im Bundestag, in: *Schneider/Zeh* (Hrsg.), Parlamentsrecht und Parlamentspraxis, 1989, S. 1088.

[341] *Verstyl*, in: *von Münch,/Kunig* (Hrsg.), Grundgesetz-Kommentar, 5. Auflage 2001, Art. 43, Rn. 19.

[342] *von Beyme*, Der Gesetzgeber, 1997, S. 188.

[343] *Vetter*, Die Parlamentsausschüsse im Verfassungssystem der Bundesrepublik Deutschland, 1986, S. 99.

[344] *Stern*, Das Staatsrecht der Bundesrepublik Deutschland, Band II, 1980, S.102.

[345] *von Oertzen*, Das Expertenparlament, 2006, S. 15.

[346] *Melzer*, Vorbereitung und Gestaltung der Ausschussarbeit durch die Fraktionen, in: *Schneider/Zeh* (Hrsg.), Parlamentsrecht und Parlamentspraxis, 1989, S. 1139.

[347] *Melzer*, Vorbereitung und Gestaltung der Ausschussarbeit durch die Fraktionen, in: *Schneider/Zeh* (Hrsg.), Parlamentsrecht und Parlamentspraxis, 1989; S. 1143; *von Oertzen*, Das Expertenparlament, 2006, S. 241.

[348] *von Oertzen*, Das Expertenparlament, 2006, S. 247.

wenn es arbeitsteilig berät und die Entscheidungen des Gesamtgremiums vorbereitet.[349]

Die Bedeutung der Ausschüsse hat auch das Bundesverfassungsgericht anerkannt. In seinem Beschluss vom 10. Mai 1977 führte es aus, dass die Funktionstüchtigkeit des Parlaments auch auf Arbeitsteilung gründe:

"Indessen darf nicht übersehen werden, dass ein wesentlicher Teil der Parlamentsarbeit traditionell außerhalb des Plenums geleistet wird. Dies beruht einerseits auf der seit Jahrzehnten zunehmenden Kompliziertheit der Lebensverhältnisse und dem damit verbundenen Zwang zur Arbeitsteilung, zum anderen auf der Tatsache, dass die Schwerfälligkeit des Plenums Detailarbeit naturgemäß nur in sehr beschränktem Umfang erlaubt.
[...]
In ihnen [den Ausschüssen] vollzieht sich ein wesentlicher Teil des Willensbildungs- und Entscheidungsprozesses des Bundestages. [...] Die Empfehlungen der Ausschüsse sind zwar für das Plenum nicht verbindlich, formen dessen Entscheidungen aber der Sache nach vor. Damit kommt der Institution der Ausschüsse unter dem Gesichtspunkt der Repräsentation des Volkes durch das Parlament erhebliches Gewicht zu."[350]

Diese Rechtsprechung hat das Bundesverfassungsgericht später noch einmal bestätigt und aus der Bedeutung der Ausschüsse abgeleitet, dass jeder Ausschuss ein verkleinertes Abbild des Plenums sein müsse.[351] Wegen des Übergewichts der Tätigkeit der Ausschüsse im Vergleich zum Plenum wird der Deutsche Bundestag auch als *Arbeitsparlament* bezeichnet, im Gegensatz zu einem *Redeparlament*, dessen Funktion weniger in der genauen Vorbereitung von Beschlüssen, als vielmehr in der öffentlichen Diskussion von politischen Maßnahmen liege.[352]

2) Merkmale des heutigen Ausschusssystems

Im Wesentlichen ist das Ausschusssystem des Bundestages seit etwa 1969 stabil. Kennzeichnend ist die spiegelbildliche Übereinstimmung zwischen Ressortgliederung der Ministerien und den Ausschüssen.[353] Diese Orientierung an den Fachressorts soll eine möglichst dichte begleitende parlamentarische Kontrolle der Ministerien ermöglichen.[354] Die Spiegelbildlichkeit ist jedoch nicht gänzlich durchgehalten. So stand dem Innenministerium in der 15. Legislaturperiode neben dem Ausschuss für Inneres auch

---

[349] *Ismayr*, Der Deutsche Bundestag, 1992, S. 185; *Ismayr*, Der Deutsche Bundestag, 2. Auflage 2001, S. 170; *Kretschmer*, in: *Schmidt-Bleibtreu/Klein* (Hrsg.), Kommentar zum Grundgesetz, 2004, Art. 43, Rn. 3; *Vetter*, Die Parlamentsausschüsse im Verfassungssystem der Bundesrepublik Deutschland, 1986, S. 98; *Obrecht*, Niedergang der Parlamente?, 2006, S. 131.

[350] BVerfG E 44, 308-322.

[351] BVerfG E 80, 188.

[352] *Weber-Panariello*, Nationale Parlamente in der Europäischen Union, 1995, S. 198; *Ismayr*, Der Deutsche Bundestag, 2. Auflage 2001, S. 145; *Zier*, Nationale Parlamente in der EU, 2005, S. 25 f.

[353] *Zeh*, Das Ausschusssystem im Bundestag, in: *Schneider/Zeh* (Hrsg.), Parlamentsrecht und Parlamentspraxis, 1989, S. 1091.

[354] *Zeh*, Das Ausschusssystem im Bundestag, in: *Schneider/Zeh* (Hrsg.), Parlamentsrecht und Parlamentspraxis, S. 1091.

der Sportausschuss gegenüber und dem Ministerium für Wirtschaft und Arbeit (in der 16. Legislaturperiode: Ministerium für Wirtschaft und Technologie) neben dem Ausschuss für Wirtschaft und Arbeit (in der 16. Legislaturperiode: Ausschuss für Wirtschaft und Technologie) auch der Ausschuss für Tourismus. Dazu kommt seit der 13. Wahlperiode der Ausschuss für die Angelegenheiten der Europäischen Union, dem kein eigenes Europaministerium gegenübersteht, sondern alle Ministerien, soweit sie bei der europäischen Rechtsetzung tätig werden. Darauf wird später noch ausführlich einzugehen sein.

Seit der 14. Wahlperiode gibt es außerdem einen eigenen Ausschuss für Menschenrechte und humanitäre Hilfe, der früher ein Unterausschuss des Auswärtigen Ausschusses war, sich inzwischen aber als Querschnittsausschuss begreift, dem ebenfalls alle Ministerien gegenüberstehen.[355] Schließlich gibt es noch diejenigen Ausschüsse, denen spezielle parlamentarische Aufgaben zugewiesen sind und denen deshalb kein Ministerium korrespondiert. Dabei handelt es sich um den Ausschuss für Wahlprüfung, Immunität und Geschäftsordnung, den Petitionsausschuss, sowie den Haushaltsausschuss, der das Budgetrecht des Bundestages ausübt.

Festzuhalten ist, dass der Bundestag selbstverständlich berechtigt ist, die Einteilung seiner Ausschüsse unabhängig von der Ressorteinteilung der Bundesregierung festzulegen.[356] Dies ist Ausprägung der Geschäftsordnungsautonomie des Bundestags gemäß Art. 40 Abs. 1 Satz 2 GG.[357] Gleichwohl löst die Betätigung der Kabinettbildungsgewalt durch den Bundeskanzler häufig die Betätigung des Selbstorganisationsrechts des Bundestages aus.[358] So wurde, nachdem in der 15. Legislaturperiode das frühere Ministerium für Wirtschaft und Arbeit aufgeteilt wurde, und der Bereich Arbeit zum Ministerium für Wirtschaft kam und der Bereich Soziales zum Gesundheitsministerium, ein neuer Ausschuss für Wirtschaft und Arbeit ins Leben gerufen sowie ein Ausschuss für Gesundheit und soziale Sicherung. In der 16. Legislaturperiode wurde statt dem Bereich Arbeit, der Bereich Technologie in einem Ministerium mit der Wirtschaftspolitik verbunden. Arbeit wurde wieder mit dem Bereich Soziales zusammengeschlossen. Der Bundestag reagierte darauf mit der Bildung von Ausschüssen für Wirtschaft und Technologie, für Arbeit und Soziales, sowie für Gesundheit.[359] Trotz seines Selbstorganisationsrechts ist der Bundestag allerdings insoweit verpflichtet Ausschüsse einzurichten, als es das Grundgesetz ausdrücklich verlangt. Die unmittelbar im Grundgesetz vorgesehenen Ausschüsse sind der Ausschuss für die Angelegenheiten der Europäischen Union (Art. 45 GG), die Ausschüsse für auswärtige Angelegenheiten und für Verteidigung (Art. 45 a GG) und der Petitionsausschuss (Art. 45 c GG). Die in Art. 44 GG vorgesehenen Untersuchungsausschüsse sind Ausschüsse eigener Art. Es handelt sich gerade nicht um ständige Ausschüsse, sondern sie nehmen bei speziell umgrenzten Untersuchungsgegenständen die Kontrollaufgaben des Parlaments wahr.

---

[355] *Deutscher Bundestag* (Hrsg.), Sonderheft Blickpunkt Bundestag, Ausschüsse, 2003, S. 20.
[356] *Hansmeyer*, Die Mitwirkung des Deutschen Bundestages an der europäischen Rechtsetzung, 2001, S. 280.
[357] *Frost*, Die Parlamentsausschüsse, ihre Rechtsgestalt und ihre Funktionen, AöR (95) 1970, 38, 48.
[358] *Zeh*, Gliederung und Organe des Bundestages, in: *Isensee/Kirchhof* (Hrsg.), Handbuch des Staatsrechts des Bundesrepublik Deutschland Band II, 1987, Rn. 42.
[359] BT-Drs. 16/76.

Der 15. Deutsche Bundestag hatte insgesamt 21 ständige Ausschüsse eingesetzt[360], der 16. Deutschen Bundestag 22.[361] Die Ausschüsse haben nicht alle das gleiche politische Gewicht. Einige, wie der Rechtsausschuss, der Innenausschuss und der Ausschuss für Auswärtiges sind besonders arbeitsintensiv und haben eine hervorgehobene Bedeutung.

3) Terminologie

Die Geschäftsordnung des Deutschen Bundestags unterscheidet in § 54 GO-BT zwischen *ständigen Ausschüssen* und *Sonderauschüssen*, wobei die ständigen Ausschüsse die Verhandlungen des Bundestages vorbereiten sollen. Der Begriff ständiger Ausschuss ergibt sich daraus, dass ihre Einsetzung grundsätzlich für die Dauer der gesamten Wahlperiode erfolgt.[362] Da ständige Ausschüsse für ein bestimmtes Sachgebiet zuständig sind, werden sie auch als *Fachausschüsse* bezeichnet.[363] Teilweise werden aber nur solche ständigen Ausschüsse als Fachausschüsse bezeichnet, denen ein bestimmtes Fachministerium gegenübersteht, bzw. die ein begrenztes Fachgebiet bearbeiten. Insbesondere wird der Ausschuss für die Angelegenheiten der Europäischen Union in der Literatur häufig nicht als Fachausschuss bezeichnet, sondern den Fachausschüssen gegenübergestellt.[364] In diesem Sinne könnte man auch § 93 a Abs. 3 GO-BT lesen. Dieser spricht davon, dass der Ausschuss für die Angelegenheiten der Europäischen Union eine Stellungnahme der Fachausschüsse und nicht etwa der *anderen* Fachausschüsse einzuholen hat. Bei einem solchen Verständnis ist also ständiger Ausschuss der weitere Begriff, der sowohl Fachausschüsse, Querschnittsausschüsse als auch Ausschüsse erfasst, die mit parlamentsinternen Angelegenheiten befasst sind. Diese Terminologie soll auch hier verwendet werden. Wenn im Folgenden von Fachausschüssen die Rede ist, dann sind daher nur diejenigen Ausschüsse gemeint, die in bestimmten Fachbereichen sowohl hinsichtlich Gesetzgebung als auch hinsichtlich Kontrolle vorbereitend für das Gesamtparlament tätig werden. Ausdrücklich nicht gemeint ist der Ausschuss für die Angelegenheiten der Europäischen Union.

4) Einsetzung und Zusammensetzung der Ausschüsse

Auch wenn die Bildung von Ausschüssen in der Verfassung oder in der Geschäftsordnung vorgesehen ist, muss zur tatsächlichen Errichtung immer noch ein Parlamentsbeschluss ergehen. Dieser Beschluss enthält die Einsetzungsanordnung und die Festset-

---

[360] BT-Drs. 15/19; *Deutscher Bundestag* (Hrsg.), Sonderheft Blickpunkt Bundestag, Ausschüsse, 2003.

[361] BT-Drs. 16/76.

[362] *Achterberg*, Parlamentsrecht, 1984, S. 135; *Achterberg/Schulte*, in: *Mangoldt/Klein/Starck* (Hrsg.), Das Bonner Grundgesetz, 5. Auflage 2005, Art. 40 Abs. 1, Rn.16.

[363] *Frost*, Die Parlamentsausschüsse, ihre Rechtsgestalt und ihre Funktionen, AöR (95) 1970, 38, 53; *Vetter*, Die Parlamentsausschüsse im Verfassungssystem der Bundesrepublik Deutschland, 1986, S. 8; *Verstyl*, in: *Münch/Kunig* (Hrsg.), Grundgesetz-Kommentar, 5. Auflage 2001, Art. 43, Rn. 6.

[364] *Hansmeyer*, Die Mitwirkung des Deutschen Bundestages an der europäischen Rechtsetzung, 2001, S. 281 ff; *Rath*, Entscheidungspotenziale des Deutschen Bundestages in EU-Angelegenheiten, 2001, S. 62; *Weber-Panariello*, Nationale Parlamente in der Europäischen Union, 1995, S. 192; *Zier*, Nationale Parlamente in der EU, 2005, S.199.

zung der Mitgliederzahl.[365] In der Praxis ergeht ein Sammelbeschluss hinsichtlich aller in einer Legislaturperiode einzusetzenden Ausschüsse.[366] Die Ausschussmitglieder und deren Stellvertreter werden gemäß § 57 Abs. 2 Satz 1 GO-BT von den Fraktionen benannt. Dadurch ist gewährleistet, dass die Ausschüsse ein verkleinertes Abbild des Plenums sind, in ihnen also die gleichen Mehrheitsverhältnisse herrschen. Die stellvertretenden Mitglieder können in gleicher Weise wie die ordentlichen Mitglieder an den Beratungen im Ausschuss mitwirken. Zur Stimmrechtsabgabe sind sie allerdings nur berechtigt, wenn ein ordentliches Mitglied verhindert ist. Jede Fraktion benennt einen Obmann oder eine Obfrau für den Ausschuss. Diese erfüllen eine wichtige Aufgabe, denn jeder Ausschusssitzung gehen Obleutegespräche voraus, in denen die zu beratenden Vorlagen ausgewählt und der Ablauf der Beratungen festgelegt werden.[367] Schließlich hat jeder Ausschuss einen Vorsitzenden und einen stellvertretenden Vorsitzenden. Der Vorsitzende entstammt nicht etwa immer der Fraktion, die die Mehrheit im Ausschuss inne hat, sondern sämtliche Ausschussvorsitze werden insgesamt nach der Stärke der jeweiligen Fraktionen im Parlament verteilt. Die Wahl von Vorsitzendem und Stellvertreter findet im Ausschuss statt, der sich dabei aber nach der Vereinbarung der Fraktionsvorsitzenden richtet.[368]

Ein mitunter langwieriger Prozess ist die Benennung der einzelnen Ausschussmitglieder durch die Fraktionen. Verschiedene Interessen müssen zum Ausgleich gebracht werden. Jeder Abgeordnete hat eine Präferenz, welchem Ausschuss er gerne angehören möchte. Dabei spielen sowohl persönliche Vorlieben, wie auch die Interessen von Verbänden und Interessengruppen, denen der Abgeordnete angehört, eine Rolle.[369] Im Ergebnis wird man häufig eine Verbindung zwischen der vorparlamentarischen Tätigkeit des Abgeordneten und dem gewählten Ausschuss nachweisen können.[370] Das führt dazu, dass innerhalb eines Ausschusses meist eine große Homogenität in der Zusammensetzung besteht.

5) Verfahren in den Ausschüssen

Gemäß § 54 Abs. 1 GO-BT werden Ausschüsse vom Bundestag zur Vorbereitung von Verhandlungen eingesetzt. § 62 Abs. 1 GO-BT präzisiert, dass die Ausschüsse zur baldigen Erledigung der ihnen überwiesenen Aufgaben verpflichtet sind und als vorbereitende Beschlussorgane dem Bundestag bestimmte Beschlüsse empfehlen sollen. Die Beschlüsse dürfen sich nur auf die ihnen überwiesenen Vorlagen oder mit diesen im unmittelbaren Sachzusammenhang stehende Fragen beziehen. Die Ausschüsse können sich jedoch auch mit anderen Fragen aus ihrem Geschäftsbereich beschäftigen, haben dann jedoch nicht das Recht, förmliche Beschlussempfehlungen abzugeben. Demgemäß unterscheidet § 64 Abs. 1 GO-BT zwischen zwei Arten von Verhandlungsgegens-

---

[365] *Achterberg*, Parlamentsrecht, 1984, S. 147; *Frost*, Die Parlamentsausschüsse, ihre Rechtsgestalt und ihre Funktionen, AöR (95) 1970, 38, 57.
[366] Beschlüsse auf die Anträge BT-Drs. 14/22, BT-Drs. 15/19, BT-Drs. 16/76.
[367] *Dach*, Das Ausschussverfahren nach der Geschäftsordnung und in der Praxis, in: *Schneider/Zeh* (Hrsg.), Parlamentsrecht und Parlamentspraxis, 1989, S. 1118.
[368] *Frost*, Die Parlamentsausschüsse, ihre Rechtsgestalt und ihre Funktionen, AöR (95) 1970, 38, 58.
[369] *Ismayr*, Der Deutsche Bundestag, 2. Auflage 2001, S. 189.
[370] *Dach*, in: *Schneider/Zeh* (Hrsg.), Parlamentsrecht und Parlamentspraxis, 1989, S. 1110.

tänden, nämlich dem Ausschuss überwiesenen Vorlagen und sonstigen Fragen aus dem Geschäftsbereich des Ausschusses.

Die Überweisung von nationalen Vorlagen an einen Ausschuss erfolgt durch das Plenum, § 80 Abs. 1 GO-BT. Handelt es sich um politisch nicht besonders bedeutsame Vorlagen, dann werden mehrere Vorlagen im vereinfachten Verfahren nach § 80 Abs. 4 GO-BT gemeinsam ohne Aussprache an die Ausschüsse überwiesen. Die Überweisung von EU-Vorlagen erfolgt gesondert nach dem Verfahren des § 93 Abs. 3 GO-BT, das oben bereits dargestellt wurde.[371] Zumeist erfolgt die Überweisung jedoch nicht nur an einen Ausschuss, sondern an mehrere Ausschüsse. Dabei ist gemäß § 80 Abs. 1 Satz 1 GO-BT einer der Ausschüsse als federführender Ausschuss zu bestimmen. Die anderen Ausschüsse sind mitberatend. Nur der federführende Ausschuss erstattet gemäß § 63 Abs. 1 GO-BT dem Bundestag Bericht. Die anderen Ausschüsse übermitteln nach § 63 Abs. 2 GO-BT dem federführenden Ausschuss ihre Stellungnahme. Die Überweisung an mehrere Ausschüsse macht grundsätzlich Sinn, da die Vorlagen zumeist mehrere Politikbereiche betreffen und sich so unerwünschte Neben- und Folgewirkungen vermeiden lassen.[372] Federführend ist in der Regel derjenige Ausschuss, in dessen spiegelbildlichem Ministerium der Gesetzentwurf vorbereitet wurde. Es ist durchaus bedeutsam, welchem Ausschuss die Federführung zukommt, denn die Entscheidung über die endgültige Beschlussfassung liegt nur bei diesem.

Die Ausschüsse beraten über die ihnen überwiesenen Vorlagen und die sonstigen Verhandlungsgegenstände aus ihrem Geschäftsbereich in Ausschusssitzungen, die gemäß § 59 Abs. 1 GO-BT vom Ausschussvorsitzenden einberufen werden. Dieser legt nach § 61 Abs. 1 GO-BT auch die Tagesordnung der jeweiligen Ausschusssitzung fest. Vorab findet jedoch eine Verständigung darüber mit den Obleuten der im Ausschuss vertretenen Fraktionen statt. Anders als die Beratungen im Plenum, die häufig sehr polemisch geführt werden, sind Ausschussberatungen geprägt durch Sachlichkeit auch über die Parteigrenzen hinweg.[373] Ismayr weist jedoch darauf hin, dass dies nicht mit der sachlichen *Suche "nach der besten Lösung"* verwechselt werden dürfe. Auch in den Ausschüssen werde sich letztlich die politische Meinung der Mehrheit durchsetzen und den Argumenten der Opposition geringeres Gewicht zukommen.[374]

Die Beratungen der Ausschüsse sind grundsätzlich nichtöffentlich gemäß § 69 Abs. 1 GO-BT. Jedoch kann der Ausschuss für bestimmte Verhandlungsgegenstände die Öffentlichkeit zulassen. Möglich, und in der Praxis häufig, sind auch öffentliche Anhörungen von Sachverständigen, Interessenvertretern und anderen Auskunftspersonen gemäß § 70 Abs. 1 GO-BT. Zugelassen zu den Ausschusssitzungen sind allerdings nicht nur die Ausschussmitglieder selbst, sondern alle Abgeordneten des Deutschen Bundestages, es sei denn der Bundestag hat den Ausschuss zu einem so genannten *geschlossenen Ausschuss* erklärt, § 69 Abs. 2 GO-BT. In der 15. und 16. Wahlperiode waren der Ausschuss für Auswärtiges, der Verteidigungsausschuss und teilweise der

---

[371] Vgl. oben A, S. 75 ff.
[372] *Ismayr*, Der Deutsche Bundestag, 2. Auflage 2001, S. 274.
[373] *Vetter*, Die Parlamentsausschüsse im Verfassungssystem der Bundesrepublik Deutschland, 1986, S. 188.
[374] *Ismayr*, Der Deutsche Bundestag, 2. Auflage 2001, S. 281.

Innenausschuss geschlossene Ausschüsse.[375] Außerdem sind in allen Ausschusssitzungen Vertreter der Ministerialbürokratie anwesend, sowohl aus dem zuständigen Bundesministerium, als auch aus den Länderministerien. Das Recht zur Anwesenheit ergibt sich für die Vertreter aus den Bundesministerien aus Art. 43 Abs. 2 GG. Tatsächlich sind in den Ausschüssen regelmäßig mehr Ministerialbeamte anwesend als Abgeordnete.[376] Dies sei jedoch weniger Ausdruck der Kontrollfähigkeit des Bundestages, als vielmehr der Dominanz der Exekutive gegenüber der Legislative auch in Fragen der Politikformulierung und Gesetzgebung.[377]

Da sich nicht jedes Ausschussmitglied eingehend mit jeder Vorlage befassen kann, werden vom Vorsitzenden für jeden Verhandlungsgegenstand ein oder mehrere Berichterstatter bestimmt, vgl. § 65 GO-BT. Diese nehmen im Verhältnis zum Ausschuss diejenige Aufgabe wahr, die Ausschüsse im Verhältnis zum Plenum wahrnehmen,[378] nämlich die Vorbereitung der Beratungen. In der Praxis gibt es pro Verhandlungsgegenstand jeweils so viele Berichterstatter wie Fraktionen. Die Berichterstatter bereiten das Material auf, berichten dem Ausschuss über die Vorlage und bereiten die Beschlussempfehlung an das Plenum vor. Eine andere Art der internen Spezialisierung ist die Einsetzung von Unterausschüssen gemäß § 55 GO-BT. Diese Unterausschüsse beraten bestimmte ihnen vom Hauptausschuss überwiesene Vorlagen und bedienen sich dabei ebenfalls eines Berichterstattersystems. Die Ergebnisse ihrer Arbeit werden dann wiederum vom Hauptausschuss behandelt, denn nur dieser kann sich mit einer Beschlussempfehlung an das Plenum wenden. Auf Unterausschüsse wird bei der Behandlung des Rechtsausschusses und seines Unterausschusses Europarecht noch näher einzugehen sein.

Da § 62 Abs. 1 GO-BT eine Pflicht der Ausschüsse statuiert, dem Bundestag Beschlüsse zu empfehlen, kann der Ausschuss sich bei überwiesenen nationalen Vorlagen nicht auf bloße Kenntnisnahme beschränken, sondern muss eine Beschlussempfehlung erarbeiten. Hat sich der Ausschuss auf eine Beschlussempfehlung geeinigt, legt er diese zusammen mit dem schriftlichen Bericht der Berichterstatter schließlich dem Plenum vor, das darüber - mit oder ohne Aussprache - entscheidet. Die Empfehlung muss so gefasst sein, dass das Plenum zu ihr nur noch ja oder nein sagen muss. Von der Pflicht zur Erarbeitung einer Beschlussempfehlung auf eine Vorlage ist zu unterscheiden, dass die Ausschüsse Entschließungen zu einzelnen Verhandlungsgegenständen erarbeiten können. Mit diesen soll die Regierung beispielsweise aufgefordert werden, bestimmte Maßnahmen zu ergreifen, auf der Ebene der EU zu intervenieren und ähnliches.[379] Entschließungsanträge können nur zu den in § 75 Abs. 2 c) GO-BT aufgezählten Vorlagen ergehen.

Bei nationalen Vorlagen haben Ausschüsse nicht nur die Möglichkeit, einer Vorlage zuzustimmen oder diese abzulehnen, sondern können auch einzelne Änderungen an

---

[375] Vgl. BT-Drs. 15/19, BT-Drs. 16/76.
[376] *Beyme*, Der Gesetzgeber, 1997, S. 192; Ismayr, Der Deutsche Bundestag, 2. Auflage 2001, S. 208.
[377] *Ismayr*, Der Deutsche Bundestag, 2. Auflage 2001, S. 208.
[378] *Vetter*, Die Parlamentsausschüsse im Verfassungssystem der Bundesrepublik Deutschland, 1986, S. 171.
[379] *Ismayr*, Der Deutsche Bundestag, 2. Auflage 2001, S. 282.

der Vorlage vornehmen. Diese Möglichkeit besteht bei EU-Vorlagen selbstverständlich nicht. Tatsächlich nehmen die Ausschüsse an etwa zwei Dritteln der ihnen überwiesenen nationalen Vorlagen noch Veränderungen vor.[380] In aller Regel verändert dies aber nicht die generelle Richtung, sondern betrifft nur kleinere Detailfragen. Häufig geschieht das auch nicht auf Veranlassung der Parlamentarier selbst, sondern es werden Änderungen aufgegriffen, die der Bundesrat vorgeschlagen und denen sich die Bundesregierung zwischenzeitlich in ihrer Gegenäußerung angeschlossen hat. Bei geringfügigen und rechtstechnischen Anpassungen des Gesetzentwurfs, können es auch die in den Ausschussberatungen anwesenden Ministerialbeamten sein, die eine entsprechende Änderung vorgeschlagen haben.[381] Insoweit ist die Anzahl der Änderungen, die Gesetzentwürfe in den Ausschüssen erfahren, nur bedingt ein Indikator für die Macht der Ausschüsse[382], sondern eher eine Ausprägung der Macht der Ministerialbürokratie bei der Rechtsetzung. Auch das Selbstbefassungsrecht der Ausschüsse nach § 62 Abs. 1 Satz 3 GO-BT spielt in der Praxis eine Rolle. Dieses gibt den Ausschüssen die Möglichkeit, nicht nur auf Vorlagen zu reagieren, sondern ihrerseits initiativ zu werden und konzeptionell zu arbeiten.[383] Es ist ein wichtiges Mittel der begleitenden parlamentarischen Kontrolle. Vor allem solche Ausschüsse, denen eher weniger Gesetzesvorlagen überwiesen werden, werden von der Möglichkeit der Selbstbefassung Gebrauch machen.

Die Ausschüsse werden in ihrer Arbeit durch Ausschusssekretariate unterstützt. Diese arbeiten vor allem den Ausschussvorsitzenden bei der Vorbereitung der Sitzungen zu. Jedoch ist die personelle und sachliche Ausstattung im Vergleich zu den Ministerien gering, so dass in Fragen der Information eine starke Abhängigkeit von der Ministerialbürokratie bestehen bleibt.

6) Bedeutung der Fraktionen

Wenn eine Vorlage an die Ausschüsse überwiesen wird, steht oft schon fest, wie über sie entschieden werden wird, da in den Fraktionen bereits wichtige Beratungen stattgefunden und sich die einzelnen Fraktionen auf eine Linie festgelegt haben.[384] Innerhalb der großen Fraktionen gibt es zu den verschiedenen Politikbereichen Arbeitsgruppen, die weitestgehend den Ausschüssen entsprechen und sich kontinuierlich mit den dort anstehenden Problemen befassen.[385] Die kleineren Fraktionen haben dagegen in der Regel so genannten Arbeitskreise, die mehrere Sachgebiete bearbeiten.[386] Die Obleute der Ausschüsse vertreten ihre Position auch innerhalb der Fraktionsarbeitsgruppen.[387] Letztlich sind die Fraktionen die wichtigsten Akteure innerhalb des Parlaments.[388] Sie sind die zentralen Orte parlamentarischer Willensbildung.[389] Allerdings ist schwer

---

[380] *Ismayr*, Der Deutsche Bundestag, 2. Auflage 2001, S. 276.
[381] *Ismayr*, Der Deutsche Bundestag, 2. Auflage 2001, S. 276.
[382] So aber *Zier*, Nationale Parlamente in der EU, 2005, S. 28.
[383] *Ismayr*, Der Deutsche Bundestag, 2. Auflage 2001, S. 198.
[384] *Ismayr*, Der Deutsche Bundestag, 2. Auflage 2001, S. 275.
[385] *Ismayr*, Der Deutsche Bundestag, 2. Auflage 2001, S. 100.
[386] *Ismayr*, Der Deutsche Bundestag, 2. Auflage 2001, S. 103.
[387] *Beyme*, Der Gesetzgeber, 1997, S. 197.
[388] *Lösche*, Der Bundestag - kein trauriges, kein ohnmächtiges Parlament, ZParl 2000, 926, 932.
[389] *Von Oertzen*, Das Expertenparlament, 2006, S.15.

messbar, welche Vorarbeiten und Vorfestlegungen in den Fraktionen geleistet werden, da deren Sitzungen nichtöffentlich sind und auch nach dem Ende der Legislaturperiode keine Protokolle veröffentlicht werden. Ebenso wenig werden förmliche Beschlüsse gefasst, die veröffentlicht würden. Daher wird für den Betrachter von außen die Tätigkeit der Fraktionen zunächst nur in den Ausschüssen offenbar, in denen die verschiedenen Parteien erstmals unmittelbar in der Willensbildung aufeinander treffen, und nach Abschluss der Beratungen ein Bericht an das Plenum ergeht. Auch wird noch zu untersuchen sein, ob das Verhältnis von Fraktionen und Ausschüssen auch bei der Beratung von EU-Vorlagen entsprechend ausgestaltet ist. Denn ein wesentlicher Grund für die Vorbereitung der Arbeit in den Fraktionen ist, dass man sich nach außen als Einheit darstellen möchte. Ein Gesichtsverlust soll vermieden werden.[390] Ein solcher droht bei EU-Vorlagen aber in weit geringerem Maße. Der Vorschlag für einen EU-Rechtsakt kommt ja nicht von einer Bundestagsfraktion oder der Regierung, sondern von der Kommission. Auch ist zu bedenken, dass bei kontroversen Vorlagen erstmals im Ausschuss die gegensätzlichen Lager aufeinander treffen und erst dadurch Diskussionsbedarf entstehen kann. Völlig unkontroverse Vorlagen werden dagegen in den Fraktionen oft wenig Raum einnehmen oder gar nicht besprochen werden, während der Ausschuss aufgrund seiner Pflicht, eine Beschlussempfehlung zu erarbeiten, nicht um eine Beratung herum kommen wird.

7) Kritik am Ausschusssystem

Zwar ist die grundsätzliche Notwendigkeit des Ausschusssystems allgemein anerkannt, aber in Einzelheiten wird durchaus Anlass zu Kritik gesehen. Ein wesentlicher Kritikpunkt ist die fehlende Öffentlichkeit der Ausschussberatungen. Es sei problematisch, dass sich ein wesentlicher Teil der Arbeit des Parlaments vom Plenum in die Ausschüsse verlagert habe, in denen nicht öffentlich beraten werde.[391] Allerdings werden auch gewichtige Argumente für die Nichtöffentlichkeit der Ausschusssitzungen vorgebracht. Der einzelne Abgeordnete könne vom Fraktionszwang geschützt seine Meinung besser einbringen.[392] Die Atmosphäre sei in nichtöffentlichen Sitzungen sachlicher.[393] Generell wird befürchtet, dass der Bundestag in viele einzelne "Fachparlamente" zerfalle und das Plenum zu einer bloßen "Abstimmungssmaschinerie" degeneriere.[394] Das Plenum sei nur noch Notar eines unter Ausschluss der Öffentlichkeit ausgeklügelten Vorschlages.[395] Die Atomisierung der Parlamentsarbeit führe zu einer

---

[390] *Melzer*, Vorbereitung und Gestaltung der Ausschussarbeit durch die Fraktionen, in: *Schneider/Zeh* (Hrsg.), Parlamentsrecht und Parlamentspraxis, 1998, S. 1132.

[391] *Linck*, Die Öffentlichkeit der Parlamentsausschüsse aus verfassungsrechtlicher und rechtspolitischer Sicht, DÖV 1973, 513, 517; *Ritzel/Bücker/Schreiner* (Hrsg.), Handbuch der parlamentarischen Praxis (Stand 1988) Vorbemerkung zu Abschnitt VII, Rn. 8.

[392] *Beyme*, Der Gesetzgeber, 1997, S. 191.

[393] *Beyme*, Der Gesetzgeber, 1997, S. 191, *Frost*, Die Parlamentsauschüsse, ihre Rechtsgestalt und ihre Funktionen, AöR (95) 1970, 38, 61, *Linck*, Die Öffentlichkeit der Parlamentsausschüsse aus verfassungsrechtlicher und rechtspolitischer Sicht, DÖV 1973, 513, 519.

[394] *Frost*, Die Parlamentsausschüsse, ihre Rechtsgestalt und ihre Funktionen, AöR (95) 1970, S. 38, 85.

[395] *Ritzel/Bücker/Schreiner* (Hrsg.), Handbuch der parlamentarischen Praxis (Stand 1988), Vorbemerkung zu Abschnitt VII, Rn. 8.

politisch wenig konsistenten und nicht selten ineffektiven Art der Willensbildung.[396] Ein weiterer Kritikpunkt entzündet sich an der weitgehenden Selbständigkeit der Ausschüsse, die am Gesamtparlament vorbei unmittelbar gegenüber der Regierung auftreten, was im Hinblick auf das Gewaltenteilungsgebot problematisch sein könne.[397]

Es kann jedoch nicht übersehen werden, dass bei zunehmender Ausdifferenzierung der Lebenswirklichkeit und der Politikbereiche auch das Parlament spezialisiert arbeiten muss. Anders könnte es auch gegenüber der personell übermächtigen und noch wesentlich spezialisierter arbeitenden Ministerialbürokratie gar keine wirksame Kontrolle ausüben.[398] Die Öffentlichkeit indes nimmt ohnehin eher das *Ergebnis* von langwierigen Beratungen zur Kenntnis als deren Zustandekommen. Das wäre kaum anders, wenn alle vorbereitenden Beratungen öffentlich verliefen. Insofern stellt das Ausschusssystem des Bundestages und sein Verhältnis zum Plenum einen guten Kompromiss zwischen Arbeitsfähigkeit auf der einen und Transparenz auf der anderen Seite dar.

II) Die hervorgehobene Stellung des Ausschusses für die Angelegenheiten der Europäischen Union und sein Verhältnis zu den anderen Ausschüssen

Wie gesehen prägt das Ausschusssystem des Deutschen Bundestages dessen Arbeit. Ursprünglich ist es entwickelt worden, um nationale Vorlagen zu behandeln. Inzwischen werden dem Bundestag aber auch mehrere tausend EU-Vorlagen pro Legislaturperiode zugeleitet.[399] Im Folgenden soll daher untersucht werden, wie der Bundestag hierauf institutionell reagiert hat. Wie sich im Überblick über die Mitwirkungsrechte der anderen nationalen Parlamente gezeigt hat[400], ist es zum einen denkbar, dass EU-Vorlagen zentral in einem speziellen EU-Ausschuss beraten werden, zum anderen kann die Beratung aber auch in den Fachausschüssen erfolgen. Daher soll zunächst der Ausschuss für die Angelegenheiten der Europäischen Union des Deutschen Bundestages vorgestellt werden. Anschließend wird darzustellen sein, in welchem Verhältnis dieser zu den Fachausschüssen steht. Abschließend wird der Frage nachgegangen, ob die Arbeitsteilung zwischen dem Ausschuss für die Angelegenheiten der EU und den Fachausschüssen im Hinblick auf eine effektive Beratung von EU-Vorlagen sinnvoll ist oder der Reform bedarf.

1) Institutionelle Anpassung des Bundestages an die Herausforderungen der europäischen Integration

Einer der ständigen Ausschüsse des Bundestages ist der Ausschuss für die Angelegenheiten der Europäischen Union. Seine Existenz ergibt sich unmittelbar aus dem Grundgesetz. Gemäß Art. 45 GG *"bestellt der Bundestag einen Ausschuss für die An-*

---

[396] *Töller*, Europapolitik im Bundestag, 1995, S. 139.
[397] *Kewenig*, Staatsrechtliche Probleme parlamentarischer Mitregierung am Beispiel der Arbeit der Bundestagsausschüsse, 1970, S. 16.
[398] So auch bereits *Kewenig*, Staatsrechtliche Probleme parlamentarischer Mitregierung am Beispiel der Arbeit der Bundestagsausschüsse, 1970, S. 56.
[399] Vgl. oben A, S. 75.
[400] Vgl. oben Kapitel 1 C, S. 37 ff.

gelegenheiten der Europäischen Union". Dieser ist damit einer der wenigen Ausschüsse, die ausdrücklich im Grundgesetz genannt sind.

Die Einsetzung eines Ausschusses für die Angelegenheiten der Europäischen Union ist der vorläufige Abschluss einer langen Entwicklung, in welcher der Bundestag immer wieder versucht hat, sich an die besonderen Gegebenheiten der europäischen Integration institutionell anzupassen.[401] Diese Entwicklung soll hier nur kurz nachgezeichnet werden, da bereits umfangreiche Literatur dazu existiert.[402]

Die erste Phase von der Gründung der Europäischen Gemeinschaften 1951 bzw. 1957 bis ins Jahr 1965 hinein war vor allem dadurch geprägt, dass die Behandlung von europäischen Angelegenheiten in die bereits existierende Organisationsstruktur des Bundestages integriert wurde. Europäische Angelegenheiten wurden in den bestehenden Fachausschüssen beraten (sofern sie überhaupt vom Bundestag beraten wurden).[403] Die Begleitung der Rechtsetzung in den Europäischen Gemeinschaften durch den Bundestag wurde überdies dadurch gewährleistet, dass die Mitglieder der Parlamentarischen Versammlung der Europäischen Gemeinschaften zugleich ein nationales Parlamentsmandat inne hatten, da sie von ihrem jeweiligen Heimatparlament entsandt waren.[404] In den 70er Jahren stieg die Anzahl der EG-Vorlagen jedoch sprunghaft an und die Fachausschüsse hatten zunehmend Schwierigkeiten, diejenigen Vorlagen herauszufiltern, bei denen eine Beratung sinnvoll war.[405] 1965 wurde daher zur besseren Koordinierung der Tätigkeit in europäischen Angelegenheiten der *Integrationsältestenrat* geschaffen. Dieser setzte sich aus dem Parlamentspräsidenten, den parlamentarischen Geschäftsführern der Fraktionen und zwölf weiteren Bundestagsabgeordneten zusammen und hatte die Aufgabe, EG-Vorlagen an die zuständigen Fachausschüsse weiterzuleiten, Grundsatzfragen der europäischen Integration zu behandeln und die Verbindung zum Europäischen Parlament aufrecht zu erhalten.[406] Da der Integrationsältestenrat allerdings kein Beschlussorgan war, und keinerlei formellen Einfluss auf die Fachausschüsse ausüben konnte, traf er sich bereits 1967 zum letzten Mal und wurde zu Beginn der neuen Legislaturperiode im Jahre 1969 nicht mehr eingesetzt.[407] 1979 endete die Doppelmandatschaft der Abgeordneten von Europäischem Parlament und nationalen Parlamenten. Zwar war es den nationalen Abgeordneten noch möglich, sich zusätzlich ins Europäische Parlament wählen zu lassen, doch war dies aufgrund der starken Arbeitsbelastung der Abgeordneten selten. Schon 1980 hatten nur noch

---

[401] *Janowski*, Die nationalen Parlamente und ihre Europagremien, 2005, S. 83.

[402] Vgl. aus jüngerer Zeit v.a.: *Lorenz*, Entstehung und Arbeitsweise des Ausschusses für die Angelegenheiten der Europäischen Union des Deutschen Bundestages, 2004.

[403] *Lorenz*, Entstehung und Arbeitsweise des Ausschusses für die Angelegenheiten der Europäischen Union des Deutschen Bundestages, 2004, S. 17.

[404] *Lorenz*, Entstehung und Arbeitsweise des Ausschusses für die Angelegenheiten der Europäischen Union des Deutschen Bundestages, 2004, S. 18; *Bila u.a.*, Der Ausschuss für die Angelegenheiten der Europäischen Union, 1998, S. 3.

[405] *Töller*, Dimensionen der Europäisierung, ZParl 2004, 25, 36.

[406] *Lorenz*, Entstehung und Arbeitsweise des Ausschusses für die Angelegenheiten der Europäischen Union des Deutschen Bundestages, 2004, S. 18.

[407] *Niblock*, The EEC: National Parliaments in Community Decision-making, 1971, S. 55; *Fuchs*, Der Ausschuss für die Angelegenheiten der Europäischen Union des Deutschen Bundestages- kein Ausschuss wie jeder andere!, 2003, S. 3.

zwei der insgesamt 81 deutschen Europaparlamentarier gleichzeitig ein Mandat im Bundestag inne.[408] Ab 1983 war kein Mitglied des Bundestages zugleich im Europäischen Parlament vertreten.[409] Um den Kontakt zwischen den beiden Parlamenten trotzdem aufrecht zu erhalten, setzte der Bundestag 1979 eine *Kommission zur Behandlung von Fragen der Zusammenarbeit zwischen dem Europäischem Parlament und dem Bundestag* ein[410], die 1983 zur *Europakommission* weiterentwickelt wurde.[411] Diese war als Enquetekommission gemäß § 56 GO-BT konzipiert. Das hatte zwar einerseits den Vorteil, dass auch Mitglieder des Europäischen Parlaments mitarbeiten konnten, was die Geschäftsordnung bei einer Konstruktion als Bundestagsausschuss nicht zugelassen hätte, andererseits konnte sie sich nicht direkt mit Beschlussempfehlungen an das Plenum wenden, sondern war darauf angewiesen, dass einer der Fachausschüsse ihre Berichte aufgriff und an das Plenum weiterleitete.[412] Die Kommission hatte die Aufgabe, Empfehlungen zu Angelegenheiten der Gemeinschaftspolitik von besonderer Bedeutung, institutionellen Problemen der EG und Fragen der Zusammenarbeit zwischen den nationalen Parlamenten und dem Europäischen Parlament zu erarbeiten.[413] Allerdings waren ihre Kompetenzen nicht klar von denen der Fachausschüsse abgegrenzt. Im Einsetzungsbeschluss hieß es lediglich, dass die Kompetenzen der Fachausschüsse unberührt bleiben sollen.[414] Das führte dazu, dass die Fachausschüsse oft nicht gewillt waren, der Europakommission Zuständigkeiten zu überlassen.[415] Daran scheiterte die Kommission letztendlich auch, und wurde 1987 nicht mehr eingesetzt.[416]

Nachdem die Idee, Europapolitik in einer Enquetekommission zu behandeln, gescheitert war, wurde 1987 eine neue Konstruktion erprobt. Der Auswärtige Ausschuss machte von seinem Recht nach § 55 GO-BT Gebrauch, und setzte einen *Unterausschuss für Angelegenheiten der Europäischen Gemeinschaften* ein. Diesem gehörten aufgrund eines Beschlusses nach § 126 GO-BT zur Abweichung von der Geschäftsordnung genauso viele Abgeordnete des Europäischen Parlaments wie des Bundesta-

---

[408] *Schoof*, Bundestag und Europäisches Parlament, ZParl 1982, 199.
[409] *Pflüger*, Die fortschreitende europäische Integration und der Europaausschuss des Deutschen Bundestages, integration 2000, 229, 230.
[410] *Schoof*, Bundestag und Europäisches Parlament, ZParl 1982, 199, 200; *Hauck*, Mitwirkungsrechte des Deutschen Bundestages in Angelegenheiten der Europäischen Union, 1999, S. 29; *Lorenz*, Entstehung und Arbeitsweise des Ausschusses für die Angelegenheiten der Europäischen Union des Deutschen Bundestages, 2004, S. 19; *Lang*, Die Mitwirkungsrechte des Bundesrates und des Bundestages in Angelegenheiten der Europäischen Union, 1997, S. 77.
[411] *Lorenz*, Entstehung und Arbeitsweise des Ausschusses für die Angelegenheiten der Europäischen Union des Deutschen Bundestages, 2004, S. 19.
[412] *Kabel*, Die Mitwirkung des Deutschen Bundestages in Angelegenheiten der Europäischen Union, in: *Randelzhofer* (Hrsg.) Gedächtnisschrift für Eberhard Grabitz, 1995, S. 249; *Fuchs*, Der Ausschuss für die Angelegenheiten der Europäischen Union des Deutschen Bundestages- kein Ausschuss wie jeder andere!, 2003, S. 4.
[413] BT-Drs. 10/161, S. 1; *Mehl*, Die Europakommission des Deutschen Bundestages, 1987, S. 42 f.
[414] BT-Drs. 10/161, S. 3.
[415] *Lorenz*, Entstehung und Arbeitsweise des Ausschusses für die Angelegenheiten der Europäischen Union des Deutschen Bundestages, 2004, S. 22 ff.
[416] *Lorenz*, Entstehung und Arbeitsweise des Ausschusses für die Angelegenheiten der Europäischen Union des Deutschen Bundestages, 2004, S. 24.

ges an.[417] Die Europaparlamentarier hatten jedoch kein Stimmrecht. Der Unterausschuss hatte die Aufgabe, die dem Auswärtigen Ausschuss überwiesenen EG-Vorlagen zu beraten und Beschlussempfehlungen vorzubereiten, sowie Vorlagen von grundsätzlicher Bedeutung zu prüfen und die Auffassungen der verschiedenen Fachausschüsse miteinander in Einklang zu bringen.[418] Auch der Unterausschuss blieb als Modell erfolglos, was vor allem an seiner unselbständigen Stellung gegenüber dem Auswärtigen Ausschuss lag, sowie daran, dass er eine bessere Koordinierung zwischen den Fachausschüssen aufgrund der fehlenden Kompetenzen gar nicht leisten konnte.[419] Als Unterausschuss konnte er sich grundsätzlich auch nur mit solchen Vorlagen befassen, die in den Kompetenzbereich des Auswärtigen Ausschusses fielen, was schon zum damaligen Zeitpunkt nicht mehr auf viele Vorlagen zutraf.[420] Außerdem wurde er von den Europagremien der anderen nationalen Parlamente und dem Europäischen Parlament nicht ernst genommen.[421] So kann man dieses Modell auch als Rückschritt gegenüber der Europakommission sehen.[422] In diesem Zusammenhang ist interessant, dass einige andere Ausschüsse auch von ihrem Recht Gebrauch machten, Unterausschüsse einzurichten, um in diesen EG-Vorlagen vorzuberaten. So richtete der Haushaltsausschuss bereits in der 6. Wahlperiode erstmals einen Unterausschuss zu Fragen der EG ein. Der Rechtsausschuss verfügt seit der 11. Wahlperiode über einen Unterausschuss Europarecht, auf den noch näher einzugehen sein wird.[423] Diese Unterausschüsse kann man jedoch nicht als Vorläufergremien des Ausschusses für die Angelegenheiten der Europäischen Union bezeichnen, da ihr Aufgabengebiet auf den jeweiligen Fachbereich beschränkt ist und sie keine Koordinierungsfunktion haben.[424]

Ein entscheidender Schritt zur Schaffung eines effektiven Europagremiums wurde 1991 getan. Zwei Gründe waren zum damaligen Zeitpunkt ausschlaggebend für die Erkenntnis, dass ein stärkeres Europagremium notwendig ist: zum einen hatten mittlerweile alle Mitgliedstaaten der Europäischen Gemeinschaften außer Luxemburg entsprechende Gremien eingerichtet, zum anderen standen die Beratungen über den Vertrag von Maastricht an, bei denen der Bundestag effektiv mitwirken wollte.[425] Daher

---

[417] *Kabel*, Die Mitwirkung des Deutschen Bundestages in Angelegenheiten der Europäischen Union, in: *Randelzhofer* (Hrsg.) Gedächtnisschrift für Eberhard Grabitz, 1995, S. 250.

[418] *Lorenz*, Entstehung und Arbeitsweise des Ausschusses für die Angelegenheiten der Europäischen Union des Deutschen Bundestages, 2004, S. 26.

[419] *Lorenz*, Entstehung und Arbeitsweise des Ausschusses für die Angelegenheiten der Europäischen Union des Deutschen Bundestages, 2004, S. 27; *Weber-Panariello*, Nationale Parlamente in der Europäischen Union, 1995, S. 259.

[420] *Brück*, Europäische Integration und Entmachtung des Deutschen Bundestages, ZParl 1988, 220, 223.

[421] *Bila u.a.*, Der Ausschuss für die Angelegenheiten der Europäischen Union, 1998, S. 4.

[422] *Brück*, Europäische Integration und Entmachtung des Deutschen Bundestages, ZParl 1988, 220, 224; *Zier*, Nationale Parlamente in der EU, 2005, S. 143.

[423] *Schindler* (Hrsg.), Datenhandbuch zur Geschichte des Deutschen Bundestages, 1983-1991, 1994, S. 698; *Hölscheidt*, Parlamentarische Mitwirkung bei der europäischen Rechtsetzung, KritV 1994, 405, 418.

[424] *Hansmeyer*, Die Mitwirkung des Deutschen Bundestages an der europäischen Rechtsetzung, 2001, S. 275.

[425] *Kabel*, Die Mitwirkung des Deutschen Bundestages in Angelegenheiten der Europäischen Union, in: *Randelzhofer* (Hrsg.) Gedächtnisschrift für Eberhard Grabitz, 1995, S. 251; *Töller*, Dimensionen

wurde erstmals ein Bundestagsausschuss nach § 54 GO-BT zur Beratung europäischer Angelegenheiten geschaffen, der mit den gleichen Rechten ausgestattet war wie die übrigen ständigen Ausschüsse: der *EG-Ausschuss*. In ihm waren Abgeordnete vertreten, die jeweils noch einem anderen Fachausschuss angehörten. Damit sollte eine Verzahnung mit den anderen Ausschüssen hergestellt werden. In der Praxis führte das jedoch auch dazu, dass sich der Ausschuss wegen Terminkollisionen selten traf.[426] Laut Einsetzungsbeschluss hatte der EG-Ausschuss zur Aufgabe, die Änderung der Verträge und andere institutionelle Angelegenheiten der EG zu begleiten, die Zusammenarbeit mit dem Europäischen Parlament fortzuführen und einzelne EG-Vorlagen zu beraten.[427] Ungewöhnlich war, dass damit ein Ausschuss existierte, dem kein Ministeriumsressort korrespondierte, denn diese Parallelität ist an sich typisch für das Ausschusswesen des Deutschen Bundestages.[428] Auch diesem Ausschuss war jedoch kein Erfolg beschieden. Er konnte sich gegen die starken Fachausschüsse des Auswärtigen und für Wirtschaft nicht durchsetzen.[429] Außerdem entschied sich der Bundestag dazu, für die anstehende Beratung des Vertrages von Maastricht einen Sonderausschuss einzurichten[430], der als ad-hoc Ausschuss 11 Wochen Bestand hatte.[431] Darüber hinaus wurde während der Debatte über den Vertrag von Maastricht beschlossen, einen *Ausschuss für die Angelegenheiten der Europäischen Union* einzurichten, der unmittelbar im Grundgesetz verankert und mit Sonderrechten ausgestattet sein sollte.[432]

2) Bewertung der institutionellen Anpassung des Bundestages an die europäische Integration

Die Vielzahl und die Verschiedenheit der Vorläufergremien des Ausschusses für die Angelegenheiten der Europäischen Union zeigt, wie schwer sich der Bundestag damit tat, seine Mitwirkungsrechte in Angelegenheiten der Europäischen Gemeinschaften bzw. der Europäischen Union institutionell abzusichern. Sicher stellte die Frühphase der europäischen Integration noch nicht so starke Anforderungen an eine Mitwirkung des Bundestages. Die Kompetenzen der Europäischen Gemeinschaften waren noch überschaubar. Doch hat der Bundestag nur langsam auf die Entwicklungen auf europäischer Ebene und die sich immer mehr ausweitenden Zuständigkeiten der EG reagiert.[433] Das zeigt sich auch darin, dass der Bundes*rat* bereits 1957 einen *Sonderausschuss Gemeinsamer Markt und Freihandelszone* einrichtete, der 1965 zu einem *Ständigen Ausschuss für Fragen der Europäischen Gemeinschaften* wurde und heute die

---

der Europäisierung, ZParl 2004, 25, 37; *Lorenz*, Entstehung und Arbeitsweise des Ausschusses für die Angelegenheiten der Europäischen Union des Deutschen Bundestages, 2004, S. 32.

426 *Weber-Panariello*, Nationale Parlamente in der Europäischen Union, 1995, S. 261.

427 BT-Drs. 12/739, S. 1.

428 Vgl. oben 2), Seite 81.

429 *Fuchs*, Der Ausschuss für die Angelegenheiten der Europäischen Union des Deutschen Bundestages- kein Ausschuss wie jeder andere!, 2003, S. 5; *Bila u.a.*, Der Ausschuss für die Angelegenheiten der Europäischen Union, 1998, S. 6.

430 Sonderausschuss Europäische Union (Vertrag von Maastricht).

431 *Verheugen*, Die Arbeit des Sonderausschusses "Europäische Union (Vertrag von Maastricht)" des Deutschen Bundestages, ZG 1993, 162, 163.

432 *Lorenz*, Entstehung und Arbeitsweise des Ausschusses für die Angelegenheiten der Europäischen Union des Deutschen Bundestages, 2004, S. 37.

433 *Zier*, Nationale Parlamente in der EU, 2005, S. 149.

Bezeichnung *Ausschuss für Fragen der Europäischen Union* trägt.[434] Dies war im übrigen der erste spezialisierte EG-Ausschuss in der Europäischen Gemeinschaft überhaupt.[435] Dadurch, dass der Bundesrat seine Kompetenzen in europäischen Angelegenheiten wirkungsvoller wahrnahm als der Bundestag, verlagerte sich auch das Gewicht zwischen diesen beiden Bundesorganen zulasten des Bundestages.[436]

Zu einer positiveren Bewertung des Entwicklungsprozesses kommt der ehemalige Leiter des Sekretariats des Ausschusses für die Angelegenheiten der Europäischen Union, Michael Fuchs. Seiner Meinung nach spiegelt der jeweilige Organisations- und Reifegrad des für europäische Angelegenheiten innerhalb des Bundestages zuständigen Gremiums den Stand der europäischen Integration wider. Die immer wieder flexibel an die jeweiligen politischen Bedürfnisse angepassten Strukturen zeigten, dass der Bundestag in der Lage gewesen sei, sich mit den Instrumenten und dem Verfahren zu versorgen, derer es zur parlamentarischen Behandlung von Unionsvorlagen bedurfte.[437] Negativer - und treffender - kommt Lorenz zum dem Schluss, dass der Bundestag bei der Anpassung an die Notwendigkeiten der europäischen Integration vor allem nach dem „trial and error Prinzip" gearbeitet habe.[438]

Ein Grund für die langsame Entwicklung innerhalb des Bundestages war, dass es ihm in der ersten Phase der Institutionalisierung von Europapolitik im Bundestag primär um eine gute Zusammenarbeit mit dem Europäischen Parlament und weniger um eine kontinuierliche eigene Kontrolle der Regierungsvertreter im Rat ging.[439] Dies korrespondiert mit der zu diesem Zeitpunkt vorherrschenden Auffassung im Bundestag, dass eine Verbesserung der demokratischen Legitimation in den Europäischen Gemeinschaften durch eine Aufwertung des Europäischen Parlaments erreicht werden müsse und die nationalen Parlamente bis dahin nur als Sachwalter tätig seien.[440] Erst seit der Einsetzung des Unterausschusses im Auswärtigen Ausschuss geriet die Notwendigkeit einer Kontrolle der Regierungsmitglieder im Rat immer mehr ins Blickfeld,[441] wurde jedoch von den meisten Abgeordneten nach wie vor unterschätzt.[442] Ein anderer Grund war, dass im Bundestag keine Einigkeit darüber bestand, in welcher Weise ein spezielles Europagremium in die bestehenden Strukturen integriert werden sollte. Überein-

---

[434] http://www.bundesrat.de. Daneben gibt es im Bundesrat noch die Europakammer gemäß § 45 b GO-BR, die in bestimmten Fällen die Rechte des Bundesrates in europäischen Angelegenheiten wahrnimmt, Art. 52 Abs. 3 a GG.

[435] *Raunio*, Always one step behind?, Government and Opposition 1999, 180, 187.

[436] *Brück*, Europäische Integration und Entmachtung des Deutschen Bundestages, ZParl 1988, 220, 220.

[437] *Fuchs*, Der Ausschuss für die Angelegenheiten der Europäischen Union des Deutschen Bundestages- kein Ausschuss wie jeder andere!, 2003, S. 27.

[438] *Lorenz*, Entstehung und Arbeitsweise des Ausschusses für die Angelegenheiten der Europäischen Union des Deutschen Bundestages, 2004, S. 30.

[439] *Lorenz*, Entstehung und Arbeitsweise des Ausschusses für die Angelegenheiten der Europäischen Union des Deutschen Bundestages, 2004, S. 20.

[440] *Süssmuth*, Die Rolle des Deutschen Bundestages im europäischen Einigungsprozeß zwischen Anspruch und Wirklichkeit, in: *Hellwig* (Hrsg.), Der Deutsche Bundestag und Europa, 1993, S. 19; *Weber-Panariello*, Nationale Parlamente in der Europäischen Union, 1995, S. 246.

[441] *Janowski*, Die nationalen Parlamente und ihre Europagremien, 2005, S. 84.

[442] *Weber-Panariello*, Nationale Parlamente in der Europäischen Union, 1995, S. 245; Zier, Nationale Parlamente in der EU, 2005, S. 195.

stimmung herrschte zumindest in dem Punkt, dass es nicht ausreiche, lediglich auf die bereits bestehenden Ausschüsse zurückzugreifen. Kontroverser wurde jedoch die Frage beurteilt, wie die Kompetenzen zwischen den bestehenden Fachausschüssen und einem EU-Ausschuss abgegrenzt sein sollten. Bis zur Schaffung des Ausschusses für die Angelegenheiten der Europäischen Union hatten die Europagremien so gut wie keine eigenständigen Kompetenzen gegenüber den Fachausschüssen. Dazu kam, dass sie anfangs einen unselbständigen Status hatten und sich nur über einen Fachausschuss an das Plenum wenden konnten. Zu nennen sind hier die Europakommission, die ihre Berichte nur dem zuständigen Fachausschuss zuleiten konnte, und der Unterausschuss des Auswärtigen Ausschusses, der lediglich Empfehlungen für den Hauptausschuss erarbeiten konnte.

Im Folgenden soll erläutert werden, wie der heutige Ausschuss für die Angelegenheiten der Europäischen Union ausgestaltet ist. Danach soll die Frage des Verhältnisses des EU-Ausschusses zu den anderen Ausschüssen untersucht werden.

3) Der Ausschuss für die Angelegenheiten der Europäischen Union nach Art. 45 GG

a) Rechtliche Grundlagen und Aufgaben des Ausschusses für die Angelegenheiten der Europäischen Union

Nach der Ratifizierung des Vertrages von Maastricht wurden mit Gesetz zur Änderung des Grundgesetzes vom 21. Dezember 1992[443] auch die verfassungsrechtlichen Grundlagen für die Mitwirkung des Bundestages in Angelegenheiten der Europäischen Union geändert. Insbesondere wurden Art. 23 und 45 GG neu gefasst. Der Gesetzgeber setzte damit die Empfehlungen der Gemeinsamen Verfassungskommission von Bundestag und Bundesrat[444] um, die im Rahmen des Einigungsvertrages eingesetzt worden war.

Der neue Art. 45 GG lautet seitdem:

"Der Bundestag bestellt einen Ausschuss für die Angelegenheiten der Europäischen Union. Er kann ihn ermächtigen, die Rechte des Bundestages gemäß Art. 23 gegenüber der Bundesregierung wahrzunehmen."

Es dauerte noch einmal zwei Jahre bis der *Ausschuss für die Angelegenheiten der Europäischen Union* (im Folgenden auch: *"EU-Ausschuss"* und *"Europaausschuss"*) tatsächlich eingerichtet wurde. Zu Beginn der 13. Wahlperiode, am 14. Dezember 1994, fand seine konstituierende Sitzung statt.[445] Zuvor war am 12. März 1993 das Gesetz über die Zusammenarbeit von Bundesregierung und Deutschem Bundestag in Angele-

---

[443] Gesetz zur Änderung des Grundgesetzes vom 21. Dezember 1992, BGBl. I, S. 2086.

[444] Bericht der Gemeinsamen Verfassungskommission, BT-Drs. 12/6000; *Schmalenbach*, Der neue Europaartikel 23 des Grundgesetzes im Lichte der Arbeit der Gemeinsamen Verfassungskommission, S. 26 f und S. 155.

[445] *Fuchs*, Der Ausschuss für die Angelegenheiten der Europäischen Union des Deutschen Bundestages- kein Ausschuss wie jeder andere!, 2003, S. 7.

genheiten der Europäischen Union (EUZBBG) [446] in Kraft getreten. Dessen § 2 konkretisiert einfachgesetzlich, dass der Bundestag einen Ausschuss für die Angelegenheiten der Europäischen Union bestellt und ihn ermächtigen kann, für ihn Stellungnahmen abzugeben. Ergänzend machte der Bundestag von seiner aus dem Selbstorganisationsrecht fließenden Geschäftsordnungsautonomie[447] Gebrauch. In § 93 a GO-BT sind die Kompetenzen des Ausschusses detailliert niedergelegt. Schließlich bestehen noch die gemäß der Ermächtigung in § 93 a Abs. 7 GO-BT erlassenen Grundsätze des Ausschusses für die Angelegenheiten der Europäischen Union über die Behandlung der ihm gemäß § 93 GO-BT zugeleiteten Unionsvorlagen vom 25. Oktober 1995.[448] In diesen sind die Einzelheiten der Rolle des Europaausschusses bei der Behandlung von EU-Vorlagen geregelt.

Aus den eben genannten Vorschriften ergeben sich die Aufgaben des Ausschusses für die Angelegenheiten der Europäischen Union. Zum einen ist er *Koordinierungsstelle* für alle eingehenden EU-Vorlagen.[449] Gemäß § 93 Abs. 1 GO-BT werden alle EU-Vorlagen zunächst an den Ausschuss für die Angelegenheiten der Europäischen Union geleitet. Der Vorsitzende des EU-Ausschusses erarbeitet dann in Abstimmung mit den anderen Fachausschüssen einen Überweisungsvorschlag (§ 93 Abs. 3 GO-BT), gemäß welchem die Dokumente vom Präsidenten des Bundestages ohne Befassung des Plenums jeweils an einen federführenden und zumeist mehrere mitberatende Ausschüsse überwiesen werden. Zum anderen ist er *Integrationsausschuss*, d.h. er beschäftigt sich mit den zentralen integrationspolitisch relevanten Themen, also mit Fragen der Änderung der Verträge, der Aufnahme neuer Mitglieder und ähnlichem.[450] In der 15. Legislaturperiode waren wichtige Themen z.B. die Erweiterung der Europäischen Union um neue Mitgliedstaaten und der Europäische Verfassungsvertrag. Außerdem berät der EU-Ausschuss auch wichtige Sekundärrechtsakte. Insoweit wird er als *europäischer Fachausschuss* tätig.[451] Dies allerdings zumeist nur in mitberatender Form. Ein Blick in die Tagesordnungen des Ausschusses aus der 15. Legislaturperiode zeigt, dass der Großteil der zur Mitberatung überwiesenen Vorlagen ohne Aussprache mittels bloßer Kenntnisnahme behandelt wurde.[452] Die federführende Beratung einzelner Vorlagen kommt in Betracht, wenn sie mehrere Ressorts betreffen und deshalb eine Querschnittsbehandlung erfordern. Deshalb wird der EU-Ausschuss insoweit als *Quer-*

---

[446] Gesetz über die Zusammenarbeit von Bundesregierung und Deutschem Bundestag in Angelegenheiten der Europäischen Union vom 12. März 1993, BGBl. I, S. 311.

[447] *Magiera*, in: *Sachs* (Hrsg.), Grundgesetz: Kommentar, 3. Auflage 2003, Art. 40, Rn. 21.

[448] Abgedruckt bei *Lorenz*, Entstehung und Arbeitsweise des Ausschusses für die Angelegenheiten der Europäischen Union des Deutschen Bundestages, 2004, S. 70 ff.

[449] *Achterberg/Schulte*, in: von *Mangoldt/Klein/Starck* (Hrsg.), Das Bonner Grundgesetz, 5. Auflage 2005, Art. 45, Rn. 14; *Janowski*, Die nationalen Parlamente und ihre Europagremien, 2005, S. 89.

[450] *Bila* u.a., Der Ausschuss für die Angelegenheiten der Europäischen Union, 1998, S. 18; *Fuchs*, Der Ausschuss für die Angelegenheiten der Europäischen Union des Deutschen Bundestages- kein Ausschuss wie jeder andere!, 2003, S. 13; *Janowski*, Die nationalen Parlamente und ihre Europagremien, 2005, S. 89; *Achterberg/Schulte*, in: *von Mangoldt/Klein/Starck* (Hrsg.), Das Bonner Grundgesetz, 5. Auflage 2005, Art. 45, Rn. 14.

[451] *Bila* u.a., Der Ausschuss für die Angelegenheiten der Europäischen Union, 1998, S. 20; *Janowski*, Die nationalen Parlamente und ihre Europagremien, 2005, S. 89.

[452] Vgl. als ein Beispiel unter vielen: TOP 7 der 6. Sitzung des Ausschusses für die Angelegenheiten der Europäischen Union am 15.1.2003.

schnittsausschuss bezeichnet.[453] Beratungen dieser Art sind allerdings in der Praxis eine große Ausnahme. Mit Fachpolitik beschäftigt sich der Europaausschuss auch insoweit, als regelmäßig eine Vor- und Nachunterrichtung durch Vertreter der Bundesregierung über alle Ministerräte auf der Tagesordnung steht.[454] Tatsächlich findet sich die Berichterstattung über die verschiedenen Ministerräte als wiederkehrender Tagesordnungspunkt auf den Tagesordnungen des Ausschusses in der 15. Legislaturperiode.[455] Allerdings ist jeweils vermerkt, dass die Vorlage eines schriftlichen Berichts gegebenenfalls ausreichend sei, was den Schluss nahe legt, dass nicht zu allen Räten tatsächlich eine Aussprache im Ausschuss stattfand. Ein Blick in die Tagesordnungen der 15. Legislaturperiode zeigt jedoch auch, dass der Ausschuss besonders viele hochrangige Gäste im Ausschuss begrüßen konnte. So war zum Beispiel schon in der ersten und zweiten Sitzung des Ausschusses der Bundesaußenminister anwesend und erstattete Bericht.[456] Auch der Bundeskanzler nahm an einigen Sitzungen teil.[457] Außerdem waren mehrmals Mitglieder der Europäischen Kommission geladen.[458] Schließlich kontrolliert der Ausschuss die Tätigkeit des Bundes bei der Umsetzung von Richtlinien, indem er sich über den Stand der Umsetzungsverfahren und etwaiger Fristüberschreitungen berichten lässt.[459] Die Umsetzung der Richtlinien selbst ist jedoch Sache der Fachausschüsse.[460]

b) *Die Sonderstellung und die Sonderrechte des Ausschusses für die Angelegenheiten der Europäischen Union*

Der Ausschuss für die Angelegenheiten der Europäischen Union hat in vielerlei Hinsicht eine Sonderstellung gegenüber den sonstigen Ausschüssen des Bundestages. Seine Sonderstellung wird schon dadurch unterstrichen, dass er ausdrücklich im Grundgesetz verankert ist. Das sind neben dem Ausschuss für die Angelegenheiten der Europäischen Union nur die Ausschüsse für auswärtige Angelegenheiten und Verteidigung, die in Art. 45 a GG genannt sind, sowie der Petitionsausschuss in Art. 45 c GG.

---

[453] *Bila* u.a., Der Ausschuss für die Angelegenheiten der Europäischen Union, 1998, S. 20; *Janowski*, Die nationalen Parlamente und ihre Europagremien, 2005, S. 89.

[454] *Pflüger*, Die fortschreitende europäische Integration und der Europaausschuss des Deutschen Bundestages, integration 2000, 229, 231; *Fuchs*, Der Ausschuss für die Angelegenheiten der Europäischen Union des Deutschen Bundestages- kein Ausschuss wie jeder andere!, 2003, S. 19.

[455] Vgl. als ein Beispiel unter vielen: TOP 6 der 6. Sitzung des Ausschusses für die Angelegenheiten der Europäischen Union am 15.1.2003.

[456] TOP 1 der 2. Sitzung des Ausschusses für die Angelegenheiten der Europäischen Union am 13.11.2002; TOP 2 der 3. Sitzung des Ausschusses für die Angelegenheiten der Europäischen Union am 3.12.2002.

[457] Vgl. z.B. TOP 1 der 30. Sitzung des Ausschusses für die Angelegenheiten der Europäischen Union am 20.10.2003; TOP 1 der 60. Sitzung des Ausschusses für die Angelegenheiten der Europäischen Union am 26.1.2005.

[458] Vgl. z.B. TOP 1 der 7. Sitzung des Ausschusses für die Angelegenheiten der Europäischen Union am 29.1.2003; TOP 1 der 40. Sitzung des Ausschusses für die Angelegenheiten der Europäischen Union am 28.1.2004.

[459] *Bila* u.a., Der Ausschuss für die Angelegenheiten der Europäischen Union, 1998, S. 26; *Pflüger*, Die fortschreitende europäische Integration und der Europaausschuss des Deutschen Bundestages, integration 2000, 229, 243; *Fuchs*, Der Ausschuss für die Angelegenheiten der Europäischen Union des Deutschen Bundestages- kein Ausschuss wie jeder andere!, 2003, S. 14.

[460] *Bila* u.a., Der Ausschuss für die Angelegenheiten der Europäischen Union, 1998, S. 21.

Daneben ist es besonders symbolträchtig, dass der Ausschuss im frei gewordenen Art. 45 GG einen eigenen Platz zugewiesen bekam und nicht etwa noch in den Art. 45 a GG aufgenommen wurde.[461]

Wie schon seinen Vorgängergremien gehören auch dem Ausschuss für die Angelegenheiten der Europäischen Union zusätzlich zu den Abgeordneten des Bundestages noch deutsche Mitglieder des Europäischen Parlaments an. Diese sind gemäß § 93 a Abs. 6 GO-BT dazu befugt, an den Beratungen teilzunehmen, haben jedoch kein Stimmrecht. Zählt man die europäischen Abgeordneten mit, dann ist der Ausschuss für die Angelegenheiten der Europäischen Union der mit Abstand größte Ausschuss im Deutschen Bundestag.[462] Im 15. Deutschen Bundestag gehörten ihm neben 33 ordentlichen Mitgliedern des Bundestages noch 15 mitwirkungsberechtigte Mitglieder des Europäischen Parlaments an.[463] In der 16. Legislaturperiode kamen zu 33 Mitgliedern des Bundestages 16 mitwirkungsberechtigte Abgeordnete des Europäischen Parlaments.[464] Auch wenn die Abgeordneten des Europäischen Parlaments selten in den Sitzungen anwesend sind, kann die über den persönlichen Austausch zwischen den Parlamentariern vermittelte Kenntnis über die gemeinsamen Anliegen der beiden Parlamente sehr hilfreich sein.[465] Eine weitere personelle Besonderheit ist die so genannte Doppelmitgliedschaft. Die meisten der Mitglieder des Ausschusses sind zugleich auch Mitglied eines anderen Bundestagsausschusses.[466] Das ist für Abgeordnete der kleineren Fraktionen zwar keine Besonderheit, bei großen Fraktionen sonst aber wegen der zusätzlichen Arbeitsbelastung für die Abgeordneten unüblich.[467] Die Doppelmitgliedschaft soll zum einen eine natürliche Verbindung zu den anderen Ausschüssen aufrecht erhalten, zum anderen sicherstellen, dass im Europaausschuss Fachleute aus allen Politikbereichen tätig sind, da europäische Vorlagen nahezu alle Fachbereichen betreffen.[468]

Neben diesen zum Teil eher symbolischen Aufwertungen verfügt der Ausschuss für die Angelegenheiten der Europäischen Union über einige besondere Verfahrensrechte. Sowohl in Art. 45 GG, als auch in § 2 S. 2 EUZBBG ist festgelegt, dass der Bundestag den Ausschuss ermächtigen kann, die Rechte des Bundestages nach Art. 23 GG gegenüber der Bundesregierung wahrzunehmen. Gemeint ist damit, dass der Ausschuss

---

461 *Scholz*, in: *Maunz/Dürig* (Hrsg.), Grundgesetz (Stand: Oktober 1996), Art. 45, Rn. 1; *Achterberg/Schulte*, in: *von Mangoldt/Klein/Starck* (Hrsg.), Das Bonner Grundgesetz, 5. Auflage 2005, Art. 45, Rn. 3.

462 *Fuchs*, Der Ausschuss für die Angelegenheiten der Europäischen Union des Deutschen Bundestages, ZParl 2004, 3, 9.

463 http://www.bundestag.de, genau: http://www.bundestag.de/parlament/gremien15/.

464 http://www.bundestag.de, genau: http://www.bundestag.de/ausschuesse/.

465 *Bila* u.a., Der Ausschuss für die Angelegenheiten der Europäischen Union, 1998, S. 17; *Pflüger*, Die fortschreitende europäische Integration und der Europaausschuss des Deutschen Bundestages, integration 2000, 229, 236.

466 *Fuchs*, Der Ausschuss für die Angelegenheiten der Europäischen Union des Deutschen Bundestages- kein Ausschuss wie jeder andere!, 2003, S. 10.

467 *Ismayr*, Der Deutsche Bundestag, 2. Auflage 2001, S. 173; *Fuchs*, Der Ausschuss für die Angelegenheiten der Europäischen Union des Deutschen Bundestages- kein Ausschuss wie jeder andere!, 2003, S.10.

468 *Fuchs*, Der Ausschuss für die Angelegenheiten der Europäischen Union des Deutschen Bundestages- kein Ausschuss wie jeder andere!, 2003, S. 10; *Bila* u.a., Der Ausschuss für die Angelegenheiten der Europäischen Union, 1998, S. 16.

eine Stellungnahme direkt gegenüber der Bundesregierung abgeben darf und sich nicht erst an das Plenum wenden muss. Diese Ermächtigung hat der Bundestag in § 93 a Abs. 1 GO-BT in zweierlei Hinsicht konkretisiert. Nach § 93 Abs. 2 GO-BT besteht die Möglichkeit, dass der Bundestag auf Antrag einer Fraktion oder von fünf von Hundert der Mitglieder des Bundestages den Ausschuss ermächtigt, zu bestimmt bezeichneten Unionsvorlagen die Rechte des Bundestages gemäß Art. 23 GG gegenüber der Bundesregierung wahrzunehmen. Hierdurch soll der Ausschuss in die Lage versetzt werden, flexibel und rechtzeitig auf den Zeitplan der europäischen Institutionen zu reagieren.[469] Da das Verfahren jedoch relativ schwerfällig ist, was vor allem daran liegt, dass das Plenum den Ausschuss erst in einem Einzelfall ermächtigen muss, tätig zu werden, aber auch daran, dass nach § 93 a Abs. 3 S.1. GO-BT die beteiligten Fachausschüsse angehört werden müssen, hat dieses Recht in der Praxis keinerlei Bedeutung erlangt.[470]

Nach § 93 a Abs. 3 S. 2 GO-BT kann der Ausschuss für die Angelegenheiten der Europäischen Union zu einer Unionsvorlage eine Stellungnahme abgeben, sofern nicht einer der beteiligten Fachausschüsse widerspricht. Von dieser verfahrensmäßig einfacheren Möglichkeit hat der Ausschuss in der Vergangenheit bereits mehrfach Gebrauch gemacht. Schon in der 13. Legislaturperiode ergingen drei Stellungnahmen in diesem Verfahren.[471] Weitere folgten in der 14. Legislaturperiode. So hat der Ausschuss am 29. September 1999 ein Votum abgegeben, in dem er sich für die Repräsentanz von Vertretern nationaler Parlamente in dem Gremium zur Erarbeitung der Grundrechts-Charta einsetzte.[472] Am 22. Mai 2000 hat der Ausschuss mittels eines plenarersetzenden Beschlusses zur europäischen Betrugsbekämpfungseinheit OLAF Stellung genommen[473] und am 4. Juli 2001 hat er sich mit dem Post-Nizza Prozess auseinandergesetzt.[474] In der 15. Legislaturperiode erging am 12. Juni 2003 ein plenarersetzender Beschluss betreffend den Vertrag über eine Europäische Verfassung.[475] Das Recht zur plenarersetzenden Stellungnahme privilegiert den Ausschuss für die Angelegenheiten der Europäischen Union zumindest formal erheblich gegenüber den anderen Ausschüssen, da Parlamentsausschüsse ansonsten nur das Recht haben, Beschlüsse des Plenums vorzubereiten.[476] Diese Privilegierung ist verfassungsrechtlich unproblematisch, denn das Plenum hat jederzeit das Recht, selbst einen Beschluss zu fassen, vgl. § 93 a Abs. 2 Satz 2 GO-BT.[477]

---

[469] *Fuchs*, Der Ausschuss für die Angelegenheiten der Europäischen Union des Deutschen Bundestages- kein Ausschuss wie jeder andere!, 2003, S.15.
[470] *Bila* u.a., Der Ausschuss für die Angelegenheiten der Europäischen Union, 1998, S. 28; *Fuchs*, Der Ausschuss für die Angelegenheiten der Europäischen Union des Deutschen Bundestages- kein Ausschuss wie jeder andere!, 2003, S. 15.
[471] *Bila* u.a., Der Ausschuss für die Angelegenheiten der Europäischen Union, 1998, S. 28f.
[472] Bericht des Ausschusses gemäß § 93 a Abs. 4 GO-BT, BT-Drs. 14/1819.
[473] Bericht des Ausschusses gemäß § 93 a Abs. 4 GO-BT, BT-Drs. 14/3474.
[474] Bericht des Ausschusses gemäß § 93 a Abs. 4 GO-BT, BT-Drs. 14/6643.
[475] Bericht des Ausschusses gemäß § 93 a Abs. 4 GO-BT, BT-Drs. 15/1163.
[476] *Bila* u.a., Der Ausschuss für die Angelegenheiten der Europäischen Union, 1998, S. 10.
[477] *Scholz*, in: *Maunz/Dürig* (Hrsg.), Grundgesetz (Stand Oktober 1996), Art. 45, Rn. 6; *Hilf/Burmeister*, The German Parliament and European Integration, in: *Smith* (Hrsg.), National Parliaments as cornerstones of European Integration, 1996, S. 72; *Achterberg/Schulte*, in: *von Mangoldt/Klein/Starck* (Hrsg,), Das Bonner Grundgesetz, 5. Auflage 2005, Art. 45, Rn. 18.

Daneben hat der Ausschuss auch das Recht, nach § 93 a Abs. 5 GO-BT bei einer Unionsvorlage, die ihm zur Mitberatung überwiesen ist, Änderungsanträge an das Plenum zur Beschlussempfehlung des federführenden Ausschusses zu stellen. Dies kommt in Betracht, wenn der federführende Ausschuss die Stellungnahme des mitberatenden EU-Ausschusses nicht berücksichtigt hat oder wenn eine Änderung des Gesetzgebungsvorschlages eine Anpassung der Beschlussempfehlung erforderlich macht.[478] Im Normalfall können die mitberatenden Ausschüsse nur eine Stellungnahme gegenüber dem federführenden Ausschuss abgeben. Dieser allein gibt dann ein Votum gegenüber dem Plenum ab. Soweit ersichtlich hat der Ausschuss von der Möglichkeit des § 93 a Abs. 5 GO-BT allerdings bisher noch keinen Gebrauch gemacht.[479] Zu erwähnen ist noch, dass der Vorsitzende des Ausschusses über den § 60 GO-BT hinaus die Möglichkeit hat, Sondersitzungen außerhalb der normalen Sitzungszeit einzuberufen, vgl. § 93 a Abs. 3 S. 5 GO-BT. Von diesem Recht hat der Ausschuss bereits mehrfach Gebrauch gemacht.[480]

Nicht zu unterschätzen ist schließlich das Überweisungsvorschlagsrecht des Vorsitzenden nach § 93 Abs. 3 GO-BT.[481] Dadurch dass alle Vorlagen bei ihm bzw. im Sekretariat des EU-Ausschusses zusammenlaufen, hat er nicht nur einen Gesamtüberblick über die zur Beratung anstehenden Vorlagen, sondern kann auch als erster seine eigenen Beratungswünsche artikulieren. Außerdem enthält der Überweisungsvorschlag an die jeweiligen Fachausschüsse auch einen Vorschlag, wie diese mit der Vorlage verfahren sollen, insbesondere ob eine Behandlung überhaupt lohnt, vgl. § 9 der Grundsätze des Ausschusses für die Angelegenheiten der Europäischen Union. Damit wird also auch auf die Auswahl der relevanten Vorlagen innerhalb der jeweiligen Fachausschüsse eingewirkt. Die Überweisung selbst erfolgt zwar auch hier durch den Präsidenten im Einvernehmen mit dem Ältestenrat, doch folgt dieser in der Regel dem Vorschlag des Vorsitzenden des EU-Ausschusses.[482] Damit der EU-Ausschuss seine besonderen Aufgaben, vor allem hinsichtlich der sekretariatsmäßigen Behandlung von EU-Vorlagen bewältigen kann, ist ihm neben dem Ausschusssekretariat als zusätzliche Verwaltungseinheit noch das so genannte Europabüro zugeordnet.[483] Der EU-Ausschuss verfügt daher über mehr Personal als alle anderen Ausschüsse. Das Europabüro ist allerdings auch Ansprechpartner für andere Ausschüsse, wenn es um Inhalt und Verfahrensstand von EU-Vorlagen geht.[484]

---

[478] *Bila* u.a., Der Ausschuss für die Angelegenheiten der Europäischen Union, 1998, S. 31; *Achterberg/Schulte*, in: *von Mangoldt/Klein/Starck* (Hrsg.), Das Bonner Grundgesetz, 5. Auflage 2005, Art. 45, Rn. 22.

[479] *Fuchs*, Der Ausschuss für die Angelegenheiten der Europäischen Union des Deutschen Bundestages- kein Ausschuss wie jeder andere!, 2003, S. 18.

[480] *Pflüger*, Die fortschreitende europäische Integration und der Europaausschuss des Deutschen Bundestages, integration 2000, 229, 235.

[481] *Fuchs*, Der Ausschuss für die Angelegenheiten der Europäischen Union des Deutschen Bundestages- kein Ausschuss wie jeder andere!, 2003, S. 18.

[482] *Ismayr*, Der Deutsche Bundestag, 2. Auflage 2001, S. 296.

[483] *Fuchs*, Der Ausschuss für die Angelegenheiten der Europäischen Union des Deutschen Bundestages- kein Ausschuss wie jeder andere!, 2003, S. 25; *Achterberg/Schulte*, in: *von Mangoldt/Klein/Starck* (Hrsg.), Das Bonner Grundgesetz, 5. Auflage 2005, Art. 45, Rn. 22.

[484] *Bila* u.a., Der Ausschuss für die Angelegenheiten der Europäischen Union, 1998, S. 44.

4) Bewertung der Rolle des Ausschusses für die Angelegenheiten der Europäischen Union im Verhältnis zu den anderen Fachausschüssen

Ausgehend von den eben dargestellten Sonderrechten des Ausschusses für die Angelegenheiten der Europäischen Union stellt sich die Frage, welche Rolle die anderen Ausschüsse des Deutschen Bundestages bei der Beratung von europäischen Angelegenheiten spielen, bzw. wie bestimmend die Stellung des EU-Ausschusses diesbezüglich ist.

a) Bewertung der Bedeutung des Ausschusses für die Angelegenheiten der Europäischen Union in der Literatur

Studiert man die Literatur zur Mitwirkung des Bundestages in Angelegenheiten der Europäischen Union, fällt auf, dass sich eine Vielzahl von Monographien und Aufsätzen mit dem EU-Ausschuss befassen. Er ist einer der am intensivsten erforschten Ausschüsse des Deutschen Bundestages[485], wenn nicht sogar der am allermeisten untersuchte. Keine einzige umfassende Studie widmet sich dagegen dem Beitrag der anderen Ausschüsse bei der Behandlung von EU-Vorlagen.[486] So nimmt es nicht Wunder, dass die Bedeutung des EU-Ausschusses in europäischen Angelegenheiten oft als wesentlich wichtiger angesehen wird, als diejenige der anderen Ausschüsse, vor allem auch von Mitgliedern des Ausschusses bzw. von Mitarbeitern des Sekretariats. Der ehemalige Vorsitzende des Sekretariats des EU-Ausschusses, Michael Fuchs, bezeichnet den Ausschuss als denjenigen Ort, *"von dem aus der größte Einfluss des Parlaments auf die regierungsseitige Europapolitik ausgeübt werden kann"*.[487] Zwar würden sich auch die anderen Ausschüsse mit europäischen Angelegenheiten befassen, jedoch nur, soweit es um die Bezüge des nationalen Rechts mit der Europäischen Union gehe.[488] Laut einer anderen Publikation des Sekretariats des EU-Ausschusses konzentriere sich im EU-Ausschuss die europapolitische Arbeit des Deutschen Bundestages. Er sei der zentrale Ort des europapolitischen Entscheidungsprozesses, in dem richtungsweisende Stellungnahmen des Deutschen Bundestages zur Entwicklung der europäischen Integration vorbereitet würden.[489] Ähnlich äußert sich auch der Vorsitzende des EU-Ausschusses der 13. Legislaturperiode Wieczorek.[490] Weiter wird angeführt, der EU-Ausschuss habe die Primärverantwortung für die Mitwirkung des Bundestages nach Art. 23 GG, soweit nicht das Plenum entscheide. Daher widerspreche es dem

---

485 *Fuchs*, Der Ausschuss für die Angelegenheiten der Europäischen Union des Deutschen Bundestages - kein Ausschuss wie jeder andere!, 2003, S. 8, mit zahlreichen Nachweisen in Fn. 20.

486 Es existieren lediglich vereinzelte Berichte aus Praktikersicht, so für den Rechtsausschuss: *Eylmann*, Die Umsetzung von EG-Recht in nationales Recht und die Mitwirkung des Rechtsausschusses, in: *Hellwig* (Hrsg.) Der Deutsche Bundestag und Europa, 1993, S. 114 ff.

487 *Fuchs*, Der Ausschuss für die Angelegenheiten der Europäischen Union des Deutschen Bundestages- kein Ausschuss wie jeder andere!, 2003, S. 19.

488 *Fuchs*, Der Ausschuss für die Angelegenheiten der Europäischen Union des Deutschen Bundestages- kein Ausschuss wie jeder andere!, 2003, S. 13.

489 *Bila* u.a., Der Ausschuss für die Angelegenheiten der Europäischen Union, 1998, S. 418; so auch *Hölscheidt*, Mitwirkungsrechte des Deutschen Bundestages in Angelegenheiten der Europäischen Union, APuZ 2000, B 28, 31, 35; *Auel*, Strategische Anpassung nationaler Parlamente an das europäische Mehrebenensystem, in: *Grande/Prätorius* (Hrsg.), Politische Steuerung und neue Staatlichkeit, 2003, S. 267.

490 *Wieczorek*, Mitwirkung des Deutschen Bundestages in der Europäischen Union, in: *Waigel* (Hrsg.), Unsere Zukunft heißt Europa, 1997, S. 331.

Grundgedanken des Art. 45 GG, dass die Geschäftsordnung auch den anderen Ausschüssen das Recht zugestehe, Beschlussempfehlungen zu EU-Vorlagen zu erarbeiten.[491] Teilweise wird die Rolle des EU-Ausschusses sogar dahingehend überschätzt, dass angenommen wird, alle Angelegenheiten der Europäischen Union, vor allem auch solche des Sekundärrechts würden zentral im EU-Ausschuss beraten[492], bzw. die Erarbeitung von Stellungnahmen nach Art. 23 GG obliege grundsätzlich dem EU-Ausschuss.[493] Janowski misst in ihrer Studie die Effektivität der europapolitischen Mitwirkung des Bundestages allein an Status und Tätigkeit des EU-Ausschusses und kommt zu dem Schluss, dass mangels eines starken EU-Ausschusses keine ausreichende Mitwirkung in Angelegenheiten der Europäischen Union stattfinde.[494] Die anderen Ausschüsse bezieht sie in ihre Untersuchung gar nicht erst mit ein. Offensichtlich traut sie ihnen keinen entsprechenden Beitrag zu.

Auf der anderen Seite wird die Bedeutung des EU-Ausschusses auch häufig relativiert. Der EU-Ausschuss stütze die Fachausschüsse, ohne ihre Aufgaben in europäischen Angelegenheiten zu schmälern.[495] Er sei kein Fachausschuss für EU-Angelegenheiten[496], vielmehr würden die "europäischen Alltagsangelegenheiten" weiterhin in den Fachausschüssen beraten.[497] Es gebe eine Arbeitsteilung zwischen Europaausschuss und Fachausschüssen, wobei letzteren die Mitwirkung und Kontrolle in ihren jeweiligen Fachbereichen zustehe.[498] Der EU-Ausschuss übe keinen nennenswerten Einfluss auf die EU-Gesetzgebung aus.[499] Damit habe sich die Rolle des EU-Ausschusses anders entwickelt als ursprünglich geplant.[500] Seine Stellung in der Realität entspreche nicht der Exponierung in der Verfassung.[501] Es wird also gesehen, dass der EU-Ausschuss bei der Beratung von EU-Sekundärrechtsakten keine besonders große Rolle spielt. Vielmehr sei er zum einen Koordinierungs- bzw. "Clearing-Stelle", zum anderen begleite er Änderungen des Primärrechts.[502]

---

[491] *Pernice*, in: *Dreier* (Hrsg.), Grundgesetz-Kommentar, 1998, Art. 45, Rn. 7.
[492] Dieser Fehleinschätzung unterliegt *Bruckmann*, Die grundgesetzlichen Anforderungen an die Legitimation der europäischen Unionsgewalt, 2004, S. 337.
[493] *Scholz*, in: *Maunz/Dürig* (Hrsg.), Grundgesetz (Stand Oktober 1996), Art. 45, Rn. 8.
[494] *Janowski*, Die nationalen Parlamente und ihre Europagremien, 2005, S. 26 und S. 57.
[495] *Lang*, Die Mitwirkungsrechte des Bundesrates und des Bundestages in Angelegenheiten der Europäischen Union, 1997, S. 303.
[496] *Kohnen*, Die Zukunft des Gesetzesvorbehalts in der Europäischen Union, 1998, S. 91.
[497] *Kabel*, Die Mitwirkung des Deutschen Bundestages in Angelegenheiten der Europäischen Union, in *Randelzhofer* (Hrsg.), Gedächtnisschrift für Eberhard Grabitz, 1995, S. 251, *Hauck*, Mitwirkungsrechte des Deutschen Bundestages in Angelegenheiten der Europäischen Union, 1999, S. 35.
[498] *Wieczorek*, Mitwirkung des Deutschen Bundestages in der Europäischen Union, in: *Waigel* (Hrsg.), Unsere Zukunft heißt Europa, 1997, S. 341.
[499] *Töller*, Dimensionen der Europäisierung, ZParl 2004, 25, 40.
[500] *Schröder*, Die Parlamente im europäischen Entscheidungsgefüge, EuR 2002, 301, 312.
[501] *Zier*, Nationale Parlamente in der EU, 2005, S. 336.
[502] *Kamann*, Die Mitwirkung der Parlamente der Mitgliedstaaten an der europäischen Gesetzgebung, 1997, S. 86; *Schröder*, Die Parlamente im europäischen Entscheidungsgefüge, EuR 2002, 301, 312; *Töller*, Dimensionen der Europäisierung, ZParl 2004, 25, 40

b) Anteil der vom Ausschuss für die Angelegenheiten der Europäischen Union beratenen EU-Vorlagen im Vergleich zu den anderen Ausschüssen

Eine statistische Auswertung aller während der 15. Legislaturperiode überwiesenen EU-Vorlagen stützt diese Auffassung. Aus der folgenden Tabelle ist ersichtlich, welche Ausschüsse in der 15. Legislaturperiode wie viele EU-Vorlagen überwiesen bekamen. In der ersten Spalte sind alle EU-Vorlagen aufgeführt, in der zweiten nur diejenigen, die Vorschläge für Sekundärrechtsakte der Europäischen Union enthielten. Als Vorschläge für Sekundärrechtsakte werden hier alle diejenigen Vorlagen verstanden, bei denen der Rat eine irgendwie geartete Entscheidung zu treffen hat. Dies umfasst nicht nur Akte, die unmittelbar Recht setzen, sondern z.B. auch Beschlüsse über von der EG abzuschließende Abkommen mit Drittstaaten. Andere EU-Vorlagen sind vor allem Konsultationsdokumente wie Grün- und Weißbücher, Berichte und Mitteilungen der Kommission über bestimmte Rechtsbereiche, Mitteilungen und Entschließungen des Europäischen Parlaments, sowie das Primärrecht betreffende Vorlagen. Zugeordnet wurden die Vorlagen jeweils nur dem Ausschuss, der sie zur endgültigen federführenden Beratung überwiesen bekam. Nicht abgebildet wird mithin, dass dem EU-Ausschuss- wie oben erläutert[503] - zunächst alle EU-Vorlagen zugeleitet werden, bevor sie auf die einzelnen Ausschüsse aufgeteilt werden.

Ausschuss[504]	**Überwiesene EU-Vorlagen insgesamt**	**Anteil in Prozent**	**Vorlagen, die Vorschläge für Rechtsakte enthalten**	**Anteil in Prozent**
AWImm	1	0,04 %	0	0
APet	6	0,24 %	0	0
AuswA	163	6,7 %	93	7,3 %
InnenA	139	5,7 %	71	5,6 %
SportA	2	0,1 %	0	0
RechtsA	**100**	**4,1 %**	**50**	**3,9 %**
FinanzA	290	11,9 %	139	10,9 %
HaushaltA	43	1,8 %	15	1,2 %
AfWA	536	21,9 %	334	26,1 %
AfVEL	420	17,2 %	304	23,8 %
VgA	1	0,04 %	0	0
AfFSFJ	28	1,1 %	7	0,5 %
AfGS	62	2,5 %	20	1,6 %
AfVerkBau	131	5,4 %	84	6,6 %
AfUmwelt	149	6,1 %	67	5,2 %
AfMenschenr	19	0,8 %	0	0
AfBFT	95	3,9 %	33	2,6 %
AfWirtZE	59	2,4 %	21	1,6 %
AfTour	2	0,08 %	0	0

503 Vgl. oben A, S.81.

504 Die Reihenfolge der Ausschüsse in der Tabelle orientiert sich am Einsetzungsbeschluss des Bundestages, vgl. BT-Drs. 15/19.

AfEU	**167**	**6,8 %**	**28**	**2,2 %**
AfKult	32	1,3 %	12	0,1 %
Summe	2445	100	1278	100

Aus der Tabelle ist ersichtlich, dass der EU-Ausschuss nur etwa 6,8 % der EU-Vorlagen überwiesen bekam. Zählt man nur diejenigen Vorlagen, die Vorschläge für Sekundärrechtsakte enthielten, dann bekam er sogar nur 2,2 % der Vorlagen zur Beratung überwiesen. Die meisten Vorlagen erhielten die Ausschüsse für Wirtschaft und Arbeit, für Verbraucherschutz, Ernährung und Landwirtschaft und für Finanzen. Der Rechtsausschuss bekam 4,1 % der Vorlagen zur Beratung überwiesen. Die Auswertung zeigt, dass der Ausschuss für die Angelegenheiten der Europäischen Union tatsächlich nur sehr wenige Sekundärrechtsakte berät. Diese Aufgabe obliegt nach wie vor den verschiedenen Fachausschüssen. In Anbetracht dieser Zahlen wird man kaum sagen können, dass sich die europapolitische Arbeit des Deutschen Bundestages im EU-Ausschuss konzentriert.

c) Bewertung der Arbeitsteilung zwischen den Ausschüssen

In der Literatur wird unterschiedlich bewertet, ob dieses Verhältnis von EU-Ausschuss einerseits und den Fachausschüssen andererseits sinnvoll ist. Während manche der Meinung sind die Nutzung des bestehenden Fachausschusssystems habe dem Bundestag die Anpassung an die Notwendigkeit der Beratung von EU-Vorlagen erleichtert[505], wird häufig angenommen, dass ein schwieriges Konkurrenzverhältnis zwischen EU-Ausschuss und den Fachausschüssen bestehe, welches die effektive Beratung von EU-Vorlagen verhindere.[506] Der EU-Ausschuss müsse sich nämlich in erheblichem Maße mit dem Widerstand der anderen Ausschüsse auseinandersetzen, die auf die Sicherung ihrer Pfründe bedacht seien.[507] Diese Konkurrenz wirke sich kontraproduktiv auf die Arbeit des Bundestages mit EU-Vorlagen aus.[508] Daraus wird zum Teil die Forderung abgeleitet, dass der EU-Ausschuss gegenüber den anderen Ausschüssen aufgewertet werden müsse und für alle EU-Vorlagen zuständig sein solle.[509] Eine solche Allzuständigkeit für europäische Vorlagen wird zum Beispiel im Bundesrat praktiziert, in dem der Ausschuss für die Fragen der Europäischen Union für alle EU-Vorlagen federführend zuständig ist.[510] Andererseits wird darauf hingewiesen, dass man das "Kompetenzgerangel" nicht überschätzen dürfe und die Aufteilung zwischen den ver-

---

505 *Bulmer*, The domestic structure of European Community, 1986, S. 212; *Hansen/Scholl*, Europeanization and Domestic Parliamentary Adaption, EioP, 2002, No. 15, 5.

506 *Brückner*, Der Deutsche Bundestag im europäischen Maßstab, in: *Herzog* u.a (Hrsg.), Parlament und Gesellschaft, 1993, S. 228; *Weber-Panariello*, Nationale Parlamente in der Europäischen Union, 1995, S. 192; *Janowski*, Die nationalen Parlamente und ihre Europagremien, 2005, S. 26, S. 180; *Zier*, Nationale Parlamente in der EU, 2005, S. 219.

507 *Lang*, Die Mitwirkungsrechte des Bundesrates und des Bundestages in Angelegenheiten der Europäischen Union, 1997, S. 306.

508 *Töller*, Europapolitik im Bundestag, 1995, S. 73.

509 *Weber-Panariello*, Nationale Parlamente in der Europäischen Union, 1995, S. 192; *Range*, Europäische Verfassung: Neue Kompetenzen für den Deutschen Bundestag, 2004, S. 17; *Janowski*, Die nationalen Parlamente und ihre Europagremien, 2005, S. 26 und S. 225.

510 http://www.bundesrat.de/.

schiedenen Ausschüssen sinnvoll sei.[511] Auch wird gesehen, dass eine zu starke Aufwertung des EU-Ausschusses verfassungsrechtlich problematisch sein könnte, da ein Machtdreieck zwischen Regierung, EU-Ausschuss und den Europagremien des Bundesrates entstehen könne, dass die zentrale parlamentarische Verantwortbarkeit der deutschen Europapolitik verwische.[512]

Es stellt sich die Frage, wie die beteiligten Akteure das Verhältnis der Ausschüsse zueinander einschätzen. In dem an alle Mitglieder des Rechtsausschusses verschickten Fragebogen[513] habe ich gefragt, *"Wie beurteilen Sie das Verhältnis des Ausschusses für die Angelegenheiten der Europäischen Union zu den anderen Fachausschüssen bei der Bearbeitung von europäischen Vorlagen?"* Die Abgeordneten konnten zwei Antwortalternativen auswählen:

- *der EU-Ausschuss sollte auch wichtige fachpolitische Vorlagen federführend beraten und*
- *fachpolitische EG-Vorlagen sollten nur in den Fachausschüssen federführend beraten werden.*

Das Ergebnis war eindeutig. Von den 16 Abgeordneten, die den Fragebogen ausgefüllt zurück sendeten, waren nur zwei Abgeordnete der Meinung, dass der EU-Ausschuss auch fachpolitische Vorlagen federführend beraten sollte. Zwei weitere meinten die Frage mangels Mitgliedschaft im Unterausschuss Europarecht nicht beurteilen zu können. Zwölf waren der Auffassung, dass fachpolitische Vorlagen nur in den Fachausschüssen federführend beraten werden sollten. Es ist anzunehmen, dass das Votum in anderen Fachausschüssen ähnlich ausfallen würde. Anders könnte allerdings die Meinung im EU-Ausschuss dazu sein. Dazu liegen mir jedoch keine empirischen Daten vor. Aufschlussreich ist aber ein Statement, das der Vorsitzende des EU-Ausschusses der 15. Legislaturperiode, Matthias Wissmann, in der 66. Sitzung des Ausschusses dazu abgegeben hat. Seiner Meinung nach bedürfe es zur effektiven Wahrnehmung der Rechte des Deutschen Bundestages "einer breiten Beteiligung aller Ausschüsse, aber auch eines Stücks 'leadership' des Europaausschusses, der hier eine besondere Aufgabe hat".[514]

Die Arbeitsteilung zwischen den Ausschüssen ist grundsätzlich sinnvoll. Sowohl der EU-Ausschuss als auch die Fachausschüsse haben aufgrund ihrer unterschiedlichen Fähigkeiten das Potenzial, bei der Beratung von EU-Vorlagen mitzuwirken. Eine andere Frage ist, inwieweit sie dieses Potenzial jeweils ausnutzen. Der EU-Ausschuss hat eine Stärke sicherlich bei der Begleitung und Beratung von Primärrechtsänderungen. Diese betreffen die Fortentwicklung der Europäischen Union als Ganzes und nicht einzelne Fachbereiche. Eine effektive Kontrolle der Regierungstätigkeit bei der Vorbereitung und Verhandlung von Vertragsänderungen bedarf eines speziellen EU-

---

[511] *Rath*, Entscheidungspotenziale des Deutschen Bundestages in EU-Angelegenheiten, 2001, S. 37 und S. 62.
[512] *Scholz*, in *Maunz/Dürig* (Hrsg.), Grundgesetz (Stand Oktober 1996), Art. 45, Rn. 3.
[513] Siehe Anhang 1.
[514] Matthias Wissmann, MdB, Protokoll der 66. Sitzung des Ausschusses für die Angelegenheiten der Europäischen Union am Mittwoch dem 16. März 2005, S. 53.

Ausschusses. Sieht man sich die Tagesordnungen des EU-Ausschusses aus den letzten Legislaturperioden an, dann stellt man schnell fest, dass hier der Schwerpunkt der Arbeit des Ausschusses lag. Daneben erfüllt der Ausschuss mittels des Überweisungsverfahrens eine wichtige Aufgabe bei der Koordinierung der Tätigkeit der verschiedenen Ausschüsse. Dadurch dass die EU-Vorlagen nicht nur - wie die anderen Vorlagen - über den Präsidenten und den Ältestenrat überwiesen werden, sondern alle beim EU-Ausschuss zusammenlaufen, gibt es im Ausschusssekretariat bzw. im Europabüro eine zentrale Stelle, die Informationen zu EU-Vorlagen vermitteln kann und gleichzeitig einen Gesamtüberblick über alle laufenden EU-Gesetzgebungsverfahren hat. Dies erscheint vor allem wegen der Komplexität des Rechtsetzungsverfahrens in der Union als zwingend notwendig. Des Weiteren ist es dem EU-Ausschuss gelungen, einen dauernden Dialog mit der Regierung in europäischen Angelegenheiten zu entwickeln. Ausdruck dessen ist die Vor- und Nachbehandlung aller Europäischen Ministerräte im EU-Ausschuss und die Tatsache, dass häufig hochrangige Gäste im Ausschuss über aktuelle Entwicklungen auf europäischer Ebene berichten. Daneben werden oft Vertreter der Europäischen Kommission in den Ausschuss geladen. Allerdings wird diese Praxis des EU-Ausschusses zum Teil auch kritisch gesehen. Der EU-Ausschuss sei vorwiegend ein "Debattierclub"[515], er sei überfordert, wenn er versuche, alle Räte nachzubereiten ohne das nötige Fachwissen zu besitzen.[516] Dieser Einwand ist nicht von der Hand zu weisen. Sinnvoller wäre es, wenn die verschiedenen Räte im jeweiligen Fachausschuss vor- und nachbereitet würden. Möglicherweise wird das aber in den Fachausschüssen deshalb stiefmütterlich behandelt, weil man davon ausgeht, der EU-Ausschuss werde dies tun, obwohl er das weder kapazitätsmäßig, noch vom nötigen Sachverstand her zu leisten in der Lage ist.

Eine zumindest formal starke Stellung besitzt der EU-Ausschuss schließlich durch die Möglichkeit, plenarersetzende Stellungnahmen abzugeben. Allerdings macht er davon selten Gebrauch. Laut Janowski wird dieses Instrument deutlich überschätzt. Tatsächlich sei von keiner der bisherigen plenarersetzenden Stellungnahmen eine echte inhaltliche Einflussnahme ausgegangen. Zumal einige auch zeitlich zu spät abgegeben wurden, um noch effektiv zu sein.[517] Jedenfalls betrafen die bisherigen plenarersetzenden Stellungnahmen fast ausschließlich geplante Änderungen des Primärrechts und nicht Sekundärrechtsakte. Und das obwohl sich die Verhandlungen über Primärrechtsänderungen immer über einen sehr langen Zeitraum hinziehen. Gerade hier scheint es daher nicht notwendig, schnell und flexibel zu reagieren. Dies wäre eher bei Vorschlägen für Sekundärrechtsakte notwendig. Hier fehlt dem EU-Ausschuss aber verständlicherweise der Sachverstand und der Überblick, um auf solche Entwicklungen schnell zu reagieren. Deshalb würde es durchaus Sinn machen, auch anderen Ausschüssen die Möglichkeit zu geben, plenarersetzende Stellungnahmen abzugeben.[518]

---

515 *Rath*, Entscheidungspotenziale des Deutschen Bundestages in EU-Angelegenheiten, 2001, S. 68.

516 *Sterzing/Tidow*, Die Kontrolle der deutschen Europapolitik durch den EU-Ausschuss des Bundestags, integration 2001, 274, 283.

517 *Janowski*, Die nationalen Parlamente und ihre Europagremien, 2005, S. 202 und S. 207.

518 *Rath*, Entscheidungspotenziale des Deutschen Bundestages in EU-Angelegenheiten, 2001, S. 68; *Hölscheidt/Schotten*, Der Unionsausschuß des Deutschen Bundestages, integration 1994, 230, 232.

Was der EU-Ausschuss sicherlich nicht leisten kann, ist eine querschnittsartige Behandlung aller EU-Vorlagen.[519] Dafür fehlen ihm Sachverstand und Kapazität. Gerade hier liegt das Potenzial der Fachausschüsse bei der Behandlung von EU-Vorlagen. Die Komplexität der politischen Entscheidungen, die in Deutschland getroffen werden müssen, hat zu einer erheblichen Spezialisierung in der Parlamentsarbeit geführt. In den Fachausschüssen ist daher jeweils spezieller Sachverstand zu den einzelnen Politikbereichen vertreten. Da die EU-Gesetzgebung inzwischen nahezu alle Politikbereiche betrifft, ist es nicht nur sinnvoll, sondern zwingend notwendig, diesen Sachverstand zu nutzen.[520] Auch würden anderenfalls viele Fachausschüsse eines Großteils ihrer Tätigkeit entledigt.[521] Gleichzeitig wird dadurch die große Menge von EU-Vorlagen auf verschiedene Ausschüsse verteilt, da ein derartiges Pensum von einem einzigen Ausschuss gar nicht zu bewältigen wäre[522] und EU-Politik auch nicht nur von einigen wenigen Abgeordneten im Parlament betrieben werden sollte.[523] Ein weiterer Vorteil der Befassung von Fachausschüssen mit EU-Angelegenheiten ist die Verzahnung, die auf diese Weise mit dem Prozess der Umsetzung von EU-Rechtsakten in das nationale Recht erreicht wird. Europäische Richtlinien und Rahmenbeschlüsse erfordern zwingend noch ein deutsches Gesetz zur Umsetzung. Auch Verordnungen werden - obwohl mit Durchgriffswirkung ins nationale Recht ausgestattet - häufig durch deutsche Ausführungsgesetze im deutschen Recht verankert. Die Umsetzungsgesetzgebung ist Sache der Fachausschüsse. Daher macht es Sinn, dass dieselben Ausschüsse auch schon die ursprünglichen europäischen Rechtsakte behandeln.[524] Dies sollte zum einen zu einer größeren Akzeptanz der umzusetzenden Rechtsakte im Ausschuss führen, so dass sich die Abgeordneten bei der Umsetzung nicht als bloße Befehlsempfänger fühlen, und zum anderen die Umsetzungsverfahren beschleunigen.

---

[519] So schon für die Frühphase der Integration: *Niblock*, The EEC: National Parliaments in Community Decision-making, 1971, S. 61.

[520] *Hölscheidt/Schotten*, Der Unionsausschuß des Deutschen Bundestages, integration 1994, 230, 232; *Kamann*, Die Mitwirkung der Parlamente der Mitgliedstaaten an der europäischen Gesetzgebung, 1997, S. 190 und S. 327, *Kaufmann*, Europäische Integration und Demokratieprinzip, 1997, S. 368; *Hauck*, Mitwirkungsrechte des Deutschen Bundestages in Angelegenheiten der Europäischen Union, 1999, S. 55 und S. 66; *Maurer*, Parlamentarische Demokratie in der Europäischen Union, 2002, S. 218; *Rath*, Entscheidungspotenziale des Deutschen Bundestages in EU-Angelegenheiten, 2001, S. 64; *Hansmeyer*, Die Mitwirkung des Deutschen Bundestages an der europäischen Rechtssetzung, 2001, S. 282; *Wissmann*, Perspektiven für die Europapolitik des Deutschen Bundestages, in: *Derra* (Hrsg.), Festschrift für Jürgen Meyer, 2006, S. 240.

[521] *Achterberg/Schulte*, in: *von Mangoldt/Klein/Starck* (Hrsg.), Das Bonner Grundgesetz, 5. Auflage 2005, Art. 45 GG, Rn.14.

[522] *Hölscheidt/Schotten*, Der Unionsausschuß des Deutschen Bundestages, integration 1994, 230, 232; *Kabel*, Die Mitwirkung des Deutschen Bundestages in Angelegenheiten der Europäischen Union, in: *Randelzhofer* (Hrsg.), Gedächtnisschrift für Eberhard Grabitz, 1995, S. 264; *Kövel*, Die Mitwirkung des Deutschen Bundestages in Angelegenheiten der Europäischen Union, 2000, S. 56; *Hansmeyer*, Die Mitwirkung des Deutschen Bundestages an der europäischen Rechtssetzung, 2001, S. 282.

[523] *Weber-Panariello*, Nationale Parlamente in der Europäischen Union, 1995, S. 267; *Raunio*, Always one step behind?, Government and Opposition 1999, 180, 193; *Maurer*, Parlamentarische Demokratie in der Europäischen Union, 2002, S. 218.

[524] *Hölscheidt*, Nationale Parlamente und EU-Angelegenheiten, Rezsension von Weber-Panariello, ZParl 1996, 521, 523; *Kamann*, Die Mitwirkung der Parlamente der Mitgliedstaaten an der europäischen Gesetzgebung, 1997, S.190.

Eine andere Frage ist, ob bei Einführung des so genannten "Frühwarnmechanismus"[525] eine Neuaufteilung der Zuständigkeiten zwischen EU-Ausschuss und Fachausschüssen erforderlich wäre. Da im Rahmen der neu vorgesehenen Subsidiaritätskontrolle eine schnelle Reaktion auf EU-Vorlagen notwendig wäre, ist es denkbar, die Erstellung und Weiterleitung von Stellungnahmen an die Kommission zentral vom EU-Ausschuss aus zu organisieren.[526] Fraglich wäre dann allerdings auch, wie das notwendige Fachwissen im EU-Ausschuss gesammelt werden könnte.[527] Dies soll hier nicht vertieft behandelt werden. Doch ist zu berücksichtigen, dass einiges an bereits vorhandener Fachexpertise nötig sein wird, um schnell auf die Vorschläge der Kommission reagieren zu können. Auch hier erscheint es daher nicht sachgerecht, den EU-Ausschuss gegenüber den Fachausschüssen aufzuwerten. Er kann deren Stellungnahmen allenfalls sammeln und koordinieren. Mit der Erstellung von Stellungnahmen zu allen erdenklichen Fachfragen wäre er aber mit Sicherheit überfordert.

Im Weiteren ist zu untersuchen, ob die Fachausschüsse das Potenzial, welches sie hinsichtlich der Beratung von EU-Vorlagen besitzen, in der Praxis ausnutzen. Da die Fachausschüsse ihre ursprüngliche Tätigkeit in der Beratung von nationalen Vorlagen haben und dabei auch unmittelbaren Einfluss auf die Gesetzgebung ausüben können, besteht die Gefahr, dass sie EU-Vorlagen als nachrangig ansehen und nicht ausführlich und offensiv genug behandeln.[528] Möglicherweise fehlt den meisten Fachpolitikern auch nach wie vor die notwendige Sensibilisierung für die Besonderheiten des europäischen Rechtsetzungsverfahrens. In einem Fragebogen[529] habe ich die Mitglieder des Rechtsausschusses der 15. Legislaturperiode gefragt, ob sie der Meinung sind, dass die Fachpolitiker im Bundestag ausreichend sensibilisiert sind für die besonderen Anforderungen an die Kontrolle der europäischen Gesetzgebung. Von den 16 Abgeordneten, die diese Frage beantworteten, bejahte nur einer die Frage. Neun Abgeordnete verneinten die Frage und sechs waren der Meinung, dass eine solche Sensibilisierung zumindest teilweise gegeben sei. Offensichtlich sehen die Fachpolitiker die effektive Ausfüllung ihrer eigenen Rolle hier also durchaus kritisch. Denkbar ist auch, dass sie bei den Vorlagen nur die Probleme des eigenen Fachbereichs sehen und nicht in ausreichendem Maße in der Lage sind, sie in ihren europäischen Zusammenhang einzuordnen.[530] Daneben besteht die Gefahr, dass sie sich durch die Existenz eines auf Fragen der Europäischen Union spezialisierten Ausschusses in der trügerischen Sicherheit wähnen, wichtige europäische Vorhaben würden dort schon zur Sprache kommen. Dies gilt auch für die Vor- und Nachbereitung von Europäischen Räten. Die Tatsache, dass alle Fachministerräte im EU-Ausschuss behandelt werden, führt in den anderen Ausschüssen möglicherweise zu der Meinung, selbige nicht mehr selbst vor- oder nachbereiten zu müssen. Überdies haben die Fachausschüsse es möglicherweise versäumt, eigene Kontakte zu EU-Organen aufzubauen, um deren Sachverstand für die eigene Beratung zu nutzen bzw. gegenüber diesen die eigene Position zu artikulieren. Den hier aufge-

---

[525] Vgl. oben Kapitel 1 B II, S. 35.
[526] *Maurer/Kietz*, Die neuen Rechte der nationalen Parlamente, SWP-Aktuell, März 2004, S. 7.
[527] *Maurer/Kietz*, Die neuen Rechte der nationalen Parlamente, SWP-Aktuell, März 2004, S. 7.
[528] *Rath*, Entscheidungspotenziale des Deutschen Bundestages in EU-Angelegenheiten, 2001, S. 152.
[529] Siehe Anhang 2.
[530] *Saalfeld*, The German Houses of Parliament and European Legislation, in: *Norton* (Hrsg.), National Parliaments and the European Union, 1995, S. 20.

worfenen Fragen soll im nächsten Kapitel anhand des Beispieles des Rechtsausschusses nachgegangen werden.

5) Zusammenfassung

Zusammenfassend kann man feststellen, dass der Ausschuss für die Angelegenheiten der Europäischen Union trotz seiner exponierten Stellung in der Verfassung und den ihm zugewiesenen Sonderrechten nicht der hauptsächliche und schon gar nicht der einzige Akteur ist, der sich innerhalb des Deutschen Bundestages mit europäischen Angelegenheiten befasst. Bedeutsam und unabdingbar ist seine Rolle bei der Behandlung geplanter Primärrechtsänderungen der EU und bei der Koordinierung und Überweisung von EU-Vorlagen. Aber auch die anderen Ausschüsse spielen eine zentrale Rolle, vor allem bei der Beratung von geplanten Sekundärrechtsakten der Europäischen Union. Gerade dieser Bereich der Rechtsetzung ist derjenige, der sich von der nationalen zunehmend auf die europäische Ebene verlagert hat. Hier müsste der Deutsche Bundestag also in besonderem Maße um Kompensation bemüht sein.

Die verschiedenen Fachausschüsse haben aufgrund ihres Sachverstands in den jeweiligen Politikbereichen das Potenzial einen wichtigen Beitrag zur Legitimation der Rechtsakte zu leisten. Allerdings besteht aufgrund mangelnder Sensibilisierung die Gefahr, dass sie dieses nicht ausschöpfen. Bisher ist die Tätigkeit der verschiedenen Fachausschüsse im Bereich der europäischen Rechtsetzung wenig bis gar nicht erforscht. Die Untersuchungen der Tätigkeit des EU-Ausschusses sagen aber aus den genannten Gründen wenig darüber aus, ob der Bundestag effektiv an der Sekundärrechtsetzung der EU mitwirkt. Im Folgenden soll einer der Ausschüsse des Deutschen Bundestages herausgegriffen werden, um zu untersuchen, ob und wie dieser seine Mitwirkungsrechte an europäischer Gesetzgebung wahrnimmt. Natürlich werden die Erkenntnisse aufgrund der Konzentration auf einen einzigen Ausschuss nur beschränkt sein. Jedoch eignet sich der Rechtsausschuss aus mehreren Gründen für eine solche Untersuchung: Er beschäftigt sich mit solchen Materien, die lange rein innerstaatlich zu regeln waren und bei denen der Bundestag durch das Fortschreiten der europäischen Integration nach und nach Kompetenzen an die europäische Ebene verloren hat. Dabei handelt es sich teilweise um solche Materien, die in besonderem Maße die individuellen Rechte des einzelnen Bürgers berühren. Interessant ist auch, dass der Rechtsausschuss mit Vorlagen sowohl aus der ersten, als auch aus der dritten Säule der EU zu tun hat. Möglicherweise ergeben sich hier Unterschiede in der Art und Weise, wie der Ausschuss die unterschiedlichen Vorlagen behandelt. Schließlich weist der Rechtsausschuss im Unterschied zu den meisten anderen Ausschüssen die Besonderheit auf, dass er europäische Vorlagen in einem Unterausschuss vorberät.

Kapitel 4: Tätigkeit des Rechtsausschusses im Bereich der europäischen Sekundärrechtsetzung

A) Tätigkeitsbereich des Rechtsausschusses im Hinblick auf europäische Rechtsetzung

Die Auswertung aller dem Bundestag in der 15. Legislaturperiode zugeleiteten EU-Vorlagen hat ergeben, dass dem Rechtsausschuss etwa 4,1 % dieser Vorlagen zur federführenden Beratung überwiesen wurden.[531] Damit gehört er zwar zu den Ausschüssen, die vergleichsweise wenige EU-Vorlagen zu beraten hatten, doch ist die Anzahl der ihm überwiesenen Vorlagen gleichwohl nicht unbedeutend. Im Folgenden soll zunächst untersucht werden, welchen Kompetenzbereichen der EU die dem Rechtsausschuss überwiesenen Vorlagen entstammen. Dafür wird ein Überblick über die Tätigkeit der EU im Bereich der Rechtspolitik gegeben (I). Sodann wird dargestellt, welchen Anteil diese Vorlagen an der Gesamttätigkeit des Rechtsausschusses hatten (II).

I) Die Kompetenzen der EU im Bereich der Rechtspolitik

Das Ausschusssystem des Deutschen Bundestages ist durch die spiegelbildliche Übereinstimmung zwischen Ressortgliederung der Ministerien und den Ausschüssen geprägt.[532] Der Rechtsausschuss steht dem Bundesministerium für Justiz gegenüber, hat also im Wesentlichen im parlamentarischen Bereich denjenigen Tätigkeitsbereich, den das BMJ als Ministerium wahrnimmt. Daher ist er federführend zuständig für das gesamte bürgerliche Recht, das Strafrecht, das Handels- und Gesellschaftsrecht, das Urheberrecht und den gewerblichen Rechtsschutz, das Gerichtsverfassungs- und Verfahrensrecht für die einzelnen Gerichtsbarkeiten (außer Arbeits- und Sozialgerichtsbarkeit) sowie das Dienst- bzw. Berufsrecht der Richter, Staatsanwälte, Rechtsanwälte und Notare.[533]

Dieser Bereich war zunächst nicht sehr stark vom europäischen Einigungsprozess betroffen, so dass der Rechtsausschuss in der Frühphase der europäischen Einigung wenig Kompetenzen an die europäische Ebene verloren hat. Mangels spezieller Kompetenznormen im Bereich der Rechtspolitik war das Portfolio des Rechtsausschusses von europäischer Gesetzgebung nur dann betroffen, wenn die Europäischen Gemeinschaften Rechtsakte zur Rechtsharmonisierung erließen, die eine Änderung bürgerlichrechtlicher oder handelsrechtlicher Vorschriften erforderlich machten. Die Vertiefung der europäischen Einigung führte dazu, dass die Europäischen Gemeinschaften, bzw. die neu gegründete Europäische Union, vermehrt Kompetenzen im Bereich der Rechtspolitik bekamen. Dies geschah vor allem durch die Einführung einer Zusammenarbeit in den Bereichen Justiz und Inneres als dritter Säule durch Art. K des Vertrages über die Gründung der Europäischen Union vom 29. Juli 1992[534] (Vertrag von Maastricht). Die Zusammenarbeit im Bereich Justiz beinhaltete zum einen die justizielle Zusam-

---

[531] Vgl. oben Kapitel 3 B II 4), S. 104.
[532] Vgl. oben Kapitel 3, B I 2), S. 81.
[533] http://www.bmj.de, genau: http://www.bmj.de/enid/e52bed5cfe6ce06b1060570d06589093,0/Wir_ueber_uns /Aufbau_Organisation_b2.html (abgerufen am 24.4.2005).
[534] Vertrag über die Europäische Union vom 7. Februar 1992, ABl. EG 1992 C 191, S. 1 ff.

menarbeit in Strafsachen und zum anderen die justizielle Zusammenarbeit in Zivilsachen.

Im Wesentlichen kann man daher heute drei Politikbereiche der Europäischen Union unterscheiden, in denen der Tätigkeitsbereich des Rechtsausschusses betroffen ist:

- Maßnahmen zur Angleichung der Rechts- und Verwaltungsvorschriften (Art. 95 EG , Art. 47 Abs. 2, 55 EG)
- Maßnahmen der justiziellen Zusammenarbeit in Strafsachen nach Art. 31, 34 EU
- Maßnahmen der justiziellen Zusammenarbeit in Zivilsachen nach Art. 65 EG.

1) Rechtsharmonisierung im Bereich der Rechtspolitik

Die Kompetenzen zur Rechtsharmonisierung stellen "Einbruchstellen" in die Rechtspolitik dar. Bevor die Europäischen Gemeinschaften spezielle rechtspolitische Kompetenzen bekamen, wurde deutsche Rechtspolitik vor allem durch Maßnahmen der Rechtsangleichung von der europäischen Integration beeinflusst.
Wichtigste Kompetenznorm der Rechtsangleichung ist der heutige Art. 95 EG (früher: Art. 100 a EGV). Gemäß Art. 95 Abs. 1 Satz 2 EG

"erlässt der Rat gemäß dem Verfahren des Art. 251 und nach Anhörung des Wirtschafts- und Sozialausschusses die Maßnahmen zur Angleichung der Rechts- und Verwaltungsvorschriften der Mitgliedstaaten, welche die Errichtung und das Funktionieren des Binnenmarktes zum Gegenstand haben."

Die außerordentlich rege Rechtsetzungstätigkeit zur Rechtsharmonisierung hat auch vor rechtspolitischen Materien nicht Halt gemacht. Bevorzugtes Handlungsinstrument war und ist die Richtlinie. Aus jüngerer Zeit sind hier unter anderem zu nennen: die Richtlinie zu bestimmten Aspekten des Verbrauchsgüterkaufs[535], die in Deutschland zu einer der größten Reformen des Zivilrechts seit Einführung des BGB geführt hat, die so genannte e-commerce-Richtlinie[536], die Richtlinie zur Bekämpfung von Zahlungsverzug im Geschäftsverkehr[537], die Richtlinie über die Kraftfahrzeughaftpflichtversicherung[538] und die Richtlinie über unlautere Geschäftspraktiken[539]. Neben Art. 95 EG gibt es spezielle Kompetenznormen zur Rechtsharmonisierung, die sich vor allem im Bereich der europäischen Grundfreiheiten finden. So wurden z.B. die e-commerce-Richtlinie und die Richtlinie über die Kraftfahrzeughaftpflichtversicherung auch auf Art. 47 Abs. 2 mit Art. 55 EG gestützt.

---

[535] Richtlinie 1999/44/EG des Europäischen Parlaments und des Rates vom 25.05.1999, ABl. EG 1999 L 171, S. 12.

[536] Richtlinie 2000/31/EG des Europäischen Parlaments und des Rates vom 8. Juni 2000, ABl. EG 2000 L 178, S. 1.

[537] Richtlinie 2000/35/EG des Europäischen Parlaments und des Rates vom 29.6.2000, ABl. EG 2000 L 200, S. 35.

[538] Richtlinie 2005/14/EG des Europäischen Parlaments und des Rates vom 11.5.2005, ABl. EG 2005, L168, S. 50.

[539] Richtlinie 2005/29/EG des Europäischen Parlaments und des Rates vom 11.5.2005, ABl. EG 2005, L 149, S. 22.

2) Justizielle Zusammenarbeit in Strafsachen

Obwohl schon früh nach Gründung der Europäischen Gemeinschaften die Notwendigkeit einer Zusammenarbeit in den Bereichen Inneres und Justiz erkannt wurde, konnten sich die Mitgliedstaaten lange nicht auf eine verbindliche Zusammenarbeit einigen. Dies lässt sich damit erklären, dass es sich hier um einen klassischen Kernbereich der staatlichen Souveränität handelt und die Nationalstaaten deshalb ungern etwas davon an eine überstaatliche Ebene abtreten wollten.[540] Erst durch den Vertrag von Maastricht wurde die Zusammenarbeit in den Bereichen Inneres und Justiz in die Verträge aufgenommen, allerdings wegen der besonderen Sensibilität nur in die intergouvernmentale dritte Säule.[541] Der Vertrag von Amsterdam überführte zwar die justizielle Zusammenarbeit in Zivilsachen in das Gemeinschaftsrecht, die justizielle Zusammenarbeit in Strafsachen verblieb jedoch in der dritten Säule. Der Titel VI des Vertrages über die Europäische Union heißt seitdem *"Bestimmungen über die polizeiliche und justizielle Zusammenarbeit in Strafsachen"*. Die Entscheidungsformen und -strukturen in der dritten Säule wurden durch den Vertrag von Amsterdam an das Gemeinschaftsrecht angenähert.[542] Insbesondere wurde die Möglichkeit eingeführt, einen Rahmenbeschluss zu erlassen, und die Kommission erhielt ein Initiativrecht, Art. 34 Abs. 2 EU. Der Rahmenbeschluss gleicht im Hinblick auf seine Wirkungen der Richtlinie.[543] Im Unterschied zu einer Richtlinie ist bei ihm jedoch gemäß Art. 34 Abs. 2 lit. b) Satz 2 EU die unmittelbare Wirksamkeit ausdrücklich ausgeschlossen. Auch kann die Kommission die Umsetzung durch die Mitgliedstaaten hier nicht gerichtlich erzwingen. Nach wie vor handelt der Rat in der justiziellen Zusammenarbeit in Strafsachen einstimmig, Art. 34 Abs. 2 EU. Das Europäische Parlament wird gemäß Art. 39 Abs. 1 EU lediglich angehört.

Gemäß Art. 31 Abs. 1 EU schließt das gemeinsame Vorgehen im Bereich der justiziellen Zusammenarbeit in Strafsachen ein:

"a) *die Erleichterung und Beschleunigung der Zusammenarbeit zwischen den zuständigen Ministerien und den Justizbehörden oder entsprechenden Behörden der Mitgliedstaaten, auch unter Einschaltung von Eurojust, wenn sich dies als zweckmäßig erweist, bei Gerichtsverfahren und der Vollstreckung von Entscheidungen;*

b) *die Erleichterung der Auslieferung zwischen den Mitgliedstaaten;*

---

540 *Jour-Schröder/Wasmeier*, in: *von der Groeben/Schwarze* (Hrsg.), Kommentar zum Vertrag über die Europäische Union und zur Gründung der Europäischen Gemeinschaft, 6. Auflage 2003, vor Art. 29 bis 42 EU, Rn. 8; *Tomuschat*, Zum Urteil der Bundesverfassungsgerichts über den Europäischen Haftbefehl, EuGRZ 2005, 453.

541 *Jour-Schröder/Wasmeier*, in: *von der Groeben/Schwarze* (Hrsg.), Kommentar zum Vertrag über die Europäische Union und zur Gründung der Europäischen Gemeinschaft, 6. Auflage 2003, vor Art. 29 bis 42 EU, Rn. 10.

542 *Jour-Schröder/Wasmeier*, in: *von der Groeben/Schwarze* (Hrsg.), Kommentar zum Vertrag über die Europäische Union und zur Gründung der Europäischen Gemeinschaft, 6. Auflage 2003, vor Art. 29 bis 42 EU, Rn. 32.

543 *Wasmeier*, in: *von der Groeben/Schwarze* (Hrsg.), 6. Auflage 2003, Kommentar zum Vertrag über die Europäische Union und zur Gründung der Europäischen Gemeinschaft, Art. 34 EU, Rn.8; *Röben*, in: *Grabitz/Hilf* (Hrsg.), Das Recht der Europäischen Union (Stand Mai 1999) Art. 34 EU, Rn. 14.

c) die Gewährleistung der Vereinbarkeit der jeweils geltenden Vorschriften der Mitgliedstaaten untereinander, soweit dies zur Verbesserung der Zusammenarbeit erforderlich ist;

d) die Vermeidung von Kompetenzkonflikten zwischen den Mitgliedstaaten;

e) die schrittweise Annahme von Maßnahmen zur Festlegung von Mindestvorschriften über die Tatbestandsmerkmale strafbarer Handlungen und die Strafen in den Bereichen organisierte Kriminalität, Terrorismus und illegaler Drogenhandel."

Der Tätigkeit der EU in der justiziellen Zusammenarbeit in Strafsachen wurde durch das im Oktober 1999 in Tampere aufgestellte Programm zur Errichtung eines Raumes der Freiheit, der Sicherheit und des Rechts[544] Leitlinien gegeben. Dieses Programm wurde inzwischen durch das Haager Programm zur Stärkung von Freiheit, Sicherheit und Recht in der Europäischen Union[545] abgelöst. Danach sollen die Schwerpunkte der Europäischen Union in den nächsten Jahren in der Bekämpfung der organisierten Kriminalität, der Bekämpfung des illegalen Handels mit Drogen, der Annäherung des materiellen Strafrechts in besonders schwerwiegenden Deliktsbereichen mit grenzüberschreitender Dimension und in der Einführung von Mindestregeln in Bezug auf bestimmte Aspekte des Verfahrensrechtes liegen.[546] Außerdem soll das Maßnahmenprogramm zur Umsetzung der gegenseitigen Anerkennung gerichtlicher Entscheidungen in Strafsachen[547] weiter fortgesetzt werden.

Es sind bereits einige Rahmenbeschlüsse der Europäischen Union in der justiziellen Zusammenarbeit in Strafsachen ergangen, z.B. der Rahmenbeschluss über die Stellung von Opfern in Strafverfahren[548], der Rahmenbeschluss über den Europäischen Haftbefehl und das Übergabeverfahren zwischen den Mitgliedstaaten[549], der Rahmenbeschluss über den Schutz der Umwelt durch das Strafrecht[550] und der Rahmenbeschluss über die Anwendung des Grundsatzes der gegenseitigen Anerkennung von Geldstrafen und Geldbußen.[551]

3) Justizielle Zusammenarbeit in Zivilsachen

Gemäß Art. 61 c) EG erlässt der Rat zum schrittweisen Aufbau eines Raumes der Freiheit, der Sicherheit und des Rechts Maßnahmen im Bereich der justiziellen Zusammenarbeit in Zivilsachen nach Art. 65 EG. Diese Maßnahmen schließen gemäß Art. 65 EG ein:

"a) Die Verbesserung und Vereinfachung
- *des Systems für die grenzüberschreitende Zustellung gerichtlicher und außergerichtlicher Schriftstücke;*

---

[544] Schlußfolgerungen des Europäischen Rates von Tampere, 15. und 16. Oktober 1999, Bulletin EU 10-1999.
[545] ABl. EG 2005 C 53, S. 1.
[546] ABl. EG 2005 C 53, S. 1, 11 ff.
[547] ABl. EG 2001, C 12, S. 10.
[548] Rahmenbeschluss 2001/220/JI des Rates vom 15.3.2001, ABl. 2001 L 82, S. 1.
[549] Rahmenbeschluss 2002/584/JI des Rates vom 13.6.2002, ABl. 2002 L 190, S. 1.
[550] Rahmenbeschluss 2003/80/JI des Rates vom 27.1.2003, ABl. 2003 L 29, S. 55.
[551] Rahmenbeschluss 2005/212/JI des Rates vom 24.2.2005, ABl. 2005 L 68, S. 49.

- *der Zusammenarbeit bei der Erhebung von Beweismitteln;*
- *der Anerkennung und Vollstreckung gerichtlicher und außergerichtlicher Entscheidungen in Zivil- und Handelssachen;*

b) *Förderung der Vereinbarkeit der in den Mitgliedstaaten geltenden Kollissionsnormen und Vorschriften zur Vermeidung von Kompetenzkonflikten;*

c) *Beseitigung der Hindernisse für eine reibungslose Abwicklung von Zivilverfahren, erforderlichenfalls durch Förderung der Vereinbarkeit der in den Mitgliedstaaten geltenden zivilrechtlichen Verfahrensvorschriften."*

Seit dem Vertrag von Nizza, der am 1.2.2003 in Kraft trat, erlässt der Rat Maßnahmen nach Art. 65 EG gemäß Art. 67 Abs. 5 zweiter Spiegelstrich mit Ausnahme der familienrechtlichen Aspekte im Verfahren der Mitentscheidung. Daraus folgt, dass bei den entsprechenden Rechtsakten die Zustimmung des Europäischen Parlaments zwingend erforderlich ist.

Auch hinsichtlich der justiziellen Zusammenarbeit in Zivilsachen wurden die politischen Leitlinien durch das Programm von Tampere und das Haager Programm vorgegeben.[552] Speziell für die zivilrechtliche Zusammenarbeit ist außerdem das Maßnahmenprogramm zur Umsetzung des Grundsatzes der gegenseitigen Anerkennung gerichtlicher Entscheidungen in Zivil- und Handelssachen[553] zu nennen. Bei der Umsetzung dieser Programme standen bisher Maßnahmen des internationalen Verfahrensrechts im Mittelpunkt. Das bevorzugte Handlungsinstrument ist die Verordnung, da in der Vergangenheit die unterschiedliche Umsetzung von Richtlinien in den Mitgliedstaaten nicht zu der gewünschten Rechtsvereinheitlichung geführt hat.[554] Inzwischen sind auch Maßnahmen auf dem Gebiet des Internationalen Privatrechtes dazu gekommen.[555] Von den bereits verabschiedeten Rechtsakten sind die Verordnung über die gerichtliche Zuständigkeit und die Anerkennung und Vollstreckung von Entscheidungen in Zivil- und Handelssachen[556], die Verordnung über die Zuständigkeit und die Anerkennung und Vollstreckung von Entscheidungen in Ehesachen und in Verfahren betreffend die elterliche Verantwortung[557], die Verordnung über das Insolvenzverfahren[558], die Verordnung zur Zustellung[559], die Verordnung zur Beweisaufnahme[560], die Prozesskostenhilferichtlinie[561] und die Vollstreckungstitel-Verordnung[562] beispielhaft zu nennen.

---

[552] Schlussfolgerungen des Europäischen Rates von Tampere, 15. und 16. Oktober 1999, Bulletin EU 10-1999; Haager Programm zur Stärkung von Freiheit, Sicherheit und Recht in der Europäischen Union, ABl. EG 2005 C 53, S. 1.

[553] ABl. EG 2001 C 12, S. 1.

[554] *Wagner*, Zur Vereinheitlichung des internationalen Privat- und Zivilverfahrensrechts vier Jahre nach Inkrafttreten des Amsterdamer Vertrages, NJW 2003, 2344, 2345.

[555] *Wagner*, Zur Vereinheitlichung des internationalen Privat- und Zivilverfahrensrechts fünf Jahre nach Inkrafttreten des Amsterdamer Vertrages, NJW 2004, 1835, 1836; so die Verordnung (EG) Nr. 864/2007 des Europäischen Parlaments und des Rates vom 11.07.2007 über das auf außervertragliche Schuldverhältnisse anwendbare Recht, ABl. EG 2007, L 199, S. 40.

[556] Verordnung (EG) Nr. 44/2001 des Rates vom 22.12.2000; ABl. EG 2001, L 12, S. 1.

[557] Verordnung (EG) Nr. 2201/2003 des Rates vom 27.11.2003, ABl. EG 2003 L 338, S. 1.

[558] Verordnung (EG) Nr. 1346/2000 des Rates vom 29.5.2000, ABl. EG 2000 L 160, S. 1.

[559] Verordnung (EG) Nr. 1348/2000 des Rates vom 29.5.2000., ABl. EG 2000 L 160, S. 27.

[560] Verordnung (EG) Nr. 1206/2001 des Rates vom 28.5.2001, ABl. EG 2001 L 174, S. 1.

[561] Richtlinie 2003/8/EG des Rates vom 27.11.2003, ABl. EG 2003 L 26, S. 41.

II) Anteil der europäischen Vorlagen an der Gesamttätigkeit des Rechtsausschusses

Im Folgenden soll untersucht werden, welchen Anteil an der Gesamttätigkeit des Rechtsausschusses europäische Vorlagen in der 15. Legislaturperiode ausmachten. Um dies herauszufinden wurden die Tagesordnungen des Rechtsausschusses und seines Unterausschusses Europarecht aus der 15. Legislaturperiode ausgewertet. Gezählt wurden alle Vorlagen auf der Tagesordnung, die Vorschläge für Rechtsakte enthielten, also nationale Gesetzentwürfe und Vorschläge für EU-Rechtsakte. Als Rechtsakte der EU werden dabei solche Handlungen verstanden, die einen Beschluss des Rates erforderlich machen. Dies umfasst sowohl die in Art. 249 EG genannten Rechtsetzungsakte, als auch Beschlüsse zum Abschluss eines Abkommens nach Art. 133 Abs. 5 EG, Beschlüsse betreffend die Gerichtsbarkeit wie Art. 245 Abs. 2 EG, Rahmenbeschlüsse nach Art. 34 Abs. 2 b) EU und Beschlüsse nach Art. 34 Abs. 2 c) EU. Entscheidend für die Definition als Rechtsakt ist also, dass es innerhalb des Rates zu einer Willensbildung kommt. Der Begriff ist daher weiter als der des Rechtsetzungsaktes in Art. 23 Abs. 3 GG. Zwar standen auf der Tagesordnung auch andere Beratungsgegenstände, doch hätte eine Berücksichtigung weiterer Verhandlungsgegenstände zum einen die Auszählung erheblich erschwert, zum anderen keinen höheren Erkenntniswert bedeutet, da Vorschläge für Rechtsakte von der nationalen Ebene und der Ebene der EU am ehesten vergleichbar sind, während sich die sonstigen Verhandlungsgegenstände der beiden Ebenen deutlich unterscheiden. Es wurden nur diejenigen Rechtsakte berücksichtigt, die der Rechtsausschuss federführend beraten hat. Die Berücksichtigung von mitberatend behandelten Vorlagen hätte ebenfalls keinen höheren Erkenntnisgewinn bedeutet. Bei nationalen Rechtsetzungsakten wurden konkurrierende Gesetzentwürfe verschiedener Fraktionen zum gleichen Komplex zusammen erfasst. Würde man diese Gesetzentwürfe einzeln zählen, käme es zu einer Verzerrung des Ergebnisses, denn auf europäischer Ebene sind konkurrierende Gesetzesvorschläge wegen des alleinigen Initiativrechts der Kommission gar nicht denkbar. Außerdem werden die Vorschläge verschiedener Fraktionen für ein Gesetz im Deutschen Bundestag auch immer zusammen und nicht als einzelne Beratungsgegenstände behandelt. Es ergeht auch jeweils nur eine Beschlussempfehlung des Ausschusses zu den verschiedenen Anträgen.

Natürlich musste auch berücksichtigt werden, dass nationale Gesetze häufig in Umsetzung von europäischen Vorgaben wie Richtlinien oder Rahmenbeschlüssen ergehen. Daher wurde zusätzlich gezählt, wie vielen der nationalen Gesetzesvorlagen ein europäischer Impuls zugrunde lag. Ob ein europäischer Impuls vorlag, wurde anhand von *GESTA* (Stand der Gesetzgebung des Bundes)[563] ermittelt. Anhand von GESTA lässt sich die Anzahl aller Gesetzesvorlagen der Legislaturperiode ermitteln. Bei denjenigen Gesetzesvorlagen, denen ein europäischer Impuls zugrunde lag, ist das vermerkt. Als europäischer Impuls definiert GESTA dabei all diejenigen Akte der EU, die den natio-

---

[562] Verordnung (EG) Nr. 805/2004 des Europäischen Parlaments und des Rates, ABl. EG 2004 L 143, S. 15.

[563] GESTA, Stand der Gesetzgebung des Bundes, http://www.bundestag.de, genau: http:// www.bundestag.de /bic/standgesetzgebung/index.html.

nalen Gesetzgeber dazu veranlassen, tätig zu werden.[564] Bei diesen europäischen Impulsen handelt es sich vor allem um Richtlinien und Rahmenbeschlüsse, in deren Umsetzung die nationalen Rechtsakte ergehen. Weiter sind in GESTA aber zum Beispiel auch europäische Abkommen[565] und auch schon Harmonisierungspläne der Kommission[566] als europäischer Impuls berücksichtigt.

Schließlich wurde noch erfasst, wie viele der nationalen Gesetzesvorschläge auf einem sonstigen internationalen Einfluss beruhten (eigene Auswertung). Dadurch wurden zusätzlich diejenigen Rechtsakte herausgefiltert, die aus Anlass eines internationalen nicht europäischen Impulses ergingen, wie zum Beispiel der Umsetzung eines internationalen Abkommens. Die folgende Tabelle zeigt den so ermittelten Anteil europäischer Gesetzesvorlagen an der Arbeit des Rechtsausschusses.

Insgesamt federführend beratene Vorschläge für Rechtsakte	136	
davon Vorschläge für Rechtsakte EU	50	36,8 %
davon nationale Gesetzentwürfe	86	63,2 %

Danach hat der Rechtsausschuss in der 15. Legislaturperiode insgesamt 136 Vorschläge für Rechtsakte beraten. Bei 50 davon handelte es sich um Vorschläge für Rechtsakte der Europäischen Union. Mithin betrug der Anteil europäischer Gesetzesvorschläge 36,8 %, also mehr als ein Drittel.

Betrachtet man nun, wie vielen der nationalen Gesetzentwürfe ein europäischer Impuls zugrunde lag, wird deutlich, dass der Anteil europäisch motivierter Gesetzgebung insgesamt noch höher war.

Nationale Gesetzentwürfe	86	
ohne europäischen oder sonstigen internationalen Einfluss	48	55,8 %
mit europäischem Impuls	26	30,2 %
mit sonstigem internationalem Einfluss	12	14 %

Von den nationalen Gesetzentwürfen hatten 30,2 % einen europäischen Impuls. Bei diesen Vorlagen war der Rechtsausschuss also nicht frei, sondern an unterschiedlich starke Vorgaben des europäischen Gesetzgebers gebunden. Bei weiteren 14 % der

[564] *Feldkamp* (Hrsg.), Datenhandbuch zur Geschichte des Deutschen Bundestages 1994-2003, 2005, S. 601.

[565] Z.B. GESTA 15. Legislaturperiode, C 112.

[566] Beim Gesetz gegen den unlauteren Wettbewerb nennt GESTA 15. Legislaturperiode unter der Nummer C 033 als europäischen Impuls u.a. "Überlegungen der Europäischen Kommission zur Harmonisierung des Lauterkeitsrechts".

Vorlagen beriet der Rechtsausschuss Umsetzungsgesetze zu internationalen Abkommen, hatte also einen entsprechend eingeschränkten Handlungsspielraum.

Zusammenfassend ergibt sich somit folgendes Bild:

Insgesamt federführend beratene Vorschläge für Rechtsakte	136	
davon Vorschläge für Rechtsakt EU oder europäisch beeinflusst	76	55,9 %
nicht europäisch beeinflusst	60	44,1 %

60 der 136 Vorschläge für Rechtsakte hatten keinen europäischen Hintergrund, also 44,1 %. Dagegen waren 55,9 % der behandelten Rechtsakte entweder solche der EU oder zumindest europäisch beeinflusst. Zieht man auch noch die Vorschläge mit sonstigem internationalem Hintergrund ab, bleiben nur 48 Vorschläge, die rein nationaler Natur waren (35,3 %). Diese Auswertung zeigt, dass selbst in einem Ausschuss, dem verhältnismäßig wenige EU-Vorlagen überwiesen werden und der nach wie vor auch ein wichtiger nationaler Gesetzgebungsausschuss ist, der Anteil europäisch beeinflusster Tätigkeit sehr hoch ist. Daher wird es spannend sein, im Folgenden zu ermitteln, ob sich die Bedeutung europäischer Rechtsetzung auch in der Schwerpunktsetzung und Intensität der Arbeit des Rechtsausschusses niedergeschlagen hat.

Bei der obigen Auswertung wurden sowohl die nationalen, als auch die EU-Vorlagen erfasst, und bei den nationalen Vorlagen anhand GESTA der europäische Impuls ermittelt. Nur begrenzt aussagekräftig für den Anteil europäischer Vorlagen an der Gesamttätigkeit des Rechtsausschusses ist dagegen eine isolierte Auswertung von GESTA. Da in GESTA nur nationale Gesetzesentwürfe enthalten sind und nicht EU-Vorlagen, sagt dies nicht viel über den Anteil der europäisch beeinflussten Vorlagen an der Gesamttätigkeit aus. Richtlinien und Rahmenbeschlüsse erscheinen erst bei ihrer Umsetzung als nationaler Gesetzesvorschlag in GESTA. Verzerrungen kommen zusätzlich dadurch zustande, dass Umsetzungsgesetze zu Richtlinien nur dann erfasst werden, wenn der Vorschlag für die Richtlinie angenommen wurde, während nationale Gesetzentwürfe in GESTA auch erfasst sind, wenn der Gesetzentwurf nicht angenommen wurde. Aufgeführt sind sogar solche Gesetzentwürfe, die im Bundestag niemals beraten worden sind, entweder weil die Beratung bis zum Abschluss der Legislaturperiode nicht aufgenommen wurde[567] oder weil der Gesetzentwurf von einem Bundesland im Bundesrat eingebracht, vom Bundesrat aber nicht an den Bundestag weitergeleitet wurde.[568] Überdies erscheinen manche Gesetzesvorschläge doppelt, wenn sie von verschiedenen Initiativberechtigten identisch oder mit verändertem Inhalt eingebracht wurden.

[567] Z.B. GESTA 15. Legislaturperiode C 10, C 11.
[568] Z.B. GESTA 15. Legislaturperiode C 6, C 13, C 17.

Gleichwohl gibt es Untersuchungen, die den Anteil europäischer Rechtsetzung an der Tätigkeit des Rechtsausschusses anhand von GESTA ermitteln. Eine umfangreiche Auswertung von GESTA für die 10-14. Legislaturperiode hat Elisabeth Töller vorgenommen.[569] Sie ermittelt im Gesamtdurchschnitt für die 10. Legislaturperiode einen Anteil von Gesetzesvorlagen mit europäischem Impuls von 16,8 %, für die 11. Legislaturperiode einen Anteil von 19,9 %, für die 12. Legislaturperiode einen Anteil von 24,1 %, für die 13. Legislaturperiode von 25, 9 % und für die 14. Legislaturperiode von 34,5 %. Bei den Gesetzesvorlagen aus dem Bereich Justiz hatten in der 10. Legislaturperiode laut Töller 9,8 %, in der 11. Legislaturperiode 35,0 %, in der 12. Legislaturperiode 20,0 %, in der 13. Legislaturperiode 21,6 % und in der 14. Legislaturperiode 34,1 % einen europäischen Impuls.[570] Den Anstieg von 9,8 auf 35,0 % von der 10. zur 11. Legislaturperiode erklärt Töller mit den gewachsenen Rechtsvereinheitlichungsaktivitäten nach dem Inkrafttreten der Einheitlichen Europäischen Akte.[571] Die meisten europäischen Impulse wirkten nach Töller auf die Umweltpolitik ein. Hier lag in der 11. Legislaturperiode 66,7 % und in der 12. Legislaturperiode sogar 75 % aller Gesetzesvorlagen ein europäischen Impuls zugrunde.[572] Eine Auswertung der Rechtsakte mit europäischem Impuls im Datenhandbuch des Deutschen Bundestages erfasst nur die tatsächlich verabschiedeten Rechtsakte und kommt demgemäß zu abweichenden Werten im Vergleich zu Töller: Danach hatten im Ressort Justiz in der 12. Legislaturperiode 22,1 %, in der 13. Legislaturperiode 28,9 % und in der 14. Legislaturperiode 35,9 % einen europäischen Impuls.[573]

Für die 15. Legislaturperiode listet GESTA im Sachbereich "Justiz" 152 Gesetzentwürfe auf. Die Abweichung zu der Zahl von 86 im Rechtsausschuss beratenen nationalen Gesetzentwürfen lässt sich durch die oben genannten Besonderheiten von GESTA erklären, insbesondere damit, dass in GESTA auch Gesetzentwürfe, die es gar nicht bis in den Bundestag schaffen oder die in der Beratung mit anderen Gesetzentwürfen zusammengefasst werden, erfasst sind. 31 der 152 Gesetzesvorschläge lag laut GESTA ein europäischer Impuls zugrunde. Dies entspricht einem Anteil von 20,4 %.

Auch wenn die Aussagekraft von GESTA aus den genannten Gründen sehr begrenzt ist, lassen die Zahlen doch zumindest einen Rückschluss darauf zu, wie stark der Anteil europäischer Rechtsetzung in den vergangenen Legislaturperioden angestiegen ist. Danach ist es in den letzten fünf Wahlperioden zu keinem signifikanten Anstieg europäischer Einflüsse im Bereich Justiz gekommen. Allerdings dürfte sich die Qualität verändert haben. Weniger Rechtsakten aus dem Bereich der Rechtsharmonisierung stehen mehr Rechtsakte aus dem Bereich der dritten Säule der EU gegenüber.

---

[569] *Töller*, Europapolitik im Bundestag, 1995. Auch Töller erkennt die Defizite einer GESTA-Auswertung, vgl. S. 49; mit teilweise gegenüber 1995 aktualisierten Zahlen: *Töller*, Dimensionen der Europäisierung , ZParl 2004, 25, 33.

[570] *Töller*, Europapolitik im Bundestag, 1995, S. 47; *Töller*, Dimensionen der Europäisierung, ZParl 2004, 25, 33.

[571] *Töller*, Europapolitik im Bundestag, 1995, S. 46.

[572] *Töller*, Europapolitik im Bundestag, 1995, S. 46.

[573] *Feldkamp* (Hrsg.), Datenhandbuch des Deutschen Bundestages 1994-2003, 2005, S. 601.

B) Organisation des Rechtsausschusses im Hinblick auf die Beratung von EU-Vorlagen

Oben wurde bereits herausgearbeitet, dass der Bundestag sich organisatorisch an die Anforderungen durch die europäische Integration angepasst hat.[574] Vor allem wurde ein Ausschuss für die Angelegenheiten der Europäischen Union eingerichtet. Da dieser jedoch nur einen kleinen Teil der EU-Vorlagen selbst berät, müssen auch die anderen Fachausschüsse die Beratung einer Vielzahl von EU-Vorlagen in ihre Arbeitsabläufe integrieren. Obwohl der Rechtsausschuss nicht zu denjenigen Ausschüssen zählt, die besonders viele EU-Vorlagen überwiesen bekommen, ist doch - wie eben gezeigt - auch sein Tätigkeitsbereich inzwischen sehr stark von europäischen Einflüssen geprägt. Der Ausschuss steht damit vor der Herausforderung, neben den zahlreichen zu beratenden rein nationalen, auch noch eine Vielzahl von europäischen Vorlagen zu behandeln. Das wird noch dadurch erschwert, dass die Bearbeitung von europäischen Vorlagen im Vergleich zu den nationalen Vorlagen einen Perspektivwechsel voraussetzt. Der Rechtsausschuss ist traditionell ein so genannter Gesetzgebungsausschuss, das heißt er berät in seinem nationalen Tätigkeitsbereich überwiegend Gesetzesvorlagen.[575] Bei der Behandlung von europäischen Vorlagen ist er aber gerade nicht vorbereitendes Organ für die Gesetzgebung, sondern muss Kontrollrechte ausüben. Dies erfordert eine andere Herangehensweise. Daher fragt sich, wie der Rechtsausschuss organisatorisch auf diese Anforderungen reagiert hat.

I) Das Unterausschussmodell des Rechtsausschusses

Tatsächlich hat der Rechtsausschuss ein besonderes Modell zur Wahrnehmung seiner Kompetenzen in europäischen Angelegenheiten entwickelt. Seit der 12. Legislaturperiode richtet er in jeder Wahlperiode einen Unterausschuss ein, der sich ausschließlich mit europäischen Vorlagen beschäftigt. Hervorgegangen ist dieser Unterausschuss aus dem in der 11. Legislaturperiode eingerichteten *Unterausschuss Produzentenhaftung*, der 1988 umbenannt wurde in *Unterausschuss Europarecht*.[576] Schon vor seiner Umbenennung hatte sich der Unterausschuss neben der namensgebenden Richtlinie für Produzentenhaftung mit anderen relevanten EG-Vorlagen befasst.[577] Nur ein weiterer Ausschuss des Deutschen Bundestages richtet ebenfalls regelmäßig einen "Unterausschuss für Fragen der EU" ein, nämlich der Haushaltsausschuss, der dies schon in der 10. Wahlperiode erstmals tat.[578] Die anderen Ausschüsse behandeln europäische Vorlagen im normalen Ausschussgeschäftsgang. Selbst diejenigen Ausschüsse, die sehr viele EU-Vorlagen beraten müssen, wie der Ausschuss für Ernährung, Landwirtschaft und Verbraucherschutz und der Ausschuss für Wirtschaft und Technologie (in der 15.

---

[574] Vgl. oben Kapitel 3 B II, S. 89 ff.
[575] *von Beyme*, Der Gesetzgeber, 1997, S. 190.
[576] *Schindler* (Hrsg.), Datenhandbuch zur Geschichte des Deutschen Bundestages 1983-1991, 1994, S. 698.
[577] *Eylmann*, Die Umsetzung von EG-Recht in nationales Recht und die Mitwirkung des Rechtsausschusses, in: *Hellwig* (Hrsg.), Der Deutsche Bundestag und Europa, 1993, S. 116.
[578] *Schindler* (Hrsg.), Datenhandbuch zur Geschichte des Deutschen Bundestages 1983-1991, 1994, S. 695.

Legislaturperiode: Ausschuss für Wirtschaft und Arbeit) richten keine Unterausschüsse für europäische Angelegenheiten ein.

Das Recht eines Ausschusses zur Einsetzung von Unterausschüssen ergibt sich aus § 55 GO-BT. Danach kann jeder Ausschuss zur Vorbereitung seiner Arbeiten aus seiner Mitte Unterausschüsse mit bestimmten Aufträgen einsetzen. Gemäß § 55 GO-BT i.V.m. § 12 GO-BT werden auch die Unterausschüsse nach dem Stärkeverhältnis der Fraktionen besetzt. Jede Fraktion kann überdies verlangen, mit mindestens einem Abgeordneten vertreten zu sein. Von der Möglichkeit, Unterausschüsse einzusetzen, haben die Ausschüsse bereits seit der ersten Legislaturperiode regelmäßig Gebrauch gemacht. Unterausschüsse werden entweder für die gesamte Legislaturperiode oder bis zum Abschluss eines Gesetzgebungsvorhabens eingesetzt.[579] In der 15. Legislaturperiode gab es insgesamt sieben Unterausschüsse[580], in der 16. Legislaturperiode sogar zwölf.[581] Unterausschüsse stehen in etwa im selben Verhältnis zur ihrem Hauptausschuss, wie die Ausschüsse zum Plenum: sie sind vorbereitende Organe. Unterausschüsse können sich dementsprechend auch nicht unmittelbar an das Plenum wenden, sondern können nur dem Hauptausschuss Vorschläge unterbreiten. Im Unterausschuss Europarecht des Rechtsausschusses werden zwar nahezu alle europäischen Vorlagen beraten, möchte der Unterausschuss jedoch eine Beschlussempfehlung erarbeiten, muss diese vom Rechtsausschuss beschlossen und dem Plenum vorgeschlagen werden.

Der Rechtsauschuss tritt in jeder Sitzungswoche zusammen, nämlich wie alle Ausschüsse des Bundestages (mit Ausnahme des Ausschusses für die Angelegenheiten der Europäischen Union) am Mittwoch Vormittag.[582] Der Unterausschuss Europarecht tritt dagegen während der Sitzungszeit nur etwa einmal im Monat zusammen und zwar an einem Freitag Vormittag.[583] Im Einzelnen sieht die Arbeitsteilung zwischen dem Rechtsausschuss und seinem Unterausschuss wie folgt aus:

Teilweise stehen EU-Vorlagen auf der Tagesordnung des Rechtsausschusses selbst. So häufig dann, wenn es um Entwicklungen im Primärrecht geht. Denn auch wenn diese überwiegend vom EU-Ausschuss beraten werden, lässt sich doch der Rechtsausschuss vereinzelt über sie berichten.[584] Immer wenn EU-Vorlagen aus Zeitgründen bis zum Ablauf einer Frist nicht mehr im Unterausschuss beraten werden können, werden sie im Rechtsausschuss selbst auf die Tagesordnung gesetzt. Da für die Beratung von Vorlagen an sich keine Fristen gelten, entsteht diese Konstellation nur, wenn der Rechtsausschuss als mitberatender Ausschuss ein Votum abgeben soll und dafür vom federführenden Ausschuss eine Frist gesetzt bekommen hat.[585] Außerdem stehen EU-Vorlagen am Anfang einer Legislaturperiode auf der Tagesordnung des Rechtsaus-

---

[579] *Ismayr*, Der Deutsche Bundestag, 2. Auflage 2001, S. 185.
[580] http://www.bundestag.de, genau: http://www.bundestag.de/ausschuesse/archiv15/index.html.
[581] http://www.bundestag.de/ausschuesse/index.html.
[582] *Ismayr*, Der Deutsche Bundestag, 2. Auflage 2001, S. 180.
[583] Vgl. Tagesordnungen des Unterausschusses Europarecht der 15. Legislaturperiode, http://www.bundestag.de/ausschuesse/archiv15/.
[584] Vgl. z.B. TOP 1 der 15. Sitzung des Rechtsausschusses am 9.4.2003: Zum Stand der Arbeiten des EU-Verfassungskonvents.
[585] Vgl. z.B. TOP 11-16 der 4. Sitzung des Rechtsausschusses am 18.12.2002; TOP 5 und 6 der 5. Sitzung des Rechtsausschusses am 15.1.2003.

schusses, solange bis der Unterausschuss gebildet worden ist und selbst regelmäßig zusammentritt.[586] Des Weiteren kann eine EU-Vorlage deshalb im Rechtsausschuss selbst beraten werden, weil eine öffentliche Anhörung dazu beantragt wurde. Diese finden sinnvollerweise vor dem Hauptausschuss statt. In der 15. Legislaturperiode gab es im Rechtsausschuss nur eine öffentliche Anhörung zu einer EU-Vorlage, nämlich zur EU-Dienstleistungsrichtlinie.[587] Zwar war hier der Ausschuss für Wirtschaft und Arbeit federführend, doch wollte sich der Rechtsausschuss selbst ein Bild von diesem viel diskutierten Richtlinienentwurf machen. Schließlich finden sich EU-Vorlagen immer dann auf der Tagesordnung des Rechtsausschusses, wenn eine Beschlussempfehlung zu einer EU-Vorlage ergehen soll. Hierfür können zwar Vorberatungen im Unterausschuss stattfinden, der Beschluss selbst wird aber im Rechtsausschuss getroffen.[588] Noch zu ergänzen ist, dass die Umsetzung von Rechtsakten der EU in nationales Recht, also die Umsetzung von Richtlinien und Rahmenbeschlüssen, im Rechtsausschuss beraten wird. Dies ist konsequent, da es sich hierbei eben nicht um EU-Vorlagen, sondern um rein nationale Vorlagen handelt.

Die anderen EU-Vorlagen werden hingegen direkt dem Unterausschuss zugeleitet. Eine Vorberatung im Rechtsausschuss, in der dieser zunächst entscheiden könnte, welche Vorlagen er selbst beraten möchte, findet nicht statt. Mit den Vorlagen, die unmittelbar zu ihm gelangen, kann der Unterausschuss auf zweierlei Weise verfahren. Er kann sie entweder zur Kenntnis nehmen oder sie - da eine Beschlussempfehlung erarbeitet werden soll - an den Rechtsausschuss zur Beratung "zurücküberweisen". Es handelt sich dabei nicht um eine Überweisung im Sinne des § 80 Abs. 1 GO-BT, weil der Unterausschuss Teil des Rechtsausschusses ist. Daher sind hier auch keine Fristen oder Formen einzuhalten. Bei denjenigen Vorlagen, die vom Unterausschuss lediglich zur Kenntnis genommen werden, ist wiederum zu unterscheiden: Eine Vorlage kann einzeln nach Aussprache zur Kenntnis genommen werden oder zusammen mit anderen Vorlagen über eine Sammelliste. Diese Sammelliste wird in der Ausschusssitzung verteilt. Wenn nicht im Einzelfall eine Beratung beantragt wird, werden die Vorlagen der Sammelliste en bloc ohne Aussprache zur Kenntnis genommen.

Im Rechtsausschuss taucht als regelmäßiger Tagesordnungspunkt "Empfehlungen des Unterausschusses" auf.[589] Unter diesem Tagesordnungspunkt nimmt der Rechtsausschuss die Kenntnisnahmen des Unterausschusses zur Kenntnis und macht sie sich dadurch zu eigen. Theoretisch ist es dem Rechtsausschuss auch möglich, an dieser Stelle die zusätzliche Beratung bestimmter Vorlagen im Rechtsausschuss selbst zu verlangen, doch kommt dies in der Praxis selten vor. In der 15. Legislaturperiode verlangte der Rechtsausschuss nur ein einziges Mal, einige der vom Unterausschuss bereits zur Kenntnis genommenen Vorlagen nochmals zu beraten. In der 77. Sitzung am

586 Vgl. z.B. TOP 1 der 6. Sitzung des Rechtsausschusses am 29.1.2003: Entschließung des Europäischen Parlaments zu dem Grünbuch der Kommission über die Entschädigung für Opfer von Straftaten.

587 Tagesordnung der 80. Sitzung des Rechtsausschusses am 11.5.2005.

588 Vgl. z.B. TOP 7 der 15. Sitzung des Rechtsausschusses am 9.4.2003: Vorschlag für eine Richtlinie des Europäischen Parlaments und des Rates zur Änderung der Richtlinien über die Kraftfahrzeughaftpflichtversicherung; TOP 6 der 23. Sitzung des Unterausschusses am 25.6.2003: Vorschlag für eine Richtlinie des Europäischen Parlaments und des Rates zur Harmonisierung der Rechts- und Verwaltungsvorschriften der Mitgliedstaaten über den Verbraucherkredit.

589 Vgl. z.B. TOP 6 der 11. Sitzung des Rechtsausschusses am 12.3.2003.

20.4.2005 wurden auf Antrag zweier Abgeordnete drei EU-Vorlagen vom Rechtsausschuss nicht zur Kenntnis genommen, da man noch Zeit für eine Prüfung brauche, ob nicht eine Stellungnahme erarbeitet werden solle.[590] Ein Grund dafür war, dass kurz zuvor die mündliche Verhandlung vor dem Bundesverfassungsgericht über das Europäische Haftbefehlsgesetz stattgefunden hatte.[591] Die dort von den Verfassungsrichtern geäußerte Kritik an der Arbeit der Abgeordneten mit EU-Vorlagen wollten einige Abgeordnete zum Anlass nehmen, sich verstärkt der Kontrolle europäischer Vorlagen zu widmen. Manche Mitglieder des Unterausschusses waren mit dem Vorgehen, bei einzelnen Vorlagen der Empfehlung des Unterausschusses zur Kenntnisnahme nicht zu folgen, nicht einverstanden. Es sei gerade der Sinn des Unterausschusssystems, dass EU-Vorlagen nur im Unterausschuss beraten würden, um den Rechtsausschuss insoweit zu entlasten. Der Unterausschuss erarbeite seine Empfehlungen nach eingehender Beratung, eine erneute Beratung im Rechtsausschuss sei daher in aller Regel nicht mehr erforderlich.[592] Tatsächlich wurden die in der 77. Sitzung nicht zur Kenntnis genommen EU-Vorlagen später nicht mehr im Rechtsausschuss beraten. Ein Grund hierfür mag gewesen sein, dass kurz danach das vorzeitige Ende der Legislaturperiode angekündigt wurde und dem Rechtsausschuss daher nur noch wenige Sitzungstermine verblieben.

Der Unterausschuss verfügt über keinen eigenen Mitarbeiterstab. Die Mitarbeiter des Rechtsausschusses arbeiten auch dem Unterausschuss zu, wobei sich ein Referent/eine Referentin vorwiegend um die Vorbereitung der Sitzungen des Unterausschusses kümmert.[593]

II) Der Unterausschuss Europarecht in der 15. Legislaturperiode

Im Folgenden soll die Tätigkeit des Unterausschusses Europarecht näher beleuchtet werden. Um einen geschlossenen Zeitraum zu untersuchen, soll dabei vor allem die derzeit letzte abgeschlossene Legislaturperiode in den Mittelpunkt der Betrachtungen gestellt werden. Die 15. Legislaturperiode begann am 17. Oktober 2002 und endete nach drei Jahren am 18. Oktober 2005. Die Bundestagswahlen waren um ein Jahr vorgezogen worden, nachdem der Bundeskanzler im Juli 2005 die Vertrauensfrage gestellt hatte. Die Regierung wurde in der 15. Legislaturperiode von den Fraktionen der SPD und BÜNDNIS 90/DIE GRÜNEN gebildet. Die Fraktionen CDU/CSU und die FDP waren in der Opposition.

1) Mitglieder des Unterausschusses Europarecht in der 15. Legislaturperiode

In seiner 4. Sitzung am 18.12.2002 fasste der Rechtsausschuss Beschluss über die Einsetzung eines Unterausschusses Europarecht.[594] Der Unterausschuss erhielt neun ordentliche Mitglieder, sowie weitere neun stellvertretende.[595] Die Besetzung erfolgte

---

[590] Protokoll der 77. Sitzung des Rechtsausschusses am 20.4.2005, S. 18 f.
[591] Vgl. oben Einleitung, S. 15.
[592] Protokoll der 77. Sitzung des Rechtsausschusses am 20.4.2005, S. 18 f.
[593] Information von MRin Anita Deneke, Sekretariat des Rechtsausschusses in Brief vom 9.05.2005.
[594] TOP 3 der 4. Sitzung des Rechtsausschusses am 18.12.2002.
[595] Insgesamt hatte der Rechtsausschuss in der 15. Legislaturperiode 33 Mitglieder.

gemäß § 55 GO-BT i.V.m. § 12 GO-BT nach dem Stärkeverhältnis der Fraktionen. Demgemäß erhielt die Fraktion der SPD vier Sitze, die Fraktion von CDU/CSU drei Sitze und die Fraktionen von FDP und Grünen jeweils einen Sitz. Alle ordentlichen Mitglieder des Unterausschusses waren zugleich entweder ordentliches oder stellvertretendes Mitglied des Rechtsausschusses. Wegen § 55 Abs. 1 Satz 2 GO-BT wäre es auch möglich gewesen, Abgeordnete zu benennen, die nicht dem Rechtsausschuss angehörten.

Zu Beginn der Legislaturperiode waren folgende Abgeordnete ordentliche Mitglieder des Unterausschusses[596]:

- für die SPD:	Klaus-Uwe Benneter (stellvertretendes Mitglied des Rechtsausschusses) Axel Schäfer (ordentliches Mitglied des Rechtsausschusses) Christoph Strässer (ordentliches Mitglied des Rechtsausschusses) Dr. Marlies Volkmer (stellvertretendes Mitglied des Rechtsausschusses)
- für die CDU/CSU:	Olav Gutting (stellvertretendes Mitglied des Rechtsausschusses) Michael Grosse-Brömmer (ordentliches Mitglied des Rechtsausschusses) Thomas Silberhorn (stellvertretendes Mitglied des Rechtsausschusses)
- für BÜNDNIS 90/ - DIE GRÜNEN:	Jerzy Montag (ordentliches Mitglied des Rechtsausschusses)
- für die FDP:	Sibylle Laurischk (ordentliches Mitglied des Rechtsausschusses)

Seit der 14. Sitzung des Unterausschusses am 18.6.2004 war Dirk Manzewski, der davor stellvertretendes Mitglied des Unterausschusses gewesen war, statt Klaus-Uwe Benneter ordentliches Mitglied für die Fraktion der SPD. Tatsächlich hatte Dirk Manzewski schon an den meisten der ersten 13 Sitzungen des Unterausschusses anstatt Klaus-Uwe Benneter teilgenommen. Dirk Manzewski war daneben ordentliches Mitglied des Rechtsausschusses. In der 22. Sitzung löste Günter Krings für die CDU den Abgeordneten Olav Gutting als ordentliches Mitglied des Unterausschusses ab. Auch er war daneben ordentliches Mitglied des Rechtsausschusses. Vorsitzender des Unterausschusses Europarecht war zunächst Axel Schäfer von der SPD. Aufgrund der Übung des Rechtsausschusses, den Vorsitz im Unterausschuss zur Mitte der Legislaturperiode (in diesem Fall wegen der vorgezogenen Neuwahl zur vermeintlichen Mitte der Legislaturperiode) zwischen den beiden großen Fraktionen zu wechseln[597], übernahm Michael Grosse-Brömmer von der CDU in der 17. Sitzung den Vorsitz.[598]

---

[596] Tagesordnung der 1. Sitzung des Unterausschusses Europarecht am 21.2.2003.
[597] Information von Dr. Andrea Krebs, Sekretariat des Rechtsausschusses in Brief vom 14.07.2005.
[598] Protokoll der 17. Sitzung des Unterausschusses Europarecht am 12.12.2004, S. 3.

2) Bezug der Mitglieder des Unterausschusses zur Europapolitik

Im Folgenden soll ein näherer Blick auf die Mitglieder des Unterausschusses Europarecht geworfen werden. Es soll untersucht werden, ob die Mitglieder des Unterausschusses Europarecht eine besondere "europäische Biografie" aufwiesen bzw. besondere Erfahrungen mit europäischer Politik hatten. Interessant ist, ob die im Unterausschuss vertretenen Politiker sich eher als Rechtspolitiker oder eher als Europapolitker sahen. Dem Ausschuss für die Angelegenheiten der Europäischen Union gehören meist Politiker mit einem besonderem Interesse für europäische Politik an. Diese "Europaaffinität" muss bei Mitgliedern des Rechtsausschusses nicht notwendigerweise auch gegeben sein. Hier wäre es auch denkbar, dass sie als Rechtspolitiker überwiegend das nationale Interesse im Auge haben und daher europäischen Rechtsakten oftmals kritisch gegenüberstehen.

Den Mitgliedern des Unterausschusses Europarecht wurde in einem Fragebogen[599] die Frage gestellt, warum sie sich für einen Sitz im Unterausschuss Europarecht entschieden haben. Von den neun Mitgliedern des Unterausschusses haben fünf den Fragebogen beantwortet zurückgesendet. Auch wenn dies eine Rücklaufquote von mehr als 50% ist, ist das Ergebnis von lediglich fünf Antworten natürlich nicht besonders aussagekräftig. Interessant ist es aber gleichwohl. Vier der fünf Abgeordneten nannten als Beweggrund, die Wichtigkeit der Materie und das Interesse, das man ihr daher entgegenbringen müsse. Diese Abgeordneten scheinen sich also bewusst für einen Sitz im Unterausschuss entschieden zu haben, ganz im Gegensatz zum fünften Abgeordneten, der den Fragebogen dahingehend beantwortete, dass die Kollegen ihm *"den Sitz überlassen hätten"*. Weiterhin wurden die Abgeordneten gefragt, als was sie sich am ehesten sehen: als Rechtspolitiker, als Europapolitiker oder als europäische Rechtspolitiker. Drei der Antwortenden sahen sich als Rechtspolitiker, zwei als Europapolitiker. Dies könnte ein Hinweis darauf sein, dass die Politiker im Unterausschuss nicht unbedingt die Notwendigkeiten der europäischen Integration, sondern die Anforderungen der nationalen Rechtspolitik stärker gewichten.

Zweifellos stellt der Unterausschuss Europarecht des Rechtsausschusses eine Schnittstelle zwischen Europapolitik und Fachpolitik dar. Denkbar ist daher, dass einige der Mitglieder des Unterausschusses zugleich Mitglied des Ausschusses für die Angelegenheiten der EU waren. Dies hätte auch die Arbeit im Unterausschuss erleichtert, da seine Mitglieder dann besser über die übergreifenden Entwicklungen der europäischen Integration informiert gewesen wären, die im EU-Ausschuss beraten werden. Der Abgleich der Mitgliederlisten von EU-Ausschuss und Unterausschuss Europarecht in der 15. Legislaturperiode hat ergeben, dass von den ordentlichen Mitgliedern des Unterausschusses zwei gleichzeitig ordentliche Mitglieder des EU-Ausschusses waren, nämlich Axel Schäfer (SPD) und Thomas Silberhorn (CDU). Außerdem waren Michael Grosse-Brömmer (CDU) und Jerzy Montag (Grüne) stellvertretende Mitglieder des EU-Ausschusses.

---

[599] Siehe Anhang 2.

Ob die Mitglieder des Unterausschusses Europarecht eine "europäische Biografie" im Sinne von Vorerfahrungen mit Europapolitik hatten, wurde versucht über allgemein zugängliche Informationen über die Abgeordneten in Erfahrung zu bringen. Der Biografie von Klaus-Uwe Benneter wurde nicht näher nachgegangen, da er zwar formal bis zur 13. Sitzung Mitglied des Unterausschusses war, tatsächlich aber nur an wenigen Sitzungen teilnahm. Im Ergebnis hat sich gezeigt, dass nur wenige Mitglieder des Unterausschusses einen besonderen europäischen Hintergrund besaßen. Bei der Fraktion der SPD wies nur Axel Schäfer europäische Vorerfahrungen auf. Er war von 1994 bis 1999 Abgeordneter des Europäischen Parlaments und ist seit 2002 Generalsekretär der Europäischen Bewegung Deutschland.[600] Bei den anderen Mitgliedern aus der SPD, Dirk Manzewski, Christoph Strässer und Dr. Marlies Volkmer, konnten besondere europäische Erfahrungen nicht nachgewiesen werden.[601] Bei den Mitgliedern aus der Fraktion der CDU/CSU konnte nur bei Thomas Silberhorn ein besonderes europäisches Interesse nachgewiesen werden. Er war von 1994 bis 2000 wissenschaftlicher Mitarbeiter an einem Lehrstuhl für öffentliches Recht mit Schwerpunkt Europarecht.[602] Die Mitglieder von FDP und Grünen wiesen jeweils keine besondere europäische Biografie auf.

Zusammenfassend lässt sich daher feststellen, dass nur zwei der Mitglieder des Unterausschusses mehr oder weniger starke Bezüge zur Europapolitik aufwiesen, nämlich Thomas Silberhorn und Axel Schäfer. Diese beiden sind auch diejenigen, die sich im Fragebogen als Europapolitiker bezeichnet hatten und die zugleich ordentliches Mitglied im EU-Ausschuss waren. Auch in den Protokollen des Unterausschusses werden die besonderen Kenntnisse der beiden in europäischen Themen deutlich, was den Diskussionen im Unterausschuss oftmals sehr zuträglich war. Aufgrund dieser Zusammensetzung vorwiegend aus Politikern, die ihren Schwerpunkt vor allem in der klassischen Rechtspolitik und nicht speziell in der Europapolitik haben, ist der Unterausschuss jedenfalls prädestiniert, die europäische Rechtspolitik auch kritisch zu überprüfen. Er steht nicht im Verdacht, nationale Interessen hinter die Anforderungen der europäischen Integration zurückzustellen.

Ergänzend ist auch noch interessant, ob die Mitglieder des Unterausschusses Europarecht besondere Anstrengungen unternahmen, um die Entwicklungen auf europäischer Ebene zu verfolgen. Ein Indiz dafür könnte sein, ob sie Mitarbeiter beschäftigten die sich besonders mit europäischen Entwicklungen befassten. Denn wie oben gesehen wurde, ist der Prozess der europäischen Rechtsetzung sehr kompliziert, und es ist schwer vorstellbar, dass ohne tatkräftige Unterstützung von kompetenten Mitarbeitern eine effektive Vorbereitung auf die Beratungen möglich ist. Von den fünf Mitgliedern des Unterausschusses, die den Fragebogen[603] beantwortet haben, gaben vier an, Mitarbeiter zu beschäftigen, die sich ausschließlich oder schwerpunktmäßig mit europäi-

---

[600] *Holzapfel* (Hrsg.), Kürschners Volkshandbuch Deutscher Bundestag, 15. Wahlperiode, 97. Auflage 2003, S. 207.
[601] *Holzapfel* (Hrsg.), Kürschners Volkshandbuch Deutscher Bundestag, 15. Wahlperiode, 97. Auflage 2003, S. 168 und S. 233 und S. 244.
[602] http://www.bundestag.de, genau: http://www.bundestag.de/mdb/bio/S/silbeth0.html (abgerufen am: 14.1.2006).
[603] Siehe Anhang 2.

schen Fragestellungen befassen. Über die anderen Mitglieder des Unterausschusses liegen leider keine Erkenntnisse vor. Nur eines der übrigen Mitglieder des Rechtsausschusses gab an, einen Mitarbeiter unter anderem für europäische Fragestellungen zu beschäftigen. Daraus lässt sich also jedenfalls schließen, dass die Mitglieder der Unterausschusses sich in besonderem Maße Hilfe von Mitarbeitern für europäische Vorlagen gesichert haben. Daneben setzt eine sinnvolle Begleitung europäischer Rechtsetzung sicherlich auch Kontakte zu europäischen Institutionen voraus. Den Mitgliedern des Rechtsausschusses wurde daher in dem Fragebogen[604] auch die Frage gestellt, ob sie persönliche Kontakte zu Institutionen der Europäischen Union unterhalten. Von den 16 Abgeordneten, die den Fragebogen beantworteten, gaben zehn an, dass sie Kontakte zu Abgeordneten des Europäischen Parlaments besitzen, nur drei gaben an, auch Kontakte zu Bediensteten der Europäischen Kommission zu haben. Jedes der fünf Mitglieder des Unterausschusses, die den Fragebogen beantworteten gab an, über Beziehungen zu Parlamentariern des Europäischen Parlaments zu verfügen, drei von ihnen verfügten auch über Beziehungen zu Bediensteten der Kommission. Insgesamt hat sich also gezeigt, dass die Abgeordneten des Unterausschusses bemüht waren, in europäischen Angelegenheiten auf dem Laufenden zu bleiben und im Vergleich zu sonstigen Abgeordneten des Bundestages auch besondere Anstrengungen hierfür unternahmen.

[604] Siehe Anhang 1.

Kapitel 5: Bewertung der Tätigkeit des Rechtsausschusses in Angelegenheiten der Europäischen Union in der 15. Legislaturperiode

Nachdem festgestellt wurde, dass der Rechtsausschuss durch spezielle organisatorische Vorkehrungen versucht, EU-Vorlagen effektiv zu beraten, stellt sich die Frage, ob ihm dies im Ergebnis auch gelingt. Daher soll nun die Tätigkeit des Rechtsausschusses in Angelegenheiten der Europäischen Union in der 15. Legislaturperiode näher betrachtet werden. Dabei soll die Aktivität und Effektivität des Rechtsausschusses bei der Behandlung von europäischen Vorlagen anhand von verschiedenen Bewertungskriterien untersucht werden. Die Bewertungskriterien wurden unter Berücksichtigung der Aufgabe, die die Ausschüsse des Bundestages bei europäischen Vorlagen haben, nämlich der Kontrolle der Regierungsvertreter im Rat, ausgewählt.

Als Kriterium für die Macht eines Ausschusses wird zum Teil die so genannte *amending power* angeführt, die sich mit Hilfe der Anzahl der Änderungen, die ein Ausschuss an den ihm überwiesenen Vorlagen vornehme, operationalisieren lasse.[605] Dies ist allerdings kein für unsere Zwecke taugliches Kriterium. Es kann schon daran gezweifelt werden, ob die Anzahl der Änderungen an einer Gesetzesvorlage überhaupt etwas über die Macht eines Ausschusses aussagt. Denn im Deutschen Bundestag ist der überwiegende Teil der Änderungen an Gesetzentwürfen während der Ausschussberatungen entweder eine Reaktion auf die Änderungswünsche des Bundesrates, denen sich die Bundesregierung in ihrer Gegenäußerung angeschlossen hat (der Bundesrat hat in dem Beteiligungsverfahren nach § 77 GG nicht selbst das Recht, Gesetzesvorlagen zu ändern), oder kommt auf Vorschlag der in den Sitzungen anwesenden Ministeriumsvertreter zustande.[606] Es hat also rein praktische Gründe, dass die Änderungen auf der Ebene der Ausschüsse eingearbeitet werden. Änderungen durch das Plenum oder das Überarbeiten und erneute Einbringen von Gesetzentwürfen durch die Bundesregierung würden mehr Zeit in Anspruch nehmen. Außerdem kann ein Ausschuss bei europäischen Vorlagen anders als bei nationalen Gesetzentwürfen gar keine Änderungen vornehmen. Er kann die Vorlage lediglich zur Kenntnis nehmen oder eine Stellungnahme abgeben. Bei europäischen Vorlagen ist der Bundestag eben nicht Gesetzgeber, sondern übt nur eine Kontrollfunktion aus. Daher hat der Rechtsausschuss schon mangels Kompetenz in der 15. Legislaturperiode an keiner europäischen Vorlage eine Änderung vorgenommen. Die *amending power* ist also kein taugliches Kriterium zur Messung der Effektivität der Tätigkeit des Rechtsausschusses. Von Bedeutung ist dagegen, ob es dem Ausschuss gelingt, die Vorlagen rechtzeitig zu beraten. Außerdem stellt sich die Frage, wie intensiv er die Vorlagen - auch im Vergleich zu nationalen Vorlagen - berät und wie sehr er dabei proaktiv tätig wird, das heißt versucht, besondere Mittel und Verfahren anzuwenden, um die EU-Vorlagen möglichst effektiv zu beraten. Von besonderer Aussagekraft für die Effektivität der Tätigkeit des Rechtsausschusses ist darüber hinaus, ob und wie er Stellungnahmen zu europäischen Vorlagen vorbereitet. Schließlich soll der Frage nachgegangen werden, ob es dem Rechtsausschuss gelingt, die europäische Rechtspolitik in das Licht der Öffentlichkeit zu rücken.

---

[605] *Zier*, Nationale Parlamente in der EU, 2005, S. 28.
[606] *Ismayr*, Der Deutsche Bundestag, 2. Auflage 2001, S. 276.

Zusammenfassend werden die folgenden Kriterien herangezogen:

- Beratungsaktualität (A),
- Beratungsintensität (B)
- Proaktivität (C)
- Anzahl, Schwerpunktsetzung, Rechtzeitigkeit, Dezidiertheit und Erfolg der Beschlussempfehlungen (D)
- Herstellung von Öffentlichkeit (E)

A) Bewertung der Tätigkeit des Rechtsausschusses in Angelegenheiten der Europäischen Union anhand der Beratungsaktualität

Ein wichtiges Kriterium für die Wirksamkeit der Tätigkeit von Ausschüssen bei der Beratung von EU-Vorlagen ist die Rechtzeitigkeit der Beratungen, hier als Beratungsaktualität bezeichnet. Anders als bei nationalen Gesetzesvorlagen, bei denen das Gesetzgebungsverfahren grundsätzlich erst nach der Vorlage einer Beschlussempfehlung durch den Ausschuss weitergeführt werden kann (vgl. § 81 Abs. 1 GO-BT), fällt die Entscheidung auf Ebene der Europäischen Union unabhängig davon, ob die Ausschüsse des Bundestages die Vorlage bereits zur Kenntnis genommen und eine Stellungnahme dazu abgegeben haben. Der Zeitplan des Rechtsetzungsverfahrens in der EU kann vom Bundestag nicht gesteuert werden. Zwar ist die Möglichkeit anerkannt, dass die Bundesregierung auf Bitten des Bundestages einen Parlamentsvorbehalt einlegt und damit eine Entscheidung im Ministerrat bis zur Stellungnahme des Bundestages verhindert[607], doch setzt auch das zunächst voraus, dass sich der Bundestag mit der Vorlage überhaupt befasst hat.[608] Ein Mindestzeitraum für die Behandlung durch den Bundestag wird durch Nr. 3 des Protokolls über die Rolle der einzelstaatlichen Parlamente in der Europäischen Union[609] gewährt, wonach zwischen der Vorlage des Vorschlages durch die Kommission und dem Tag, an dem er zur Beschlussfassung auf die Tagesordnung des Rates gesetzt wird, mindestens sechs Wochen liegen müssen, sowie durch Art. 23 Abs. 2 und 3 GG, der die Bundesregierung verpflichtet, den Bundestag zum frühestmöglichen Zeitpunkt zu unterrichten und ihm Gelegenheit zur Stellungnahme zu geben. Dies heißt aber nur, dass die Bundesregierung dem Bundestag Gelegenheit zur Stellungnahme geben muss, nicht, dass sie eine solche tatsächlich abwarten muss.
Früher war einer der Hauptkritikpunkte hinsichtlich der Mitwirkung des Bundestages, dieser bekomme Vorlagen oftmals erst zur Kenntnis, wenn sie in Brüssel schon längst verabschiedet seien.[610] So sei zwischen 1980 und 1986 zwei Drittel der EG-Vorlagen

---

[607] *Hansmeyer*, Die Mitwirkung des Deutschen Bundestag an der europäischen Rechtsetzung, 2001, S. 223.

[608] Anders: *Ismayr*, Der Deutsche Bundestag, 2. Auflage 2001, S. 293, der davon ausgeht, dass die Bundesregierung auch dann einen Parlamentsvorbehalt einlegt, wenn sich der Bundestag noch gar nicht mit der Vorlage befassen konnte.

[609] Protokoll Nr. 9 zum Vertrag über die Europäische Union und zu den Verträgen zur Gründung der Europäischen Gemeinschaft und der Europäischen Atomgemeinschaft über die Rolle der einzelstaatlichen Parlamente in der Europäischen Union 1997, ABl. EG 1997 C 340, S. 113.

[610] *Schweitzer*, Die nationalen Parlamente in der Gemeinschaft, 1978, S. 54; *Kabel*, Die Mitwirkung des Deutschen Bundestages in Angelegenheiten der Europäischen Union, in: *Randelzhofer* (Hrsg.), Gedächtnisschrift für Eberhard Grabitz, 1995, S. 258; *Töller*, Europapolitik im Bundestag, 1995, S.

zum Zeitpunkt der Beratung durch das Plenum bereits verabschiedet und in Kraft gewesen.[611] In der 7. Legislaturperiode (1972-1976) seien von den im Ausschuss für Ernährung und Landwirtschaft beratenen Vorlagen ein Drittel bei ihrer erstmaligen Beratung im Ausschuss schon beschlossen gewesen.[612] Als erstes stellt sich also die Frage, ob der Rechtsausschuss die EU-Vorlagen berät, bevor sie in Kraft sind. Aber selbst wenn sie vor dem Inkrafttreten beraten werden, stellt sich noch die weitere Frage, in welchem Stadium der Entscheidung der Rechtsausschuss die EU-Vorlagen berät. Denn wie oben bereits herausgearbeitet wurde, verläuft das Rechtsetzungsverfahren in der Europäischen Union in verschiedenen Phasen.[613] Wichtige Vorentscheidungen werden schon vor der Vorlage des endgültigen Entwurfes durch die Europäische Kommission getroffen. Interessant ist daher, inwieweit der Ausschuss diese Vorarbeiten bereits zur Kenntnis nimmt und zu beeinflussen versucht. Generell gilt: umso früher der Bundestag und seine Ausschüsse Einfluss auf den Rechtsetzungsprozess nehmen, desto eher besteht die Chance, tatsächlich noch etwas zu bewirken. Wenn auf europäischer Ebene nur noch die Entscheidung durch den Ministerrat aussteht, ist es für eine Einflussnahme jedenfalls zu spät.

I) Zeitspanne zwischen der Weiterleitung der Vorlage von der Kommission an den Rat und der Behandlung im Ausschuss

Zunächst soll untersucht werden, wie viel Zeit ungefähr zwischen dem Zeitpunkt, zu dem eine Vorlage dem Rat durch die Kommission vorgelegt wird und der ersten Behandlung im Ausschuss vergeht. Hier zeigte sich kein einheitliches Bild. Eine Stichprobe verschiedener EU-Vorlagen ergab, dass der Zeitraum, der zwischen der Weiterleitung der Vorlage an den Rat und der ersten Beratung im Ausschuss vergeht, ungefähr zwischen zwei und acht Monaten lang ist. Es wurde jeweils über das Suchsystem PreLex der EU[614] ermittelt, an welchem Tag die Kommission eine Vorlage an den Rat übermittelt hat. Wann eine Vorlage erstmals im Rechtsausschuss beraten wurde, ergab sich aus den Tagesordnungen der Ausschüsse. So wurde ermittelt, dass zwischen der Übermittlung des Vorschlages für eine Richtlinie zur Änderung der Richtlinie über die Kraftfahrzeughaftpflichtversicherung[615] bis zu ihrer ersten Beratung im Ausschuss mehr als sechs Monate vergingen, zwischen Übermittlung und Beratung des Grünbuches über Verfahrensgarantien in Strafverfahren[616] ungefähr vier Monate, zwischen Übermittlung und Beratung des Vorschlages für eine Richtlinie über den rechtlichen Schutz von Mustern und Modellen[617], weniger als zwei Monate und zwischen Übermittlung und Beratung des Grünbuches Erb- und Testamentsrecht[618] nur etwas mehr als zwei Monate (siehe nachfolgende Tabelle). Dies sind nur einige Beispiele, die aber zeigen, dass manche Vorlagen schon eine geraume Zeit im Rat vorliegen, bevor sich

101; *Lang*, Die Mitwirkungsrechte des Bundesrates und des Bundestages in Angelegenheiten der Europäischen Union, 1997, S. 87.
611 *Ismayr*, Der Deutsche Bundestag, 2. Auflage 2001, S. 293.
612 *Thöne-Wille*, Die Parlamente der EG, 1984, S. 111.
613 Vgl. oben Kapitel 2 A II, S. 48 ff.
614 http://europa.eu.int/prelex/.
615 KOM (2002) 244 endg..
616 KOM (2003) 75 endg..
617 KOM (2004) 582 endg..
618 KOM (2005) 65 endg..

der Bundestag auch nur erstmals mit ihnen beschäftigen kann. Andere gelangen dagegen relativ schnell in den Ausschuss.

Das führt zu der Frage, was der Grund für diese teilweise doch sehr lange Zeitspanne ist. Wie oben herausgearbeitet wurde[619], gelangen die Vorschläge der Kommission an den Rat und werden dann über COREPER an die Regierungen weitergeleitet. In Deutschland ist dann das Bundesministerium für Finanzen dafür zuständig, die Vorlagen an den Bundestag zu senden. Gemäß Anlage 1 zu § 74 Abs. 2 und 3 I 1 GGO soll dies umgehend geschehen. Beim Bundestag angekommen, werden die Vorlagen nach einem Überweisungsvorschlag des Vorsitzenden des Ausschusses für die Angelegenheiten der EU durch den Bundestagspräsidenten an die Ausschüsse überwiesen. Aus untenstehender Tabelle ist der "Weg" in den Ausschuss für einige EU-Vorlagen nachvollzogen. In der zweiten Spalte ist das Datum der Übermittlung einer Vorlage von der Kommission an den Rat genannt, der über PreLex ermittelt wurde. Leider konnte nicht in Erfahrung gebracht werden, wie lange es dauert, bis die Vorlage vom Rat an die Regierungen gelangt. In der nächsten Spalte ist daher bereits das Datum des Eingangs der Vorlage beim Bundestag ersichtlich. Dieses wurde der jeweiligen Unterrichtung nach § 93 Abs. 4 Satz 1 GO-BT entnommen, die als Bundestagsdrucksachen veröffentlicht werden. Darin ist allerdings immer nur der Eingangszeitraum sämtlicher Vorlagen der Unterrichtungslisten verzeichnet, so dass das genaue Datum des Eingangs der einzelnen Vorlage nicht ermittelt werden konnte. In der dritten Spalte ist das Datum der Überweisung an den Rechtsausschuss genannt. Schließlich ergibt sich aus der letzten Spalte, an welchem Tag die Vorlage erstmals im Rechtsausschuss bzw. seinem Unterausschuss Europarecht behandelt wurde.

---

[619] Vgl. oben Kapitel 2 A II, S. 49.

	Übermittlung der Vorlage an den Rat	Überweisung an Bundestag	Überweisung an Rechtsausschuss	Behandlung im Ausschuss
Vorschlag für eine Richtlinie zur Festlegung gemeinsamer Mindestvorschriften für die Prozesskostenhilfe[620]	18.01.2002	27.02.2002-12.03.2002[621]	15.03.2002	4.07.2003[622]
Vorschlag für eine Richtlinie über die Kraftfahrzeughaftpflichtversicherung[623]	7.06.2002	3.07.2002-12.11.2002[624]	15.11.2002	21.02.2003[625]
Vorschlag für eine Richtlinie des Rates zur Entschädigung der Opfer von Straftaten[626]	16.10.2002	18.12.2002-14.01.2003[627]	20.01.2003	6.06.2003[628]
Grünbuch über Verfahrensgarantien in Strafverfahren[629]	7.02.2003	19.03.2003-1.04.2003[630]	04.04.2003	6.06.2003[631]
Vorschlag für eine Richtlinie über Unterlassungsklagen zum Schutz von Verbraucherinteressen[632]	12.05.2003	4.06.2003-24.06.2003[633]	27.06.2003	12.09.2003[634]

[620] KOM (2002), 13 endg..
[621] BT-Drs. 14/8562.
[622] TOP 5 a der 5. Sitzung des Unterausschusses Europarecht am 4.07.2003.
[623] KOM (2002), 244 endg..
[624] BT-Drs. 15/103.
[625] TOP 2 der 1. Sitzung des Unterausschusses Europarecht am 21.02.2003.
[626] KOM (2002), 562 endg..
[627] BT-Drs. 15/339.
[628] TOP 3 b der 4. Sitzung des Unterausschusses Europarecht am 6.06.2003.
[629] KOM (2003) 74 endg..
[630] BT-Drs. 15/792.
[631] TOP 1 der 4. Sitzung des Unterausschusses Europarecht am 6.06.2003.
[632] KOM (2003), 241 endg..
[633] BT-Drs. 15/1280.

Vorschlag für einen Rahmenbeschluss über die Europäische Beweisanordnung[635]	14.11.2003	28.01.2004-10.02.2004[636]	13.02.2004	2.04.2004[637]
Vorschlag für eine Richtlinie über den rechtlichen Schutz von Mustern und Modellen[638]	16.09.2004	29.09.2004-19.10.2004[639]	22.10.2004	12.11.2004[640]
Grünbuch Erb- und Testamentsrecht[641]	1.03.2005	16.03.2005-12-04.2005[642]	15.04.2005	13.05.2005[643]

Daraus ergibt sich, dass schon zwischen der Übermittlung der Vorlage an den Rat und dem Eingang beim Bundestag mindestens ein Monat vergeht, mitunter auch zwei oder drei Monate. Leider ist nicht ersichtlich, ob diese Verzögerung schon auf der europäischen Ebene bei der Weiterleitung an die Ständige Vertretung Deutschlands oder innerhalb der deutschen Regierung auftritt. Sven Hölscheidt, langjähriger Mitarbeiter der Bundestagsverwaltung, geht dagegen davon aus, dass erfahrungsgemäß zwischen dem Eingang der Vorlage beim Rat und ihrem Eingang beim Bundestag regelmäßig zwei bis höchstens vier Wochen vergehen.[644] Maurer geht davon aus, dass die Vorlagen in der Praxis zwei bis sechs Wochen nach dem Eingang bei der Bundesregierung dem Bundestag zugehen.[645] Es konnte gezeigt werden, dass diese Annahmen nicht korrekt sind, sondern mitunter auch mehr Zeit vergeht. Sollte der Vertrag über eine Europäische Verfassung in Kraft treten, dann würde sich diese erste Phase bis zum Eingang beim Bundestag dadurch verkürzen, dass gemäß der neuen Fassung des Protokolls über die Rolle der nationalen Parlamente, die Kommission alle Gesetzgebungsvorschläge und Konsultationsdokumente, sowie auch das jährliche Rechtsetzungsprogramm unmittelbar den nationalen Parlamenten zuzuleiten hat.[646] Dies würde das Verfahren also bereits um mindestens einen Monat verkürzen.

---

[634] TOP 3 der 6. Sitzung des Unterausschusses Europarecht am 12.09.2003.
[635] KOM (2003), 688 endg..
[636] BT-Drs. 15/2519.
[637] TOP 3 der 12. Sitzung des Unterausschusses Europarecht am 13.05.2005.
[638] KOM (2004) 582 endg..
[639] BT-Drs. 15/4001.
[640] TOP 5 der 17. Sitzung des Unterausschusses Europarecht am 12.11.2004.
[641] KOM (2005) 65 endg..
[642] BT-Drs. 15/5297.
[643] TOP 4 der 22. Sitzung des Unterausschusses Europarecht am 30.05.2005.
[644] *Hölscheidt*, Mitwirkungsrechte des Deutschen Bundestages in Angelegenheiten der EU, APuZ 2000, B 28, 31, 36.
[645] *Maurer*, Parlamentarische Demokratie in der EU, 2002, S. 318.
[646] Nr. 1 bis 3 des Protokolls über die Rolle der nationalen Parlamente in der Europäischen Union in der Fassung des Vertrages über eine Europäische Verfassung, ABl. EG 2004, C 310, S. 204.

Noch etwas mehr Zeit vergeht allerdings zwischen dem Eingang der Vorlagen beim Bundestag und der erstmaligen Behandlung in einem Ausschuss, so dass die Hauptverantwortung für die verspätete Behandlung nicht bei der Bundesregierung, sondern innerhalb des Bundestages liegt.[647] Das Bild ist allerdings uneinheitlich. In der Regel vergehen einige Monate bis die Vorlagen erstmals auf der Tagesordnung eines Ausschusses auftauchen. Und es zeigt sich, beispielsweise bei der Beratung des Vorschlages für eine Richtlinie über die Kraftfahrzeughaftpflichtversicherung, dass die parlamentarische Sommerpause den erstmaligen Behandlungszeitpunkt verzögern kann. Eine noch größere Verzögerung ist bei solchen Vorlagen nachweisbar, die zum Ende der 14. Legislaturperiode überwiesen worden waren, aber erst in der 15. Legislaturperiode behandelt wurden. Ein Beispiel ist der in der Tabelle enthaltene Vorschlag für eine Richtlinie zur Festlegung gemeinsamer Mindestvorschriften über die Prozesskostenhilfe. Dieser befand sich erst 1 1/2 Jahre nach der Überweisung an den Rat auf der Tagesordnung des Rechtsausschusses. Problematisch ist auch, dass die dem Bundestag zugeleiteten EU-Vorlagen nur en bloc den Ausschüssen überwiesen werden und nicht jede Vorlage direkt nach ihrem Eingang einzeln an den entsprechenden Ausschuss überwiesen wird. Dies hat mit dem Verfahrensablauf zu tun, bei dem die Vorlagen zunächst beim EU-Ausschuss zusammen erfasst, und dann mit einem Überweisungsvorschlag versehen an den Präsidenten des Bundestages geleitet werden.

Insgesamt ist offensichtlich, dass zu viel Zeit vergeht, bis sich die Ausschüsse des Bundestages mit EU-Vorlagen auseinandersetzen. Wenn es einige Monate bis zur ersten Beratung einer Vorlage dauert, dann kann die sechswöchige Mindestfrist, die das Protokoll über die Rolle der einzelstaatlichen Parlamente in der Europäischen Union verlangt, bis ein Vorschlag der Kommission zur Abstimmung auf die Tagesordnung des Rates gesetzt wird, nichts helfen. Kurz nachdem die Kommission einen Vorschlag vorgelegt hat, wird dieser zwar auch im Amtsblatt und im Internet veröffentlicht, so dass die Abgeordneten bereits von ihm Kenntnis nehmen könnten, doch berät der Rechtsausschuss nur Vorlagen, die ihm tatsächlich überwiesen wurden. Das Beratungsverfahren könnte möglicherweise dadurch beschleunigt werden, dass die Abgeordneten durch Lektüre des Amtsblattes wichtige EU-Vorlagen, die offensichtlich in ihren Fachbereich fallen, identifizieren und diese Vorlagen frühzeitig auf die Tagesordnung setzen. Dass diese Möglichkeit verfahrensmäßig existiert, wird weiter unten noch gezeigt werden (C).

II) Beratungsstand auf europäischer Ebene bei erstmaliger Beratung im Ausschuss

Es ist jedoch zu berücksichtigen, dass sich die Beratungen innerhalb des Rates oft in die Länge ziehen. Möglicherweise ist es daher gar kein Problem, dass sich der Ausschuss so spät mit den Vorlagen beschäftigt. Es kommt entscheidend darauf an, welcher Beratungsstand erreicht wurde, bis die Vorlagen im Ausschuss beraten wurden. Denn daran lässt sich ablesen, wie groß die Einflussmöglichkeiten des Ausschusses zu diesem Zeitpunkt noch waren. Daher ist des Weiteren zu untersuchen, in welchem

---

[647] Von der Hauptverantwortung der Bundesregierung für die Verzögerung geht Range aus: *Range*, Europäische Verfassung: Neue Kompetenzen für den Deutschen Bundestag, 2004, S. 6.

Stadium sich die Beratungen auf der EU-Ebene bereits befanden, als sie im Ausschuss erstmals auf der Tagesordnung waren. Aus den Ausschussprotokollen ist nicht bei allen EU-Vorlagen ersichtlich, wie weit die Beratungen über sie auf europäischer Ebene bereits fortgeschritten waren. In aller Regel berichteten die zuständigen Referenten aus den Ministerien aber auch über den Beratungsstand. Außerdem konnte auch hier PreLex Aufschluss geben. Daraus konnte abgelesen werden, dass jedenfalls Fälle, in denen bereits eine endgültige Entscheidung getroffen war, die Ausnahme darstellten. Vor allem zu Beginn der Legislaturperiode lassen sie sich jedoch nachweisen. So wurde beispielsweise in der 1. Sitzung des Unterausschusses am 21. Februar 2003 ein Entwurf über einen Rahmenbeschluss zur Bekämpfung der Bestechung im privaten Sektor beraten, über den zwar noch keine formale, wohl aber bereits eine politische Einigung erzielt worden war (vergleiche zur Bedeutung von politischen Einigungen oben Kapitel 2 A II, S. 50).[648] In der gleichen Sitzung fand sich eine Vorlage hinsichtlich einer Richtlinie, die zwischenzeitlich bereits in Kraft getreten war.[649] Letzteres führte auch zu einer Diskussion im Ausschuss darüber, warum sich eine solche Vorlage auf der Tagesordnung befinde und wie solche Missstände abgeschafft werden könnten.[650] Daneben standen in der 15. Legislaturperiode noch einige EU-Vorlagen auf der Tagesordnung, die bereits in der 14. Legislaturperiode an den Rechtsausschuss überwiesen worden waren. Darunter befanden sich auch Vorschläge für Rechtsakte, die zum Zeitpunkt ihrer Beratung im Rechtsausschuss bereits in Kraft waren.[651] Grund für die verspätete Behandlung war in den eben genannten Fällen, dass in Wahljahren zwischen Beginn der Sommerpause und der Konstituierung des neuen Bundestages und seiner Ausschüsse im darauf folgenden Herbst und Winter kaum parlamentarische Beratungen stattfinden. Daran zeigt sich ein nach wie vor bestehendes Problem bei der Behandlung von Unionsvorlagen im Bundestag: der europäische Zeitplan nimmt keine Rücksicht auf sitzungslose Zeiten im Bundestag. Werden in diesem Zeitraum wichtige Weichenstellungen und Entscheidungen auf der Ebene der EU vorgenommen, hat der Bundestag keinerlei Möglichkeit der Einflussnahme.

Ganz überwiegend gelangten die Vorlagen jedoch in den Ausschuss bevor eine endgültige Entscheidung getroffen war. Allerdings hatten meist bereits Beratungen in den Arbeitsgruppen des Rates stattgefunden, in denen zu einzelnen Punkten bereits Vorentscheidungen gefallen waren.[652] Insbesondere in Fällen, bei denen in den Verhand-

---

[648] TOP 4 der 1. Sitzung des Unterausschusses Europarecht am 21.02.2003.

[649] TOP 5 der 1. Sitzung des Unterausschusses Europarecht am 21.02.2003: Stellungnahme der Kommission nach Art. 251 Abs. 2 Unterabsatz 3 Buchstabe c) EG-Vertrag zu den Abänderungen des Europäischen Parlaments am Gemeinsamen Standpunkt des Rates zum Vorschlag für eine Richtlinie des Europäischen Parlaments und des Rates über den Fernabsatz von Finanzdiensleistungen an Verbraucher und zur Änderung der Richtlinien 97/7/EG und 98/27/EG.

[650] Protokoll der 1. Sitzung des Unterausschusses Europarecht am 21.2.2003, S. 21 ff.

[651] TOP 5 a) der 5. Sitzung des Unterausschusses Europarecht am 04.07.2003: Vorschlag für eine Richtlinie des Rates zur Verbesserung des Zugangs zum Recht bei Streitsachen mit grenzüberschreitendem Bezug durch die Festlegung gemeinsamer Mindestvorschriften für die Prozesskostenhilfe und für andere mit Zivilverfahren verbundene finanzielle Aspekte; TOP 5 c Sammelliste der 5. Sitzung des Unterausschusses Europarecht am 04.07.2003: Vorschlag für eine Verordnung des Rates zur Änderung der Verordnung zum Schutz von geografischen Angaben und Ursprungsbezeichnungen für Agrarerzeugnisse und Lebensmittel.

[652] Z.B. Protokoll der 3. Sitzung des Unterausschusses Europarecht am 09.05.2003, S. 36: Vorschlag für eine Verordnung des Rates zur Einführung eines europäischen Vollstreckungstitels für unbestritte-

lungen in den Ratsarbeitsgruppen weitgehende Einigkeit bestand und diese deshalb relativ schnell voran schritten, war oft bereits ein Beratungsstand erreicht, der eine Einflussnahme durch den Bundestag schwierig erscheinen ließ.[653] Die Möglichkeit, sich noch in den Entscheidungsprozess "einzubringen", bestand daher vor allem dann, wenn sich die Verhandlungen in den Ratsgremien aufgrund von Meinungsverschiedenheiten zwischen den Mitgliedstaaten bzw. zwischen Rat und Kommission in die Länge zogen.[654] Nur selten gelangten Vorlagen so frühzeitig in den Ausschuss, dass noch keinerlei Beratungen in den Ratsgremien stattgefunden hatten.[655]

III) Beratung von prälegislativen Dokumenten

Eine Chance, frühzeitig auf den europäischen Rechtsetzungsprozess Einfluss zu nehmen, besteht dadurch, dass die Kommission prälegislative Dokumente veröffentlicht. Solche Grün- und Weißbücher bzw. sonstige Mitteilungen der Kommission wurden im Unterausschuss auch beraten. So fanden sich auf den Tagesordnungen häufig Grünbücher[656] (zu deren Bedeutung vergleiche oben Kapitel 2 A II, S. 48) oder Mitteilungen

ne Forderungen; Protokoll der 15. Sitzung des Unterausschusses Europarecht am 24.09.2004, S. 15: Vorschlag für eine Richtlinie des Europäischen Parlaments und des Rates über die Verschmelzung von Kapitalgesellschaften aus verschiedenen Mitgliedstaaten; Protokoll der 19. Sitzung des Unterausschusses Europarecht am 18.02.2005, S. 12: Vorschlag für eine Richtlinie des Europäischen Parlaments und des Rates zur Änderung der Richtlinie 77/91/EWG des Rates in Bezug auf die Gründung von Aktiengesellschaften und die Erhaltung und Änderung ihres Kapitals.

653 Z.B. Protokoll der 7. Sitzung des Unterausschusses Europarecht am 17.10.2003, S. 18: Vorschlag für eine Verordnung des Europäischen Parlaments und des Rates über das auf außervertragliche Schuldverhältnisse anzuwendende Recht; Protokoll der 14. Sitzung des Unterausschusses Europarecht am 18.06.2004, S. 17: Vorschlag für eine Verordnung des Europäischen Parlaments und des Rates über die Zusammenarbeit zwischen den für die Durchsetzung der Verbraucherschutzgesetze zuständigen internationalen Behörden.

654 Z.B. Protokoll der 2. Sitzung des Unterausschusses Europarecht am 04.04.2003, S. 20: Vorschlag für eine Richtlinie des Europäischen Parlaments und des Rates zur Änderung der Richtlinien über die Kraftfahrzeughaftpflichtversicherung; Protokoll der 3. Sitzung des Unterausschusses Europarecht am 09.05.2003, S. 11: Vorschlag für eine Richtlinie des Europäischen Parlaments und des Rates zur Harmonisierung der Rechts- und Verwaltungsvorschriften der Mitgliedstaaten über den Verbraucherkredit; Protokoll der 10. Sitzung des Unterausschusses Europarecht am 13.02.2004, S. 11: Vorschlag für eine Richtlinie des Rates zur Verwirklichung des Grundsatzes der Gleichbehandlung von Frauen und Männern beim Zugang zu und bei der Versorgung mit Gütern und Dienstleistungen; Protokoll der 12. Sitzung des Unterausschusses Europarecht am 02.04.2004, S. 16: Vorschlag für einen Rahmenbeschluss des Rates über die Europäische Beweisanordnung; Protokoll der 16. Sitzung des Unterausschusses Europarecht am 22.10.2004, S. 12: Vorschlag für einen Rahmenbeschluss des Rates über bestimmte Verfahrensrechte in Strafverfahren in der EU.

655 Z.B. Protokoll der 19. Sitzung des Unterausschusses Europarecht am 18.02.2005, S. 18: Initiative des Königreichs Belgien im Hinblick auf die Annahme eines Rahmenbeschlusses betreffend die Anerkennung und Vollstreckung in der EU von Berufsverboten aufgrund von Verurteilungen wegen Sexualstraftaten gegen Kinder; Protokoll der 20. Sitzung des Unterausschusses Europarecht am 11.03.2005, S. 13: Entwurf eines Rahmenbeschlusses des Rates über die Europäische Vollstreckungsanordnung und die Überstellung verurteilter Personen zwischen den Mitgliedstaaten der EU.

656 Z.B. TOP 1 der 4. Sitzung des Unterausschusses Europarecht am 06.06.2003: Grünbuch der Kommission zu Verfahrensgarantien in Strafverfahren innerhalb der Europäischen Union; TOP 4 der 5. Sitzung des Unterausschusses Europarecht am 04.07.2003: Grünbuch über ein europäisches Mahnverfahren und über Maßnahmen zur einfacheren und schnelleren Beilegung von Streitigkeiten mit geringem Streitwert; TOP 4 der 16. Sitzung des Unterausschusses Europarecht am 22.10.2004: Grünbuch Unterhaltspflichten.

der Kommission an den Rat[657], in denen über die Notwendigkeit legislativer Maßnahmen in einem bestimmten Bereich berichtet wurde. Allerdings lagen die Grünbücher dem Ausschuss häufig erst vor, als die Konsultationsfrist bereits abgelaufen war, so dass eine unmittelbare Stellungnahme an die Kommission im Rahmen des Konsultationsverfahrens nicht mehr möglich war.[658] Interessanterweise wurde bei manchen dieser Grünbücher im Ausschuss berichtet, dass der Bundes*rat* von seinem Recht, eine Stellungnahme abzugeben, fristgerecht Gebrauch gemacht hatte.[659] Aber auch wenn eine unmittelbare Stellungnahme an die Kommission nach Ablauf der Konsultationsfrist nicht mehr möglich war, bestand doch die Möglichkeit eine Stellungnahme an die Bundesregierung nach Art. 23 Abs. 3 GG abzugeben.

Nicht vom Rechtsausschuss beraten wurden hingegen die jährlichen Gesetzgebungsprogramme der Kommission. Diese wurden federführend vom EU-Ausschuss beraten, aber dem Rechtsausschuss zur Mitberatung überwiesen. Zwar standen das Gesetzgebungsprogramm 2003[660] und das Gesetzgebungsprogramm 2005[661] auf der Tagesordnung. Sie wurden aber ohne Aussprache zur Kenntnis genommen. Zu den Zeitpunkten, zu denen sie auf der Tagesordnung standen, hätte die Beratung ohnehin keinen Sinn mehr gemacht. Das Jahr war jeweils schon weit fortgeschritten. In diesem Zusammenhang ist darauf hinzuweisen, dass es seit 1993 eine Verpflichtung der Kommission gibt, das Legislativprogramm bis spätestens Oktober des Vorjahres vorzulegen. Grund für diese Verpflichtung war gerade, den nationalen Parlamenten größeren zeitlichen Spielraum und damit mehr Beratungszeit für das Gesetzgebungsprogramm zu geben.[662] Diese Verpflichtung geht ins Leere, wenn das Programm in den nationalen Gremien gleichwohl nicht rechtzeitig beraten wird. Ebenfalls ohne Aussprache zur Kenntnis genommen wurden die Bilanz des Tampere-Programms und Perspektiven[663] und die Jährliche Strategieplanung der Kommission für 2006.[664] Die Beratung der Strategieziele der Kommission für die Jahre 2005-2009 stand in der 21. Sitzung auf

---

[657] TOP 3 der 2. Sitzung des Unterausschusses Europarecht am 04.04.2003: Bericht über das Funktionieren der Vertretung gemäß Art. 89 der Verordnung (EG) Nr. 40/94 über die Gemeinschaftsmarke; TOP 3 der 8. Sitzung des Unterausschusses Europarecht am 28.11.2003: Mitteilung der Kommission an den Rat und das Europäische Parlament: Stärkung der Abschlussprüfung in der EU.

[658] Z.B. Protokoll der 4. Sitzung des Unterausschusses Europarecht am 06.06.2003, S. 8: Grünbuch der Kommission zu Verfahrensgarantien in Strafverfahren innerhalb der Europäischen Union; Protokoll der 5. Sitzung des Unterausschusses Europarecht am 04.07.2003, S. 8: Mitteilung der Kommission an das Europäische Parlament und den Rat, ein kohärentes europäisches Vertragsrecht, Aktionsplan; Protokoll der 17. Sitzung des Unterausschusses Europarecht am 12.11.2004, S. 17: Grünbuch über die Angleichung, die gegenseitige Anerkennung und die Vollstreckung strafrechtlicher Sanktionen in der EU.

[659] Protokoll der 17. Sitzung des Unterausschusses Europarecht am 12.11.2004, S. 17: Grünbuch über die Angleichung, die gegenseitige Anerkennung und die Vollstreckung strafrechtlicher Sanktionen in der EU.

[660] TOP 7 h der 3. Sitzung des Unterausschusses Europarecht am 13.05.2003: Legislativ- und Arbeitsprogramm der Kommission für 2003.

[661] TOP 7 b der 21. Sitzung des Unterausschusses Europarecht am 15.04.2005: Arbeitsprogramm der Kommission für 2005.

[662] *Maurer*, Parlamentarische Demokratie in der Europäischen Union, 2002, S. 308.

[663] TOP 2 der 15. Sitzung des Unterausschusses Europarecht am 24.09.2004: Raum der Freiheit der Sicherheit und des Rechts: Bilanz des Tampere-Programms und Perspektiven.

[664] TOP 7 der 22. Sitzung des Unterausschusses Europarecht am 13.05.2005: Mitteilung der Kommission: Jährliche Strategieplanung für 2006.

der Tagesordnung.[665] Auf Wunsch eines Abgeordneten wurde sie vertagt, um *"in der nächsten Sitzung festzulegen, welche von der Kommission genannten Vorhaben sehr wichtig seien und von einem sehr frühen Zeitpunkt an begleitet werden sollten".*[666] Zu einer weiteren Beratung kam es aber wegen des vorzeitigen Endes der Legislaturperiode nicht mehr. Weitere übergreifende Programme standen nicht auf der Tagesordnung.

Es ist sehr bedauerlich, dass der Ausschuss sich mit den Gesetzgebungsprogrammen nicht näher auseinandergesetzt hat, denn diese Programme geben einen hervorragenden Überblick über geplante Gesetzgebungsvorhaben und könnten daher als Frühwarnsystem genutzt werden. Sie würden dem Ausschuss daher eine größtmögliche Planungssicherheit bieten.[667] Da die Gesetzgebungsprogramme auch dem Europäischen Parlament und den anderen nationalen Parlamenten rechtzeitig zur Verfügung gestellt werden, bzw. rechtzeitig im Internet eingesehen werden können, sind sie auch ein gutes Mittel, um Themen von gemeinsamen Interesse frühzeitig zu identifizieren und gemeinsam zu beraten.[668] Eine alleinige Beratung der Gesetzgebungsprogramme durch den EU-Ausschuss kann jedenfalls nicht ausreichen, denn dieser wäre mit der Fülle an Legislativvorschlägen aus ganz verschiedenen Ressorts kapazitätsmäßig völlig überfordert.

IV) Aktuelle Berichterstattung im Ausschuss

Positiv hervorzuheben ist, dass der Unterausschuss ab seiner 12. Sitzung den regelmäßigen Tagesordnungspunkt "Aktuelle Berichterstattung" beriet.[669] Dabei handelte es sich um einen Vorträge des für Europaangelegenheiten zuständigen Abteilungsleiters im Bundesjustizministerium, in welchen je nach Bedarf auf aktuelle Entwicklungen im Rat eingegangen wurde. Im Wesentlichen ging es dabei um Vor- und Nachberichterstattungen zu den Ministerräten für Inneres und Justiz. Berichtet wurde aber auch über den Beratungsstand verschiedener aktueller Vorlagen in den Ratsgremien. Aktuelle Berichterstattungen dieser Art finden sich ansonsten fast ausschließlich auf der Tagesordnung des EU-Ausschusses, der sich über sämtliche Räte Bericht erstatten lässt.[670] Im Hinblick darauf verzichten die meisten Ausschüsse darauf, sich über den ihrem Ressort entsprechenden Fachrat berichten zu lassen. Es ist nicht verständlich, warum diese Berichterstattungen zentral im EU-Ausschuss erfolgen. Da in den Ministerräten vor allem Entwürfe für Sekundärrechtsakte behandelt werden, welche in die Zuständigkeit der verschiedenen Fachausschüsse fallen, wäre es nur konsequent, wenn sich die jeweiligen Fachausschüsse auch mit den Ministerräten beschäftigen würden. Der

---

[665] TOP 5 der 21. Sitzung des Unterausschusses Europarecht am 15.04.2005: Mitteilung der Kommission an den Rat und das Europäische Parlament über Strategische Ziele 2005-2009.
[666] Protokoll der 21. Sitzung des Unterausschusses Europarecht am 15.04.2005, S. 20.
[667] *Kietz*, Der Bundestag in der Europapolitik, SWP-Aktuell 19, Mai 2005, S. 4.
[668] *Maurer*, Parlamentarische Demokratie in der Europäischen Union, 2001, S. 307.
[669] Jeweils TOP 1.
[670] *Fuchs*, Der Ausschuss für die Angelegenheiten der Europäischen Union des Deutschen Bundestages, ZParl 2004, 3, 18; z.B. TOP 5 der 2. Sitzung des Ausschusses für die Angelegenheiten der Europäischen Union am 13.11.2002; TOP 5 der 5. Sitzung des Ausschusses für die Angelegenheiten der Europäischen Union am 18.12.2002; TOP 6 der 6. Sitzung des Ausschusses für die Angelegenheiten der Europäischen Union am 15.01.2003.

EU-Ausschuss dürfte damit mangels Fachkompetenz, aber auch schon rein aus Zeitgründen, ohnehin überfordert sein. Das zeigt sich auch daran, dass der EU-Ausschuss in der Tagesordnung bei den Berichterstattungen zu den Räten jeweils vermerkte: *"schriftliche Berichterstattung ist gegebenenfalls ausreichend"*. Zwar befinden sich EU-Vorlagen, wenn sie denn bereits auf der Tagesordnung des Rates für Inneres und Justiz stehen, in aller Regel schon in einem fortgeschrittenen Beratungsstadium, doch ist die Information über die Räte sicherlich eine notwendige Ergänzung zur Beratung der überwiesenen Vorlagen. Außerdem wurde dieser Tagesordnungspunkt auch oft zum Anlass genommen, über die Schwerpunkte der verschiedenen Präsidentschaften und der Jahresprogramme der Kommission zu informieren.

V) Zusammenfassende Bewertung

Zusammenfassend lässt sich positiv hervorheben, dass bis auf wenige Ausnahmen im Rechtsausschuss keine EU-Vorlagen beraten wurden, die zu diesem Zeitpunkt schon in Kraft waren. Zumindest theoretisch bestand daher jeweils noch eine Möglichkeit der Einflussnahme. Praktisch waren die Einflussmöglichkeiten aber dadurch oft schon sehr eingeschränkt, dass bereits mehr oder weniger umfassende Vorberatungen in den Ratsgremien stattgefunden hatten. Dann war ein vom Rechtsausschuss noch zu beeinflussender Verhandlungsspielraum nur noch in den Fällen gegeben, in denen aufgrund von Uneinigkeit auf der Ebene des Rates bzw. zwischen Rat und Kommission noch Verhandlungsbedarf bestand. Insgesamt dauerte es zu lange bis EU-Vorlagen beraten wurden. Zwar beriet der Rechtsausschuss auch prälegislative Dokumente, doch war hier häufig bereits die Konsultationsfrist abgelaufen, so dass eine unmittelbare Stellungnahme an die Kommission nicht mehr möglich war. Nicht beraten wurden die übergreifenden Gesetzgebungsprogramme der Kommission, obwohl diese dem Ausschuss einen hervorragenden Überblick über geplante Vorhaben geben würden. Eine Bereicherung für die Ausschussarbeit war der Tagesordnungspunkt "Aktuelle Berichterstattung", der es den Abgeordneten ermöglichte über die Schwerpunkte der Ratsarbeit im Bereich Justiz auf dem Laufenden zu bleiben.

Auch die Mitglieder des Rechtsausschusses selbst empfanden die Tätigkeit des Rechtsausschusses hinsichtlich des Zeitpunktes der Behandlung als nicht befriedigend. So wurde z.B. in der 8. Sitzung des Rechtsausschusses am 12.02.2003 anlässlich der Beratung einer EU-Vorlage von Abgeordneten verschiedener Fraktionen moniert, dass der Ausschuss sich nicht rechtzeitig mit EU-Vorlagen auseinandersetzen könne. Der Vertreter der Bundesregierung wies darauf hin, dass die Bundesregierung die Vorlagen so zügig wie möglich an den Bundestag überweise und das Parlament selbst die Verfahrensabläufe verbessern müsse.[671] Daraufhin verständigten sich die Abgeordneten, eine Lösung zu erarbeiten. In der ersten Sitzung des Unterausschusses am 21.02.2003 verständigte man sich dann darauf, zunächst die Arbeit im Unterausschuss zu beginnen und nach einem halben Jahr nochmals zu sehen, wie das System verbessert werden könne.[672] Es war allerdings nicht feststellbar, dass während der 15. Legislaturperiode noch eine Verbesserung der Verfahrensabläufe erreicht wurde. Dabei wären die Ver-

[671] Protokoll der 8. Sitzung des Rechtsausschusses am 12.02.2003, S. 20 ff.
[672] Protokoll der 1. Sitzung des Unterausschusses Europarecht am 21.2.2003, S. 7.

fahrensabläufe bei den Beratungen von EU-Vorlagen insgesamt im Hinblick auf die rechtzeitige Beratung erheblich verbesserungsbedürftig. Wenn sich die Abgeordneten nicht zu einem Zeitpunkt mit den Vorlagen beschäftigen, zu dem sie noch eine tatsächliche Möglichkeit der Einflussnahme haben, machen die Mitwirkungsrechte des Bundestages wenig Sinn. Auch die frühestmögliche Unterrichtung durch die Bundesregierung nach Art. 23 Abs. 2 GG läuft ins Leere, wenn die Verfahrensabläufe im Bundestag so langsam sind.

B) Bewertung der Tätigkeit des Rechtsausschusses in Angelegenheiten der Europäischen Union im Hinblick auf die Beratungsintensität

Neben der Frage, wie rechtzeitig sich der Rechtsausschuss mit EU-Vorlagen beschäftigt, ist auch bedeutsam, wie intensiv er diese berät. Das bloße Auftauchen einer Vorlage auf der Tagesordnung kann nicht ausreichend sein. Die Intensität der Beratungen lässt sich aus den Ausschussprotokollen ersehen. Interessant ist vor allem, wie lange die Sitzungen dauern und wie viele der Vorlagen tatsächlich beraten, und wie viele nur zur Kenntnis genommen werden. Die Protokolle des Rechtsausschusses geben auch Aufschluss darüber, wie viel Zeit der Rechtsausschuss im Vergleich zu Beratungen über nationale Vorlagen in europäische Vorlagen investiert hat. Daneben soll herausgearbeitet werden, ob der Ausschuss in der Beratungsintensität einen Unterschied macht zwischen Vorlagen aus der 1. und Vorlagen aus der 3. Säule der EU. Die Intensität der Beratungen hängt außerdem davon ab, ob die Mitglieder des Unterausschusses Europarecht tatsächlich in den Sitzungen anwesend waren.

I) Beratung von Vorlagen mit und ohne Aussprache

Wie oben erläutert[673], kann der Unterausschuss mit den EU-Vorlagen auf dreierlei Weise verfahren: er kann erstens eine Beschlussempfehlung vorschlagen und die Vorlage zu diesem Zweck an den Rechtsausschuss verweisen. Er kann zweitens die Vorlage nach Aussprache zur Kenntnis nehmen. Schließlich kann er sie ohne Aussprache über eine Sammelliste zur Kenntnis nehmen. Der Rechtsausschuss kann zu einer Vorlage entweder eine Beschlussempfehlungen erarbeiten oder die Vorlage zur Kenntnis nehmen. Die Kenntnisnahme kann nach einer Aussprache oder ohne Aussprache erfolgen. Die vom Unterausschuss bereits zur Kenntnis genommenen Vorlagen werden in der Regel nochmals en bloc vom Rechtsausschuss zur Kenntnis genommen.

Die Sammelliste des Unterausschusses hat eine wichtige Selektionsfunktion. Die Vorlagen, die auf ihr stehen, werden in aller Regel überhaupt nicht beraten. Wie aber kommt diese Sammelliste zustande? Formal entscheidet der Vorsitzende des Unterausschusses Europarecht, welche Vorlagen auf die Sammelliste gesetzt werden und welche einen eigenen Tagesordnungspunkt erhalten. Vorher erfolgt eine Abfrage bei den Fraktionen.[674] Vorbereitet wird die Liste vom Sekretariat des Rechtsausschusses. Die Mitglieder des Ausschusses haben selbstverständlich die Möglichkeit, zu einzelnen Vorlagen der Sammelliste eine eigene Beratung zu beantragen. In diesem Fall werden

[673] Vgl. oben Kapitel 4 B I.

[674] Protokoll der 1. Sitzung des Unterausschusses Europarecht am 21.2.2003, S. 32.

die Vorlagen auf die Tagesordnung einer späteren Sitzung gesetzt und dort unter einem eigenen Tagesordnungspunkt beraten. Von dieser Möglichkeit wurde in der 15. Legislaturperiode nur in vier Fällen Gebrauch gemacht. In der 1. Sitzung und in der 19. Sitzung des Unterausschusses verlangte ein Abgeordneter jeweils die Beratung eines Vorschlages für eine Richtlinie, die sich in beiden Fällen in der Federführung des Innenausschusses befand.[675] Derselbe Abgeordnete verlangte in der 22. Sitzung eine Einzelberatung eines Vorschlages für eine Richtlinie, die federführend vom Ausschuss für Familie, Senioren, Frauen und Jugend beraten wurde.[676] Auch in der 6. Sitzung wurde eine Vorlage zur näheren Beratung aus der Sammelliste genommen.[677] Zwar wird auf diese Weise sichergestellt, dass Vorlagen, die einzelne Abgeordnete als wichtig empfinden, einzeln beraten werden können, doch darf nicht übersehen werden, dass die spätere Einzelberatung der Vorlage auf jedem Fall mit einer weiteren Verzögerung stattfindet, die aufgrund des Sitzungsturnus' des Unterausschusses mindestens einen Monat beträgt.

Auf die Frage, zu wie vielen Vorlagen der Ausschuss Beschlussempfehlungen erarbeitet hat, wird weiter unten noch näher einzugehen sein. Zunächst ist zu klären, zu wie vielen der EU-Vorlagen keine Aussprache stattfand und wie viele tatsächlich beraten wurden. Zu diesem Zweck wurden alle EU-Vorlagen auf der Tagesordnung des Rechtsausschusses und seines Unterausschusses erfasst und sodann anhand der Protokolle der Ausschusssitzungen ermittelt, ob eine Aussprache stattfand. Im Unterausschuss wurden nur die Vorlagen der Sammelliste gar nicht beraten, da zu allen anderen Vorlagen mindestens ein einführender Vortrag eines Referenten aus dem Ministerium erfolgte. Im Rechtsausschuss wurden auch Vorlagen mit einem einzelnen Tagesordnungspunkt häufig nicht beraten, sondern ohne Aussprache zur Kenntnis genommen. Es ergab sich folgendes Bild:

EU-Vorlagen im Rechtsausschuss insgesamt	davon mit Aussprache	davon ohne Aussprache
432	135	301

Auf der Tagesordnung des Rechtsausschusses und seines Unterausschusses Europarecht befanden sich in der 15. Legislaturperiode insgesamt 432 EU-Vorlagen, die entweder zur Federführung oder zur Mitberatung überwiesen waren. Von diesen wurden 135 mit Aussprache beraten und 301 ohne Aussprache zur Kenntnis genommen.[678] Zu fast zwei Drittel der Vorlagen fand also keine Beratung statt.

Dieser auf den ersten Blick hohe Anteil relativiert sich etwas, wenn man sich ansieht, welche Vorlagen ohne Aussprache zur Kenntnis genommen wurden. Ganz überwiegend handelte es sich dabei um EU-Vorlagen, die dem Rechtsausschuss nur zur Mitberatung überwiesen waren. Insbesondere auf der Sammelliste des Unterausschusses be-

[675] Protokoll der 1. Sitzung des Unterausschusses Europarecht am 21.2.2003, S. 32 und Protokoll der 19. Sitzung des Unterausschusses Europarecht am 18.02.2005, S. 26.
[676] Protokoll der 22. Sitzung des Unterausschusses Europarecht am 13.05.2005, S. 27.
[677] Protokoll der 6. Sitzung des Unterausschusses Europarecht am 12.09.2003, S. 19.
[678] Eigene Auszählung aller EU-Vorlagen auf der Tagesordnung von Rechtsausschuss und Unterausschuss Europarecht.

fanden sich fast ausschließlich Vorlagen in Mitberatung. Es ist sachgerecht, dass der Rechtsausschuss Vorlagen, die ihm nur zur Mitberatung überwiesen sind, nicht immer ausführlich berät. Aufgrund der beschränkten Zeit muss er Schwerpunkte setzen und bei Vorlagen der Mitberatung liegt die Hauptverantwortung für eine effektive Beratung beim federführenden Ausschuss. Erfasst man nur die federführend vom Rechtsausschuss beratenen EU-Vorlagen, dann sieht das Bild folgendermaßen aus:

EU-Vorlagen federführend im Rechtsausschuss	davon mit Aussprache	davon ohne Aussprache
108[679]	91	21

Bei den federführend vom Rechtsausschuss beratenen EU-Vorlagen hat also in den meisten Fällen eine Beratung stattgefunden. Nur bei 21 federführend beratenen EU-Vorlagen fand überhaupt keine Beratung statt.[680] Von diesen beinhalteten nur vier Vorschläge für Rechtsakte. Zwei davon waren Vorschläge für Beschlüsse des Rates über den Abschluss von Abkommen[681], einer beinhaltete einen Vorschlag für eine Richtlinie[682], einer einen Vorschlag für eine Verordnung.[683] Diese vier Vorlagen haben gemeinsam, dass sie in frühen Sitzungen des Unterausschusses auf der Tagesordnung standen. Offensichtlich hat der Unterausschuss seine Praxis im Laufe der Legislaturperiode dahingehend geändert, dass er EU-Vorlagen für Rechtsakte, für die der Rechtsausschuss federführend zuständig war, nicht mehr auf die Sammelliste setzte. Die beiden letztgenannten Vorschläge für Rechtsakte waren im Übrigen zum Zeit-

---

679 Die Zahl von 108 EU-Vorlagen, die federführend in der 15. Legislaturperiode beraten wurden, weicht von den 100 laut Überweisungslisten der 15. Legislaturperiode an den Rechtsausschuss zur Federführung überwiesenen EU-Vorlagen ab. Das erklärt sich daraus, dass in der 15. Legislaturperiode noch eine Anzahl von Vorlagen aus der 14. Legislaturperiode beraten wurden, die die Anzahl derjenigen EU-Vorlagen, die in der 15. Legislaturperiode überwiesen, aber erst in der 16. Legislaturperiode beraten wurden, überstieg.

680 TOP 9 a Sammelliste der 1. Sitzung des Unterausschusses Europarecht am 21.02.2003; TOP 7 g Sammelliste der 3. Sitzung des Unterausschusses Europarecht am 9.05.2003; TOP 8 a bis g Sammelliste der 4. Sitzung des Unterausschusses Europarecht am 6.06.2003; TOP5 a bis e Sammelliste der 5. Sitzung des Unterausschusses Europarecht am 04.07.2003; TOP 7 a Sammelliste der 7. Sitzung des Unterausschusses Europarecht am 17.10.2003 ; TOP 7 a Sammelliste der 14. Sitzung des Unterausschusses Europarecht am 18.06.2004; TOP 6 a und b Sammelliste der 17. Sitzung des Unterausschusses Europarecht am 12.11.2004; TOP 8 a und b Sammelliste der 18. Sitzung des Unterausschusses Europarecht am 28.01.2005; TOP 8 a Sammelliste der 22. Sitzung des Unterausschusses Europarecht am 13.05.2005.

681 TOP 7 g Sammelliste der 3. Sitzung des Unterausschusses Europarecht am 9.05.2003: Vorschlag für einen Beschluss des Rates über den Abschluss einer Vereinbarung in Form eines Briefwechsels mit dem Vereinigten Königreich Großbritannien und Nordirland im Namen der Insel Man über die Ausdehnung des Rechtschutzes für Datenbanken gemäß Kapitel III der Richtlinie 96/9/EG; TOP 7 a Sammelliste der 7. Sitzung des Unterausschusses Europarecht am 17.10.2003: Vorschlag für einen Beschluss des Rates über den Abschluss des Abkommens über die Anwendung bestimmter Rechtsakte der Gemeinschaft auf dem Gebiet des Fürstentums Monaco.

682 TOP 5 a Sammelliste der 5. Sitzung des Unterausschusses Europarecht am 04.07.2003: Vorschlag für eine Richtlinie des Rates zur Verbesserung des Zugangs zum Recht bei Streitsachen mit grenzüberschreitendem Bezug durch die Festlegung gemeinsamer Mindestvorschriften für die Prozesskostenhilfe.

683 TOP 5 c Sammelliste der 5. Sitzung des Unterausschusses Europarecht am 04.07.2003: Vorschlag für eine Verordnung des Rates zur Änderung der Verordnung zum Schutz von geografischen Angaben und Ursprungsbezeichnungen für Agrarerzeugnisse und Lebensmittel.

punkt ihrer Terminierung im Rechtsausschuss schon in Kraft, so dass eine Beratung unsinnig gewesen wäre.

Es dürfte auf der Hand liegen, dass Vorlagen, die Vorschläge für Rechtsakte enthalten, qualitativ am bedeutsamsten sind, denn nur bei ihnen geht es um einen konkret anstehenden Beschluss des Rates. Sieht man sich nur diejenigen EU-Vorlagen an, die Vorschläge für Rechtsakte enthielten und außerdem beim Rechtsausschuss federführend beraten wurden, dann ergibt sich folgendes Bild:

Vorschläge für EU-Rechtsakte federführend im Rechts-ausschuss	davon mit Aussprache	davon ohne Aussprache
50	46	4

Zusammenfassend kann man also sagen, dass der Rechtsausschuss zwar nur einen kleinen Teil derjenigen EU-Vorlagen, die ihm zur Beratung überwiesen sind, tatsächlich berät, dass er aber sinnvolle Schwerpunkte setzt, indem er sich vorwiegend auf die Beratung derjenigen Vorlagen konzentriert, die ihm in Federführung überwiesen sind und dabei besonders auf diejenigen, die Vorschläge für Rechtsakte enthalten. Eine entsprechende Selektion der EU-Vorlagen ist aufgrund der beschränkten Zeit und der Masse der überwiesenen Vorlagen sicherlich notwendig. Allerdings kann man sich fragen, ob es Sinn macht, dass EU-Vorlagen überhaupt als mitberatend an Ausschüsse überwiesen werden. Gemessen am geringen "output" bei mitberatenen EU-Vorlagen, ist der bürokratische Aufwand sehr groß.

II) Intensität der geführten Aussprachen

Auch wenn zu einer EU-Vorlage eine Aussprache stattfindet, ist jedoch noch nicht viel darüber ausgesagt, wie intensiv über die Vorlage beraten wird. Tatsächlich waren die meisten der Beratungen relativ kurz und unkontrovers. Die Beratung einer Vorlage im Unterausschuss begann jeweils mit einem Vortrag eines Referenten aus dem zuständigen Ministerium (zumeist aus dem BMJ). Im Anschluss daran war es den Abgeordneten möglich, dem Referenten Fragen zu stellen, und Präzisierungen oder Erläuterungen zu verlangen. Daraus konnte sich dann eine weitere Diskussion entwickeln, oder die Abgeordneten gaben sich mit den Antworten zufrieden. Die Praxis des Unterausschusses, bei jeder Vorlage zumindest einen Referenten aus dem Ministerium zu Wort kommen zu lassen, wurde im Rechtsausschuss selbst nicht gepflegt. Dort entfiel bei solchen Vorlagen, bei denen kein Abgeordneter Gesprächsbedarf anzeigte, sogar diese Möglichkeit. Die Abgeordneten waren dann auf rein schriftliche Informationen beschränkt. Um einen ungefähren Eindruck davon zu bekommen, wie intensiv die Beratungen abliefen, wurden drei Kategorien gebildet und die 135 mit Aussprache beratenen EU-Vorlagen aus der 15. Legislaturperiode jeweils einer Kategorie zugeordnet. Zum einen gab es Beratungen, die nur darin bestanden, dass der zuständige Referent aus dem Ministerium einen kurzen Vortrag über die entsprechende Vorlage hielt. Die zweite Kategorie bilden Vorlagen bei denen die Abgeordneten im Anschluss an den Vortrag des Referenten einige Fragen stellten, ohne dass man aber davon sprechen kann, dass sich daraus eine richtige Diskussion entspann. Schließlich sind in der dritten Kategorie solche Vorlagen aufgeführt, bei denen tatsächlich eine Diskussion zwischen den Abgeordneten stattfand. Das Ergebnis ist in der folgenden Tabelle abgebildet:

EU-Vorlagen, die mit Aussprache beraten wurden insgesamt	Davon Beratungen, die sich im Vortrag des Referenten aus dem Ministerium erschöpften	Davon Beratungen mit ein bis zwei Nachfragen ohne echte Diskussion	Davon längere Beratungen mit mehreren Wortbeiträgen
135	40	62	33

Der ersten Kategorie ließen sich 40 Vorlagen zuordnen. Hier fand also jeweils keinerlei Beratung statt, sondern die Abgeordneten nahmen den Bericht des Vertreters aus dem Ministerium lediglich zur Kenntnis. In die zweite Kategorie fielen 62 Vorlagen. Auch hier kann man nicht von einer echten Diskussion sprechen. Die Referenten wurden hier aber zumindest noch zu Präzisierungen angehalten bzw. es wurde näher nachgefragt. Nur bei 33 der EU-Vorlagen fand eine eingehendere Diskussion statt.

Das Ergebnis musste jedoch daraufhin überprüft werden, ob die ausführlicheren Beratungen bei wichtigen Vorlagen stattfanden. Eine qualitative Einordnung der Vorlagen nach ihrer Wichtigkeit ist schwierig, doch gilt auch hier, dass Vorlagen, die Vorschläge für Rechtsakte enthielten, besonderen Beratungsbedarf auslöst haben dürften. Von den 135 mit Aussprache beratenen Vorlagen enthielten 65 Vorschläge für Rechtsakte (Mitberatung und Federführung). Ordnet man nur diese den drei entwickelten Kategorien zu, dann ergibt sich folgendes Bild:

Mit Aussprache beratene Vorschläge für Rechtsakte der EU insgesamt	Davon Beratungen, die sich im Vortrag des Referenten aus dem Ministerium erschöpften	Davon Beratungen mit ein bis zwei Nachfragen ohne echte Diskussion	Davon längere Beratungen mit mehreren Wortbeiträgen
65	16	24	25

Bei EU-Vorlagen, die Vorschläge für Rechtsakte enthielten, war der Anteil der ausführlicheren Beratungen also deutlich größer, was zeigt, dass eine sinnvolle qualitative Gewichtung im Ausschuss stattfand.

III) Für EU-Vorlagen aufgewandte Beratungszeit im Verhältnis zur für nationale Vorlagen aufgewandten Beratungszeit

Es hat sich gezeigt, dass der Rechtsausschuss nur bei wenigen der ihm überwiesenen EU-Vorlagen eine Aussprache durchführt hat und diese auch oft sehr kurz ausfiel. Ist diese geringe Beratungsintensität aber Ausdruck von Geringschätzung den europäischen Vorlagen gegenüber oder arbeitete der Rechtsausschuss bei nationalen Vorlagen ähnlich? Hier sei zunächst nochmals daran erinnert, dass der Rechtsausschuss bei Vorschlägen für nationale Gesetze gezwungen ist, anders zu arbeiten. Denn nach § 81 Abs. 1 GO-BT bedarf es in einem nationalen Gesetzgebungsverfahren einer Beschlussempfehlung des Ausschusses. Daher kann der Ausschuss hier nicht einfach

Kenntnisnahme empfehlen, sondern muss eine Stellungnahme erarbeiten. Das löst natürlich auch einen größeren Beratungsbedarf in den Sitzungen aus.

In der 15. Legislaturperiode waren 36,8 % der vom Rechtsausschuss in Federführung beratenen Entwürfe für Rechtsakte solche der Europäischen Union.[684] Fraglich ist, ob der Ausschuss diesen Vorlagen auch einen entsprechenden Anteil seiner Zeit gewidmet hat. Es soll daher im Folgenden nachvollzogen werden, wie intensiv der Ausschuss die europäischen Vorlagen im Vergleich zu den nationalen Vorlagen beraten hat.

Wie bereits dargelegt wurden die EU-Vorlagen überwiegend im Unterausschuss, zum Teil aber auch im Rechtsausschuss selbst beraten. Die nationalen Vorlagen (inklusive solcher Gesetze, die zur Umsetzung von EU-Rechtsakten ergingen) wurden nur im Rechtsausschuss selbst beraten. Einen Anhaltspunkt für die Ermittlung der aufgewandten Beratungszeit bietet daher ein Vergleich der Häufigkeit und Länge der Sitzungen von Rechtsausschuss und Unterausschuss Europarecht. Der Rechtsausschuss traf in der 15. Legislaturperiode zu insgesamt 86 Sitzungen zusammen, der Unterausschuss Europarecht zu lediglich 23 Sitzungen. Die Sitzungen des Unterausschusses waren überwiegend recht kurz. Sie dauerten zwischen 0,5 und 1,5 Stunden, die meisten ungefähr eine Stunde.[685] Insgesamt fanden so im Unterausschuss in der 15. Legislaturperiode etwa 20 Stunden Beratung statt. Allerdings waren auch die Sitzungen des Rechtsausschusses oft sehr kurz. Viele dauerten deutlich weniger als eine Stunde.[686] Nur die öffentlichen Anhörungen nahmen im Ausschuss längere Beratungszeit in Anspruch. Bei den nichtöffentlichen Sitzungen gehörten schon solche Sitzungen mit einer Dauer von etwa zwei Stunden zu den längeren. Daher ist die geringe Beratungszeit im Unterausschuss nicht unbedingt Ausdruck einer Geringschätzung gegenüber den europäischen Vorlagen, sondern entspricht durchaus der allgemeinen Übung des Rechtsausschusses. Berücksichtigt man darüber hinaus, dass der Unterausschuss wesentlich weniger Mitglieder hat als der Rechtsausschuss, was natürlich zu entsprechend weniger Wortmeldungen führt, dann waren die einzelnen Sitzungen des Unterausschusses sogar verhältnismäßig lang.

Trotzdem ist offensichtlich, dass der Rechtsausschuss seine Beratungszeit ganz überwiegend den nationalen Vorlagen widmete. In den Sitzungen des Rechtsausschusses wurden nämlich nur selten EU-Vorlagen beraten. Seine Sitzungszeit war also überwiegend nationalen Vorlagen vorbehalten. Es lässt sich nicht im Einzelnen aufschlüsseln, wie viel Beratungszeit jeweils auf welche Vorlagen entfielen. Vergleicht man aber die Anzahl der Sitzungen von Rechtsausschuss und Unterausschuss, dann ist ziemlich sicher, dass die Beratungen über EU-Vorlagen nicht einen Anteil an der Beratungszeit von 37 % erreichten, was in etwa ihrem mengenmäßigen Anteil an der Tätigkeit des Rechtsausschusses entsprochen hätte. Andererseits war durch die "Auslagerung" der EU-Vorlagen in die Sitzungen des Unterausschusses sichergestellt, dass sie

---

[684] Vgl. oben Kapitel 4 II, S. 117.

[685] Die Dauer der Sitzungen ist in den Protokollen des Unterausschusses Europarecht angegeben.

[686] Z.B. 3. Sitzung des Rechtsausschusses am 04.12.2002; 20. Sitzung des Rechtsausschusses am 04.06.2003; 34. Sitzung des Rechtsausschusses am 25.11.2003; 76. Sitzung des Rechtausschusses am 13.04.2005.

in der Arbeit des Rechtsausschusses einen festen Platz hatten und nicht völlig vernachlässigt wurden. Wären sie in den Sitzungen des Rechtsausschusses mitberaten worden, wären sie vermutlich neben den nationalen Vorlagen untergegangen.

IV) Einschätzung der Rolle der Fraktionen bei der Beratung von EU-Vorlagen

Eine Bewertung der Intensität der Beratungen hat auch die Rolle der Fraktionen zu berücksichtigen. Wie oben festgestellt wurde[687], finden in den Arbeitsgruppen und Arbeitskreisen der Fraktionen wesentliche Vorberatungen zu nationalen Gesetzesvorlagen statt. Daher wird ihnen in der politikwissenschaftlichen Literatur auch die Rolle als Zentrum der politischen Willensbildung zuerkannt. Wenn dies bei EU-Vorlagen ebenso ist, könnte das erklären, warum EU-Vorlagen in den Ausschusssitzungen relativ kurz abgehandelt wurden. Denn möglicherweise hatten bereits intensive Beratungen in den Fraktionen stattgefunden, die ausführliche Debatten im Ausschuss überflüssig erscheinen ließen.

Da Fraktionssitzungen nicht öffentlich sind, und auch keine Protokolle oder Beschlüsse veröffentlicht werden, können etwaige Vorberatungen von EU-Vorlagen nicht empirisch nachvollzogen werden. Es spricht allerdings einiges gegen die Annahme einer intensiven Vorbefassung der Fraktionen mit EU-Vorlagen. Insbesondere machen die Beratungen in den Ausschusssitzungen zumeist nicht den Eindruck, als sei ein Thema in der Fraktion schon abgearbeitet. Es wurden selten dezidierte Äußerungen formuliert, die in den Arbeitsgruppensitzungen erarbeitet worden sein könnten. Wäre in den Fraktionen eine inhaltliche Diskussion erfolgt, läge es nahe, dass das Ergebnis derselben den konkurrierenden Fraktionen mitgeteilt wurde. Das kann den Ausschussprotokollen aber gerade nicht entnommen werden. Vielmehr waren die "Debatten" dafür meist zu kurz. Im Gegensatz dazu wurde in den Beratungen über nationale Vorlagen häufig auf die jeweilige Auffassung der Fraktion hingewiesen.[688] Wie später gezeigt werden wird, war selbst bei einigen EU-Vorlagen, zu denen eine Beschlussempfehlung erarbeitet wurde, eine Abstimmung in den Fraktionen offensichtlich noch nicht erfolgt. Die dem Rechtsausschuss korrespondierenden Arbeitsgruppen der beiden großen Fraktionen CDU/CSU und SPD kennen auch keine "Unterarbeitsgruppen" für Europarecht.[689] Die kleineren Fraktionen, bei denen ein Arbeitskreis für mehrere Politikbereiche und korrespondierende Ausschüsse zuständig ist, haben natürlich auch keine europapolitische Untergliederung im für Rechtspolitik zuständigen Arbeitskreis.[690] Wenn die EU-Vorlagen aber nicht in einem spezialisierten Gremium vorbereitet werden, steigt die Wahrscheinlichkeit, dass sie gegenüber nationalen Vorlagen vernachlässigt werden.

Es ist daher wahrscheinlich, dass sich die Fraktionen nur mit denjenigen EU-Vorlagen näher befassten, für die eine Beschlussempfehlung erarbeitet werden sollte. Die große

---

687 Vgl. oben Kapitel 3 B II 6, S. 87.

688 Z.B. Protokoll der 4. Sitzung des Rechtsausschusses am 18.12.2002, S. 11; Protokoll der 5. Sitzung des Rechtsausschusses am 15.01.2003, S. 7; Protokoll der 50. Sitzung des Rechtsausschusses am 16.06.2004, S. 13.

689 http://www.spdfrak.de; http://www.cducsu.de.

690 http://www.fdp-fraktion.de; http://www.gruene-bundestag.de.

Masse der EU-Vorlagen, die den Rechtsausschuss ohne eingehende Beratung passierten und nur einmal auf der Tagesordnung standen, wurden vermutlich auch in den Fraktionen nicht thematisiert. Damit hat der Ausschuss bei EU-Vorlagen im Vergleich zur Beratung von nationalen Vorlagen aber eine größere Bedeutung im Verhältnis zur Fraktion. Wenn in den Fraktionen die Thematisierung und Selektion von EU-Vorlagen stiefmütterlich behandelt wird, muss der Ausschuss diese Leistung selbst erbringen.

V) Schwerpunktsetzung bei der Beratung von EU-Vorlagen

Bisher wurde fast ausschließlich mit Zahlenmaterial gearbeitet. Interessant ist aber auch, welche Vorlagen der Rechtsausschuss denn tatsächlich näher beraten hat. Es wurde bereits festgestellt, dass er Schwerpunkte bei der Beratung von ihm zur Federführung überwiesenen Vorschlägen für Rechtsakte gesetzt hat. Weiter unten[691] wird dargestellt werden, dass zu einigen der ausführlicher beratenen EU-Vorlagen Beschlussempfehlungen ergangen sind. Auf diese wird noch näher einzugehen sein. Schon hier soll aber untersucht werden, welche *inhaltlichen* Schwerpunkte der Ausschuss allgemein gesetzt hat und worauf er das Augenmerk bei der Diskussion richtete. Die Schwerpunkte der Beratungen in der 15. Legislaturperiode sind aber natürlich letztlich zufällig, so dass - anders als bei den rein quantitativen Auswertungen- Rückschlüsse auf andere Legislaturperioden nur sehr bedingt möglich sind.

Einige Vorlagen lösten weniger wegen ihres Inhaltes Beratungsbedarf aus, als vielmehr weil sie den Ausschuss zu spät erreichten, so dass dieser gar keinen Einfluss mehr nehmen konnte.[692] Eine Vorlage wurde kritisch diskutiert, weil sie keine Relevanz aufweise und deshalb eigentlich gar nicht auf der Tagesordnung stehen solle.[693] Der "Entwurf eines Rahmenbeschlusses des Rates über die Europäische Vollstreckungsanordnung und die Überstellung verurteilter Personen zwischen den Mitgliedstaaten der EU" löste in der 21. Sitzung des Unterausschusses nicht wegen seines eigentlichen Inhaltes Beratungsbedarf aus, sondern wurde als Gelegenheit genommen, um über die kurz zuvor stattgefundene Verhandlung des Bundesverfassungsgerichts über die Verfassungsbeschwerde gegen das Europäische Haftbefehlsgesetz zu diskutieren.[694] In der Debatte berichteten diejenigen Ausschussmitglieder, die in der Verhandlung anwesend gewesen waren, über ihre Eindrücke und darüber, was man daraus für die weitere Arbeit des Bundestages in Angelegenheiten der EU lernen könne. In der 2. Sitzung des Unterausschusses gab es eine kontroverse Diskussion über die Tabakwerberichtlinie, insbesondere über die Frage, ob es richtig sei, dass die Bundesre-

---

[691] Vgl. unten D, S. 158 ff.

[692] So Protokoll der 1. Sitzung des Unterausschusses Europarecht am 21.2.2003, S. 20 ff: Stellungnahme der Kommission zu den Abänderungen des Europäischen Parlaments am Gemeinsamen Standpunkt des Rates zum Vorschlag für eine Richtlinie über den Fernabsatz von Finanzdienstleistungen an Verbraucher und zur Änderung der Richtlinien 97/7/EG und 98/27/EG; Protokoll der 17. Sitzung des Unterausschusses Europarecht am 12.11.2004, S. 17: Grünbuch über die Angleichung, die gegenseitige Anerkennung und die Vollstreckung strafrechtlicher Sanktionen in der EU.

[693] Protokoll der 8. Sitzung des Unterausschusses Europarecht am 28.11.2003, S. 9 ff: Vorschlag für einen Beschluss des Rates zur Unterzeichnung im Namen der Europäischen Gemeinschaft des Protokolls zur zivilrechtlichen Haftung und zum Ersatz bei Schäden, die durch grenzüberschreitende Auswirkungen von Industrieabfällen auf grenzüberschreitenden Gewässern verursacht sind.

[694] Protokoll der 21. Sitzung des Unterausschusses Europarecht am 15.04.2005, S. 9 ff.

publik gegen diese Richtlinie Nichtigkeitsklage erhoben hatte.[695] Sehr ausführlich - vor allem für eine Vorlage in Mitberatung - wurde in der 3. Sitzung des Unterausschusses ein Vorschlag für eine Verordnung über die Satzung und Finanzierung europäischer politischer Parteien diskutiert. Diese Diskussion war auch Anlass für den Ausschussvorsitzenden, eine Delegationsreise nach Brüssel anzuregen, um sich dort mit Abgeordneten des Europäischen Parlaments über das Vorhaben auszutauschen.[696] Sehr häufig waren Kompetenzfragen Thema in den Debatten. Die Abgeordneten bezweifelten nämlich oft (meist im Einklang mit dem Vertreter des Ministeriums), dass der europäische Gesetzgeber überhaupt die Kompetenz für den Erlass eines Rechtsaktes besessen habe. Dies betraf zum einen solche Rechtsakte, die auf die Kompetenz zur Rechtsharmonisierung im Binnenmarkt nach Art. 95 EG[697] gestützt wurden, zum anderen solche aus dem Bereich des europäischen Strafrechts.[698]

In den meisten Fällen beschränkte sich die Diskussion über einen Vorschlag auf eine Sitzung. Nur wenn eine Beschlussempfehlung erarbeitet werden sollte, fanden mehrere Beratungen statt. Davon gibt es eine Ausnahme. Der Unterausschuss debattierte in insgesamt vier Sitzungen über den "Vorschlag für einen Rahmenbeschluss des Rates über bestimmte Verfahrensrechte in Strafverfahren in der Europäischen Union".[699] Zunächst forderten die Abgeordneten weitere Informationen über die Position der Bundesregierung ein. In den weiteren Sitzungen wurde dann über Details des Vorschlages diskutiert und die Abgeordneten gaben dem Vertreter der Regierung ihre Auffassungen dazu zur Kenntnis. Sie verzichteten allerdings darauf, eine förmliche Stellungnahme zu erarbeiten. Angesichts dessen, dass der Unterausschuss mehrfach seine Position zu dem Vorschlag gegenüber dem Vertreter des Ministeriums zur Kenntnis gebracht hatte, kritisierten einige Abgeordnete in der 23. Sitzung des Unterausschusses, dass der Ressortbericht des BMJ die Position des Bundestages als nicht bekannt bezeichne.[700]

In vielen Fällen kann man trotz mehrerer Redebeiträge gar nicht von einer echten Beratung sprechen. Vielmehr ging es den Abgeordneten oft nur darum, vom Referenten des Ministeriums mündlich nähere Auskünfte zu einer Vorlage zu erhalten. Gute Beispiele hierfür sind die "Beratungen" über einen "Vorschlag für einen Beschluss des

[695] Protokoll der 2. Sitzung des Unterausschusses Europarecht am 04.04.2003, S. 15 ff: Geänderter Vorschlag für eine Richtlinie zur Angleichung der Rechts- und Verwaltungsvorschriften der Mitgliedstaaten über Werbung und Sponsoring zugunsten von Tabakerzeugnissen.

[696] Protokoll der 3. Sitzung des Unterausschusses Europarecht am 09.05.2003, S. 20 ff: Vorschlag für eine Verordnung des Europäischen Parlaments und des Rates über die Satzung und die Finanzierung europäischer politischer Parteien.

[697] Protokoll der 5. Sitzung des Unterausschusses Europarecht am 04.07.2003, S. 7 ff: Mitteilung der Kommission an das Europäische Parlament und an den Rat, Ein kohärentes europäisches Vertragsrecht, Aktionsplan.

[698] Protokoll der 19. Sitzung des Unterausschusses Europarecht am 18.02.2005, S. 15 ff: Grünbuch über die gegenseitige Anerkennung von Überwachungsmaßnahmen ohne Freiheitsentzug im Ermittlungsverfahren.

[699] Protokoll der 15. Sitzung des Unterausschusses Europarecht am 24.09.2004, S. 12 ff; Protokoll der 16. Sitzung des Unterausschusses Europarecht am 22.10.2004, S. 11 ff; Protokoll der 18. Sitzung des Unterausschusses Europarecht am 28.01.2005, S. 16 ff; Protokoll der 23. Sitzung des Unterausschusses Europarecht am 03.06.2005, S. 18 ff.

[700] Protokoll der 23. Sitzung des Unterausschusses Europarecht am 03.06.2005, S. 19 ff.

Rates über den Austausch von Informationen aus dem Strafregister"[701] und über einen „Vorschlag für einen Rahmenbeschluss des Rates zur Berücksichtigung der in einem anderen Mitgliedstaat der EU ergangenen Verurteilungen in einem neuen Strafverfahren".[702] Hier zeigte sich, dass die Abgeordneten nur geringe Kenntnisse über die jeweiligen Vorlagen hatten und daher gar nicht wirklich darüber debattieren konnten, sondern auf Informationen des Referenten aus dem Ministerium angewiesen waren.

Überhaupt zeigte sich in allen Beratungen, dass die Referenten aus den Ministerien einen enormen Informationsvorsprung vor den Abgeordneten hatten. Während sie innerhalb des Ministeriums schon über Monate mit den Vorlagen befasst gewesen waren und die Beratungen innerhalb der Regierung und in den Ratsgremien mitverfolgt hatten, mussten sich die Abgeordneten mehr oder weniger auf die ihnen in den Ausschusssitzungen gegebenen Informationen verlassen. Den Abgeordneten fehlte ganz einfach das Fachwissen, um eine Position der Bundesregierung zu hinterfragen und so eine wirksame Kontrolle auszuüben. Der auch bei nationaler Gesetzgebung vorherrschende Informationsvorsprung der Exekutive gegenüber der Legislative zeigte sich bei europäischen Vorlagen noch akzentuierter, da zu der Komplexität der Materien noch die Komplexität des Rechtsetzungsverfahrens auf europäischer Ebene hinzukam, und die Bundesregierung aufgrund ihres Außenvertretungsmonopols den weitreichensten Einblick in die Verfahren auf europäischer Ebene hatte.[703]

VI) Anwesenheit der Mitglieder des Unterausschusses in den Sitzungen

Hinsichtlich der Intensität der Beratungen ist es auch entscheidend, ob die Mitglieder des Unterausschusses in den Sitzungen überhaupt anwesend waren. In der Literatur wird berichtet, dass in der 12. Legislaturperiode von neun ordentlichen und ebenso vielen stellvertretenden Mitgliedern des Unterausschusses Europarecht durchschnittlich nur vier in den Sitzungen anwesend waren.[704] Diese Beobachtung kann für die 15. Legislaturperiode nicht bestätigt werden. In keiner Sitzung waren weniger als sieben Mitglieder anwesend. Überwiegend waren acht oder neun Abgeordnete anwesend. An manchen Sitzungen nahmen sogar zehn Abgeordnete teil, was sich daraus erklärt, dass einige der stellvertretenden Mitglieder auch dann in den Unterausschusssitzungen waren, wenn alle ordentlichen Mitglieder anwesend waren.

VII) Ergebnis

Insgesamt ist das hier gefundene Ergebnis über die Intensität der Beratungen ernüchternd. Von 432 EU-Vorlagen, die dem Rechtsausschuss insgesamt in der 15. Legisla-

---

[701] Protokoll der 18. Sitzung des Unterausschusses Europarecht am 28.01.2005, S. 12 ff.
[702] Protokoll der 23. Sitzung des Unterausschusses Europarecht am 03.06.2005, S. 14 ff.
[703] *Saalfeld*, The German Houses of Parliament and European Legislation, in: *Norton* (Hrsg.), National Parliaments and the European Union, S. 15; *Weber-Panariello*, Nationale Parlamente in der Europäischen Union, 1995, S. 284; *Schmalenbach*, Der neue Europaartikel 23 des Grundgesetzes im Lichte der Arbeit der Gemeinsamen Verfassungskommission, 1996, S. 144; allgemein zu Informationsvorsprüngen der Exekutive bei internationaler Kooperation und europäischer Integration: *Moravcsik*, Warum die Europäische Union die Exekutive stärkt, in: *Wolf* (Hrsg.), Projekt Europa im Übergang, 1997, S. 222 und 231.
[704] *Weber-Panariello*, Nationale Parlamente in der Europäischen Union, 1995, S. 253.

turperiode überwiesen worden waren, wurden nur 135 überhaupt mit Aussprache beraten und nur bei 33 von ihnen fanden ausführlichere Beratungen statt. Die übrigen 399 EU-Vorlagen passierten also den Rechtsausschuss, ohne dass eine ernsthafte Auseinandersetzung mit ihnen stattfand. Es muss außerdem davon ausgegangen werden, dass die EU-Vorlagen auch in den Fraktionssitzungen stiefmütterlich behandelt wurden. Allerdings kann man dem Rechtsausschuss zu Gute halten, dass er seine Schwerpunkte in der Arbeit mit den Vorlagen richtig wählte. Er richtete besonderes Augenmerk auf solche Vorlagen, die Vorschläge für Rechtsakte enthielten und die er in Federführung überwiesen bekommen hatte.

C) Bewertung der Tätigkeit des Rechtsausschusses in Angelegenheiten der Europäischen Union im Hinblick auf die Proaktivität

Ein weiteres Kriterium für die Bewertung der Effektivität der Ausschusstätigkeit ist, inwieweit der Ausschuss bei der Beratung von europäischen Vorlagen proaktiv tätig wird, das heißt inwieweit er von sich aus nach Mitteln einer möglichst effektiven Kontrolle sucht und nicht nur sein Pflichtprogramm abarbeitet. Gemäß § 62 Abs. 1 Satz 1 GO-BT sind die Ausschüsse zur baldigen Erledigung der ihnen überwiesenen Aufgaben verpflichtet. Nach § 62 Abs. 1 Satz 2 GO-BT dürfen sie nur Beschlüsse empfehlen, die sich auf ihnen überwiesene Vorlagen oder mit diesen im unmittelbaren Sachzusammenhang stehende Fragen beziehen. Sie dürfen sich jedoch nach § 62 Abs. 1 Satz 3 GO-BT auch mit anderen Fragen aus ihrem Geschäftsbereich befassen. Die Tätigkeit der Ausschüsse ist also weitestgehend davon geprägt, dass sie sich mit denjenigen Vorlagen auseinandersetzen, die sie überwiesen bekommen haben. Trotzdem hat ein Ausschuss verschiedene Möglichkeiten, auf seine Tagesordnung und auf die Frage, wie EU-Vorlagen beraten werden, Einfluss zu nehmen. Hier ist zunächst § 93 Abs. 2 GO-BT zu nennen. Dieser ermöglicht den Ausschüssen, EU-Vorlagen unabhängig von der Überweisung und daher zu einem selbst gewählten Zeitpunkt zu beraten. Eine besonders aktive Herangehensweise an die Beratung europäischer Vorlagen könnte auch dadurch belegt werden, dass der Rechtsausschuss von § 93 Abs. 5 GO-BT Gebrauch macht. Diese Vorschrift erlaubt ihm, Mitglieder des Europäischen Parlaments sowie Mitglieder des Rates und der Kommission der Europäischen Union oder deren Beauftragte zu ihren Beratungen in Europaangelegenheiten hinzuzuziehen, sowie Unionsdokumente gemeinsam mit Ausschüssen des Europäischen Parlaments zu beraten. Außerdem ist noch § 93 Abs. 6 GO-BT zu erwähnen, der es Ausschüssen erlaubt, Delegationen zu einem Ausschuss des Europäischen Parlaments mit gleicher Zuständigkeit oder zu anderen Organen der Europäischen Union zu entsenden. Denkbar sind schließlich gemeinsame Sitzungen mit parallelen Ausschüssen anderer nationaler Parlamente. Im Folgenden soll untersucht werden, ob der Rechtsausschuss von den eben genannten Möglichkeiten in der 15. Legislaturperiode Gebrauch gemacht hat.

I) Gebrauchmachen von der Möglichkeit des § 93 Abs. 2 GO-BT

Eine besondere Möglichkeit bei der Behandlung von europäischen Vorlagen sieht § 93 Abs. 2 GO-BT vor. Danach können die zuständigen Ausschüsse Unionsvorlagen und deren Entwürfe vor und unabhängig von der förmlichen Unterrichtung des Bundestages zum Verhandlungsgegenstand erklären. In der Praxis werden diese Vorlagen dem entsprechenden Ausschuss nach der notwendigen Anzeige beim Präsidenten des Bundestages und beim Vorsitzenden des Ausschusses für die Angelegenheiten der Europäischen Union (§ 93 Abs. 2 Satz 2 GO-BT) noch förmlich überwiesen. Die Ausschüsse haben dadurch zum einen die Möglichkeit, Unionsvorlagen frühzeitig zum Verhandlungsgegenstand zu erklären und dadurch das langwierige Überweisungsverfahren abzukürzen. Zum anderen können sie solche Dokumente zum Verhandlungsgegenstand erklären, die nicht unter das förmliche Überweisungsverfahren nach § 93 Abs. 1 GO-BT fallen. Zu den zum Verhandlungsgegenstand erklärten Vorlagen können auch Beschlussempfehlungen erarbeitet werden. § 62 Abs. 1 Satz 2 und 3 GO-BT gelten nicht.[705]

Eine Nachfrage beim Sekretariat des Ausschusses für die Angelegenheiten der Europäischen Union hat ergeben, dass in der gesamten 15. Legislaturperiode nur zweimal von der Möglichkeit des § 93 Abs. 2 GO-BT Gebrauch gemacht wurde.[706] Zum einen erklärte der Ausschuss für die Angelegenheiten der Europäischen Union den "Vermerk des Präsidiums für den Konvent; Organe- Entwurf von Artikeln für Titel IV des Teils I der Verfassung (CONV 691/03)" zum Verhandlungsgegenstand. Dabei handelte es sich um ein Dokument des Verfassungskonvents, also nicht um eines aus dem Bereich der Sekundärrechtsetzung. Dieses wurde dem EU-Ausschuss dann mit Bundestagsdrucksache 15/1041 zur federführenden Beratung und unter anderem dem Rechtsausschuss zur Mitberatung überwiesen. Der Rechtsausschuss behandelte das Dokument in seiner Sitzung am 4. Juni 2003 und empfahl Kenntnisnahme ohne Einwände gegen das Verfahren nach § 93 a Abs. 3 Satz 2 GO-BT zu erheben.[707] Der Ausschuss für die Angelegenheiten der EU erarbeitete zu der Vorlage eine Stellungnahme nach § 93 a Abs. 3 Satz 2 GO-BT unmittelbar an die Bundesregierung.[708] Im zweiten Fall erklärte der Ausschuss für Wirtschaft und Arbeit das "*Meeting Document from the European Commission to Members of the ad-hoc Art. 133 Committee (Services) - Subject: WTO DDA: draft revised EU services offer*" zum Verhandlungsgegenstand. Bei der Vorlage handelte es sich um den Entwurf für ein überarbeitetes EU-Angebot an Drittstaaten zu den WTO-Dienstleistungsverhandlungen. Sie wurde dem Ausschuss für Wirtschaft und Arbeit zur Federführung und unter anderem dem Rechtsausschuss zur Mitberatung mit Bundestagsdrucksache 15/5513 vom 13. Mai 2005 überwiesen. Der Unterausschuss Europarecht empfahl in seiner 23. Sitzung Kenntnisnahme, nachdem er kurz von einem Referenten des Ministeriums informiert worden war.[709] Der Rechtsausschuss übernahm diese Empfehlung in seiner 84. Sitzung. Der Ausschuss für Wirtschaft und Arbeit erarbeitete eine Beschlussempfehlung zu der Vorlage.[710] Diese beiden Fälle der Nutzung von § 93 Abs. 2 GO-BT hatten eine unterschiedliche Zielrichtung. Dem EU-Ausschuss ging es vor allem darum, möglichst zeitnah eine Stellungnahme zu den Entschließungen des Verfassungskonventes abzugeben, während der

---

705 *Hansmeyer*, Die Mitwirkung des Deutschen Bundestages an der europäischen Rechtsetzung, 2001, S. 298.

706 Auskunft von Margot Heimbach, Leiterin des Sekretariates des Ausschusses für die Angelegenheiten der Europäischen Union in e-mail vom 9.08.2005.

707 Protokoll der 20. Sitzung des Rechtsausschusses am 4. Juni 2003, S. 28.

708 BT-Drs. 15/1133.

709 Protokoll der 23. Sitzung des Unterausschusses Europarecht am 03.06.2005, S. 23 f.

710 BT-Drs. 15/5898.

Ausschuss für Wirtschaft und Arbeit ein Dokument zum Verhandlungsgegenstand erklärte, welches aufgrund seines Charakters als bloßes Arbeitsdokument des Ausschusses nach Art. 133 Abs. 3 Unterabsatz 2 EG sonst gar nicht in den Bundestag gelangt wäre.

Der Rechtsausschuss hat in der 15. Legislaturperiode keinen Gebrauch von § 93 Abs. 2 GO-BT gemacht. Es ist auch fraglich, ob sich die Mitglieder des Ausschusses dieser Möglichkeit überhaupt bewusst waren. In den Sitzungen, in denen über das Problem der rechtzeitigen Unterrichtung des Bundestages über EU-Vorlagen debattiert wurde, wurde jedenfalls nie auf § 93 Abs. 2 GO-BT eingegangen[711], obwohl das Gebrauchmachen von dieser Vorschrift das Überweisungsverfahren abkürzen würde. Es dürfte dem Rechtsausschuss, wie auch den anderen Ausschüssen, an den personellen Kapazitäten fehlen, mittels eines Art "Screenings" aller Vorgänge auf europäischer Ebene diejenigen Dokumente herauszufiltern, die sich dafür eignen zum Verhandlungsgegenstand erklärt zu werden. Er muss sich daher auf das Überweisungssystem nach § 93 Abs. 1 GO-BT verlassen. Allerdings sollten sich die Mitglieder des Ausschusses der Möglichkeit des § 93 Abs. 2 GO-BT bewusst sein. Es ist schließlich immer denkbar, dass die Abgeordneten auf irgendeinem Weg, beispielsweise über Kontakte zu Beamten der EU-Institutionen oder Parlamentariern des Europäischen Parlaments oder durch aufmerksame Lektüre des Amtsblattes der EG, von bestimmten Vorhaben der EU erfahren, die in den Zuständigkeitsbereich ihres Ausschusses fallen, und zu denen eine frühzeitige Befassung wünschenswert wäre. Dann sollten sie wissen, dass sie für eine Befassung nicht auf eine förmliche Überweisung warten müssen. Damit könnte insbesondere auch der Gefahr begegnet werden, dass dem Bundestag wichtige Vorlagen gar nicht überwiesen werden. Dies ist ob der Masse der EU-Vorlagen, die die Regierung an den Bundestag weiterzuleiten hat, nicht auszuschließen, auch wenn man davon ausgeht, dass die Regierung ihrer Informationspflicht gewissenhaft nachzukommen versucht.

II) Gebrauchmachen von der Möglichkeit des § 93 Abs. 5 Satz 1 GO-BT

Eine weitere besondere Handlungsalternative bei der Beratung von EU-Vorlagen bietet § 93 Abs. 5 Satz 1 GO-BT. Danach können die Ausschüsse Mitglieder des Europäischen Parlaments sowie Mitglieder des Rates und der Kommission der EU oder deren Beauftragte zu ihren Beratungen in Europaangelegenheiten hinzuziehen. Dies bedeutet allerdings kein dem Art. 43 GG entsprechendes Zitierrecht. Die Mitglieder der europäischen Institutionen können nicht gezwungen werden, an den Sitzungen teilzunehmen. Auch von dieser Möglichkeit hat der Rechtsausschuss in der 15. Legislaturperiode keinen Gebrauch gemacht. Dabei hätte ihm dies die Chance gegeben, Informationen direkt "aus Brüssel" zu erhalten, anstatt sich nur auf die Berichte der Bundesregierung zu verlassen. Das ist vor allem deshalb zu bedauern, weil sich der Ausschuss damit in den Sitzungen mit Informationen derjenigen begnügte, die er ja gerade kontrollieren sollte. Er nahm sich damit die Möglichkeit, sich eine eigenständige Informationsbasis zu erarbeiten. Natürlich wäre es nicht möglich, zu jeder Vorlage einen Vertreter der Kommission, des Rates oder des Europäischen Parlaments zu hören. Damit würde der

---

[711] Z.B. Protokoll der 11. Sitzung des Unterausschusses Europarecht am 05.03.2004, S. 7 ff.

Ausschuss schnell an die Grenzen seiner Kapazität stoßen. Doch hat der Rechtsausschuss in der 15. Legislaturperiode bei keiner Vorlage, auch nicht bei denjenigen, bei denen er eine Beschlussempfehlung erarbeitete, die Möglichkeit, die ihm § 93 Abs. 5 Satz 1 GO-BT eröffnet, auch nur in Erwägung gezogen. Auch hier liegt der Verdacht nahe, dass sich die Abgeordneten dieser Möglichkeit gar nicht bewusst waren.

III) Gebrauchmachen von der Möglichkeit des § 93 Abs. 5 Satz 2 GO-BT

Gemäß § 93 Abs. 5 Satz 2 GO-BT sind die Ausschüsse darüber hinaus berechtigt, Unionsdokumente gemeinsam mit Ausschüssen des Europäischen Parlaments gleicher Zuständigkeit zu beraten. Erste Sitzungen zwischen Fachausschüssen des Europäischen Parlaments und des Bundestages gab es bereits Anfang der 80er Jahre.[712] Trotzdem machen die Ausschüsse des Bundestages von dieser Vorschrift insgesamt wenig Gebrauch. Nach einer Statistik von Maurer fanden zwischen 1987 und 1998 insgesamt 22 gemeinsame Sitzungen zwischen deutschen Ausschüssen (Maurer differenziert hier nicht zwischen Bundestag und Bundesrat) und Ausschüssen des Europäischen Parlaments statt.[713] Zier zählt in der Zeit von 1993-1997 neun Sitzungen von Ausschüssen des Europäischen Parlaments mit Ausschüssen des Bundestages.[714] Zwar ist die Tendenz steigend und die deutschen Ausschüsse nutzten diese Möglichkeit bisher mehr als die Ausschüsse jedes anderen Parlaments, doch ist die Zahl in Anbetracht von mehr als 20 verschiedenen Ausschüssen und unter der Vermutung, dass vor allem der EU-Ausschuss von der Möglichkeit Gebrauch machte, wenig beeindruckend. Der Rechtsausschuss hat in der 15. Legislaturperiode weder eine solche gemeinsame Beratung durchgeführt, noch eine solche auch nur in Erwägung gezogen. Allerdings würde eine gemeinsame Beratung auch einen erheblichen organisatorischen Aufwand bedeuten. Es wäre sicher auch notwendig, dass bereits Kontakte zu den entsprechenden Ausschüssen des Europäischen Parlaments bestehen. Eine parallele Zuständigkeit zu Ausschüssen des Europäischen Parlaments wäre für den Rechtsausschuss zum einen gegeben mit dem Ausschuss für Recht, zum anderen mit dem Ausschuss für bürgerliche Freiheiten, Justiz und Inneres des Europäischen Parlaments.[715] Es gibt aber keine Anhaltspunkte dafür, dass entsprechende Beziehungen bestehen. Auch wenn keine institutionellen Beziehungen zwischen dem Rechtsausschuss und Ausschüssen des Europäischen Parlaments bestehen, so bestehen doch immerhin informale Kontakte zwischen einzelnen Abgeordneten der beiden Parlamente.[716]

IV) Gebrauchmachen von der Möglichkeit des § 93 Abs. 6 GO-BT

Eine weitere Möglichkeit zur Zusammenarbeit mit Organen der Europäischen Union eröffnet § 93 Abs. 6 GO-BT. Danach können die Ausschüsse zur Vorbereitung von Entscheidungen über Unionsdokumente Delegationen zu einem Ausschuss des Europäischen Parlaments mit gleicher Zuständigkeit oder zu anderen Organen der Europäi-

---

[712] *Schoof*, Bundestag und Europäisches Parlament, ZParl 1982, 199, 202; *Hölscheidt*, Parlamentarische Mitwirkung bei der europäischen Rechtsetzung, KritV 1994, 425, 425.
[713] *Maurer*, Parlamentarische Demokratie in der Europäischen Union, 2002, S. 314.
[714] *Zier*, Nationale Parlamente in der EU, 2005, S. 215.
[715] Übersicht über die Ausschüsse des Europäischen Parlaments: http://www.europarl.eu.int.
[716] Vgl. oben Kapitel 4 B II, S. 127.

schen Union entsenden. Auch dieses Verfahren ist relativ schwerfällig und wird daher von den Ausschüssen des Bundestages selten angewendet. Gleichwohl gab es schon in den 70er Jahren vereinzelte Reisen von Ausschüssen nach Brüssel.[717] Der Rechtsausschuss hat in der 15. Legislaturperiode keine Delegation entsendet. Der Unterausschuss Europarecht hat allerdings vom 24. bis 26. Februar 2004 eine allgemeine Delegationsreise nach Brüssel durchgeführt, um seinen Mitgliedern die Möglichkeit zu geben, mit Vertretern verschiedener Institutionen der Europäischen Union in Kontakt zu kommen. Anlass für die Planungen der Reise war zunächst die Beratung des Vorschlages für eine Verordnung über die Finanzierung europäischer politischer Parteien. Der Vorsitzende des Unterausschusses regte an, zur weiteren Beratung der Vorlage in Kontakt mit Abgeordneten des Europäischen Parlaments zu treten. Außerdem war er der Meinung, dass eine deutsch-europäische Verständigung der Abgeordneten insbesondere die Attraktivität der Arbeit und die Durchdringung europäischer Themen fördern würde.[718] Das Programm der Reise wurde schließlich allgemeiner und hatte keinen unmittelbaren Bezug mehr zur der eben genannten Vorlage. In Brüssel stellten sich Vertreter aller im Europäischen Parlament vertretenen Parteien für eine Diskussionsrunde zur Verfügung. Außerdem standen Treffen mit Vertretern des Rates, der Kommission und dem Botschafter der Ständigen Vertretung Deutschlands bei der EU auf dem Programm. Dazu kamen noch Besuche der bayerischen und nordrhein-westfälischen Landesvertretungen in Brüssel.[719] In der Nachbesprechung der Delegationsreise äußerten sich die Mitglieder des Unterausschusses überwiegend positiv. Man habe eine Reihe von Anregungen und Impulsen bekommen, wie der Ausschuss seine europapolitische Arbeit auf nationaler Ebene verbessern und Verbindungen nach Brüssel stärken könne.[720] Man habe erfahren, dass man bei größeren Gesetzesvorhaben den persönlichen Kontakt zu den verschiedenen Stellen der EU suchen müsse. Die Berichterstatter im Bundestag müssten sich frühzeitig mit dem Berichterstatter der entsprechenden Vorlage im Europäischen Parlament auseinandersetzen.[721] Wenn man als deutscher Parlamentarier auf eine europäische Vorlage Einfluss nehmen wolle, müsse man sehr frühzeitig tätig werden, noch bevor die Vorschläge der Kommission endgültig seien.[722] Einhellig war man der Meinung, die gewonnenen Erkenntnisse zu nutzen, um die Arbeit des Rechtsausschusses noch effektiver zu machen.

So sehr sowohl die Durchführung der Reise, als auch das Anliegen, die bei ihr gewonnenen Erfahrungen zur Verbesserung der Arbeit des Ausschuss zu nutzen, zu begrüßen sind, ist es zu bedauern, dass es überhaupt erst dieser Reise bedurfte, um die Mitglieder des Ausschusses auf einige Unzulänglichkeiten ihrer Arbeit aufmerksam zu machen. Überdies kam es im Anschluss an die Reise zu wenigen sichtbaren Verbesserungen in der Arbeit des Ausschusses. Einzig zu nennen ist hier, dass sich der Unterausschuss ab der darauf folgenden 12. Sitzung regelmäßig unter dem Tagesordnungspunkt

[717] *Schweitzer*, Die nationalen Parlamente in der Gemeinschaft, 1978, S. 25.
[718] Protokoll der 3. Sitzung des Unterausschusses Europarecht am 09.05.2003, S. 27 f.
[719] Protokoll der 10. Sitzung des Unterausschusses Europarecht am 13.02.2004, S. 7.
[720] Abgeordneter der SPD-Fraktion, Protokoll der 11. Sitzung des Unterausschusses Europarecht am 05.03.2004, S. 7.
[721] Abgeordneter der CDU/CSU-Fraktion, Protokoll der 11. Sitzung des Unterausschusses Europarecht am 05.03.2004, S. 8.
[722] Abgeordnete der SPD-Fraktion, Protokoll der 11. Sitzung des Unterausschusses Europarecht am 05.03.2004, S. 9.

"Aktuelle Berichterstattung" von Referenten aus den Ministerien über aktuelle Entwicklungen in der EU unterrichten ließ. Hierauf wurde bereits hingewiesen.[723] Nicht feststellbar war dagegen der Versuch, noch früher auf die Vorlagen Einfluss zu nehmen oder dauernde Kontakte mit Vertretern der europäischen Institutionen aufzubauen. Aufgrund der positiven Erfahrungen während der Delegationsreise beschlossen die Abgeordneten, auch im darauf folgenden Jahr eine Delegationsreise - diesmal nach Straßburg - durchzuführen.[724] Zu dieser kam es dann allerdings wegen der angekündigten vorzeitigen Neuwahlen im Jahr 2005 nicht mehr.

V) Gemeinsame Beratung mit parallelen Ausschüssen anderer nationaler Parlamente

Eine weitere besondere Alternative, die sich vor allem bei europäischen Vorlagen anbieten könnte, ist eine gemeinsame Beratung mit parallelen Ausschüssen anderer nationaler Parlamente. Hierfür existiert keine besondere Grundlage in der Geschäftsordnung des Bundestages. Gleichwohl hat der Rechtsausschuss in der 15. Legislaturperiode zwei Sitzungen gemeinsam mit dem Ausschuss für Verfassungsgesetze, Gesetzgebung und allgemeine Verwaltung der Republik der französischen *Assemblée Nationale* durchgeführt. Beide Sitzungen betrafen jedoch überwiegend nicht die Beratung von europäischen Sekundärrechtsakten, sondern die Umsetzung von europäischen Rechtsvorschriften.

Die erste der beiden gemeinsamen Sitzungen fand am 27. Oktober 2004 als 62. Sitzung des Rechtsausschusses in Berlin statt. Auf der Tagesordnung standen die Umsetzung der europäischen Antidiskriminierungsvorschriften und Erfahrungen in Frankreich mit Referenden und Volksabstimmungen.[725] Zum Hintergrund der beiden Tagesordnungspunkte ist folgendes zu berichten: der 15. Deutsche Bundestag hatte verschiedene Richtlinien zur Antidiskriminierung[726] umzusetzen und tat sich dabei wegen erheblicher parteipolitischer Differenzen sehr schwer. In der gemeinsamen Sitzung ließen sich die Abgeordneten des Bundestages vom Ausschuss für Verfassungsgesetze, Gesetzgebung und allgemeine Verwaltung der Republik der französischen *Assemblée Nationale* berichten, wie weit die Umsetzung in Frankreich gediehen war. Der zweite Punkt zielte vornehmlich darauf ab, dass in Frankreich - anders als in Deutschland- ein Referendum über den Vertrag für eine Europäische Verfassung durchgeführt wurde. Im Rechtsausschuss wurde in der 15. Legislaturperiode ein Antrag zur Änderung des Grundgesetzes (Art. 23) zur Einführung eines Volksentscheides über eine europäische Verfassung[727] beraten[728], weshalb die deutschen Parlamentarier an den Erfahrungen ihrer französischen Kollegen interessiert waren.

---

[723] Vgl. oben A IV, S. 139.
[724] Protokoll der 11. Sitzung des Unterausschusses Europarecht am 05.03.2004, S. 8.
[725] Protokoll der 62. Sitzung des Rechtsausschusses am 27.10.2004.
[726] Richtlinie 2000/43/EG des Rates vom 29. Juni 2000 zur Anwendung des Gleichbehandlungsgrundsatzes ohne Unterschied der Rasse und der ethnischen Herkunft, ABl. EG 2000 L 80, S. 22; Richtlinie 2000/78/EG des Rates vom 27. November 2000 zur Festlegung eines allgemeinen Rahmens für die Verwirklichung der Gleichbehandlung in Beschäftigung und Beruf, ABl. EG 2000 L 303, S. 16.
[727] BT-Drs. 15/1112.
[728] Protokoll der 28. Sitzung des Rechtsausschusses am 15.10.2003, S. 21.

Die zweite gemeinsame Sitzung fand am 1. Juni 2005 als 83. Sitzung des Rechtsausschusses in Paris statt. Thema war der "Kampf gegen die organisierte Kriminalität". Dieser wurde anhand von zwei Tagesordnungspunkten diskutiert, zum einen dem bereits vorliegenden Rahmenbeschluss über den Europäischen Haftbefehl, zum anderen der Vorlage für einen Rahmenbeschluss über die Europäische Beweisanordnung.[729] An der Sitzung nahm eine Delegation von sechs Mitgliedern des Rechtsausschusses teil. Der Rahmenbeschluss über die europäische Beweisanordnung wurde in der Sitzung letztendlich gar nicht angesprochen. Stattdessen fand eine allgemeine Diskussion über die Harmonisierung im Bereich des Strafrechts statt.

Auch wenn in den beiden Sitzungen keine konkreten Vorlagen für Sekundärrechtsakte diskutiert wurden, sondern es um die Umsetzung eines Sekundärrechtsaktes und um allgemeine Fragen des europäischen Strafrechts ging, boten sie eine Plattform zum gegenseitigen Erfahrungs- und Meinungsaustausch zwischen Parlamentariern des Bundestages und der *Assemblée Nationale*. Es ist durchaus denkbar, dass eine solche gemeinsame Sitzung in der Zukunft dazu genutzt wird, Vorschläge für Sekundärrechtsakte, die noch in der Entstehung sind, zu diskutieren. Dies wäre eine Möglichkeit für den Rechtsausschuss, sich eine eigenständige Informationsbasis zu schaffen. Diese Kontakte sollten nicht nur dazu benutzt werden, ganz allgemein über europäische Politik zu sprechen. Foren, die europäische Politik in größter Allgemeinheit diskutieren, gibt es sicher schon genug.[730] Vielmehr muss es darum gehen, konkret bei einzelnen Vorlagen zusammenzuwirken. Um gemeinsame Sitzungen durchzuführen, müssen die Fachausschüsse aber überhaupt Kontakt zu den Ausschüssen anderer Parlamente haben. Hier wäre es sicher von Vorteil, wenn die Fachausschüsse in COSAC eingebunden wären und nicht nur der Ausschuss für die Angelegenheiten der Europäischen Union Vertreter dorthin entsenden würde.

VI) Zusammenfassende Bewertung

Fasst man das, was als Proaktivität des Ausschusses bezeichnet wurde, zusammen, dann lässt sich ein negatives Fazit ziehen: Der Rechtsausschuss hat von den besonderen Möglichkeiten, welche ihm die Geschäftsordnung zur effektiven Beratung von EU-Vorlagen bietet, so gut wie gar keinen Gebrauch gemacht. Er hat sich überwiegend darauf beschränkt, das ihm durch die Überweisung von Vorlagen vorgegebene Programm abzuarbeiten. Ausnahmen hiervon waren die Delegationsreise nach Brüssel, sowie die gemeinsamen Sitzungen mit dem Parallelausschuss des französischen Parlaments. Es ist auch wahrscheinlich, dass den Mitgliedern des Rechtsausschusses, auch des Unterausschusses Europarecht, gar nicht alle Möglichkeiten bei der Beratung von EU-Vorlagen vom gewohnten Geschäftsgang abzuweichen, bewusst waren. Das ist sehr zu bedauern. Anders als bei Beratungen zu nationalen Gesetzesvorlagen, die von einer Beschlussempfehlung des Ausschusses abhängig sind, um zu Ende geführt werden zu können, ist der Zeitplan bei der Beratung europäischer Vorlagen der Einflussnahme der Ausschüsse weitgehend entzogen. Umso wichtiger wäre es dann aber, dass

---

[729] Protokoll der 83. Sitzung des Rechtsausschusses am 1.02.2005 (Übersetzung des von der Assemblée Nationale verfassten Protokolls).

[730] *Neunreither*, The Democratic deficit of the European Union, Government and Opposition 1994, 299, 309

die Ausschüsse möglichst flexibel in der Beratung der Vorlagen sind und nicht darauf warten, dass sie auf die Tagesordnung gesetzt werden und ihnen ein Vertreter der Bundesregierung dann schon das Wesentliche dazu erzählen werde. Natürlich darf nicht verkannt werden, dass ein Ausschuss bei der Masse von EU-Vorlagen nicht immer alle Möglichkeiten einer effektiven Beratung ausschöpfen kann, doch gilt es auch hier Schwerpunkte zu setzen. Wie § 93 Abs. 5 und 6 GO-BT zeigen, fällt es in die Verantwortung jedes einzelnen Ausschusses, Arbeitsbeziehungen zu Ausschüssen des Europäischen Parlaments und anderen Institutionen der EU zu unterhalten. Hierfür ist nicht der Bundestag als ganzes und schon gar nicht nur der EU-Ausschuss zuständig. Dessen sollte sich der Rechtsausschuss bewusst werden und den Aufbau entsprechender Beziehungen voran treiben. Eine Delegationsfahrt pro Legislaturperiode nach Brüssel reicht hier sicher nicht.

D) Bewertung der Tätigkeit des Rechtsausschusses in Angelegenheiten der Europäischen Union im Hinblick auf die von ihm erarbeiteten Beschlussempfehlungen

Ein ganz wesentliches Kriterium zur Bewertung der Ausschusstätigkeit sind die von ihm erarbeiteten Beschlussempfehlungen. Erst durch Beschlussempfehlungen wird die Arbeit eines Ausschusses außenwirksam. Denn nur dann beschäftigt sich das Plenum mit der entsprechenden EU-Vorlage und der Beschlussempfehlung und kann letztere als Stellungnahme nach Art. 23 Abs. 3 GG übernehmen. Außerdem werden die Beschlussempfehlungen als Bundestagsdrucksache veröffentlicht. Im Übrigen werden grundsätzlich auch die EU-Vorlagen selbst nur dann als Drucksache veröffentlicht, wenn zu ihnen eine Beschlussempfehlung ergangen ist (§ 93 Abs. 2 Satz 4 a.E. GO-BT).

Interessant ist dabei zunächst die Anzahl der Beschlussempfehlungen. Anders als bei nationalen Gesetzesvorlagen (§ 62 GO-BT) ist ein Ausschuss nicht verpflichtet zu einer EU-Vorlage eine Beschlussempfehlung zu erarbeiten. Er kann auch bloße Kenntnisnahme beschließen. Unter den alten Mitwirkungsregeln nach Art. 2 des Zustimmungsgesetzes von 1957,[731] sah die Geschäftsordnung des Deutschen Bundestages übrigens noch vor, dass der federführende Ausschuss dem Plenum einen Bericht zu erstatten *hat*, soweit durch den Beschluss des Rates innerdeutsche Gesetze erforderlich werden oder in der Bundesrepublik Deutschland unmittelbar geltenden Recht geschaffen wird.[732] Es wird jedoch zum Teil bestritten, dass die Anzahl der Beschlussempfehlungen wirklich etwas über die Effektivität der Arbeit eines Ausschusses mit EU-Vorlagen aussage. Denn die lediglich zur Kenntnis genommenen Vorlagen hätten zumeist keine besondere politische Bedeutung und könnten daher vom Bundestag vorbehaltlos akzeptiert werden. Insoweit sei auch die Kenntnisnahme Ausdruck parlamentarischer Kontrolle.[733] Im Bereich der Rechtspolitik kann den meisten Vorlagen aber die

---

[731] Vgl. oben Kapitel 2 B II 1, S. 61.
[732] *Schweitzer*, Die nationalen Parlamente in der Gemeinschaft, 1978, S. 44.
[733] *Wieczorek*, Mitwirkung des Deutschen Bundestages in der Europäischen Union, in: *Waigel* (Hrsg.), Unsere Zukunft heißt Europa, 1997, S. 338; *Hauck*, Mitwirkungsrechte des Deutschen Bundestages in Angelegenheiten der Europäischen Union, 1999, S. 65.

politische Bedeutung nicht abgesprochen werden.[734] Außerdem ist die Anzahl ein erster Indikator, der auch ins Verhältnis zur Anzahl der von anderen Ausschüssen erarbeiteten Beschlussempfehlungen gesetzt werden kann.

Es muss aber berücksichtigt werden, dass die Ausschüsse aus Kapazitätsmangel nur zu einem Teil der EU-Vorlagen Beschlussempfehlungen vorlegen können. Entscheidend ist daher vor allem, welche Schwerpunkte sie hier setzen. Einen Fall von offensichtlich falscher Schwerpunktsetzung nennt Hölscheidt. So habe es in der 12. Legislaturperiode eine Beschlussempfehlung eines Ausschusses zu dem "Vorschlag für eine Richtlinie des Rates über die vorstehenden Außenkanten vor der Führerhausrückwand an Kraftfahrzeugen der Klasse N" gegeben. Dies sei in Anbetracht der Tatsache, dass der Bundestag in der 12. Legislaturperiode überhaupt nur zu etwa 5 % der EG-Vorlagen Beschlussempfehlungen erarbeitet habe, nicht verständlich.[735] In der Literatur wird zum Teil auch angeführt, dass etwa 90 % aller EG-Vorlagen, die dem Bundestag bisher zugeleitet wurden, bei rein innerstaatlicher Sichtweise gar nicht im Bereich der parlamentarischen Zuständigkeit lägen, sondern als technische Detailregelungen innerstaatlich durch Rechtsverordnung oder durch Verwaltungsvorschrift erledigt würden.[736] Das würde bedeuten, dass für die meisten EG-Vorlagen die Erarbeitung einer parlamentarischen Stellungnahme ohnehin entbehrlich wäre. Allerdings ist diese Zahl sehr zu bezweifeln. Sie stammt aus einer Zeit als sich die europäische Integration noch in einem ganz anderen Stadium befand. Rath und Hansmeyer übernehmen sie ungeprüft von Oetting. Heute trifft diese Annahme sicher nicht mehr zu, zumal nicht für Vorlagen, die der Rechtsausschuss bearbeitet. Diese sind selten rein technischer Natur. Inwieweit die Behauptung auf andere Bereiche - wie die Agrarpolitik - noch zutrifft, kann hier nicht untersucht werden. Interessant ist auch, ob sich der Rechtsausschuss bei der Schwerpunktbildung des Unterschiedes zwischen Vorlagen aus der 1. und aus der 3. Säule der EU bewusst ist. Denkbar ist schließlich, dass der Ausschuss gar nicht selbst entscheidet, zu welchen Vorlagen er eine Beschlussempfehlung erlässt, sondern diese auf "Bestellung" des zuständigen Ministeriums ergehen. In diesem Fall wären die Beschlussempfehlungen kein Ausdruck unabhängiger Kontrolle.[737] Daher ist auch die Frage, aus welchem Anlass die Beschlussempfehlungen ergangen sind, in die Betrachtung miteinzubeziehen.

Bedeutsam ist auch, ob die Beschlussempfehlungen rechtzeitig ergehen, so dass mit ihnen noch Einfluss auf die Position der Bundesregierung bei Verhandlungen im Rat genommen werden kann.[738] Zwischen Überweisung der EU-Vorlage an den Bundestag

---

[734] *Wieczorek*, ebd., verweist denn auch auf Rechtsakte aus dem Bereich der Agrarpolitik.

[735] *Hölscheidt*, Die neuen Bundesländer und der Parlamentarismus in der Europäischen Union, ZParl 2001, 325, 333.

[736] *Oetting*, Bundestag und Bundesrat im Willensbildungsprozeß der Europäischen Gemeinschaften, 1973, S. 63; *Rath*, Die unionswärtige Gewalt des Deutschen Bundestages, ZParl 1995, 114, 135; *Hansmeyer*, Die Mitwirkung des Deutschen Bundestages an der europäischen Rechtsetzung, 2001, S. 174.

[737] *Schweitzer*, Die nationalen Parlamente in der Gemeinschaft, 1978, S. 48; *Bulmer*, The domestic structure of European Community, 1986, S. 232; *Weber-Panariello*, Nationale Parlamente in der Europäischen Union, 1995, S. 252.

[738] *Hauck*, Mitwirkungsrechte des Deutschen Bundestages in Angelegenheiten der Europäischen Union, 1999, S. 39.

und Beratung im Ausschuss kann bereits eine geraume Zeit vergangen sein.[739] Zwischen der ersten Beratung einer Vorlage und der Empfehlung an das Plenum können dann noch einmal einige Wochen verstreichen. Werden aber in dieser Zeit auf europäischer Ebene vollendete Tatsachen geschaffen, kann die Beschlussempfehlung keine Wirkung mehr entfalten.

Wichtig ist daneben, wie dezidiert eine Beschlussempfehlung formuliert ist. Oben wurde festgestellt, dass Stellungnahmen des Bundestages nach Art. 23 Abs. 3 GG nur eine politische Bindung entfalten und keine rechtliche Verbindlichkeit besitzen.[740] Wie stark diese politische Bindung ausfällt, kann vom Bundestag aber durch die Formulierung beeinflusst werden. Wird die Beschlussempfehlung sehr "scharf" formuliert, dann wird es der Bundesregierung politisch schwerer fallen, sie zu ignorieren. Lässt die Beschlussempfehlung der Bundesregierung jedoch einen weiten Spielraum, ist die Bundesregierung politisch weitestgehend frei bei ihren Verhandlungen im Rat. Denkbar ist, dass die Abgeordneten sehr strategisch mit ihrem Recht auf Stellungnahme umgehen und die Bundesregierung keiner allzu starken Bindung unterwerfen wollen.[741]

Schließlich stellt sich noch die Frage, ob die Bundesregierung den Beschlussempfehlungen des Ausschusses tatsächlich Folge leistet. Hierbei ist aber folgendes zu bedenken: Stellen sich die Beschlussempfehlungen im Ergebnis als durch die Regierung gesteuert dar, hat die Tatsache, dass die Bundesregierung sie zum Gegenstand ihrer Verhandlungen macht, keine eigenständige Bedeutung mehr. Außerdem ist die Erfolgskontrolle schwer durchführbar. Die Verhandlungen des Rates und der vorbereitenden Arbeitsgruppen sind nur teilweise öffentlich (Art. 8 ff GO-Rat), so dass nicht ohne weiteres ersichtlich ist, welche Position die Regierung in den Verhandlungen zu den verschiedenen Zeitpunkten vertreten hat. Auch die endgültige Fassung eines Rechtsaktes gibt nur sehr bedingt Aufschluss darüber, welche Position die Bundesregierung vertreten hat, da der deutsche Vertreter im Rat bei Mehrheitsentscheidungen überstimmt worden sein kann.

I) Bewertung anhand der Anzahl der Beschlussempfehlungen

Auch wenn die Frage der Schwerpunktsetzung im Sinne einer Auswahl derjenigen Vorlagen, die sich am besten für eine Beschlussempfehlung eignen, sicher bedeutsamer ist, ist die Anzahl der Beschlussempfehlungen doch ein erster Indikator für die Effektivität der Tätigkeit des Ausschusses. Der Rechtsausschuss hat in der 15. Legislaturperiode acht Beschlussempfehlungen zu europäischen Vorlagen erarbeitet:

- BT-Drs. 15/985 vom 12.05.2003, Beschlussempfehlung und Bericht: Vorschlag für eine Richtlinie des Europäischen Parlaments und des Rates zur Änderung der Richtlinien 72/166/EWG, 845/5/EWG und 90/232/EWG des Rates sowie der Richtlinie 2000/26/EG über die Kraftfahrzeug-Haftpflichtversicherung (im Folgenden: *BE Richtlinie über die KFZ-Haftpflichtversicherung)*

[739] Vgl. oben A, S. 132.
[740] Vgl. oben Kapitel 2 B II 3 d, S. 67 ff.
[741] *Benz*, Europäisierung der Arbeit nationaler Parlamente, 2004, S. 9.

- BT-Drs. 15/1288 vom 27.06.2003, Beschlussempfehlung und Bericht: Vorschlag für eine Richtlinie des Europäischen Parlaments und des Rates zur Harmonisierung der Rechts- und Verwaltungsvorschriften der Mitgliedstaaten über den Verbraucherkredit (im Folgenden: *BE Richtlinie über den Verbraucherkredit*)

- BT-Drs. 15/3056 vom 5.04.2004, Beschlussempfehlung und Bericht: Vorschlag für eine Richtlinie des Europäischen Parlaments und des Rates über unlautere Geschäftspraktiken im binnenmarktinternen Geschäftsverkehr zwischen Unternehmen und Verbrauchern und zur Änderung der Richtlinien 84/450/EWG, 97/7/EG und 98/27/EG (im Folgenden: *BE Richtlinie über unlautere Geschäftspraktiken)*

- BT-Drs. 15/3477 vom 30.06.2004, Beschlussempfehlung und Bericht: Vorschlag für eine Richtlinie des Rates zur Verwirklichung des Grundsatzes über die Gleichbehandlung von Frauen und Männern beim Zugang zu und bei der Versorgung mit Dienstleistungen und Gütern (im Folgenden: *BE Richtlinie über die Gleichbehandlung*)

- BT-Drs. 15/3831 vom 29.09.2004, Beschlussempfehlung und Bericht: Vorschlag für einen Rahmenbeschluss des Rates über die Europäische Beweisanordnung zur Erlangung von Sachen, Schriftstücken und Daten zur Verwendung in Strafverfahren (im Folgenden: *BE Rahmenbeschluss Europäische Beweisanordnung*)

- BT-Drs. 15/4415 vom 1.12.2004, Beschlussempfehlung und Bericht: Vorschlag für eine Verordnung des Europäischen Parlaments und des Rates zur Einführung eines Europäischen Mahnverfahrens (im Folgenden: *BE Verordnung Europäisches Mahnverfahren*)

- BT-Drs. 15/4748 vom 26.01.2005, Beschlussempfehlung und Bericht: Entwurf eines Rahmenbeschlusses über die Vorratsspeicherung von Daten, die in Verbindung mit der Bereitstellung öffentlicher elektronischer Kommunikationsdienste verarbeitet und aufbewahrt werden, oder von Daten, die in öffentlichen Kommunikationsnetzen vorhanden sind, für die Zwecke der Vorbeugung, Untersuchung, Feststellung und Verfolgung von Straftaten, einschließlich Terrorismus (im Folgenden: *BE Rahmenbeschluss Vorratsdatenspeicherung*)

- BT-Drs. 15/4787 vom 28.01.2005, Beschlussempfehlung und Bericht: auf den Antrag verschiedener Abgeordneter, BT-Drs. 15/4403: Wettbewerb und Innovationsdynamik im Softwarebereich sichern- Patentierung von Computerprogrammen effektiv begrenzen (im Folgenden: *BE Softwarepatentierung*)

Insgesamt hat der Rechtsausschuss in der 15. Legislaturperiode 92 Beschlussempfehlungen erarbeitet.[742] Diese ergingen zu überwiesenen nationalen Gesetzentwürfen, zu EU-Vorlagen oder zu Entschließungsanträgen von Abgeordneten. Nur die eben genannten 8 Beschlussempfehlungen betrafen europäische Rechtsakte. Das entspricht einem Anteil von 8,7 % aller Beschlussempfehlungen. Hält man sich vor Augen, dass

---

[742] Eigene Auszählung anhand des Drucksachenverzeichnisses des 15. Deutschen Bundestages, http://dip.bundestag.de.

36,8 % der im Rechtsausschuss in der 15. Legislaturperiode behandelten Rechtsakte solche der Europäischen Union waren, ist das nicht sehr viel. Auch hier sei aber nochmals darauf hingewiesen, dass der Ausschuss bei nationalen Gesetzentwürfen eine Beschlussempfehlung erarbeiten muss, während das europäische Gesetzgebungsverfahren unabhängig von einer Äußerung des Rechtsausschusses weiter läuft. Von den insgesamt 86 im Rechtsausschuss beratenen nationalen Gesetzentwürfen wurden daher 79 mit einer Beschlussempfehlung beendet. Das entspricht 91,9 %. Dass zu einigen der Gesetzentwürfe keine Beschlussempfehlung erging, erklärt sich daraus, dass diese Gesetzentwürfe in der 15. Legislaturperiode nicht mehr zu Ende beraten wurden. Dagegen erging nur zu 8 der 50 Vorschläge für Rechtsakte der EU im Ausschuss eine Beschlussempfehlung. Das entspricht einem Anteil von 16 %. Das ist in der Tat nicht viel, mag sich aber später relativieren, wenn betrachtet wird, welche Schwerpunkte der Ausschuss bei der Auswahl der Vorlagen für Beschlussempfehlungen gesetzt hat.

Interessant ist an dieser Stelle auch ein Vergleich mit anderen Ausschüssen des 15. Deutschen Bundestages. War der Rechtsausschuss einer der aktiveren Ausschüsse, wenn es um den Erlass von Beschlussempfehlungen zu EU-Vorlagen ging oder gehörte er diesbezüglich zu den eher untätigen Ausschüssen? Insgesamt sind in der 15. Legislaturperiode 72 Beschlussempfehlungen zur EU-Rechtsetzung ergangen.[743] Bei den hier erfassten Beschlussempfehlungen handelt es sich auch um solche Beschlussempfehlungen, die Entwicklungen des Primärrechts betrafen. Es soll damit ein Gesamtbild der europapolitischen Aktivität des Bundestages gezeichnet werden, ohne sich auf die Sekundärrechtssetzung zu konzentrieren. 32 der Beschlussempfehlungen ergingen auf überwiesene EU-Vorlagen hin.[744] Die anderen ergingen zwar auf Entschließungsanträge von Abgeordneten hin, standen aber jeweils im unmittelbaren Zusammenhang mit einer oder mehreren EU-Vorlagen. Entschließungsanträge sind Anträge von Abgeordneten, die darauf gerichtet sind, einen schlichten Parlamentsbeschluss herbeizuführen. Sie sind so genannte unselbständige Vorlagen, das heißt sie stehen im Zusammenhang mit einem anderen Verhandlungsgegenstand, z.B. einer EU-Vorlage, § 75 Abs. 2 c GO-BT. Gemäß § 76 GO-BT müssen diese Anträge mindestens von 5 % der Abgeordneten des Bundestages oder einer Fraktion unterschrieben sein. Wenn die Antragssteller nicht widersprechen, werden auch die Entschließungsanträge einem Ausschuss überwiesen (§ 88 Abs. 2 Satz 1 GO-BT). Der Ausschuss, dem der Entschließungsantrag überwiesen wurde, muss zu diesem eine Beschlussempfehlung erarbeiten. Da Entschließungsanträge von einer Minderheit von Abgeordneten eingebracht werden können, enthielten die auf sie ergangenen Beschlussempfehlungen zum Teil auch die Ablehnung des Entschließungsantrages. In diesen Fällen wurden sie also nicht zu einer Stellungnahme gegenüber der Regierung nach Art. 23 Abs. 3 GG. Nimmt man diese Beschlussempfehlungen aus der Betrachtung heraus, verbleiben noch 54 Stellungnahmen des Bundestages nach Art. 23 Abs. 3 GG.[745]

Selbst wenn man die auf Entschließungsanträge hin ergangenen Beschlussempfehlungen mitzählt (wie erwähnt standen die meisten von ihnen im Zusammenhang mit ü-

---

[743] Eigene Auszählung anhand des Drucksachenverzeichnisses des 15. Deutschen Bundestages.
[744] Eigene Auszählung anhand des Drucksachenverzeichnisses des 15. Deutschen Bundestages.
[745] Dabei wird unterstellt, dass die vom Ausschuss mit Mehrheit angenommenen Beschlussempfehlungen vom Plenum bestätigt wurden.

berwiesenen Vorlagen), ist die Zahl von 72 Beschlussempfehlungen im Verhältnis zu der Gesamtzahl der dem Bundestag in der 15. Legislaturperiode überwiesenen EU-Vorlagen (2445) verschwindend gering (etwa 3 %). Zählt man nur diejenigen Beschlussempfehlungen, die dem Bundestag eine Annahme der Entschließung empfahlen und daher zu einer Stellungnahme nach Art. 23 Abs. 3 GG wurden, ist der Anteil noch geringer. Auf 2445 EU-Vorlagen entfallen dann nur 54 Stellungnahmen des Bundestages nach Art. 23 Abs. 3 GG (etwa 2,2 %). Leider enthält das Datenhandbuch des Deutschen Bundestages keine Statistik zu der Frage, wie viele Beschlussempfehlungen zu EU-Vorlagen in den vergangenen Legislaturperioden ergangen sind. Laut Ismayr sind in der 13. Wahlperiode (1994-1998) zu 2070 EU-Vorlagen 158 Beschlussempfehlungen ergangen.[746] Dies entspräche einem Anteil von etwa 8 % und würde bedeuten, dass die Aktivität des Bundestages seitdem sogar noch zurückgegangen ist.

Teilt man die Beschlussempfehlungen der 15. Legislaturperiode auf die 21 ständigen Ausschüsse des Deutschen Bundestages auf, die sie jeweils erarbeitet haben, ergibt sich folgendes Bild:

Ausschuss[747]	**Beschlussempfehlungen**	**Anteil**
AWImm	0	0%
APet	0	0%
AuswA	7	9,7 %
InnenA	2	2,8 %
SportA	0	0 %
RechtsA	**8**	**11,1 %**
FinanzA	9	12,5 %
HaushaltsA	1	1,4 %
AfWA	3	4,2 %
AfVEL	3	4,2 %
AfVg	0	0 %
AfFSFJ	1	1,4 %
AfGS	1	1,4 %
AfVerkBau	12	16,7 %
AfUmwelt	6	8,3 %
AfMenschenr	3	4,2 %
AfBFT	4	5,6 %
AfWirtZE	1	1,4 %
AfTour	1	1,4 %
AfEU	**9**	**12,5 %**
AfKult	1	1,4 %
	72	100

Auffallend ist zunächst, dass der Ausschuss für Verkehr, Bau- und Wohnungswesen die meisten Beschlussempfehlungen erarbeitet hat. Obwohl ihm nur 5,4 % aller EU-Vorlagen überwiesen worden waren, erarbeitete er 16,7 % aller Beschlussempfehlun-

[746] *Ismayr*, Der Deutsche Bundestag, 2. Auflage 2001, S. 297.

[747] Die Reihenfolge der Ausschüsse in der Tabelle orientiert sich am Einsetzungsbeschluss des Bundestages, vgl. BT-Drs. 15/19.

gen zu EU-Vorlagen. Allerdings kann die Statistik über die Anzahl der Beschlussempfehlungen nicht in unmittelbaren Zusammenhang zu der Statistik über den Anteil der jeweiligen Ausschüsse an den überwiesenen Vorlagen gebracht werden, da die Beschlussempfehlungen, wie erläutert, zum Teil zu Entschließungsanträgen und nicht auf überwiesene Vorlagen hin ergangen sind. Besonders viele Beschlussempfehlungen erarbeitete erwartungsgemäß der EU-Ausschuss, bei dem einem Anteil von 6,8 % an den überwiesenen Vorlagen ein Anteil von 12,5 % an den Beschlussempfehlungen gegenüberstand. Die beiden Ausschüsse, denen am meisten EU-Vorlagen überwiesen wurden, der Ausschuss für Wirtschaft und Arbeit (Anteil an den überwiesenen Vorlagen: 21,9 %) und der Ausschuss für Verbraucherschutz, Ernährung und Landwirtschaft (Anteil an den überwiesenen Vorlagen: 17,2 %) fielen nicht durch besonders viele Beschlussempfehlungen auf. Sie erarbeiteten beide nur 3 Beschlussempfehlungen, was einem Anteil von jeweils 4,2 % an der Gesamtzahl der zur EU-Rechtsetzung ergangenen Beschlussempfehlungen entspricht.

Der Rechtsausschuss hat dagegen im Verhältnis zu den ihm überwiesenen Vorlagen (Anteil: 4,1 %) relativ viele Beschlussempfehlungen erarbeitet, nämlich 11,1 % aller Beschlussempfehlungen des 15. Deutschen Bundestages zu EU-Vorlagen. Daher lässt sich als Ergebnis ganz klar festhalten: der Rechtsausschuss gehörte in der 15. Legislaturperiode zu den aktiveren Ausschüssen bei der Kontrolle von europäischer Rechtsetzung. Dieses Ergebnis muss natürlich unter dem Vorbehalt gesehen werden, dass Zahlen alleine nicht viel aussagen, da sich die Qualität europäischer Rechtsakte stark unterscheidet.

Ergänzend ist noch die Frage zu beantworten, wie sich die Aktivität des Rechtsausschusses in den letzten Legislaturperioden entwickelt hat. Laut Hölscheidt hat der Rechtsausschuss in der 13. Legislaturperiode (1994 - 1998) 7 Beschlussempfehlungen zu EU-Vorlagen erarbeitet.[748] Eine Auswertung des Drucksachenverzeichnisses des 14. Deutschen Bundestages ergab, dass der Rechtsausschuss in der 14. Wahlperiode (1998 - 2002) nicht eine einzige Beschlussempfehlung zu einer europäischen Vorlage erlassen hat. Ein Grund für diese Untätigkeit ist nicht ersichtlich. Zwar hatte der Rechtsausschuss in der 14. Legislaturperiode noch nicht viele Vorschläge für Rahmenbeschlüsse auf der Tagesordnung, welche in der 15. Legislaturperiode häufig zu erhöhten Beratungsbedarf führten. Allerdings hatte der Rechtsausschuss auch in der 14. Wahlperiode Rechtsakte aus dem Bereich der Rechtsharmonisierung auf der Tagesordnung, die sich für eine Beschlussempfehlung hätten eignen können.

Übrigens waren die Mitglieder des Rechtsausschusses überwiegend der Meinung, dass die Anzahl der Beschlussempfehlungen zu EU-Vorlagen zukünftig erhöht werden sollte. Die Abgeordneten wurden mittels eines Fragebogens gefragt, wie der Rechtsausschuss ihrer Meinung nach künftig vorgehen solle. Es gab die folgenden Antwortmöglichkeiten:

---

[748] *Hölscheidt*, The German Bundestag: from benevolent weakness towards supportive scrutiny, in: *Maurer/Wessels* (Hrsg.), National Parliaments on their ways to Europe, 2001, S. 136.

er sollte seine bisherige Praxis bei der Behandlung europäischer Vorlagen beibehalten
er sollte mehr Beschlussempfehlungen zu europäischen Vorlagen erlassen
er sollte Beschlussempfehlungen erlassen, die der Bundesregierung eine detailliertere Handlungsanweisung geben
er sollte mehr Öffentlichkeit für die Vorlagen herstellen
weiteres:

Von den 16 Abgeordneten, die den Fragebogen beantwortet zurückschickten waren 9, darunter alle Mitglieder des Unterausschusses, die die Frage beantwortet hatten, der Meinung, dass der Rechtsausschuss mehr Beschlussempfehlungen zu europäischen Vorlagen erlassen solle.

II) Schwerpunktsetzung bei der Auswahl der Vorlagen zu denen eine Beschlussempfehlung ergangen ist

Klar ist aber auch, dass ein Ausschuss niemals zu allen ihm überwiesenen Vorlagen eine Beschlussempfehlung wird erarbeiten können. Dafür fehlt ihm schlichtweg die Kapazität. Außerdem sind nicht alle EU-Vorlagen gleich bedeutsam. Entscheidend ist also, dass ein Ausschuss diejenigen Vorlagen heraussucht, die sich besonders für die Abgabe einer Stellungnahme eignen. Daher soll im Folgenden für den Rechtsausschuss untersucht werden, wie er diejenigen Vorlagen ausgewählt hat, zu denen er eine Beschlussempfehlung erlassen hat. Zunächst soll versucht werden, diejenigen Vorlagen, die der Rechtsausschuss für eine Beschlussempfehlung ausgewählt hat, im Vergleich zu denjenigen Vorlagen, zu denen er keine Beschlussempfehlung erarbeitet hat, qualitativ zu bewerten.

1) Qualitative Bewertung derjenigen EU-Vorlagen, zu denen eine Beschlussempfehlung ergangen ist

Zunächst fällt auf, dass alle 8 Beschlussempfehlungen zu Vorschlägen für Rechtsakte ergangen sind. Fünf von ihnen betrafen Richtlinien[749], zwei betrafen Rahmenbeschlüsse[750] und eine erging zu einer Verordnung[751]. Dies war insoweit eine sinnvolle Schwerpunktsetzung, als Vorschläge für Rechtsakte die qualitativ bedeutsamsten Vorlagen sind. Nur aus ihnen kann unmittelbar geltendes Recht werden. Andererseits wurde bereits mehrfach darauf hingewiesen, dass zu dem Zeitpunkt, zu dem ein Vorschlag offiziell dem Rat zugeleitet wird, bereits viele Vorentscheidungen gefallen sind und deshalb mit einer Stellungnahme nur noch bedingt Einfluss genommen werden kann. Unter diesem Aspekt wäre es also durchaus sinnvoll gewesen, wenn der Ausschuss auch zu prälegislativen Dokumenten Stellungnahmen erarbeitet hätte. Dies gilt im Übrigen auch für die Fälle, in denen die Konsultationsfrist eines Grünbuches bereits abgelaufen war. Denn auch wenn damit eine unmittelbare Stellungnahme an die

[749] BE Richtlinie über die KFZ-Haftpflichtversicherung, BE Richtlinie über den Verbraucherkredit, BE Richtlinie über unlautere Geschäftspraktiken, BE Richtlinie über die Gleichbehandlung und BE Softwarepatentierung.
[750] BE Rahmenbeschluss Beweisanordnung und BE Rahmenbeschluss Vorratsdatenspeicherung.
[751] BE Verordnung Europäisches Mahnverfahren.

Kommission nicht mehr möglich war, bestand doch immer die Möglichkeit mittels einer Stellungnahme zu einem Grünbuch oder anderen Mitteilungen der Kommission nach Art. 23 Abs. 3 GG der Bundesregierung die Position des Bundestages zu einem bestimmten Gesetzgebungsvorhaben mit auf den Weg zu geben. Diese Stellungnahme hätte die Bundesregierung dann bereits bei der Einbindung zu den weiteren Vorarbeiten zu einem Gesetzgebungsvorhaben berücksichtigen können.

2) Qualitative Bewertung derjenigen EU-Vorlagen, zu denen keine Beschlussempfehlung ergangen ist

Weiter stellt sich die Frage, ob der Rechtsausschuss aus den ihm insgesamt überwiesenen 50 Vorlagen für Rechtsakte diejenigen herausgesucht hat, die auch tatsächlich am bedeutsamsten waren. Sicherlich wird man keinem der Vorschläge, zu denen eine Beschlussempfehlung ergangen ist, grundsätzlich die Bedeutung absprechen können. Sie betrafen alle Sachbereiche, die auch bei einer rein nationalen Kompetenz durch ein Parlamentsgesetz zu regeln gewesen wären und nicht etwa durch eine Verordnung der Regierung. Sie hatten auch alle erhebliche Auswirkungen auf bestehendes nationales Recht, welches entsprechend den europäischen Vorgaben geändert werden musste, bzw. obsolet wurde. Fraglich ist aber, ob man denjenigen Vorlagen, zu denen keine Beschlussempfehlung erging, diese Bedeutung von vornherein absprechen kann. Natürlich kann an dieser Stelle keine vollständige und abschließende Bewertung aller EU-Vorlagen mit Vorschlägen für Rechtsakte, die in der 15. Legislaturperiode auf der Tagesordnung des Rechtsausschusses standen, vorgenommen werden. Außerdem ist auch jede Bewertung der Bedeutung einer Vorlage notwendig subjektiv. Allerdings soll eine überblicksartige Bewertung der Vorlagen Aufschluss darüber geben, ob die Schwerpunktsetzung des Rechtsausschusses sinnvoll war.

Von den insgesamt 50 Vorschlägen für Rechtsakte der EU, die auf der Tagesordnung des Rechtsausschusses standen, beinhalteten 9 Vorschläge für Beschlüsse des Rates zum Abschluss eines internationalen Abkommens durch die EG bzw. zur Ermächtigung der Mitgliedstaaten zum Abschluss eines Abkommens.[752] Es bedarf keiner nähe-

[752] TOP 7 g der 3. Sitzung des Unterausschusses Europarecht am 09.05.2003: Vorschlag für einen Beschluss des Rates über den Abschluss einer Vereinbarung mit dem Vereinigten Königreich Großbritannien und Nordirland über die Ausdehnung des Rechtsschutzes für Datenbanken; TOP 2 b) der 5. Sitzung des Unterausschusses Europarecht am 04.07.2003: Vorschlag für eine Entscheidung des Rates zur Ermächtigung der Mitgliedstaaten, das Übereinkommen über die Zuständigkeit, das anzuwendende Recht, die Anerkennung, Vollstreckung und Zusammenarbeit auf dem Gebiet der elterlichen Verantwortung und der Maßnahmen zum Schutz von Kindern im Interesse der EG zu unterzeichnen; TOP 2 c) der 5. Sitzung des Unterausschusses Europarecht am 04.07.2003: Vorschlag für einen Beschluss des Rates betreffend die Unterzeichnung des Übereinkommens des Europarates über den Umgang mit Kindern durch die EG; TOP 5 der 7. Sitzung des Unterausschusses Europarecht: Vorschlag für einen Beschluss des Rates zur Ermächtigung der Mitgliedstaaten das Haager Übereinkommen von 1996 im Interesse der EG zu ratifizieren oder ihm beizutreten; TOP 7 a) der 7. Sitzung des Unterausschusses Europarecht am 17.10.2003: Vorschlag für einen Beschluss des Rates über den Abschluss des Abkommens über die Anwendung bestimmter Rechtsakte der Gemeinschaft auf dem Gebiet des Fürstentums Monaco; TOP 1 der 8. Sitzung des Unterausschusses Europarecht am 14.11.2003: Vorschlag für einen Beschluss des Rates zur Unterzeichnung im Namen der EG eines Abkommens zur zivilrechtlichen Haftung und zum Ersatz bei Schäden, die durch grenzüberschreitende Auswirkungen von Industrieabfällen auf grenzüberschreitenden Gewässern verursacht sind; TOP 3 der 10. Sitzung des Unter-

ren Erläuterung, dass die Ermächtigung zum Abschluss eines völkerrechtlichen Abkommens nicht in gleicher Weise auf die Rechte der Unionsbürger einwirkt wie der Erlass einer Verordnung oder Richtlinie. Insofern ist es verständlich, dass der Rechtsausschuss diese nicht für eine Beschlussempfehlung ausgewählt hat. Als auf den ersten Blick weniger bedeutsam können auch diejenigen Vorlagen angesehen werden, die Entwürfe für Beschlüsse des Rates betreffend die Gemeinschaftsgerichtsbarkeit enthielten. Dies waren in der 15. Legislaturperiode insgesamt 4.[753] Auch insoweit ist es nachvollziehbar, dass der Rechtsausschuss keine Beschlussempfehlung erarbeitete.

Nur eine Beschlussempfehlung ist zu einem Vorschlag für einen Rechtsakt aus dem Bereich der justiziellen Zusammenarbeit in Zivilsachen ergangen.[754] Dies mag damit zusammenhängen, dass diese Vorschläge meist relativ unkontrovers waren. Viele Vorschläge bezweckten die Vereinheitlichung der Regeln über die internationale Zuständigkeit und der Kollisionsnormen und hatten daher keine unmittelbaren Auswirkungen auf das materielle Recht, sondern sollten lediglich regeln, welche Rechtsordnung im Kollisionsfall anwendbar bzw. welches Gericht zuständig ist. Es ist verständlich, dass der Rechtsausschuss auf diese Rechtsakte wenig Beratungszeit verwendete und auch keine Beschlussempfehlung hierzu erließ. Manche Vorschläge für Rechtsakte enthielten nur Regelungen eher technischer Natur, so dass auch hier eine Auseinandersetzung des Rechtsausschusses im Rahmen einer Beschlussempfehlung nicht erwartet werden

---

ausschusses Europarecht am 13.02.2004: Vorschlag für einen Beschluss des Rates zum Abschluss - im Namen der EG- des Übereinkommens der Vereinten Nationen gegen die grenzüberschreitende organisierte Kriminalität; TOP 6 der 10. Sitzung des Unterausschusses Europarecht am 13.02.2004: Vorschlag für einen Beschluss des Rates zur Unterzeichnung des Übereinkommens der Vereinten Nationen gegen Korruption im Namen der EG; TOP 4 der 12. Sitzung des Unterausschusses Europarecht am 02.04.2004: Vorschlag für einen Beschluss des Rates zur Unterzeichnung des Haager Übereinkommens über die auf bestimmte Rechte in Bezug auf intermediär verwahrte Wertpapiere anzuwendende Rechtsordnung.

[753] TOP 3 der 9. Sitzung des Unterausschusses Europarecht am 16.01.2004: Entwurf des Beschlusses des Rates zur Änderung des Protokolls über die Satzung des Gerichtshofs mit dem Ziel, die Bedingungen und Grenzen für die Überprüfung von Entscheidungen des Gerichts erster Instanz durch den Gerichtshof festzulegen; TOP 5 der 10. Sitzung des Unterausschusses Europarecht am 13.02.2004: Vorschlag für einen Beschluss des Rates zur Errichtung des Gerichts für den europäischen öffentlichen Dienst; TOP 2 a) der 12. Sitzung des Unterausschusses Europarecht am 02.04.2004: Vorschlag für einen Beschluss des Rates zur Errichtung des Gemeinschaftspatentgerichts und betreffend das Rechtsmittel vor dem Gericht erster Instanz; TOP 2 b) der 12. Sitzung des Unterausschusses Europarecht am 02.04.2004: Vorschlag für einen Beschluss des Rates zur Übertragung der Zuständigkeit in Gemeinschaftspatentsachen auf den Gerichtshof.

[754] BE Verordnung Europäisches Mahnverfahren; keine Beschlussempfehlung erging insbesondere zu: TOP 2 der 5. Sitzung des Unterausschusses Europarecht am 04.07.2003: Vorschlag für eine Verordnung des Rates über die Zuständigkeit und die Anerkennung und Vollstreckung von Entscheidungen in Ehesachen und in Verfahren betreffend die elterliche Verantwortung in Bezug auf Unterhaltssachen; TOP 4 der 7. Sitzung des Unterausschusses Europarecht am 17.10.2003: Vorschlag für eine Verordnung des Europäischen Parlaments und des Rates über das auf außervertragliche Schuldverhältnisse anzuwendende Recht; TOP 1 der 18. Sitzung des Unterausschusses Europarecht am 21.01.2005: Vorschlag für eine Verordnung des Rates über die Zuständigkeit, die Anerkennung und Vollstreckung von Entscheidungen in Ehesachen und in Verfahren betreffend die elterliche Verantwortung.

konnte.[755] Das gleiche gilt hinsichtlich solcher Vorschläge für Rechtsakte, die lediglich bereits bestehende Rechtsakte ablösen und ohne inhaltliche Änderung vereinfachen sollten.[756] Daneben sind Fälle nachweisbar, in denen eine Beschlussempfehlung schon deshalb keinen Sinn gemacht hätte, weil die Verhandlungen im Rat schon zu weit fortgeschritten waren bzw. kurz vor dem Abschluss standen[757] oder absehbar war, dass der Vorschlag für einen Rechtsakt nicht weiter verfolgt oder gravierend geändert werden würde.[758] Das war auch der Grund für die bloße Kenntnisnahme des Vorschlages für eine Richtlinie über gemeinsame Mindestvorschriften über die Prozesskostenhilferichtlinie. Dieser war bereits in der 14. Legislaturperiode am 15.03.2002 überwiesen worden[759], befand sich aber erst am 4.07.2003 auf der Tagesordnung des Unterausschusses Europarecht (auf der Sammelliste).[760] Tatsächlich hatte der Rat bereits am 14.10.2002 eine politische Einigung über den Vorschlag erzielt.

---

[755] TOP 3 der 1. Sitzung des Unterausschusses Europarecht am 21.02.2003: Vorschlag für eine Richtlinie des Europäischen Parlaments und des Rates zur Änderung der Richtlinie 68/151/EWG in Bezug auf die Offenlegungspflichten von Gesellschaften bestimmter Rechtsformen; TOP 2 der 3. Sitzung des Unterausschusses Europarecht am 09.05.2003: Vorschlag für eine Richtlinie des Rates zur Änderung der Richtlinie 78/660/EWG hinsichtlich der in Euro ausgedrückten Beträge; TOP 5 c) der 5. Sitzung des Unterausschusses Europarecht am 04.07.2003: Vorschlag für eine Verordnung des Rates zur Änderung der Verordnung zum Schutz von geographischen Angaben und Ursprungsbezeichnungen für Agrarerzeugnisse und Lebensmittel; TOP 3 der 20. Sitzung des Unterausschusses Europarecht am 11.03.2005: Vorschlag für eine Verordnung des Rates zur Änderung der Listen von Insolvenzverfahren und Verwaltern in den Anhängen A, B und C der Verordnung über Insolvenzverfahren.

[756] TOP 3 der 6. Sitzung des Unterausschusses Europarecht am 12.11.2003: Vorschlag für eine Richtlinie des Europäischen Parlaments und des Rates über Unterlassungsklagen zum Schutz von Verbraucherinteressen (kodifizierte Fassung); TOP 3 der 18. Sitzung des Unterausschusses Europarecht am 28.01.2005: Vorschlag für einen Beschluss des Rates über den Austausch von Informationen aus dem Strafregister.

[757] TOP 1 der 1. Sitzung des Unterausschusses Europarecht am 21.02.2003: Vorschlag für eine Richtlinie des Europäischen Parlaments und des Rates zur Änderung verschiedener Richtlinien über den Jahresabschluss und den konsolidierten Abschluss von Gesellschaften bestimmter Rechtsformen sowie Versicherungsunternehmen (dieser Vorschlag beinhaltete allerdings auch überwiegend bloße Änderungen von Detailfragen); TOP 4 der 1. Sitzung des Unterausschusses Europarecht am 21.02.2003: Initiative des Königreichs Dänemark im Hinblick der Annahme des Entwurfs eines Rahmenbeschlusses zur Bekämpfung der Bestechung im privaten Sektor; TOP 4 der 4. Sitzung des Unterausschusses Europarecht am 06.06.2003: Initiative des Königreichs Dänemark im Hinblick auf die Annahme eines Entwurfes für einen Rahmenbeschluss des Rates über die Einziehung von Erträgen, Tatwerkzeugen und Vermögensgegenständen aus Straftaten durch den Rat; TOP 5 der 14. Sitzung des Unterausschusses Europarecht am 18.06.2004: Vorschlag für eine Verordnung des Europäischen Parlaments und des Rates über die Zusammenarbeit zwischen den für die Durchsetzung der Verbraucherschutzgesetze zuständigen internationalen Behörden.

[758] TOP 2 b) der 4. Sitzung des Unterausschusses Europarecht am 06.06.2003: Vorschlag für eine Richtlinie des Europäischen Parlaments und des Rates über den strafrechtlichen Schutz der finanziellen Interessen der Gemeinschaft; TOP 2 der 7. Sitzung des Unterausschusses Europarecht am 17.10.2003: Vorschlag für eine Richtlinie des Europäischen Parlaments und des Rates über die Maßnahmen und Verfahren zum Schutz der Rechte an geistigem Eigentum.

[759] BT-Drs. 14/8562.

[760] TOP 5 a) der 5. Sitzung des Unterausschusses Europarecht am 04.07.2003: Vorschlag für eine Richtlinie des Rates zur Verbesserung des Zugangs zum Recht bei Streitsachen mit grenzüberschreitendem Bezug durch die Festlegung gemeinsamer Mindestvorschriften für die Prozesskostenhilfe und für andere mit Zivilverfahren verbundene finanzielle Aspekte.

Es kann also festgestellt werden, dass sich viele der überwiesenen Vorschläge für Rechtsakte nicht für den Erlass einer Beschlussempfehlung anboten. In diesen Fällen kann man dem Rechtsausschuss nicht vorwerfen, er habe seine Verantwortung zur Kontrolle der EU-Rechtsetzung nicht wahrgenommen. Bedenklich ist es aber, wenn sich die Frage, ob eine Beschlussempfehlung erarbeitet wird oder nicht, schon deshalb erledigt, weil die Verhandlungen über die Vorlage schon so weit fortgeschritten sind, dass eine Einflussnahme gar nicht mehr möglich wäre.

Es gibt jedoch auch Vorlagen, bei denen zumindest auf den ersten Blick nicht erkennbar ist, warum sich der Ausschuss zu ihnen nicht geäußert hat. Dies gilt z.B. für den "Vorschlag einer Verordnung zur Änderung der Verordnung über die Gemeinschaftsmarke."[761] Dieser Vorschlag war im Rat umstritten, so dass eine Einigung noch ausstand. Der Bundesrat hatte eine Stellungnahme an die Bundesregierung verabschiedet. Ein Abgeordneter der CDU/CSU-Fraktion schlug wegen der seiner Meinung nach *"erheblichen wirtschaftlichen Bedeutung"* des Rechtsaktes die Erarbeitung einer Beschlussempfehlung vor. Trotzdem beschloss der Unterausschuss aber nur Kenntnisnahme.[762] Auch zum "Vorschlag einer Verordnung zur Einführung eines europäischen Vollstreckungstitels"[763] wäre eine Beschlussempfehlung denkbar gewesen. Dies gilt insbesondere deshalb, weil der Vertreter der Bundesregierung in der Ausschusssitzung einige kontroverse Punkte des Vorschlages nannte, zu denen sich der Ausschuss hätte äußern können.[764] Ein anderes Beispiel ist der "Vorschlag für eine Richtlinie des Rates zur Entschädigung der Opfer von Straftaten".[765] Hier war zwischen Rat und Kommission umstritten, ob die EG überhaupt die Kompetenz zum Erlass des Rechtsaktes besitze. Außerdem war die deutsche Regierung auch inhaltlich mit einigen Punkten nicht einverstanden. Der Bundesrat hatte eine Stellungnahme zu dem Entwurf abgegeben. Der Unterausschuss Europarecht beschloss gleichwohl nur die Kenntnisnahme.[766] Trotz ausführlicher und kritischer Diskussion im Ausschuss wurde keine Beschlussempfehlung zum "Vorschlag für einen Rahmenbeschluss zur Verstärkung des strafrechtlichen Rahmens zur Bekämpfung der Verschmutzung durch Schiffe"[767] erlassen. Auch hier war einer der strittigen Punkte, ob die EU überhaupt die Kompetenz zum Erlass eines solchen Rechtsaktes besitze. Ein Abgeordneter der Fraktion CDU/CSU äußerte, der Ausschuss sollte einen Rahmenbeschluss, für den eine Kompetenz der EU gar nicht bestehe, weder diskutieren, noch zur Kenntnis nehmen.[768] Diese Auffassung mutet seltsam an, da sich der Ausschuss ja gerade zu dieser Frage der Kompetenz ex-

---

761 TOP 4 der 2. Sitzung des Unterausschusses Europarecht am 04.04.2003: Vorschlag für eine Verordnung des Rates zur Änderung der Verordnung über die Gemeinschaftsmarke.

762 Protokoll der 2. Sitzung des Unterausschusses Europarecht am 04.04.2003, S. 13 f.

763 TOP 6 der 3. Sitzung des Unterausschusses Europarecht am 09.05.2003: Vorschlag für eine Verordnung des Rates zur Einführung eines europäischen Vollstreckungstitels für unbestrittene Forderungen.

764 Protokoll der 3. Sitzung des Unterausschusses Europarecht am 09.05.2003, S. 34 ff.

765 TOP 3 b) der 4. Sitzung des Unterausschusses Europarecht am 06.06.2003: Vorschlag für eine Richtlinie des Rates zur Entschädigung für Opfer von Straftaten.

766 Protokoll der 3. Sitzung des Unterausschusses Europarecht am 06.06.2003, S. 15 f.

767 TOP 1 der 6. Sitzung des Unterausschusses Europarecht am 12.09.2003: Vorschlag für einen Rahmenbeschluss des Rates zur Verstärkung des strafrechtlichen Rahmens zur Bekämpfung der Verschmutzung durch Schiffe.

768 Protokoll der 6. Sitzung des Unterausschusses Europarecht am 12.09.2003, S. 8 ff.

plizit in einer Stellungnahme hätte äußern können. Schon oben[769] wurde darauf hingewiesen, dass der Rechtsausschuss trotz mehrfacher ausführlicher Debatte des "Vorschlages für einen Rahmenbeschluss über bestimmte Verfahrensrechte in der EU"[770] keine Beschlussempfehlung hierzu erließ. Zwar wurde der Bundesregierung in den Ausschusssitzungen mündlich die Position des Rechtsausschusses mit auf den Weg gegeben, was einige Abgeordnete auch als zu berücksichtigende Auffassung des Bundestages verstanden wissen wollten[771], doch ist dies einer Beschlussempfehlung in keiner Weise gleichwertig. Zum einen handelt es sich in diesem Fall immer nur um die Äußerung eines einzelnen Ausschusses und nicht um die des gesamten Bundestages[772], zum anderen wird die Position des Ausschusses so außerhalb der nichtöffentlichen Sitzungen nicht bekannt. Keine Beschlussempfehlung erging auch zum "Vorschlag für eine Richtlinie über die Verschmelzung von Kapitalgesellschaften aus verschiedenen Mitgliedstaaten".[773] Auch hier wäre eine Äußerung des Ausschusses durchaus denkbar gewesen. Wegen der geringen Auswirkungen auf die deutsche Rechtsordnung sah der Ausschuss auch keine Veranlassung, sich zum "Vorschlag für einen Rahmenbeschluss zur Bekämpfung der organisierten Kriminalität"[774] zu äußern. Die von dem Verordnungsentwurf vorgesehene Einführung von Mindeststandards hätte keine Änderungen des deutschen Strafrechts veranlasst.[775] Interessant ist auch, dass keine Beschlussempfehlung zum "Vorschlag für eine Richtlinie über den rechtlichen Schutz von Mustern und Modellen"[776] erging. Diese Vorlage wurde vom Unterausschuss an den Rechtsausschuss mit der Begründung zurückverwiesen, dass die Fragestellung von großer Wichtigkeit sei.[777] Trotzdem wurde keine Beschlussempfehlung ausgearbeitet. Vielmehr beschäftigte sich der Rechtsausschuss inhaltlich gar nicht mit der Vorlage. Er setzte sie nur einmal auf die Tagesordnung, vertagte den Punkt dann[778] und griff ihn vor Ablauf der Legislaturperiode nicht wieder auf. Es ist nicht nachvollziehbar, wie die Beratung einer Vorlage, die offensichtlich als wichtig eingestuft wurde, solchermaßen im Sande verlaufen konnte. Auch zum "Vorschlag für eine Richtlinie über bestimmte Aspekte der Mediation in Zivil- und Handelssachen"[779] äußerte sich der Ausschuss nicht. Dabei wurde der Vorschlag mit seinem Ansatz, auch reine Binnenverfahren zu erfassen, kritisiert.[780] Hier sah man es wohl als ausreichend an, dass die Bundesregierung dieselbe

---

769 Vgl. oben B, S. 149.

770 TOP 3 der 15. Sitzung des Unterausschusses Europarecht am 24.09.2004: Vorschlag für einen Rahmenbeschluss des Rates über bestimmte Verfahrensrechte in Strafverfahren in der EU.

771 Protokoll der 23. Sitzung des Unterausschusses Europarecht am 03.06.2005, S. 18 ff.

772 so auch *Hölscheidt*, Mitwirkungsrechte des Deutschen Bundestages in Angelegenheiten der EU, APuZ 2000, B 28, 31, 37.

773 TOP 4 der 15. Sitzung des Unterausschusses Europarecht am 24.09.2004: Vorschlag für eine Richtlinie des Europäischen Parlaments und des Rates über die Verschmelzung von Kapitalgesellschaften aus verschiedenen Mitgliedstaaten.

774 TOP 3 der 21. Sitzung des Unterausschusses Europarecht am 15.04.2005: Vorschlag für einen Rahmenbeschluss des Rates zur Bekämpfung der organisierten Kriminalität.

775 Protokoll der 21. Sitzung des Unterausschusses Europarecht am 15.04.2005, S. 14 f.

776 TOP 5 der 17. Sitzung des Unterausschusses Europarecht am 12.11.2004.

777 Protokoll der 17. Sitzung des Unterausschusses Europarecht am 12.11.2004, S. 23 f.

778 Protokoll der 79. Sitzung des Rechtsausschusses am 11.05.2005, S. 20.

779 TOP 6 der 18. Sitzung des Unterausschusses Europarecht am 28.01.2005: Vorschlag für eine Richtlinie des Europäischen Parlaments und des Rates über bestimmte Aspekte der Mediation in Zivil- und Handelssachen.

780 Protokoll der 18. Sitzung des Unterausschusses Europarecht am 28.01.2005, S. 25 f.

Position wie der Ausschuss vertrat. Ähnlich war es im Fall des "Vorschlages für eine Richtlinie in Bezug auf die Gründung von Aktiengesellschaften und die Erhaltung und Änderung ihres Kapitals."[781] Auch bei dieser gab es zwar einige kritische Punkte, zu denen sich eine Beschlussempfehlung angeboten hätte[782], doch verließ man sich insoweit darauf, dass die Bundesregierung die Bedenken ohnehin im Rat vortragen werde. Ebenfalls keine Beschlussempfehlung erging zur "Initiative Belgiens zum Erlass eines Rahmenbeschlusses betreffend die Anerkennung und Vollstreckung von Berufsverboten aufgrund von Verurteilungen wegen Sexualstraftaten gegen Kinder."[783] Dieser Vorschlag stand im Zusammenhang mit einem konkreten Vorfall in Belgien und wurde von allen Seiten grundsätzlich begrüßt.

Zum Ende der Legislaturperiode finden sich schließlich Vorlagen, bei denen eine Stellungnahme zeitlich nicht mehr möglich war. Besonders bedauernswert ist das im Falle des "Vorschlages für einen Rahmenbeschluss über die Europäische Vollstreckungsanordnung".[784] Dieser wurde bei seiner ersten Behandlung im Unterausschuss kritisch beurteilt, im Hinblick auf die anstehende mündliche Verhandlung zum Gesetz über den Europäischen Haftbefehl vor dem Bundesverfassungsgericht aber vertagt.[785] Bei der zweiten Terminierung nutzten die Abgeordneten die Chance, um über die Verhandlung vor dem Bundesverfassungsgericht zu diskutieren, kamen dann aber nicht mehr zur Vorlage selbst und vertagten diese erneut.[786] Sie war dann erst in der letzten Sitzung des Unterausschusses wieder auf der Tagesordnung, so dass eine Beschlussempfehlung nicht mehr erarbeitet werden konnte. Zwar war für die Abgeordneten bei der zweimaligen Vertagung noch nicht absehbar, dass die Legislaturperiode vorzeitig enden würde, doch bedeutete die Vertagung jedenfalls eine zeitliche Verzögerung um mehr als zwei Monate. Will man in europäischen Angelegenheiten sinnvoll Einfluss nehmen, dann sollten Verzögerungen dieser Art auf jeden Fall vermieden werden. Der "Vorschlag für einen Rahmenbeschluss des Rates zur Berücksichtigung von in anderen Mitgliedstaaten ergangenen Verurteilungen"[787] schließlich fand sich erst in der letzten Sitzung des Unterausschusses auf der Tagesordnung. Daher war hier etwas anderes als bloße Kenntnisnahme gar nicht mehr denkbar.

---

[781] TOP 3 der 19. Sitzung des Unterausschusses Europarecht am 18.02.2005: Vorschlag für eine Richtlinie des Europäischen Parlaments und des Rates zur Änderung der Richtlinie 77/91/EWG in Bezug auf die Gründung von Aktiengesellschaften und die Erhaltung und Änderung ihres Kapitals.

[782] Protokoll der 19. Sitzung des Unterausschusses Europarecht am 18.02.2005, S. 11 ff.

[783] TOP 5 der 19. Sitzung des Unterausschusses Europarecht am 18.02.2005: Initiative Belgiens im Hinblick auf die Annahme durch den Rat eines Rahmenbeschlusses betreffend die Anerkennung und Vollstreckung in der EU von Berufsverboten aufgrund von Verurteilungen wegen Sexualstraftaten gegen Kinder.

[784] TOP 4 der 20. Sitzung des Unterausschusses Europarecht am 11.03.2005: Entwurf eines Rahmenbeschlusses des Rates über die Europäische Vollstreckungsanordnung und die Überstellung verurteilter Personen zwischen den Mitgliedstaaten der EU.

[785] Protokoll der 20. Sitzung des Unterausschusses Europarecht am 11.03.2005, S. 12 f.

[786] Protokoll der 21. Sitzung des Unterausschusses Europarecht am 15.04.2005, S. 9 ff.

[787] TOP 4 der 23. Sitzung des Unterausschusses Europarecht am 03.06.2005: Vorschlag für einen Rahmenbeschluss des Rates zur Berücksichtigung der in anderen Mitgliedstaaten der Europäischen Union ergangenen Verurteilungen in einem neuen Strafverfahren.

3) Zusammenfassende Bewertung

Zusammenfassend kann festgestellt werden, dass die Schwerpunktsetzung des Rechtsausschusses bei der Auswahl derjenigen Vorlagen, zu denen er eine Beschlussempfehlung erließ, zum Teil nachvollziehbar war. Das gilt einmal deshalb, weil er Vorschläge für Rechtsakte für Beschlussempfehlungen auswählte. Zum anderen ergingen keine Beschlussempfehlungen zu solchen Rechtsakten, zu denen wegen bloßer Detailregelungen eine parlamentarische Äußerung nicht erwartet werden konnte oder die - wie Beschlüsse über den Abschluss eines internationalen Abkommens oder solche betreffend die Gemeinschaftsgerichtsbarkeit - keine unmittelbaren Auswirkungen auf die Rechte der einzelnen Bürger hatten. Auch bei solchen Vorschlägen für Rahmenbeschlüsse und Richtlinien, die nur Mindeststandards einführen sollten, die die deutsche Rechtsordnung bereits erfüllte, war eine Stellungnahme sicher nicht notwendig.

Jedoch bedarf es auch einiger kritischer Bemerkungen. Zum einen setzt sich bei der Auswahl der Vorlagen für Beschlussempfehlungen dasjenige Problem fort, das schon bei der Frage der rechtzeitigen Beratung der Vorlagen thematisiert wurde. Wenn die Verhandlungen auf europäischer Ebene schon so weit fortgeschritten sind, dass eine Einflussnahme gar nicht mehr möglich ist, macht natürlich auch eine Beschlussempfehlung keinen Sinn mehr. Dieses Szenario ist aber alles andere als erstrebenswert. Daher sollten die Bemühungen fortgesetzt werden, Vorlagen möglichst schnell an den Bundestag und die einzelnen Ausschüsse zu überweisen und dort auch möglichst schnell zu beraten. Dies heißt aber auch, dass der Ausschuss, wenn er eine Vorlage für wichtig erachtet, die Arbeiten für eine Beschlussempfehlung schnellstmöglichst beginnen und abschließen sollte. Die mehrmalige Vertagung einer Vorlage führt nämlich zu weiteren erheblichen Zeitverzögerungen, die vermieden werden sollten. Darüber hinaus sollte der Ausschuss auch zu prälegislativen Dokumenten Beschlussempfehlungen erarbeiten. Hier befinden sich die Arbeiten der Kommission nämlich noch in einem so frühen Stadium, dass eine Einflussnahme realistischerweise möglich ist. Offensichtlich finden die Abgeordneten in der Arbeit mit Vorlagen, die noch nicht unmittelbar in die Rechte der Bürger eingreifen, keinen Anreiz zur Profilierung.[788] Auf diese Probleme des "Timing" wurde oben schon hingewiesen. Es wird auch interessant sein zu beurteilen, ob die tatsächlich verabschiedeten Beschlussempfehlungen so rechtzeitig ergingen, dass sie noch Auswirkungen auf die Position der Bundesregierung bzw. die Verhandlungen im Rat hatten. Darauf wird unten näher einzugehen sein. Ein weiteres "Zeitproblem" taucht dann auf, wenn zum Ende der Legislaturperiode die Zeit fehlt, um sich mit einzelnen Vorlagen zu befassen. In diesen Fällen sollte der Ausschuss die Vorlagen aber jedenfalls noch intensiv diskutieren und für den Fall, dass sie als wichtig erscheinen, trotz drohenden Endes der Wahlperiode noch eine Beschlussempfehlung erarbeiten.

Es konnten auch Vorlagen identifiziert werden, bei denen eine Beschlussempfehlung - auch im Hinblick auf den Verlauf der Beratungen im Ausschuss - sinnvoll gewesen wäre. Immer dann, wenn ein Vorschlag für einen Rechtsakt der EU strittige Fragen

---

[788] *Maurer*, Parlamentarische Demokratie in der EU, 2002, S. 355.

aufwirft, sollte auch der Bundestag zu diesen Stellung nehmen. Meines Erachtens kann es auch nicht ausreichend sein, dass sich der Ausschuss vergewissert, dass die Regierung die gleiche Position vertritt wie er. Denn nur wenn sich der Ausschuss in Berichterstattergesprächen und bei der Ausarbeitung der Beschlussempfehlung näher mit einer Vorlage auseinandersetzt, wird es ihm überhaupt gelingen, sich eine eigene Auffassung zu bilden, ohne sich lediglich auf die Ausführungen des Vertreters der Bundesregierung zu verlassen. Außerdem wird die Auffassung des Ausschusses - sofern der Bundestag die Beschlussempfehlung annimmt - öffentlich. Die Beschlussempfehlung wird nämlich als Drucksache veröffentlicht und im Plenum entweder diskutiert oder zumindest im Protokoll der Plenarsitzung erwähnt. Nur durch die Veröffentlichung der Beschlussempfehlung wird dann auch die Position der Bundesregierung nach außen dargestellt. Diese Außendarstellung ist auch deshalb wichtig, um gegenüber dem Wahlvolk zu dokumentieren, dass sich der deutsche Gesetzgeber mit den EU-Vorlagen überhaupt auseinandersetzt. Deshalb sollte der Ausschuss immer dann, wenn er eine Vorlage tatsächlich mehrfach kritisch berät, auch eine Beschlussempfehlung erarbeiten. Das Äußern der Auffassung des Ausschusses gegenüber den anwesenden Vertretern der Bundesregierung ist eben keine Stellungnahme nach Art. 23 Abs. 3 GG, die die Bundesregierung zu berücksichtigen hätte oder die außerhalb des Kreises der in der Sitzung Anwesenden bekannt würde. Besonders wünschenswert ist eine Beschlussempfehlung auch dann, wenn in Frage steht, ob die EU die Kompetenz zum Erlass eines Rechtsaktes hat. Es ist nicht nachvollziehbar, dass entsprechende Vorlagen mit dem Argument nicht beraten werden, dass es den Vorschlag gar nicht geben dürfe. Vielmehr muss der Bundestag *gerade* in den Fällen, in denen ein Rechtsakt droht, für den an sich nur der nationale Gesetzgeber die Kompetenz hätte, ablehnend Stellung nehmen. Das gilt auch dann, wenn die Bundesregierung die gleiche Position vertritt, denn Leidtragender von zu Unrecht in Anspruch genommenen Kompetenzen der EU sind vor allem die nationalen gesetzgebenden Körperschaften. Besonders negativ muss auch hervorgehoben werden, dass die Beratungen über eine Vorlage im Einzelfall "im Sande verliefen". Es kann nicht sein, dass eine Vorlage wegen ihrer angeblichen Wichtigkeit an den Rechtsausschuss zurückverwiesen wird, sie dann dort aber gar nicht mehr beraten, sondern sang- und klanglos ohne jegliche Beratung zur Kenntnis genommen wird. Eine besondere Wachsamkeit des Ausschuss hinsichtlich von Vorschlägen für EU-Rechtsakte aus der dritten Säule konnte nicht festgestellt werden. Obwohl die Beteiligungsrechte des Europäischen Parlaments bei solchen Rechtsakten besonders gering sind, wurden viele Vorschläge für Rahmenbeschlüsse lediglich zur Kenntnis genommen.

III) Anlass für die Erarbeitung der Beschlussempfehlungen

Im Folgenden soll jeweils untersucht werden, was der Anlass für die einzelnen Beschlussempfehlungen war. Insbesondere wird der Behauptung nachzugehen sein, dass Beschlussempfehlungen häufig von der Regierung "bestellt" werden, um ihre eigene Position abzusichern.[789] Als Quelle können hier freilich nur die Protokolle des Rechtsausschusses und seines Unterausschusses Europarecht herangezogen werden.

---

[789] *Weber-Panariello*, Nationale Parlamente in der Europäischen Union, 1995, S. 252.

Nicht nachvollzogen werden kann, inwieweit Vorabsprachen in und zwischen den Fraktionen stattgefunden haben.

Die erste Beschlussempfehlung, die in der 15. Legislaturperiode erging, war die *BE Richtlinie über die KFZ-Haftpflichtversicherung.*[790] Der Vorschlag für die Richtlinie stand in der 1. Sitzung des Unterausschusses Europarecht am 21.02.2003 auf der Tagesordnung.[791] Der Vertreter der Bundesregierung erläuterte in seinem einleitenden Referat, dass es vor allem zwei kritische Punkte bei dem Vorschlag gebe. Zum einen werde eine Ausnahmeregelung abgeschafft, mit der bestimmte Fahrzeuge von der Versicherungspflicht ausgenommen werden könnten, zum anderen würde nach dem Entwurf jedes Mitverschulden eines Fußgängers oder Radfahrers nicht mehr berücksichtigt werden. Beides lehne die Bundesregierung in dieser Form ab.[792] Diese Bedenken wurden von den Mitgliedern des Unterausschusses überwiegend geteilt. Zudem wurde darauf hingewiesen, dass eine Stellungnahme des mitberatenden Verkehrsausschusses vorliege, in dem die Abschaffung der Ausnahmen von der Versicherungspflicht ebenfalls abgelehnt würden. Daher wurde vorgeschlagen, *"die Stellungnahme des Verkehrsausschusses zu übernehmen und gegebenenfalls wortgleich zu beschließen"*, sowie sich *"die Position der Regierung als Rechtsausschuss zu eigen zu machen"*.[793] Hier gab es also zwei Anlässe für die Erarbeitung einer Stellungnahme. Erstens wollte man die Stellungnahme des Verkehrsausschusses übernehmen, zweitens diejenige der Bundesregierung. Der Ausschuss hatte zwar aus eigenem Antrieb beschlossen, die Beschlussempfehlung auszuarbeiten. Eine Aufforderung der Bundesregierung lag nicht vor. Jedoch ging es nur darum, sich bereits vorliegende andere Stellungnahmen zu eigen zu machen. Besser wäre es gewesen, wenn sich der Ausschuss nicht ohne eigene Prüfung der strittigen Fragen darauf festgelegt hätte, sich den vorliegenden Stellungnahmen anzuschließen.

Die nächste Beschlussempfehlung erging zur "Richtlinie über den Verbraucherkredit".[794] Diese stand in der 3. Sitzung des Unterausschusses Europarecht auf der Tagesordnung.[795] Der anwesende Vertreter aus dem BMJ berichtete über erhebliche Bedenken, die die Bundesregierung gegenüber der Vorlage habe. Diese beträfen die Ausdehnung des Anwendungsbereichs der Richtlinie, die erweiterten Informationspflichten für Kreditinstitute und den Ansatz der Maximalharmonisierung, der auch eine für den Verbraucher günstige nationale Abweichung nicht zulasse.[796] Verschiedene Abgeordnete berichteten, dass diese Bedenken innerhalb ihrer Fraktionen geteilt würden. Offensichtlich hatte es also bereits Gespräche in den Fraktionen gegeben. Es lagen auch bereits Anträge für eine Entschließung sowohl von der Fraktion der SPD, als auch der CDU/CSU vor. Daher bestand Einigkeit im Ausschuss, dass man eine möglichst fraktionsübergreifende Beschlussempfehlung erarbeiten solle.[797] Intention hierbei war,

---

790 Vgl. oben I, S. 160; BT-Drs. 15/985.
791 TOP 2 der 1. Sitzung des Unterausschusses Europarecht am 21.02.2003.
792 Protokoll der 1. Sitzung des Unterausschusses Europarecht am 21.02.2003, S. 10 ff.
793 Protokoll der 1. Sitzung des Unterausschusses Europarecht am 21.02.2003, S.12 ff.
794 Vgl. oben I, S. 161, BT-Drs. 15/1288.
795 TOP 1 der 3. Sitzung des Unterausschusses Europarecht am 09.05.2003.
796 Protokoll der 3. Sitzung des Unterausschusses Europarecht am 09.05.2003, S. 9 ff.
797 Protokoll der 3. Sitzung des Unterausschusses Europarecht am 09.05.2003, S. 11 ff.

"die Bundesregierung gemeinsam auf ihrem Weg in der EU zu unterstützen".[798] Auch in diesem Fall war Anlass für die Beschlussempfehlung also, die Bundesregierung zu unterstützen. Allerdings kann man auch hier nicht davon sprechen, dass die Beschlussempfehlung von der Regierung bestellt war. Der Antrieb kam vielmehr aus den Fraktionen.

Die dritte Beschlussempfehlung erging zur "Richtlinie über unlautere Geschäftspraktiken."[799] Diese war erstmals in der 7. Sitzung des Unterausschusses Europarecht ein Thema.[800] Ein Vertreter des BMJ erläuterte, dass die Bundesregierung den Vorschlag in einigen Punkten ablehne.[801] Auch einige Abgeordnete kritisierten die Vorlage, da die Gefahr bestehe, dass bei Umsetzung der Richtlinie Nachteile für den deutschen Verbraucherschutz entstünden.[802] Die Vorlage wurde schließlich in der 10. Sitzung des Unterausschusses zur weiteren Behandlung an den Rechtsausschuss verwiesen.[803] Nach mehreren Berichterstattergesprächen wurde dort eine fraktionsübergreifende Beschlussempfehlung angenommen. Ein Vertreter des BMJ bedankte sich ausdrücklich für die Entschließung, da sie die Position der Bundesregierung stärke.[804] Aus den Protokollen geht nicht zweifelsfrei hervor, woher der Impuls für die Erarbeitung der Entschließung kam. Die Tatsache, dass die Abgeordneten schon in der ersten Sitzung dazu gut informiert waren, spricht aber dafür, dass die Thematik bereits in den Fraktionen behandelt worden war.

Eine vierte Beschlussempfehlung wurde zur "Richtlinie über die Gleichbehandlung"[805] erarbeitet. Zu dieser erläuterte in der 10. Sitzung des Unterausschusses ein Vertreter des BMJ, dass die Bundesregierung die Intention des Vorschlages zwar begrüße, aber momentan keinen gesetzgeberischen Handlungsbedarf sehe.[806] In der sich anschließenden Diskussion offenbarten sich unterschiedliche Auffassungen zwischen den Regierungsfraktionen und den Fraktionen von CDU/CSU und FDP zu der Vorlage. Ein Abgeordneter der CDU/CSU schlug außerdem vor, den Richtlinienvorschlag zum Anlass zu nehmen, bereits jetzt, vor dem Inkrafttreten des Vertrages über eine Europäische Verfassung, eine unmittelbare Stellungnahme an die Kommission im Rahmen des so genannten Frühwarnmechanismus zu richten.[807] Beides wurde dann zum Anlass genommen, das Durchführen von Berichterstattergesprächen zu vereinbaren, um eine Beschlussempfehlung vorzubereiten. Hier kam der Antrieb für eine Beschlussempfehlung also unmittelbar aus dem Ausschuss und nicht aus den Fraktionen. Ein Novum war der Vorgang insoweit, als es verschiedene Auffassungen zu der Vorlage gab, so

---

798 Protokoll der 3. Sitzung des Unterausschusses Europarecht am 09.05.2003, S. 14.
799 Vgl. oben I, S. 161; BT-Drs. 15/3056.
800 TOP 3 der 7. Sitzung des Unterausschusses Europarecht am 17.10.2003.
801 Protokoll der 7. Sitzung des Unterausschusses Europarecht am 17.10.2003, S. 15 f.
802 Protokoll der 7. Sitzung des Unterausschusses Europarecht am 17.10.2003, S. 16.
803 Protokoll der 10. Sitzung des Unterausschusses Europarecht am 13.02.2004, S. 8.
804 Protokoll der 45. Sitzung des Rechtsausschusses am 28.04.2004, S. 22.
805 Vgl. oben I, S. 161; BT-Drs. 34/77.
806 Protokoll der 10. Sitzung des Unterausschusses Europarecht am 13.02.2004, S. 11 f.
807 Protokoll der 10. Sitzung des Unterausschusses Europarecht am 13.02.2004, S. 14; zur vorzeitigen Anwendung des Frühwarnmechanismus siehe auch den Beitrag des Vorsitzenden des Ausschusses für die Angelegenheiten der Europäischen Union: *Wissmann*, Perspektiven für die Europapolitik des Deutschen Bundestages, in: *Derra*, Festschrift für Jürgen Meyer, 2006, S. 236.

dass nicht von Anfang an das Ziel bestand, die Bundesregierung zu unterstützen, sondern zunächst eine mehrheitsfähige Position des Ausschusses gefunden werden sollte.

Nach den vier Beschlussempfehlungen zu europäischen Richtlinien erging schließlich im September 2004 eine Entschließung zu einem Vorschlag für einen Rahmenbeschluss, nämlich zum "Rahmenbeschluss Europäische Beweisanordnung."[808] Die Vorlage stellte einen weiteren Baustein auf dem Weg der gegenseitigen Anerkennung im Strafrecht dar. Bei der ersten Beratung der Vorlage in der 12. Sitzung des Unterausschusses Europarecht wurde sofort deutlich, dass die Abgeordneten eine Beschlussempfehlung erlassen wollten. Grund dafür war, dass nach Auffassung der Mitglieder des Unterausschusses in dem Rahmenbeschluss alle Probleme enthalten seien, die man bereits in der Debatte zum Europäischen Haftbefehl beklagt habe. Es sei daher zu vermeiden, dass man bei der Umsetzung die gleichen Probleme bekomme wie bei der Umsetzung des Rahmenbeschlusses über den Europäischen Haftbefehl.[809] Auch hier kam der Impuls für die Erarbeitung einer Beschlussempfehlung eindeutig aus dem Ausschuss selbst. Insoweit hatte er aus seinem eigenen Versagen bei der (Nicht-) Behandlung des Rahmenbeschlusses über den Europäischen Haftbefehl gelernt.

Die nächste Beschlussempfehlung betraf dann zum ersten Mal eine Verordnung, die "Verordnung Europäisches Mahnverfahren".[810] Diese befand sich auf der Tagesordnung der 14. Sitzung des Unterausschusses.[811] Der Referent aus dem Ministerium erläuterte, dass es zwar inhaltlich keine großen Bedenken gegen den Vorschlag gebe, da er in weiten Teilen am deutschen Mahnverfahren orientiert sei, dass die deutsche Regierung aber die von der Kommission geplante Anwendbarkeit des Europäischen Mahnverfahrens auf rein nationale Sachverhalte ablehne. Dies wurde auch von den Abgeordneten des Unterausschusses übereinstimmend so gesehen.[812] Ein Abgeordneter der Fraktion CDU/CSU schlug die Erarbeitung einer Stellungnahme vor. Er habe dafür bereits einen Entwurf verfasst, in dem er primär die Subsidiarität rüge. Insofern könne man auch hier wieder den geplanten Frühwarnmechanismus vorzeitig anwenden.[813] Auch in diesem Fall kam der Vorschlag für eine Entschließung aus dem Ausschuss selbst, wenn auch von einem einzelnen Abgeordneten.

Im Jahre 2005 erging eine weitere Beschlussempfehlung zu einem Rahmenbeschluss, dem "Rahmenbeschluss Vorratsdatenspeicherung".[814] Laut den Ausführungen des Referenten aus dem BMJ in der 16. Sitzung des Unterausschusses, stand die Bundesregierung dem Vorschlag wegen der geplanten langen Speicherdauer für die Daten kritisch gegenüber.[815] Ein Mitglied des Unterausschusses stellte fest, dass in dem Bericht der Bundesregierung zu der Vorlage zu lesen sei, die Position des Bundestages zu der Vorlage sei nicht bekannt. Dies sei eine Herausforderung, die Haltung des Bundesta-

---

[808] Vgl. oben I, S. 161; BT-Drs. 15/3831.
[809] Protokoll der 12. Sitzung des Unterausschusses Europarecht am 02.04.2004, S. 16 f.
[810] Vgl. oben I, S. 161; BT-Drs. 15/4415.
[811] TOP 4 der 14. Sitzung des Unterausschusses Europarecht am 18.06.2004.
[812] Protokoll der 14. Sitzung des Unterausschusses Europarecht am 18.06.2004, S. 12 ff.
[813] Protokoll der 14. Sitzung des Unterausschusses Europarecht am 18.06.2004, S. 14 f.
[814] Vgl. oben I, S. 161; BT-Drs. 15/4748.
[815] Protokoll der 16. Sitzung des Unterausschusses Europarecht am 22.10.2004, S. 22 f.

ges müsse bekannt gemacht werden.[816] In der 69. Sitzung des Rechtsausschusses wies ein anderes Mitglied des Ausschusses darauf hin, der Bundestag dürfe sich nicht von Rahmenbeschlüssen der EU überrollen lassen.[817] Auch hier entschied sich der Ausschuss also selbst dazu, eine Entschließung auszuarbeiten und auch hier spielte es wie beim Rahmenbeschluss Europäische Beweisanordnung eine Rolle, dass es sich um einen Rahmenbeschluss handelte.

Ein interessanter Fall ist schließlich die *BE Softwarepatentierung*.[818] Diese erging nämlich im Unterschied zu den anderen Beschlussempfehlungen nicht unmittelbar auf den Vorschlag für die Richtlinie hin, sondern auf einen später fraktionsübergreifend eingebrachten Antrag. Hintergrund war, dass der Rechtsausschuss zuvor bereits die Kenntnisnahme des Entwurfes für eine "Richtlinie über die Patentierbarkeit computerimplementierter Erfindungen" beschlossen hatte.[819] Später wollte sich der Bundestag dann aber doch noch zu der Richtlinie äußern. Daher war es nötig, die Beschlussempfehlung auf einen Antrag hin zu formulieren. Die Vorarbeiten zu dem Antrag können nicht nachvollzogen werden, weil sie in und zwischen den Fraktionen und nicht im Ausschuss stattfanden. Wesentlicher Anlass für die Beschlussempfehlung war aber, dass die Bundesregierung ihre Position überdenken solle.[820] Der Rat hatte sich nämlich zwischenzeitlich bereits auf einen gemeinsamen Standpunkt geeinigt, dem auch die Bundesregierung zugestimmt hatte.[821] Der Bundestag lehnte die Richtlinie in dieser Fassung ab. Dies war die erste und einzige Beschlussempfehlung des Rechtsausschusses in der 15. Legislaturperiode, in der die Abgeordneten eine von der Regierung abweichende Position vertraten. Ob sie zu diesem späten Zeitpunkt noch Wirkung entfalten konnte, soll später untersucht werden.

Im Ergebnis ist zunächst offensichtlich, dass die Beschlussempfehlungen nicht von der Regierung "bestellt" waren. Auch wenn nahezu alle Entschließungen die Auffassung der Regierung stützten, kam die Initiative für ihre Erarbeitung entweder aus dem Ausschuss selbst oder war in den Fraktionen vorbesprochen. Nur bei einer der Beschlussempfehlungen wollte man sich explizit gegen die Regierung stellen. Es ist aber nur logisch, dass die Abgeordneten in der Regel mehrheitlich die gleiche Auffassung zu einer Vorlage vertraten wie die Regierung. Schließlich war die Regierung von einer Parlamentsmehrheit gestützt. Trotzdem sollte die Position der Regierung von dem Ausschuss nicht ohne eigene Prüfung übernommen werden. Damit wird er seiner Kontrollfunktion nicht gerecht.

In zwei Fällen war Anlass für die Entschließung, dass die Abgeordneten an einer Kompetenz des europäischen Gesetzgebers zweifelten. Hinsichtlich der zu Vorschlägen für Rahmenbeschlüsse ergangenen Beschlussempfehlungen macht es nicht den Eindruck, als wäre den Mitgliedern des Rechtsausschusses die Mitbestimmung bei

---

[816] Protokoll der 16. Sitzung des Unterausschusses Europarecht am 22.10.2004, S. 23.
[817] Protokoll der 69. Sitzung des Rechtsausschusses am 26.01.2005, S. 23.
[818] Vgl. oben I, S. 161; BT-Drs. 15/4787.
[819] Protokoll der 5. Sitzung des Unterausschusses Europarecht am 04.07.2003, S. 16, übernommen vom Rechtsausschuss in seiner 25. Sitzung am 24.09.2003.
[820] Protokoll der 69. Sitzung des Rechtsausschusses am 26.01.2005, S. 22.
[821] BT-Drs. 15/4787, S. 1.

Rahmenbeschlüssen deshalb so wichtig, weil bei diesen lediglich eine Anhörung des Europäischen Parlaments erfolgt. Es ging den Abgeordneten eher um inhaltliche Fragen der Beschlüsse als darum, dass sie der dritten Säule der EU entstammten und deshalb in besonderem Maße von den nationalen Parlamenten kontrolliert werden sollten.

Ganz wesentlich für die Frage, ob eine Entschließung zu einer Vorlage erarbeitet wurde, scheint auch gewesen zu sein, ob die Vorlage bereits in den Fraktionen ein Thema war. Leider können die Vorarbeiten der Fraktionen nicht nachvollzogen werden. Sicher ist aber, dass in den Fraktionssitzungen zum Teil Vorberatungen zu wichtigen EU-Vorlagen stattfanden. Jedenfalls waren die Abgeordneten meist dann in den Ausschusssitzungen gut informiert, wenn zu vermuten war, dass die Vorlagen schon in den Fraktionssitzungen ein Thema gewesen waren.

IV) Inhaltliche Bewertung der Beschlussempfehlungen

Im Folgenden sollen die ergangenen 8 Beschlussempfehlungen inhaltlich bewertet werden. Es wird zu fragen sein, wie dezidiert sie formuliert waren und in welchem Maße sie der Regierung Vorgaben machten. Wie oben erläutert,[822] muss die Bundesregierung die Stellungnahmen des Bundestages nach Art. 23 Abs. 3 GG lediglich "berücksichtigen". Dies bedeutet eine rein politische und keine rechtliche Bindung. Wie stark diese politische Bindung ausfällt, hängt aber ganz entscheidend davon ab, wie die jeweiligen Entschließungen formuliert sind.

Es wurde bereits herausgearbeitet, dass die *BE Richtlinie über die KFZ-Haftpflichtversicherung* darauf abzielte, die Position der Bundesregierung bei den Verhandlungen in Brüssel zu unterstützen. Wie sich aus dem Bericht zur Beschlussempfehlung ergibt, entsprach sie außerdem inhaltlich exakt der vom mitberatenden Verkehrsausschuss ausgearbeiteten Stellungnahme.[823] Die Beschlussempfehlung wurde einstimmig angenommen. Sie war nicht besonders scharf formuliert. In ihr wurde die Bundesregierung aufgefordert, "*bei den Beratungen im Rat darauf hinzuwirken, dass [...]*".[824] Der Verhandlungsspielraum der Bundesregierung sollte offensichtlich gewahrt bleiben. Auch war sie relativ kurz mit weniger als einer Seite Text.

Auch die *BE Richtlinie über den Verbraucherkredit*[825] zielte von Anfang an darauf ab, die Bundesregierung zu unterstützen. Auch sie beruhte auf einem fraktionsübergreifend erarbeiteten Antrag, der einstimmig angenommen wurde.[826] Im Gegensatz zur *BE Richtlinie über die KFZ-Haftpflichtversicherung* war sie relativ lang mit insgesamt fünf Seiten Text. Nachdem der Ausschuss darin das Anliegen der Kommission zur Neuregelung der Vorschriften ausdrücklich begrüßt hatte, äußerte er sich ausführlich zu verschiedenen in dem Richtlinienentwurf vorgesehenen Vorschriften. Dabei verwendete er eine abgestufte Terminologie, mit der der Bundesregierung die Auffassung des Bundestages mit auf den Weg gegeben werden sollte. Teilweise wurde die Bun-

---

[822] Vgl. oben Kapitel 2 B II 3 d, S. 67.
[823] BT-Drs. 15/985, S. 4.
[824] BT-Drs. 15/985, S. 3.
[825] Vgl. oben I, S. 161; BT-Drs 15/1288.
[826] Protokoll der 23. Sitzung des Rechtsausschusses am 25.06.2003, S. 23.

desregierung dazu aufgefordert, in den Beratungen "*darauf hinzuwirken, dass [...]*,"[827] teilweise wurde sie aufgefordert, "*nachdrücklich/mit Nachdruck darauf hinzuwirken, dass [...]*", [828] teilweise wurde die Bundesregierung lediglich "*gebeten*" bestimmte Vorschriften "*zu überprüfen*".[829] Zwar zeigt diese Beschlussempfehlung, dass durch unterschiedliche Formulierungen auch eine unterschiedlich starke politische Bindung erzeugt werden kann, doch ist auch sie erkennbar von dem Bemühen getragen, der Bundesregierung den größtmöglichen Verhandlungsspielraum bei den Beratungen in Brüssel zu belassen. Hier spielte aber sicher auch eine Rolle, dass die Bundesregierung ohnehin angekündigt hatte, entsprechende Änderungen an dem Richtlinienvorschlag durchzusetzen.

Die dritte Beschlussempfehlung, die *BE Richtlinie über unlautere Geschäftspraktiken*[830], war wiederum fraktionsübergreifend und im Einklang mit der Auffassung der Bundesregierung erarbeitet worden. Sie war sehr "weich" formuliert. Es findet sich noch nicht einmal eine dezidierte Aufforderung an die Bundesregierung, in den Beratungen in eine bestimmte Richtung hinzuwirken, sondern es wird lediglich auf zwei Seiten Text die ablehnende Auffassung des Bundestages zu dem Richtlinienentwurf mitgeteilt.[831] Interessant ist hier vor allem der Bericht zur Beschlussempfehlung, dem entnommen werden kann, dass die Fraktion der CDU/CSU der Meinung war, die Beratung des Richtlinienvorschlages habe beispielhaft gezeigt, dass man bei der Beratung von EU-Vorlagen effektiver arbeiten müsse. Hierfür sei insbesondere eine frühzeitigere Information erforderlich.[832]

Die *BE Richtlinie über die Gleichbehandlung*[833] war die erste Beschlussempfehlung, bei der nicht von vornherein Einigkeit zwischen den Fraktionen über den Inhalt bestand. Konsequenz war, dass sie nicht einstimmig, sondern nur mit den Stimmen der Regierungsfraktionen, also SPD und Bündnis 90/Die Grünen, gegen die Stimmen von CDU/CSU und FDP angenommen wurde.[834] Auch sie war sehr weich formuliert. Nach dem Satz "*Der Deutsche Bundestag spricht sich dafür aus, den Vorschlag in seiner jetzigen Form [...] in einigen Punkten zu präzisieren*", wurde auf etwa eineinhalb Seiten die Auffassung des Bundestages mitgeteilt. Die Beschlussempfehlung endet mit einer Aufforderung an die Bundesregierung "*in den Gremien der EU darauf hinzuwirken, dass [...]*".[835] Auch hier sollte der Bundesregierung also Spielraum in den Verhandlungen erhalten bleiben. Interessant ist auch, dass zu der Beschlussempfehlung nachweisbar eine Formulierungshilfe der Bundesregierung vorlag.[836] Formulierungshilfen dieser Art sind durchaus üblich, um den Abgeordneten Arbeit bei der Ausarbei-

---

[827] BT-Drs. 15/1288, S.3.
[828] BT-Drs. 15/1288, S. 4 und S. 5.
[829] BT-Drs. 15/1288, S. 4.
[830] Vgl. oben I, S. 161; BT-Drs. 15/3056.
[831] BT-Drs. 15/3056, S.2 f.
[832] BT-Drs. 15/3056, S. 4.
[833] Vgl. oben I, S. 161; BT-Drs. 15/3477.
[834] Protokoll der 53. Sitzung des Rechtsausschusses am 30.06.2004, S. 24.
[835] BT-Drs 15/3477, S. 3 f.
[836] Protokoll der 13. Sitzung des Unterausschusses Europarecht am 13.05.2004, S. 12.

tung der Beschlussempfehlungen zu ersparen.[837] Aber es kann natürlich nicht davon ausgegangen werden, dass dies zu einer besonders scharfen Formulierung der Beschlussempfehlung beiträgt.

Auch die *BE Rahmenbeschluss Europäische Beweisanordnung*[838] wurde nur von den Regierungsparteien getragen. Hier gab es sogar einen konkurrierenden Entschließungsantrag der Fraktionen CDU/CSU und FDP, der mit Mehrheit zurückgewiesen wurde.[839] Inhaltlich stimmten die beiden Anträge weitgehend überein. Der Antrag der Opposition war allerdings wesentlich schärfer formuliert. Daher ist dies ein interessanten Kontrast, der aufzeigt, inwieweit auch bei inhaltlichem Gleichklang in unterschiedlicher Art und Weise auf die Bundesregierung eingewirkt werden könnte. Die tatsächlich angenommene Beschlussempfehlung erläutert zunächst die Auffassung des Bundestages zum Entwurf des Rahmenbeschlusses und fordert die Bundesregierung schließlich auf, *"sich für folgende Verhandlungsziele einzusetzen [...]"*.[840] Der Bundesregierung wird also wiederum der größtmögliche Verhandlungsspielraum belassen. Übrigens baute auch diese Beschlussempfehlung auf einer Formulierungshilfe der Regierung auf.[841] Der konkurrierende Entschließungsantrag stellt zunächst inhaltlich ähnliche Erwägungen an wie der Antrag der Regierungsfraktionen. Sodann führt er aus:

"Getragen von Erfahrungen, die der Deutsche Bundestag bei der Umsetzung des Rahmenbeschlusses über den Europäischen Haftbefehl und die Übergabeverfahren zwischen den Mitgliedstaaten der EU gemacht hat, ist es dringend geboten, dass der Deutsche Bundestag seine verfassungsmäßigen Rechte aus Art. 23 Abs. 3 Satz 1 des Grundgesetzes frühzeitig und umfassend geltend macht. [...] Der Deutsche Bundestag muss seine Bedenken und Anregungen klar und eindeutig vortragen und damit den Handlungsspielraum der Bundesregierung definieren. Dazu gehört auch, dass der Deutsche Bundestag aufzeigt, wo seiner Ansicht nach die Grenzen der Zustimmungsfähigkeit liegen."[842]

Entsprechend fordert der Antrag die Bundesregierung auf:

"[...] in den Verhandlungen die nachfolgenden Forderungen einzubringen und ihre Zustimmung von einer angemessenen Durchsetzung abhängig zu machen."[843]

Auch wenn dieser Entschließungsantrag wegen der Mehrheitsverhältnisse im 15. Deutschen Bundestag keine Chance hatte, angenommen zu werden, so illustriert er doch, dass eine Stellungnahme die Bundesregierung wesentlich strikter binden könnte, als die bisherigen Beschlussempfehlungen dies vorsahen. Es ist bedauerlich, dass die

---

837 *Frost*, Die Parlamentsausschüsse, ihre Rechtsgestalt und ihre Funktionen, AöR (95) 1970, 38, 60; *Ismayr*, Der Deutsche Bundestag, 1992, S. 209; *Beyme*, Der Gesetzgeber, 1997, S. 192.
838 Vgl. oben I, S. 161; BT-Drs. 15/3831.
839 Wiedergegeben in BT-Drs. 15/3831, S. 6 f.
840 BT-Drs. 15/3831, S. 3 f.
841 Protokoll der 56. Sitzung des Rechtsausschusses am 29.09.2004, S. 30.
842 BT-Drs. 15/3831, S. 7.
843 BT-Drs. 15/3831, S. 7.

Position des Bundestages gegenüber der Bundesregierung hier nicht mit der notwendigen Entschlossenheit vermittelt worden ist.[844]

Die *BE Verordnung Europäisches Mahnverfahren*[845] wurde wiederum einstimmig angenommen. In der Sache bestand weitgehende Einigkeit zwischen den Fraktionen und der Regierung, dass die Verordnung zwar an sich begrüßt werde, der Anwendungsbereich aber mangels einer europäischen Kompetenz zur Regelung rein nationaler Sachverhalte auf grenzüberschreitende Verfahren beschränkt werden müsse. Die Beschlussempfehlung beschränkte sich daher auf die Zuständigkeitsrüge. Sie war nur etwa eine Seite lang und ähnlich weich wie die anderen Beschlussempfehlungen formuliert. Die Bundesregierung wurde aufgefordert

"im Rahmen der Verhandlungen im weiteren Verlauf des Rechtsetzungsverfahrens in den Organen und Gremien der EU darauf hinzuwirken, dass der Anwendungsbereich des Verordnungsvorschlages ausschließlich auf grenzüberschreitende Angelegenheiten beschränkt und nicht auf rein innerstaatliche Angelegenheiten ausgedehnt wird."[846]

Die nächste Beschlussempfehlung war die *BE Rahmenbeschluss Vorratsdatenspeicherung.*[847] Diese war mit noch nicht einmal einer halben Seite Umfang sehr kurz. Eine Besonderheit war hier, dass es zwei Stellungnahmen von mitberatenden Ausschüssen gab, nämlich vom Ausschuss für die Angelegenheiten der EU und vom Ausschuss für Wirtschaft und Arbeit, die beide Eingang in die Beschlussempfehlung fanden.[848] Der Rechtsausschuss formulierte zunächst eine Aufforderung an die Bundesregierung, die Haltung des Bundestages bei den Verhandlungen zu berücksichtigen:

"Der Deutsche Bundestag erinnert an seine bei der Novellierung des Telekommunikationsgesetzes zum Ausdruck gekommene Ablehnung einer Mindestspeicherungsfrist für Verkehrsdaten und fordert die Bundesregierung auf, dies zur Grundlage ihrer Verhandlungen auf EU-Ebene zu machen."[849]

Daneben gab er der Bundesregierung noch folgendes mit auf den Weg:

"Sollten in den anstehenden Beratungen Rechtstatsachen dargelegt werden, die aus Sicht der Bundesregierung eine Überprüfung der im Rahmen der Beratungen des Telekommunikationsgesetzes eingenommenen Position des Bundestages in dieser Frage notwendig erscheinen lässt, erwartet der Deutsche Bundestag eine unverzügliche Information seiner zuständigen Gremien, damit er Gelegenheit hat, eine erneute Stellungnahme gegenüber der Bundesregierung im Rahmen der Mitwirkungsrechte nach

---

844 So *Gazeas*, Die Europäische Beweisanordnung, ZRP 2005, 18, 20.
845 Vgl. oben I, S. 161; BT-Drs. 15/4415.
846 BT-Drs. 15/4415, S. 2 f.
847 Vgl. oben I, S. 161; BT-Drs 15/4748.
848 BT-Drs. 15/4748, S. 4.
849 BT-Drs. 15/4748, S. 3.

Art. 23 des Grundgesetzes abzugeben, die die Bundesregierung dann ihren weiteren Verhandlungen zugrundelegen wird."[850]

Diese Aufforderung an die Bundesregierung, dem Bundestag gegebenenfalls eine weitere Möglichkeit der Stellungnahme zu geben, falls sie von der bisherigen Stellungnahme abweichen möchte, stellte ein Novum im Vergleich zu den bisherigen Entschließungen dar. Erklärt werden kann dies damit, dass die Passage aus dem Votum des EU-Ausschusses übernommen war. Die Beschlussempfehlung wurde von den Fraktionen SPD, CDU/CSU und Bündnis 90/Die Grünen angenommen.[851] Die FDP hatte einen eigenen Entschließungsantrag eingebracht, in dem die Bundesregierung aufgefordert werden sollte, den Rahmenbeschluss in den Gremien der EU zu verhindern.[852]

In der 16. Legislaturperiode erarbeitete der Rechtsausschuss eine weitere Beschlussempfehlung zum Thema Vorratsdatenspeicherung. Die Kommission hatte inzwischen einen auch inhaltlich veränderten Vorschlag über eine *Richtlinie* zur Vorratsdatenspeicherung vorgelegt.[853] Dieser stand zum Zeitpunkt der Beschlussempfehlung kurz vor der Annahme durch den Rat. Die Beschlussempfehlung erging auf drei Anträge der verschiedenen Bundestagsfraktionen hin.[854] Der Beschluss empfahl den Antrag der Fraktion der FDP und den Antrag der Fraktion Bündnis 90/Die Grünen abzulehnen. Beide Anträge hatten die Bundesregierung aufgefordert, der Richtlinie nicht zuzustimmen. Der Antrag der beiden Regierungsfraktionen der 16. Legislaturperiode, der CDU/CSU und der SPD, wurde dagegen durch die Beschlussempfehlung angenommen. In dem Antrag der Fraktion der CDU/CSU und der Fraktion der SPD wurde ausgeführt:

"Der Deutsche Bundestag fordert die Bundesregierung auf, dem [...] gefundenen Kompromisstext für eine Richtlinie über die Vorratsspeicherung von Daten, die bei der Bereitstellung öffentlicher elektronischer Kommunikatinsdienste verarbeitet werden, [...] bei der abschließenden Befassung des Rates der Europäischen Union zuzustimmen."

Da die Verabschiedung der Richtlinie unmittelbar bevorstand und die Bundesregierung entschlossen war, den Beschluss mitzutragen, kann diese Beschlussempfehlung nur als ausdrückliche Unterstützung der Bundesregierung gewertet werden. Wenn es nicht Anträge der Oppositionsfraktionen auf Ablehnung der Richtlinie gegeben hätte, wäre eine Beschlussempfehlung zu dem Richtlinienvorschlag wohl nicht mehr ergangen.

---

[850] BT-Drs. 15/4748, S. 3.
[851] BT-Drs. 15/4748, S. 4.
[852] BT-Drs. 15/4748, S. 4.
[853] KOM (2005) 438 endg.: Vorschlag für eine Richtlinie des Europäischen Parlaments und des Rates über die Vorratsspeicherung von Daten, die bei der Bereitstellung öffentlicher elektronischer Kommunikationsdienste verarbeitet werden
[854] Antrag der Fraktionen der CDU/CSU und der SPD, BT-Drs. 16/545; Antrag der Fraktion der FDP, BT-Drs. 16/128; Antrag der Fraktion Bündnis 90/Die Grünen, BT-Drs. 16/237.

Besonders interessant ist die letzte Beschlussempfehlung des Rechtsausschusses, die *BE Softwarepatentierung.*[855] Dies vor allem deshalb, weil der Bundestag hier im Unterschied zu den anderen Beschlussempfehlungen eine andere Position vertrat als die Bundesregierung. Allerdings wurde auch diese nicht besonders vehement formuliert. In dem Antrag, auf den die Beschlussempfehlung erging, fanden sich nur Formulierungen wie "*die Bundesregierung solle darauf hinwirken, dass [...]*"; "*sich dafür einsetzen, dass [...]*", "*sich entschieden dafür einsetzen, dass [...]*".[856] Offensichtlich waren sich die Abgeordneten auch darüber im Klaren, dass die Beschlussempfehlung zu spät erging, um die Position der Bundesregierung noch zwingend zu beeinflussen. Allerdings gingen sie davon aus, dass die Bundesregierung bestrebt sein werde das in der Entschließung zum Ausdruck gebrachte Anliegen auf europäischer Ebene umzusetzen.[857]

Die meisten Beschlussempfehlungen waren also inhaltlich sehr weich formuliert. Die Abgeordneten waren erkennbar bemüht, die Bundesregierung bei den Verhandlungen in Brüssel nicht zu weit einzuschränken. Es war gar nicht gewollt, die Bundesregierung einer strikten Bindung zu unterwerfen. Dazu trug sicher auch bei, dass die meisten Beschlussempfehlungen in inhaltlicher Übereinstimmung mit der Bundesregierung ergingen, so dass die Abgeordneten davon ausgehen konnten, die Regierung werde die entsprechende Position sowieso vertreten. Teilweise wurden die Entschließungen sogar vom Bundesjustizministerium vorformuliert, was sicher nicht zu einer besonders scharfen Formulierung beitrug. Der abgelehnte Entschließungsantrag der Oppositionsfraktionen zum Entwurf eines Rahmenbeschlusses über die Europäische Beweisanordnung zeigt auf, dass eine Beschlussempfehlung auch strikter formuliert werden könnte. Die Beschlussempfehlung zum Entwurf eines Rahmenbeschlusses Vorratsdatenspeicherung ist schließlich ein interessantes Beispiel dafür, wie der Bundestag durch eine Stellungnahme sicherstellen kann, dass ihm rechtzeitig berichtet wird, falls die Bundesregierung in den Verhandlungen vor hat, von der Stellungnahme des Bundestages abzuweichen.

V) Rechtzeitigkeit der Beschlussempfehlungen und Erfolgskontrolle

Es vergeht in der Regel bereits eine geraume Zeit bis eine dem Bundestag überwiesene EU-Vorlage überhaupt erstmals beraten wird. Entschließt sich der Ausschuss zur Erarbeitung einer Beschlussempfehlung vergeht noch einmal Zeit bis diese formuliert, vom Plenum angenommen und der Bundesregierung übermittelt ist. Es fragt sich also, ob die Beschlussempfehlungen überhaupt noch rechtzeitig ergingen, um Einfluss auf die Entscheidung der Bundesregierung und die Verhandlungen im Rat zu haben. Daran anschließend stellt sich die Frage, ob sich die in der Stellungnahme des Bundestages geäußerte Auffassung in dem tatsächlich angenommenen Rechtsakt wiederfand.

Zum "Vorschlag für eine Richtlinie über die KFZ-Haftpflichtversicherung"[858] wurde am 9.04.2003 eine Beschlussempfehlung vorgelegt, welche vom Plenum am 3.07.2003

---

[855] Vgl. oben I, S. 161; BT-Drs. 15/4787.
[856] BT-Drs. 15/4403, S. 3 f.
[857] BT-Drs. 15/4748, S. 4.
[858] Vgl. oben I, S. 160; BT-Drs. 15/985.

angenommen wurde.[859] Es war zwar bereits mehr als ein Jahr seit der Vorlage des Vorschlages vergangen, doch war der Vorschlag in einigen Punkten umstritten.[860] Der Rat behandelte den Vorschlag am 26.11.2003 als so genannten B-Punkt, d.h. mit Aussprache, und erzielte eine politische Einigung über die wesentlichen Punkte.[861] Die Stellungnahme des Bundestages konnte also zum Zeitpunkt dieser politischen Einigung von der Bundesregierung berücksichtigt werden. Da die Bundesregierung, wie oben herausgearbeitet, die gleiche Auffassung wie das Parlament vertrat, hat sie den Standpunkt des Bundestages sicher auch vertreten. In der schließlich verabschiedeten Richtlinie[862] sind die Bedenken der deutschen Delegation überwiegend eingearbeitet. Insbesondere blieb die Möglichkeit einer Ausnahmeregelung für landwirtschaftliche Nutzfahrzeuge bestehen[863] und das Mitverschulden von Fahrradfahrern und Fußgängern kann weiterhin berücksichtigt werden.[864] Auch wenn sich der Bundestag mit seiner Auffassung durchsetzte, kann natürlich nicht übersehen werden, dass dies vor allem deshalb geschah, weil die Bundesregierung die gleiche Auffassung vertrat. Das Ergebnis wäre also nicht anders ausgefallen, wenn der Ausschuss die Beschlussempfehlung nicht erarbeitet hätte.

Auch die *BE Richtlinie über den Verbraucherkredit*[865] erging im Einklang mit der Auffassung der Bundesregierung. Sie wurde am 25.06.2003 vorgelegt und am 3.07.2003 vom Plenum angenommen.[866] Zu diesem Zeitpunkt hatten bereits zwei Aussprachen im Rat stattgefunden, eine am 14.11.2002[867] und eine am 19.05.2003[868]. Wäre man sich im Rat einig gewesen, wäre die Stellungnahme des Bundestages also zu spät gekommen. Allerdings war der Rat in einigen Punkten anderer Auffassung als die Kommission, so dass diese am 28.10.2004 einen geänderten Vorschlag vorlegte[869], in dem die Bedenken überwiegend berücksichtigt wurden. Auch viele der vom Bundestag vorgebrachten Bedenken sind in dem neuen Vorschlag bereits eingearbeitet. Am 7.10.2005 legte die Kommission erneut einen nochmals geänderten Vorschlag vor.[870] Über diesen Vorschlag erzielte der Rat am 21.05.2007 eine politische Einigung. Vom Zeitablauf her scheint es so zu sein, dass die Stellungnahme des Bundestages keine echte Wirkung mehr entfalten konnte, da der Rat bereits in seiner Sitzung am 19.05.2003 die Bedenken hinsichtlich des Vorschlages geäußert hatte, die die Kommission veranlassten einen neuen Vorschlag auszuarbeiten. Schon bei der ersten Beratung im Unterausschuss am 9.05.2003 hatte der Referent aus dem BMJ im übrigen

---

[859] Protokoll der 56. Sitzung des 15. Deutschen Bundestages am 3.07.2003, S. 4647.
[860] Vgl. oben S. 174.
[861] Bulletin EU 11-2003, 1.3.32.
[862] Richtlinie 2005/14/EG des Europäischen Parlaments und des Rates vom 11.05.2005 zur Änderung der Richtlinien 72/166/EWG, 84/5/EWG, 88/357/EWG und 90/232/EWG des Rates sowie der Richtlinie 2000/26/EG des Europäischen Parlaments und des Rates über die Kraftfahrzeug-Haftpflichtversicherung, ABl EG 2005 L 168, S. 50.
[863] Art. 1 Nr. 3 der Richtlinie 2005/14/EG.
[864] Art. 4 Nr. 2 der Richtlinie 2005/14/EG.
[865] Vgl. oben I, S. 161; BT-Drs. 15/1288.
[866] Protokoll der 56. Sitzung des 15. Deutschen Bundestages am 3.07.2003, S. 4731.
[867] Pressemitteilung des Rates PRES/2002/344 vom 14.11.2002.
[868] Pressemitteilung des Rates PRES/2003/140 vom 19.05.2003.
[869] KOM (2004), 747 endg..
[870] KOM (2005), 483 endg..

darauf hingewiesen, dass die Kommission eine Überarbeitung des Vorschlages in Aussicht gestellt habe.[871] Die Beschlussempfehlung ging also letztlich ins Leere, weil bereits klar war, dass der Vorschlag so wie ursprünglich geplant nicht kommen würde. Allerdings gab der Bundestag auf diese Weise der Bundesregierung frühzeitig mit auf den Weg, worauf diese bei dem neuen Vorschlag zu achten habe. So war es theoretisch möglich, dass die Vertreter der Bundesregierung die Stellungnahme berücksichtigten, soweit sie bei der Neuformulierung des Vorschlages von der Kommission konsultiert wurden.

Die *BE Richtlinie über unlautere Geschäftspraktiken*[872] stammt vom 28.04.2004 und wurde vom Plenum am 6.05.2004 angenommen.[873] Wenige Tage später, nämlich am 18.05.2004 erfolgte die politische Einigung im Rat nach Beratung als B-Punkt.[874] Zeitlich war es hier also möglich, dass die Bundesregierung bei der entscheidenden Beratung im Rat die Position des Bundestages berücksichtigte. Allerdings war sie ja auch hier sowieso der gleichen Auffassung wie der Bundestag. In der verabschiedeten Richtlinie[875] sind die vom Bundestag angeführten Änderungswünsche überwiegend nicht berücksichtigt. Da die Bundesregierung grundsätzlich der gleichen Auffassung wie der Bundestag war, ist es wahrscheinlich, dass sie sich nicht gegen die anderen Mitgliedstaaten durchsetzen konnte. Allerdings hat die Bundesregierung nicht gegen den Vorschlag gestimmt.[876]

Auch die *BE Richtlinie über die Gleichbehandlung* wurde erst relativ kurz vor der endgültigen Entscheidung im Rat vom Plenum angenommen. Die Annahme durch das Plenum datiert vom 1.07.2004.[877] Drei Monate später, am 4.10.2004 kam der Rat zu einer politischen Einigung.[878] Auch hier war es also zeitlich möglich, dass die Stellungnahme des Bundestages noch Wirkung entfaltete. Im Ergebnis konnte sich die Auffassung des Bundestages, die überwiegend mit der der Bundesregierung übereinstimmte, jedoch nicht durchsetzen. Zwar war nach Art. 13 EG Einstimmigkeit für den Beschluss erforderlich, doch enthielt sich die deutsche Delegation mit der Begründung, sie wolle das Projekt nicht scheitern lassen, lediglich der Stimme.[879] Sie behielt sich vor, bei der endgültigen Abstimmung doch noch dagegen zu stimmen, verzichtete dann aber darauf, so dass die Richtlinie weitgehend wie im Entwurf vorgesehen in Kraft treten konnte.[880]

---

[871] Protokoll der 3. Sitzung des Unterausschusses Europarecht am 09.05.2003, S. 11.
[872] Vgl. oben I, S. 161; BT-Drs. 15/3056.
[873] Protokoll der 108. Sitzung des 15. Deutschen Bundestages am 6.05.2004, S. 9773.
[874] Bulletin EU 5-2004 1.4.22.
[875] Richtlinie 2005/29/EG des Europäischen Parlaments und des Rates vom 11. Mai 2005 über unlautere Geschäftspraktiken im binnenmarktinternen Geschäftsverkehr zwischen Unternehmen und Verbrauchern und zur Änderung der Richtlinie 84/450/EWG des Rates, der Richtlinien 97/7/EG, 98/27/EG und 2002/65/EG des Europäischen Parlaments und des Rates sowie der Verordnung (EG) Nr. 2006/2004 des Europäischen Parlaments und des Rates, ABl EG 2005 L 149, 22.
[876] 2583ème session du Conseil de l'Union européene, Ratsdokument 9586/04, S. 7.
[877] Protokoll der 118. Sitzung des 15. Deutschen Bundestages am 1.07.2004, S. 10758.
[878] 2606ème session du Conseil de l'Union européene, Ratsdokument 13369/04, S. 3.
[879] 2606ème session du Conseil de l'Union européene, Ratsdokument 13369/04, S. 3.
[880] Richtlinie 2004/113/EG des Rates vom 13.12.2004 zur Verwirklichung des Grundsatzes der Gleichbehandlung von Männern und Frauen beim Zugang zu und bei der Versorgung mit Gütern und Dienstleistungen, ABl EG 2004 L 373, S. 37.

Die *BE Rahmenbeschluss Europäische Beweisanordnung*[881] wurde am 30.09.2004 vom Plenum angenommen.[882] Zu diesem Zeitpunkt hatten noch keine Beratungen im Rat selbst stattgefunden. Dieser hatte den Vorschlag erstmals am 24.02.2005 als B-Punkt auf der Tagesordnung.[883] Die derzeit letzte Beratung im Rat datiert vom 01.06.2006. Eine politische Einigung wurde bisher noch nicht erzielt. Hier war die Beschlussempfehlung also so rechtzeitig ergangen, dass noch die reelle Chance bestand, die Verhandlungen der Bundesregierung zu beeinflussen. Inwieweit die Auffassung des Bundestages letztendlich berücksichtigt wurde, kann derzeit noch nicht abgesehen werden.

Mit der *BE Verordnung Europäisches Mahnverfahren*[884] ging es dem Rechtsausschuss in Übereinstimmung mit der Bundesregierung vor allem darum, den Anwendungsbereich der Verordnung auf grenzüberschreitende Sachverhalte zu beschränken. Die Beschlussempfehlung wurde am 2.12.2004 vom Plenum angenommen.[885] Im Rat fanden erstmals am 14.04.2005 Beratungen statt.[886] Da der Vorschlag der Kommission bei den Mitgliedstaaten auf Kritik stieß, wurde am 7.02.2006 nach Art. 250 Abs. 2 EG ein neuer geänderter Vorschlag der Kommission vorgelegt, der insbesondere den Anwendungsbereich der Verordnung auf grenzüberschreitende Sachverhalte beschränkt.[887] Zu diesem Vorschlag erging nach Beratung als A-Punkt in der Sitzung des Rates vom 21.02.2006 eine politische Einigung. Hinsichtlich des alten Vorschlages war die Stellungnahme des Bundestages also so rechtzeitig ergangen, dass sie von der Bundesregierung berücksichtigt werden konnte und tatsächlich wurde dem Anliegen des Bundestages im geänderten Vorschlag voll entsprochen. Dies aber sicher auch deshalb, weil die Bedenken des Bundestages von der Bundesregierung und den meisten anderen Mitgliedstaaten geteilt wurden. Außerdem ist folgendes erwähnenswert: Ein Abgeordneter der Fraktion CDU/CSU berichtete in der 22. Sitzung des Unterausschusses Europarecht am 13.05.2005, dass er im Januar 2005 mit dem zuständigen Referenten der Ständigen Vertretung in Brüssel über den Vorschlag für die Verordnung gesprochen habe und dieser angab, die einen Monat vorher dazu ergangene Stellungnahme des Bundestages nicht zu kennen.[888] Dies zeigt, dass die Stellungnahme des Bundestages zumindest nicht sofort an den zuständigen Referenten weitergeleitet wurde.

Die *BE Rahmenbeschluss Vorratsdatenspeicherung*[889] wurde am 27.05.2005 vom Plenum angenommen.[890] Die Beratungen im Rat wurden seit dem 2.06.2005 geführt. Eine Einigung wurde nicht erzielt. Daher wurde zusätzlich zu dem Entwurf für einen Rah-

---

[881] Vgl. oben I, S. 161; BT-Drs. 15/3831.
[882] Protokoll der 129. Sitzung des 15. Deutschen Bundestages am 30.09.2004, S. 11831.
[883] Pressemitteilung des Rates der Europäischen Union PRES/2005/28.
[884] Vgl. oben I, S. 161; BT-Drs. 15/4415.
[885] Protokoll der 145. Sitzung des 15. Deutschen Bundestages am 02.12.2004, S. 13572.
[886] Pressemitteilung des Rates der Europäischen Union PRES/2005/74.
[887] KOM 2006 (57) endg..
[888] Protokoll der 22. Sitzung des Unterausschusses Europarecht am 22.05.2005, S. 16.
[889] Vgl. oben I, S. 161; BT-Drs. 15/4748.
[890] Protokoll der 154. Sitzung des 15. Deutschen Bundestages am 27.01.2005, S. 14375.

menbeschluss auch ein Vorschlag für eine Richtlinie zu diesem Thema vorgelegt.[891] Dieser wurde vom Rat in seiner Sitzung am 21.02.2006 angenommen. Die Richtlinie ist zwischenzeitlich in Kraft.[892] Der Entwurf für die Richtlinie war gegenüber dem Entwurf des Rahmenbeschlusses abgeschwächt worden, insbesondere hinsichtlich der Dauer der Mindestspeicherzeit für Daten. Damit war den Bedenken des Bundestages zumindest teilweise Rechnung getragen worden. Kurz vor der Einigung über die Richtlinie im Rat hatte der Rechtsausschuss am 15. Februar 2006 eine weitere Beschlussempfehlung zum Thema Vorratsdatenspeicherung angenommen.[893] In dieser wurde ausgeführt, "*dass es der Bundesregierung gestärkt durch die restriktive Beschlusslage des Bundestages in intensiven Verhandlungen auf europäischer Ebene gegen teils erhebliche Widerstände seitens einer Vielzahl anderer Mitgliedstaaten gelungen sei, sowohl im Europäischen Parlament als auch im Rat die nötigen Mehrheiten für eine Regelung mit Augenmaß zu gewinnen.*"[894] Daraus ergibt sich, dass die erste Stellungnahme des Bundestages berücksichtigt worden war. Eine Besonderheit bei der *BE Rahmenbeschluss Vorratsdatenspeicherung* war es, dass eine neuerliche Information des Bundestages für den Fall, dass die Bundesregierung der Stellungnahme nicht folgen will, angefordert worden war. Die in der 16. Legislaturperiode eingebrachten Anträge für eine neue Stellungnahme des Bundestages sprechen dafür, dass eine solche Information an die zuständigen Gremien des Bundestages erfolgt ist. Die Beschlussempfehlung zum Vorschlag einer *Richtlinie* zur Vorratsdatenspeicherung, die wenige Tage vor der endgültigen Einigung im Rat verabschiedet wurde, kam dagegen sicherlich zu spät, um noch einen echten Einfluss auszuüben. Wie oben ausgeführt, bestand allerdings auch Einigkeit zwischen der Regierung und den die Beschlussempfehlung tragenden Fraktionen, dass dem Richtlinienvorschlag zugestimmt werden solle.

Die *BE Softwarepatentierung* erging sehr spät, nämlich erst als der Rat bereits eine politische Einigung über einen gemeinsamen Standpunkt erzielt hatte. Die Bundesregierung wurde in der am 17.02.2005 vom Plenum angenommenen Stellungnahme[895] aufgefordert, diese Einigung noch einmal zu überdenken. Kurz darauf, in seiner Sitzung am 7.03.2005, stimmte der Rat jedoch dem gemeinsamen Standpunkt als A-Punkt mit der Stimme der deutschen Delegation endgültig zu.[896] Diesen gemeinsamen Standpunkt lehnte das Europäische Parlament in zweiter Lesung am 6.07.2005 mit absoluter Mehrheit ab. Damit war der Richtlinienvorschlag der Kommission endgültig gescheitert (Art. 251 Abs. 2 b EG). Das Parlament war unter anderem nicht einverstanden mit der Definition des technischen Beitrages in der bisherigen Richtlinie und

---

[891] KOM (2005) 438 endg.: Vorschlag für eine Richtlinie des Europäischen Parlaments und des Rates über die Vorratsspeicherung von Daten, die bei der Bereitstellung öffentlicher elektronischer Kommunikationsdienste verarbeitet werden.

[892] Richtlinie 2006/24/EG des Europäischen Parlaments und des Rates vom 15. März 2006 über die Vorratsspeicherung von Daten, die bei der Bereitstellung öffentlich zugänglicher elektronischer Kommunikationsdienste oder öffentlicher Kommunikationsnetze erzeugt oder verarbeitet werden, und zur Änderung der Richtlinie 2002/58/EG, ABl EG 2006 L 105, S. 54.

[893] BT-Drs. 16/690, dazu vgl. unten G.

[894] BT-Drs. 16/690, S. 2.

[895] Protokoll der 157. Sitzung des 15. Deutschen Bundestages am 17.02.2005, S. 14754.

[896] Pressemitteilung des Rates der Europäischen Union, PRES 2005/42.

griff damit den Einwand auf, den auch der Bundestag vorgebracht hatte.[897] Auch wenn die Bundesregierung der Stellungnahme des Bundestages nicht folgte, fand so der Einwand des Bundestages noch Eingang in das Gesetzgebungsverfahren. Es ist allerdings eher unwahrscheinlich, dass dies tatsächlich ein Verdienst der deutschen Bundestagsabgeordneten war, sondern wohl eher so, dass das Europäische Parlament ohnehin die gleiche Auffassung vertrat, bzw. die Bundestagsabgeordneten erst durch den Widerstand der Europaabgeordneten auf die Problematik aufmerksam geworden waren.

Zusammenfassend lässt sich feststellen, dass die Stellungnahmen des Bundestages in fast allen Fällen zumindest zu einem Zeitpunkt ergingen, zu dem die endgültige Entscheidung über den Rechtsakt im Rat noch ausstand. Allerdings darf nicht verkannt werden, dass die politische Einigung im Rat nur den Schlusspunkt in einem langen Verhandlungsprozess darstellt, bei dem wesentliche Vorentscheidungen bereits getroffen sind. Daher war die Wirkung der Stellungnahmen von vornherein sehr eingeschränkt. Nur die Stellungnahmen zur Europäischen Beweisanordnung und zum europäischen Mahnverfahren ergingen zu einem relativ frühen Zeitpunkt.

In vier Fällen fanden die in den Beschlussempfehlungen geäußerten Bedenken Berücksichtigung im endgültigen Rechtsakt: Bei der Richtlinie zur Kfz-Haftpflichtversicherung, bei der Richtlinie zum Verbraucherkredit, bei der Verordnung zum Europäischen Mahnverfahren und beim Rahmenbeschluss zur Vorratsdatenspeicherung. Die endgültige Einigung über den Rahmenbeschluss zur Europäischen Beweisanordnung steht noch aus. Bei diesen fünf Beschlussempfehlungen war die Bundesregierung aber ohnehin der gleichen Auffassung wie der Bundestag. In den beiden letztgenannten Fällen legte die Kommission einen neuen Vorschlag für den Rechtsakt vor. Die *BE Richtlinie über den Verbraucherkredit* kam möglicherweise zu spät, um auf diesen Prozess noch wirklich Einfluss zu haben. Bei der Richtlinie zur Gleichbehandlung und der Richtlinie zu unlauteren Geschäftspraktiken fanden die Änderungswünsche des Bundestages keinen Eingang in den endgültigen Rechtsakt. In beiden Fällen stimmte die Bundesregierung nicht gegen den Vorschlag, obwohl sie eigentlich selbst Änderungen durchsetzen wollte und dabei vom Bundestag unterstützt wurde. Erklärt werden kann das sicher mit der Verhandlungssituation im Rat, in der sich einzelne Mitgliedstaaten mitunter auch Kompromissen beugen müssen. Aber jedenfalls ist nicht ersichtlich, dass die Bundesregierung wegen der Stellungnahme des Bundestages besondere Veranlassung gesehen hätte, auf der abweichenden Position zu beharren.

Eine Besonderheit ist schließlich die Stellungnahme zur Softwarepatentierung. Hier gelang es dem Bundestag zwar nicht, die Position der Bundesregierung zu beeinflussen, jedoch wurden die vom Bundestag geäußerten Bedenken vom Europäischen Parlament aufgegriffen. Es kann nicht nachgewiesen werden, ob die Auffassung des Bundestages hier tatsächlich Einfluss auf die Beratungen im Europäischen Parlament hatte, doch ist es wahrscheinlich, dass die Bundestagsabgeordneten ihre Beziehungen zu

---

[897] Empfehlung für die 2. Lesung, Bericht des Rechtsausschusses des Europäischen Parlaments, A 6/2005/207, S. 25 ff.

Abgeordneten des Europäischen Parlaments nutzten, um ihrem Anliegen Gehör zu verschaffen.

Aus den Protokollen des Rechtsausschusses und seines Unterausschusses Europarecht kann im übrigen nicht entnommen werden, dass der Ausschuss selbst eine Erfolgskontrolle in dem Sinne durchführte, dass er sich über den Stand der Beratungen, zu denen Stellungnahmen ergangen waren, explizit berichten ließ. Nach II 2 der Anlage 11 zu § 74 Abs. 2 und 3 GGO kann der Bundestag eine Unterrichtung vom federführenden Ressort erbitten, ob und wie eine Stellungnahme berücksichtigt wurde. Der EU-Ausschuss macht von dieser Möglichkeit regelmäßig Gebrauch.[898] Der Rechtsausschuss nutzte die Möglichkeit nicht. Eine Ausnahme ist hier die Stellungnahme Vorratsdatenspeicherung, in der die Bundesregierung aufgefordert wurde, über ein etwaiges Abweichen von der Auffassung des Bundestages zu berichten. Die Tatsache, dass zu Beginn der 16. Wahlperiode eine Stellungnahme zu der Position der Bundesregierung in den weiteren Verhandlungen erging spricht dafür, dass die Bundesregierung tatsächlich über den weiteren Verhandlungsverlauf berichtet hatte.

VI) Zusammenfassende Bewertung

Insgesamt muss die Bedeutung der Stellungnahmen des Rechtsausschusses als gering eingeschätzt werden. In keinem Fall gelang es ihm, die Position der Bundesregierung in den Verhandlungen spürbar zu beeinflussen. Es hat den Anschein, als berücksichtigt die Bundesregierung die Stellungnahmen des Bundestages nur insoweit, wie sie mit ihrer eigenen Position übereinstimmen und die anderen Mitgliedstaaten ohne Probleme davon überzeugt werden können. Dazu trägt natürlich auch bei, dass die Stellungnahmen des Bundestages relativ schwach formuliert sind. Denn natürlich mag es sein, dass die Regierung in den Verhandlungen über die Richtlinie zur Gleichbehandlung und zu unlauteren Geschäftspraktiken "*darauf hingewirkt hat*", dass sich die Position des Bundestages durchsetzt. Sie hatte dann damit schlichtweg keinen Erfolg. Den Beschlussempfehlungen kann tatsächlich nicht entnommen werden, dass die Bundesregierung die Rechtsakte in diesem Fall hätte ablehnen müssen. Der Rechtsausschuss wollte der Regierung einen entsprechenden Verhandlungsspielraum ja auch erhalten. Außerdem sind die Beschlussempfehlungen überwiegend erst so spät ergangen, dass die Verhandlungen auf europäischer Ebene für eine echte Einflussnahme schon zu weit fortgeschritten waren.

E) Bewertung der Tätigkeit des Rechtsausschusses in Angelegenheiten der Europäischen Union im Hinblick auf die von ihm hergestellte Öffentlichkeit

Als letztes Kriterium soll schließlich noch die Frage der Herstellung von Öffentlichkeit in die Bewertung miteinbezogen werden. Tatsächlich ist die Öffentlichkeitsfunktion des Bundestages die einzige Parlamentsfunktion, die durch die europäische Integration nicht beeinträchtigt ist. Nach dem auf der Theorie von Bagehot aufbauenden Funktionenkatalog hat ein Parlament im Wesentlichen vier Funktionen: Die Kreations-

---

[898] *Hölscheidt*, Mitwirkungsrechte des Deutschen Bundestages in Angelegenheiten der Europäischen Union, ApuZ B 28, 2000, 31, 38.

und Rekrutierungsfunktion, die Gesetzgebungsfunktion, die Kontroll- und Initiativfunktion, sowie die Repräsentations- und Kommunikationsfunktion.[899] Während die ersten drei Funktionen durch die Verlagerung von Kompetenzen auf die europäische Ebene deutliche Einschränkungen erfahren haben, was natürlich im besonderen Maße für die Gesetzgebungs- und die Initiativfunktion gilt, ist die Öffentlichkeitsfunktion in ihrem Bestand noch intakt.[900] Denn der Bundestag kann jeden Politikbereich öffentlich behandeln und nach außen kommunizieren, unabhängig davon, ob er in diesem Bereich noch eine Gesetzgebungskompetenz hat oder nicht. Auch die Mittel dazu stehen ihm unverändert zur Verfügung. Schon aus diesem Grund ist es notwendig, dass der Deutsche Bundestag seiner Kommunikationsfunktion auch in Angelegenheiten der Europäischen Union nachkommt.[901] Es kann davon ausgegangen werden, dass Kontrolle in europäischen Angelegenheiten umso wirksamer ist, je mehr die Öffentlichkeit auf die entsprechenden Vorlagen aufmerksam gemacht wird. Eine politische Bindung von Stellungnahmen kann auch dadurch entstehen, dass die Presse, bzw. durch sie vermittelt die Öffentlichkeit, von ihnen erfährt. Bleiben Stellungnahmen hingegen ein reines Internum im Verhältnis des Bundestages zur Bundesregierung, ist der politische Druck auf die Bundesregierung, einer Stellungnahme zu folgen, gering.

Die Ausschusssitzungen, in denen EU-Vorlagen diskutiert und Beschlussempfehlungen erarbeitet werden, sind aber ganz überwiegend nichtöffentlich (§ 69 Abs. 1 GO-BT). Die Beschlussempfehlungen werden zwar als Drucksachen veröffentlicht. Bei über 10 000 Bundestagsdrucksachen pro Legislaturperiode bedeutet dies aber sicher nicht, dass die Öffentlichkeit auch davon Kenntnis nimmt. Das öffentliche Forum des Parlaments ist das Plenum. Die Plenardebatten sind ein wichtiger Pfeiler der Legitimationsfunktion des Bundestages.[902] Es fragt sich also, ob und wie die Kenntnisnahmen und Beschlussempfehlungen des Rechtsausschusses in europäischen Angelegenheiten im Plenum debattiert werden. Dabei muss man sich auch folgendes vor Augen halten: Taucht eine EU-Vorlage im Plenum in keiner Weise auf, dann hat der Ausschuss hier quasi ein Letztentscheidungsrecht, was mit der Vorlage geschieht. Anders als bei nationalen Vorlagen, die nach der zwingenden Beschlussempfehlung des Ausschusses noch einmal auf die Tagesordnung des Plenums gesetzt werden, würde formal eine kleine Gruppe von Abgeordneten abschließend entscheiden. Da nach § 93 Abs. 1 GO-BT die EU-Vorlagen auch nicht über das Plenum (anders als nationale Vorlagen: §§ 79, 80 Abs.1 GO-BT) an die Ausschüsse gelangen, ist das Plenum hier möglicherweise gar nicht involviert. Das würde zwar den Einfluss des Ausschusses als solchen erhöhen, bedeutete aber auch eine besondere Verantwortung. Ein weiteres Mittel zur Herstellung von Öffentlichkeit sind öffentliche Anhörungen nach § 70 GO-BT, bei denen Sachverständige, Interessenvertreter und andere Auskunftspersonen angehört werden. Ihre besondere Bedeutung erlangen diese Anhörungen auch dadurch, dass sie gemäß § 70 Abs. 1 Satz 2 GO-BT bei überwiesenen Vorlagen bereits von einem Viertel der Mitglieder des Ausschusses verlangt werden können. Es handelt sich daher um

---

[899] *Ismayr*, Der Deutsche Bundestag, 2. Auflage 2001, S. 34.
[900] *Schüttemeyer*, Funktionsverluste des Deutschen Bundestages durch die europäische Integration?, ZParl 1978, 261, 275.
[901] *Steffani*, Das Demokratie-Dilemma der Europäischen Union, ZParl 1995, 33, 47.
[902] *Obrecht*, Niedergang der Parlamente?, 2006, S. 234.

ein wichtiges Instrument der Oppositionsfraktionen.[903] Ein weiterer positiver Aspekt von öffentlichen Anhörungen ist, dass sich die Abgeordneten von der Regierung unabhängige Informationen verschaffen können.[904] Der Informationsvorsprung der Ministerialbürokratie ist bei europäischen Vorlagen nämlich eher noch größer als bei nationalen Vorlagen.[905]

Der Deutsche Bundestag entspricht dem Typus des Arbeitsparlaments.[906] Hinsichtlich der Kontrolltätigkeit bei europäischen Vorlagen wird in der Literatur die These aufgeworfen, dass ein Arbeitsparlament bei der gegenwärtigen Integrationsdichte überfordert sei.[907] Der Bundestag müsse daher die öffentliche Debatte über europäische Vorlagen viel stärker in den Vordergrund rücken, weil das massenhafte Behandeln von EU-Vorlagen in nichtöffentlichen Ausschusssitzungen gar keine Kontrollwirkung entfalten könne. Auch diese These muss bei der Bewertung der Tätigkeit des Rechtsausschusses im Auge behalten werden. Eine nur punktuelle öffentliche Auseinandersetzung mit europäischen Vorlagen dürfte jedenfalls nicht genügen. Nur wenn die Öffentlichkeit regelmäßig die Chance hat zur Kenntnis zu nehmen, dass sich der Bundestag mit europäischen Vorlagen auseinandersetzt, wird der Bundestag es schaffen überhaupt als ein Akteur im europäischen Rechtsetzungsprozess wahrgenommen zu werden.

I) Behandlung der vom Rechtsausschuss zu EU-Vorlagen erarbeiteten Beschlussempfehlungen im Plenum

Das öffentliche Forum des Bundestages ist das Plenum (§ 19 Satz 1 GO-BT). Die Beschlussempfehlungen müssen vom Plenum angenommen werden, um zu einer Stellungnahme des Bundestages nach Art. 23 Abs. 3 GG zu werden. Es fragt sich allerdings, ob vor der Annahme der Beschlussempfehlungen des Rechtsausschusses im Plenum Debatten stattfanden.

Nach § 23 GO-BT wird über jeden Verhandlungsgegenstand, der auf der Tagesordnung steht, die Aussprache eröffnet. Nach § 25 Abs. 1 GO-BT wird die Aussprache geschlossen, wenn sich niemand zu Wort meldet. In der Praxis stehen auf der Tagesordnung einer Plenarsitzung meist so viele Gegenstände, dass über viele de facto gar keine Aussprache geführt wird. Die Aussprache wird in diesem Fall unmittelbar nach Eröffnung wieder geschlossen. Bei diesen Verhandlungsgegenständen finden dann sofort die Abstimmungen statt. So wurden auch über die *BE Richtlinie über die KFZ-Haftpflichtversicherung*, die *BE Richtlinie über unlautere Geschäftspraktiken*, die *BE Richtlinie über die Gleichbehandlung* und die *BE Rahmenbeschluss Vorratsdatenspeicherung* keine Aussprachen geführt.[908] Das heißt aber, dass zu diesen Vorlagen keiner-

---

[903] *Ismayr*, Der Deutsche Bundestag, 2. Auflage 2001, S. 407.
[904] *Ismayr*, Der Deutsche Bundestag, 2. Auflage 2001, S. 408.
[905] *Weber-Panariello*, Nationale Parlamente in der Europäischen Union, 1995, S. 284.
[906] Vgl. oben Kapitel 3, B I.
[907] *Weber-Panariello*, Nationale Parlamente in der Europäischen Union, 1995, S. 267; *Zier*, Nationale Parlamente in der EU, 2005, S. 339.
[908] Protokoll der 56. Sitzung des 15. Deutschen Bundestages am 3.07.2003, S. 4647; Protokoll der 108. Sitzung des 15. Deutschen Bundestages am 6.05.2004, S. 9773; Protokoll der 118. Sitzung des 15.

lei öffentliche Debatte stattfand. Damit nahmen auch nur die in den Ausschüssen damit beschäftigten Abgeordneten vom Inhalt der Vorlagen Notiz.

Zu den übrigen Beschlussempfehlungen, der *BE Richtlinie über den Verbraucherkredit*, der *BE Rahmenbeschluss Europäische Beweisanordnung*, der *BE Verordnung Europäisches Mahnverfahren* und der *BE Softwarepatentierung* wurde jeweils eine Aussprache geführt. Allerdings gaben in allen vier Fällen die Abgeordneten, die sich zu Wort gemeldet hatten, ihre Reden zu Protokoll.[909] Es fand also wiederum keine öffentliche Debatte statt. Die Reden konnten lediglich im Anhang des jeweiligen Protokolls nachgelesen werden. Von der Möglichkeit, Reden zu Protokoll zu geben, wird in der parlamentarischen Praxis häufig Gebrauch gemacht, obwohl sie in der Geschäftsordnung nicht ausdrücklich vorgesehen ist. Sie widerspricht an sich den Verfahrensprinzipien der freien Rede und der Mündlichkeit.[910] Es wurde daher bewusst davon abgesehen, eine entsprechende Regelung in die Geschäftsordnung aufzunehmen. Es liegt vielmehr bei jeder zu Protokoll gegebenen Rede eine Abweichung von der Geschäftsordnung nach § 126 GO-BT vor[911], weshalb diese Praxis auf Ausnahmefälle beschränkt sein sollte. Die in der 10. Wahlperiode eingesetzte ad-hoc Kommission Parlamentsreform hatte sich mit dieser Problematik auseinandergesetzt und dazu ausgeführt:

"Die Kommission ist der Auffassung, dass in einer Hinsicht ein Bedürfnis für nicht mündlich vorgetragene Sachbeiträge anerkannt werden kann. Dies ist dann der Fall, wenn zu politisch wenig umstrittenen -etwa fachlich stark spezialisierten- Gegenständen von keiner Seite im Bundestag ein Bedürfnis für die öffentliche Auseinandersetzung gesehen wird, aber ein Interesse gegeben ist, die Haltungen der Fraktionen für die an dieser Materie interessierten Bürger zusammenfassend kenntlich zu machen. In solchen Einzelfällen soll der Präsident daher die Möglichkeit haben, den Fraktionen mit Zustimmung des Plenums Gelegenheit zur Abgabe einer im Umfang strikt begrenzten Erklärung zu Protokoll zu geben. [...] Diese Möglichkeit kann zusätzlich zu dem Bestreben beitragen, Plenardebatten von Details zu entlasten und stattdessen Zeit für politisch wichtige Aussprachen mit breiter Beteiligung zu gewinnen."[912]

Die Praxis, zu europäischen Vorlagen keine Debatte zu führen, ist kein auf die Vorlagen des Rechtsausschusses beschränktes Phänomen. Beschlussempfehlungen zu europäischen Vorlagen werden ganz überwiegend nicht debattiert. Europapolitik findet im Plenum fast nur statt, soweit es um Änderungen des Primärrechtes und die wesentlichen Fragen der europäischen Integration geht. So gab es in der 15. Legislaturperiode

---

Deutschen Bundestages am 1.07.2004, S. 10758; Protokoll der 154. Sitzung des 15. Deutschen Bundestages am 27.01.2005, S. 14375.

[909] Protokoll der 56. Sitzung des 15. Deutschen Bundestages am 3.07.2003, S. 4731; Protokoll der 129. Sitzung des 15. Deutschen Bundestages am 30.09.2004, S. 11831; Protokoll der 145. Sitzung des 15. Deutschen Bundestages am 2.12.2004, S. 13572; Protokoll der 157. Sitzung des 15. Deutschen Bundestages am 17.02.2005, S. 14754.

[910] *Ritzel/Bücker/Schreiner* (Hrsg.), Handbuch der parlamentarischen Praxis, Kommentar zur Geschäftsordnung (Stand November 2002), § 33, S. 2.

[911] *Ritzel/Bücker/Schreiner* (Hrsg.), Handbuch der parlamentarischen Praxis, Kommentar zur Geschäftsordnung (Stand November 2002), § 33, S. 3.

[912] Bericht der ad-hoc-Kommission Parlamentsreform, BT-Drs. 10/3600, S. 8.

zum Beispiel mehrmals Regierungserklärungen zu Europäischen Räten mit anschließender Debatte[913], sowie Debatten zur Erweiterung der EU.[914]

Obwohl nur sehr wenige der Vorschläge für Sekundärrechtsakte für eine Beschlussempfehlung ausgewählt werden, kommt es in aller Regel noch nicht einmal bei diesen zu einer Debatte im Plenum. Debatten zu europäischen Sekundärrechtsakten tauchen nur vereinzelt auf.[915] Daher steht das in diesen Fällen übliche zu Protokoll geben von Reden nicht im Einklang mit den engen Voraussetzungen, die die Kommission Parlamentsreform formuliert hat. In den wenigen Fällen, in denen es überhaupt zu einer Beschlussempfehlung kommt, kann man nicht davon ausgehen, dass kein Bedürfnis für eine öffentliche Debatte besteht. Vielmehr resultiert ein solches Bedürfnis bei Sekundärrechtsakten der Europäischen Union schon daraus, dass der Bürger ansonsten überhaupt keine Kenntnis davon nimmt, dass diese Vorlagen im Bundestag behandelt werden.

Diejenigen EU-Vorlagen, die im Ausschuss nur zur Kenntnis genommen werden, werden dem Plenum mitgeteilt und finden sich dann im Anhang des Protokolls der folgenden Plenarsitzung. Damit wird sichergestellt, dass formal die letzte Entscheidung über die Behandlung der Vorlage beim Plenum liegt, da dadurch alle Abgeordneten Kenntnis von der Behandlung der Vorlage nehmen und theoretisch eine Aussprache verlangen können. Praktisch nehmen die Abgeordneten von diesen Vorlagen keine Notiz mehr, zumal sie auch nicht als Drucksachen veröffentlicht werden (§ 93 Abs. 4 Satz 2 GO-BT) und die inhaltliche Kenntnisnahme daher gar nicht ohne weiteres möglich wäre.

II) Öffentliche Anhörungen zu vom Rechtsausschuss beratenen EU-Vorlagen

Neben den Plenarsitzungen sind öffentliche Anhörungen nach § 70 GO-BT ein wichtiges Mittel zur Herstellung von Öffentlichkeit. Der Rechtsausschuss hat in der 15. Legislaturperiode insgesamt 24 öffentliche Anhörungen durchgeführt.[916] Nur eine davon fand zu einer EU-Vorlage statt. Es handelte sich dabei um die öffentliche Anhörung zum "Vorschlag für eine Richtlinie des Europäischen Parlaments und des Rates über Dienstleistungen im Binnenmarkt", die dem Rechtsausschuss zur Mitberatung über-

---

[913] Z.B. TOP 3 der 16. Sitzung des 15. Deutschen Bundestages am 19.12.2002: Abgabe einer Regierungserklärung durch den Kanzler: Zu den Ergebnissen des Europäischen Rates in Kopenhagen am 12. und 13. Dezember 2002; TOP 3 der 37. Sitzung des 15. Deutschen Bundestages am 03.04.2003: Abgabe einer Erklärung durch den Bundeskanzler zur internationalen Lage und zu den Ergebnissen des Europäischen Rates in Brüssel am 20./21. März 2003.

[914] Z.B. TOP 5 der 13. Sitzung des 15. Deutschen Bundestages am 4.12.2002: Antrag der Fraktion CDU/CSU, Für ein glaubwürdiges Angebot an die Türkei.

[915] Bei einer Auswertung der Protokolle der ersten 50 Sitzungen des 50. Deutschen Bundestages konnte keine einzige Debatte aufgefunden werden, die zu einem bestimmten Sekundärrechtsakt geführt wurde. In der 29. Sitzung des 15. Deutschen Bundestages am 21.02.2003 wurde allerdings eine Debatte zur Agrarpolitik geführt, die sich unter anderem auch mit Sekundärrechtsakten befasste, vgl. Protokoll der Sitzung, S. 2244,

[916] Vgl. Protokolle des Rechtsausschusses aus der 15. Legislaturperiode.

wiesen war.[917] Der Rechtsausschuss hörte in der Sitzung anerkannte Rechtsexperten, sowie Vertreter von der Richtlinie betroffener Kreise an.

Es ist sehr zu bedauern, dass der Ausschuss von der Möglichkeit zu öffentlichen Anhörungen nicht öfter Gebrauch gemacht hat, zumal nicht zu den ihm zur Federführung überwiesenen EU-Vorlagen. Die Abgeordneten beklagen oft einen Mangel an Information über europäische Vorlagen. Expertenanhörungen wären hier ein probates Mittel, um fundierte Auskünfte zu erlangen und dabei gleichzeitig nicht auf die vom Ministerium bereit gestellten Informationen beschränkt zu bleiben. Außerdem darf sich die Tätigkeit des Rechtsausschusses bei der Kontrolle europäischer Sekundärrechtsetzung nicht nur im "stillen Kämmerlein" abspielen. Schließlich geht es auch darum, Interesse der Öffentlichkeit für europäische Politik zu wecken und sich dabei gleichzeitig als an der europäischen Rechtsetzung beteiligtes Organ zu positionieren.

III) Zusammenfassende Bewertung

Das Ergebnis der Bewertung des Rechtsausschusses im Hinblick auf die Herstellung von Öffentlichkeit fällt verheerend aus. Plenardebatten zu den Beschlussempfehlungen fanden entweder gar nicht statt oder Reden wurden lediglich zu Protokoll gegeben. Auch gab es nur eine einzige öffentliche Anhörung zu einer dem Rechtsausschuss überwiesenen EU-Vorlage. Folge davon war, dass die Öffentlichkeit von der Tätigkeit des Rechtsausschusses bei der Kontrolle europäischer Sekundärrechtsetzung nahezu keine Kenntnis nehmen konnte. Damit verharrt der Bundestag bei europäischen Vorlagen noch im größeren Maße in seiner Rolle als Arbeitsparlament als bei nationalen Vorlagen. Es wurde darauf hingewiesen, dass in der Literatur die Meinung vertreten wird, der Bundestag müsse in der Europapolitik stärker als Rede- denn als Arbeitsparlament fungieren. Nur so könne er bei der Masse an EU-Vorlagen überhaupt eine sinnvolle Arbeit leisten. Meines Erachtens wäre gegen die Handhabung europäischer Vorlagen durch den Bundestag dann nichts einzuwenden, wenn die von ihm als wichtig herausgefilterten Vorlagen auch noch öffentlich behandelt würden. An sich ist der Typus Arbeitsparlament durchaus geeignet zur Kontrolle europäischer Rechtsetzung. Denn aus der Masse der europäischen Vorlagen müssen diejenigen herausgesucht werden, mit denen eine nähere Beschäftigung und die Erarbeitung einer Stellungnahme lohnt. Darauf dass dies nicht problemlos funktioniert, vielmehr viele Vorlagen zu spät oder gar nicht behandelt werden, wurde bereits hingewiesen. Gleichwohl bedarf es einer solchen Auswahl. Wichtig ist im Anschluss daran aber auch, dass der letzte Schritt, nämlich die Vermittlung der Arbeitsergebnisse an die Öffentlichkeit, nicht ausbleibt. Gerade bei europäischen Rechtsakten muss der Bundestag seine Kommunikationsfunktion gegenüber den Bürgern wahrnehmen. Ansonsten darf er sich über Euroskepsis und Apathie der Bevölkerung in Bezug auf die EU nicht wundern.[918]

---

[917] Protokoll der 80. Sitzung des Rechtsausschusses am 11.05.2003.

[918] *Kietz*, Der Bundestag in der Europapolitik, SWP-Aktuell 19. Mai 2005, S. 7.

F) Zusammenfassende Bewertung der Tätigkeit des Rechtsausschusses in Angelegenheiten der europäischen Union in der 15. Legislaturperiode

Nachdem die Tätigkeit des Rechtsausschusses in europäischen Angelegenheiten im Hinblick auf die Beratungsaktualiät, die Beratungsintensität, die Proaktivität, die von ihm erarbeiteten Beschlussempfehlungen und die Herstellung von Öffentlichkeit bewertet wurde, soll nun ein abschließendes Fazit erfolgen. Dieses ist zwar nur auf die Auswertung der Arbeit des Rechtsausschusses in der 15. Legislaturperiode gestützt. Doch dürfte die Tätigkeit in der 15. Legislaturperiode weitgehend repräsentativ für andere Wahlperioden sein. Dies soll im anschließenden Kapitel anhand einer Betrachtung der bisherigen Tätigkeit des Bundestages und des Rechtsausschusses in der 16. Legislaturperiode überprüft werden.

I) Ergebnis der Bewertung

Die Tätigkeit des Rechtsausschusses in europäischen Angelegenheiten in der 15. Legislaturperiode ist insgesamt negativ zu bewerten. Der überwiegende Teil der dem Rechtsausschuss überwiesenen EU-Vorlagen durchläuft den Ausschuss, ohne dass es zu einer echten Kontrolltätigkeit oder auch nur den Versuch dazu käme. Letztlich werden die EU-Vorlagen nur bürokratisch erfasst und zur Kenntnis genommen. Damit wird nicht annähernd der während der europäischen Integration erlittene Kompetenzverlust des Bundestages kompensiert.

Die EU-Vorlagen erreichten den Ausschuss in der Regel schon zu spät. Zwar war über die meisten Rechtsakte bei ihrer Beratung noch nicht abschließend entschieden, doch waren wichtige Vorentscheidungen schon gefallen. Der Verhandlungsspielraum war zum Zeitpunkt der Befassung meist schon sehr eingeschränkt. Selbst die am schnellsten überwiesenen Vorlagen erreichten den Rechtsausschuss erst mehr als zwei Monate nach ihrer Übermittlung von der Kommission an den Rat. In vielen Fällen dauerte es aber sogar über ein halbes Jahr, bis sich der Ausschuss erstmals mit einer Vorlage beschäftigte. Während dieser Zeit liefen die Verhandlungen innerhalb der Arbeitsgruppen von COREPER weiter. Auch wenn der Weg der EU-Vorlagen zwischen der Übermittlung an den Rat und der Erstberatung im Ausschuss nicht über alle Stationen im einzelnen nachvollzogen werden kann, so spricht doch einiges dafür, dass der Zeitverlust vor allem in der Sphäre des Deutschen Bundestages selbst erfolgt, und nicht etwa bereits an der verspäteten Übermittlung durch die deutsche Regierung liegt.[919] Dazu kommt, dass der Ausschuss die Bedeutung prälegislativer Dokumente wie Grünbücher verkannte. Diese wurden weder eingehend beraten, noch erarbeitete der Ausschuss zu ihnen Stellungnahmen. Übergreifende Gesetzgebungsprogramme der Kommission wurden gar nicht beraten. Will man europäische Rechtsakte wirksam kontrollieren, muss man zum frühestmöglichen Zeitpunkt Einfluss nehmen. Daher sollte sich der Rechtsausschuss mit prälegislativen Dokumenten immer auseinandersetzen. Der Ausschuss bzw. seine Mitglieder sollten darüber hinaus versuchen, wichtige Vorlagen der EU, die den Bereich der Rechtspolitik betreffen, frühzeitig zu identifizieren, be-

---

[919] So aber *Range*, Europäische Verfassung: Neue Kompetenzen für den Deutschen Bundestag, 2004, S. 6.

reits bevor sie auf der Tagesordnung auftauchen. Dies kann anhand von Kontakten zu Parlamentariern des Europäischen Parlaments und zur Kommission, sowie auch durch eine aufmerksame Lektüre des Amtsblattes der EU geschehen. Die parlamentarische Behandlung sollte nämlich nicht erst mit der Überweisung eines Vorschlages beginnen, sondern diese sollte der späteste Zeitpunkt einer Auseinandersetzung sein.[920] Positiv im Vergleich zu anderen Ausschüssen ist hervorzuheben, dass sich der Unterausschuss Europarecht ab der zweiten Hälfte der Legislaturperiode regelmäßig über aktuelle Entwicklungen auf der europäischen Ebene berichten ließ. Dies erhöhte die Chance, auf kurzfristige Entwicklungen zeitnah reagieren zu können.

Auch die Beratungsintensität ließ zu wünschen übrig. Nur zu sehr wenigen EU-Vorlagen fand eine nähere Beratung statt. Der Großteil der EU-Vorlagen wurde nur bürokratisch formal abgehandelt. Immerhin war durch das Unterausschussmodell mit der Praxis, im Unterausschuss zu jeder Vorlage einen Referenten aus dem zuständigen Ministerium zu laden, sichergestellt, dass zu jeder EU-Vorlage, die im Unterausschuss auf der Tagesordnung stand, zumindest ein kurzes Referat des Vertreters aus dem Ministerium erfolgte. Dadurch war garantiert, dass sich der Unterausschuss jedenfalls kurz mit diesen Vorlagen befasste und sie nicht nur aufgrund schriftlicher Informationen zur Kenntnis nahm. Zwar gilt dies nicht für solche Vorlagen, die sich auf der Sammelliste befanden, doch handelte es sich bei diesen vor allem um lediglich zur Mitberatung überwiesene Vorlagen. Obwohl dies nicht empirisch nachgeprüft werden konnte, ist es doch unwahrscheinlich, dass in den Fraktionen ausführliche Vorberatungen zu den EU-Vorlagen stattfanden. Die Tatsache, dass die Fraktionsarbeitsgruppen und -kreise nicht über spezialisierte Gremien für europäische Vorlagen aus dem Bereich der Rechtspolitik verfügen, trägt sicher auch nicht dazu bei, dass entsprechende EU-Vorlagen in der Fraktion einen großen Stellenwert besäßen. Dadurch wird der "organisatorische Vorteil" des Unterausschusses Europarecht möglicherweise wieder zunichte gemacht.
Bei seiner Arbeit machte der Rechtsausschuss von keiner der Möglichkeiten, die speziell für die Beratung von EU-Vorlagen vorgesehen sind, Gebrauch. Es ist auch wahrscheinlich, dass den Mitgliedern des Ausschusses diese Möglichkeiten gar nicht im einzelnen bewusst waren. Immerhin unternahm der Unterausschuss eine Delegationsreise nach Brüssel. Das war aber insgesamt gesehen nur ein Tropfen auf den heißen Stein. Die gemeinsamen Sitzungen des Rechtsausschusses mit dem Parallelausschuss des französischen Parlaments wiesen ebenfalls in die richtige Richtung und könnten dazu beitragen, das europäische Profil des Ausschusses zu schärfen.

Sichtbarster Ausdruck der Tätigkeit eines Ausschusses sind die von ihm erarbeiteten Beschlussempfehlungen. Auch hier fällt das Fazit negativ aus. Der Rechtsausschuss erarbeitete in der 15. Legislaturperiode nur acht Beschlussempfehlungen zu europäischen Vorlagen. Das ist im Vergleich zu den ihm überwiesenen EU-Vorlagen verschwindend wenig. Allerdings muss man ihm zugute halten, dass er damit noch zu den aktiveren Ausschüssen des Bundestages zählte. Auch war die Schwerpunktsetzung bei der Auswahl der Vorlagen, zu denen eine Beschlussempfehlung erging, überwiegend nachvollziehbar. Die ausgewählten Vorlagen beinhalteten alle Vorschläge für Rechts-

---

[920] *Kietz*, Der Bundestag in der Europapolitik, SWP-Aktuell 19, Mai 2005, S. 5.

akte der EU. Negativ ist zu bewerten, dass zu keinem prälegislativen Dokument eine Stellungnahme erarbeitet wurde. Die Beschlussempfehlungen waren zwar nicht von der Regierung bestellt, doch hatten sie bis auf eine Ausnahme die Zielrichtung, die deutsche Delegation bei den Verhandlungen in Brüssel zu unterstützen. Letzteres war angesichts der Mehrheitsverhältnisse im Parlament zu erwarten. Soweit Beschlussempfehlungen ergingen, waren diese sehr weich formuliert. Eine strikte Bindung der Bundesregierung konnte mit ihnen nicht erreicht werden, war aber auch gar nicht bezweckt. Konsequenterweise ist auch nicht nachweisbar, dass die Stellungnahmen gegenüber der Bundesregierung eine echte Auswirkung hatten. Natürlich ist es nachvollziehbar, dass die Parlamentsmehrheit die Regierung bei den Verhandlungen im Rat nicht übermäßig einschränken will, doch sollte der Bundestag selbstbewusster seine eigene Position vertreten. Immerhin war er vor den Kompetenzverlagerungen auf die europäische Ebene auch in diesen Bereichen das gesetzgebende Organ. Es wurde herausgearbeitet, dass das Grundgesetz eine Kompensation für die Kompetenzverluste des deutschen Parlaments unter dem Gesichtspunkt des Demokratieprinzips und des Prinzips der Gewaltenteilung fordert. Wenn sich der Bundestag bei allen in der EU anstehenden Entscheidungen völlig der Bundesregierung unterordnet, findet eine irgendwie geartete Kompensation jedoch nicht statt.

Dazu kommt noch, dass die Tätigkeit des Rechtsausschusses in europäischen Angelegenheiten nahezu unter Ausschluss der Öffentlichkeit stattfand. Es fanden keine Debatten im Plenum statt. Offenbar hat es sich eingebürgert, bei Debatten über europäische Sekundärrechtsakte die Reden zu Protokoll zu geben, soweit überhaupt eine Aussprache stattfindet. Damit wird diese auf Ausnahmefälle zu beschränkende Möglichkeit missbraucht. Dies ist Ausdruck der Geringschätzung, die der Bundestag diesen Vorlagen entgegenbringt. Auch öffentliche Anhörungen erfolgten nahezu nicht. Die Tätigkeit des Rechtsausschusses wurde also fast gar nicht außenwirksam. Wenn die Ergebnisse der Arbeit aber überhaupt nicht nach außen dargestellt werden, dann sind die Kapazitäten, die der Ausschuss aufwendet, um sich mit den Vorlagen zu beschäftigen, letztlich sogar verschwendet. Wenn die Öffentlichkeit keine Kenntnis von der Arbeit des Bundestages mit europäischen Vorlagen nehmen kann, ist es darüber hinaus nur verständlich, dass überwiegend die Meinung vorherrscht, das deutsche Parlament habe mit der Gesetzgebung der EU nichts zu tun. Das führt dann aber dazu, dass die einzige Chance für einen Ausbau der Demokratie in der EU in einer Stärkung des Europäischen Parlaments gesehen wird. Dadurch wird der Bundestag auch langfristig noch weiter an Einflussmöglichkeiten verlieren.

II) Verbesserungsmöglichkeiten

Der Rechtsausschuss hat die Probleme, die er bei der Beratung europäischer Vorlagen hat, erkannt und war sich auch in der 15. Legislaturperiode der Defizite seiner Arbeit diesbezüglich bewusst.

Den Mitgliedern des Rechtsausschusses wurde in einem Fragebogen die folgende Frage gestellt: Wie beurteilen Sie die bisherige Mitwirkung des Rechtsausschusses bei der Kontrolle europäischer Rechtsetzung? Die Abgeordneten konnten zwischen den Antwortmöglichkeiten sehr gut, gut, zufrieden stellend, ausreichend und mangelhaft wählen. Von den 16 Abgeordneten, die die Frage beantworteten, waren sechs der Meinung, dass die bisherige Arbeit des Rechtsausschusses mangelhaft sei, vier hielten sie für ausreichend, vier immerhin für zufrieden stellend und nur zwei für gut.

Auch in den Ausschusssitzungen wurde die Problematik mehrfach diskutiert. So wurde in der 8. Sitzung des Rechtsausschusses die Frage aufgeworfen, ob der europäischen Politik im Rechtsausschuss die Bedeutung zugemessen werde, die ihr zukomme.[921] Die institutionelle Beteiligung des Bundestages und seiner Ausschüsse an Rechtsetzungsakten der Union sei in einem frühen Zeitpunkt unzureichend. Die Fraktion der CDU/CSU habe daher einen Vorschlag erarbeitet, wie das Verfahren verbessert werden könne.[922] In der 55. Sitzung des Rechtsausschusses fand in Anwesenheit der Bundesjustizministerin eine Debatte über die Effektivität der Arbeit mit europäischen Vorlagen statt. Ein Abgeordneter äußerte sogar, dass der Bundestag bisher bei der europäischen Rechtsetzung versagt habe.[923] Auch im Unterausschuss war die Verbesserungsfähigkeit der Arbeit mit europäischen Vorlagen mehrfach ein Thema. Hier wurde auch darauf hingewiesen, dass eine Verbesserung der Verfahrensabläufe nicht etwa zu einer Auflösung des Unterausschusses und zu einer Aufwertung des Ausschusses für die Angelegenheiten der EU führen dürfe.[924] Der Rechtsausschuss war überdies der einzige Ausschuss des Bundestages, der sich bereits in der 15. Legislaturperiode über die Konzepte der Bundestagsverwaltung zur Verbesserung der Arbeit des Bundestages mit europäischen Vorlagen berichten ließ.[925] In der 22. Sitzung des Unterausschusses berichtete ein Mitarbeiter der Bundestagsverwaltung über den Aufbaustab Europa der Verwaltung des Deutschen Bundestages, die Fortentwicklung bestehender Verfahren in EU-Angelegenheiten und mögliche Maßnahmen im Hinblick auf die im Europäischen Verfassungsvertrag vorgesehene Subsidiaritätskontrolle.[926] Immerhin wurde das Problem also erkannt und diskutiert. Allerdings hat man das Gefühl, dass Diskussionen dieser Art in jeder Legislaturperiode von Neuem im Rechtsausschuss und seinem Unterausschuss geführt werden. Was fehlt, ist ein langfristiges Konzept zur Verbesserung der Arbeit. Es kann nicht angehen, dass der Ausschuss in jeder Legislaturperiode die Abläufe bei der Behandlung europäischer Vorlagen neu festlegen muss. Möglicherweise ist der Aufbaustab Europa der Bundestagsverwaltung ein erster Schritt hin zur langfristigen Verbesserung der Verfahrensabläufe.

Ein weiterer Anreiz zur Verbesserung der Abläufe bei der Kontrolle von EU-Vorlagen sollte die im Entwurf des geänderten Protokolls über die Anwendung der Grundsätze der Subsidiarität und der Verhältnismäßigkeit vorgesehen Subsidiaritätsrüge sein. Diese muss innerhalb von acht Wochen nach dem Zeitpunkt der Übermittlung eines Entwurfs eines Europäischen Gesetzgebungsakts erfolgen. Die Rüge wird nicht von ungefähr als "Frühwarnmechanismus" bezeichnet. Nach allem was bisher herausgearbeitet

[921] Protokoll der 8. Sitzung des Rechtsausschusses am 12.02.2003, S. 20.
[922] Protokoll der 8. Sitzung des Rechtsausschusses am 12.02.2003, S. 22.
[923] Protokoll der 55. Sitzung des Rechtsausschusses am 22.09.2004, S. 19.
[924] Protokoll der 12. Sitzung des Unterausschusses Europarecht am 2.04.2004, S. 11.
[925] Auskunft von MR Groos, Leiter des Aufbaustabs Europa der Verwaltung des Deutschen Bundestages in einem Telefonat am 5.09.2005; in der 16. Legislaturperiode ließen sich auch andere Ausschüsse darüber berichten, vgl. TOP 9 der 10. Sitzung des Innenausschusses am 15.03.2006 und TOP 2 der 4. Sitzung für Kultur und Medien am 25.01.2006.
[926] Protokoll der 22. Sitzung des Unterausschusses Europarecht am 13.05.2005, S. 10 f.

wurde, ist es aber unwahrscheinlich, dass der Rechtsausschuss, sollte er seine Verfahrensabläufe nicht erheblich verbessern und beschleunigen, eine begründete Stellungnahme innerhalb der Achtwochenfrist vorbereiten könnte. Das Verfahren der Subsidiaritätsrüge könnte aber auch kaum beim EU-Ausschuss monopolisiert werden, da eine Subsidiaritätsprüfung Kenntnisse über die nationalen Gegebenheiten des speziellen Politikbereichs voraussetzt.[927] Die Subsidiaritätsrüge hat außerdem nur dann Aussicht auf Erfolg, wenn mindestens ein Drittel der nationalen Parlamente die Rüge unterstützen. Will der Rechtsausschuss hier erfolgreich sein, müsste er sich also rechtzeitig mit korrespondierenden Ausschüssen anderer Parlamente abstimmen. Dies geht sicher nur, wenn laufende Arbeitsbeziehungen zu diesen Parlamenten bereits etabliert sind. Eine Anpassung an den Frühwarnmechanismus wäre auch deshalb so wichtig, weil sich der Ausschuss, sollte er sich erst später mit einer EU-Vorlage beschäftigen, nicht mehr glaubhaft auf die Subsidiarität berufen könnte.[928] Dieser Einwand wäre ihm dann quasi abgeschnitten, da er ihn schließlich rechtzeitig hätte geltend machen können.

Berücksichtigt man die Ergebnisse der hier durchgeführten Untersuchung, dann sollte meines Erachtens das Augenmerk im Bundestag und im Rechtsausschuss vor allem auf folgendes gelegt werden:

1. Die verfahrensmäßige Behandlung von EU-Vorlagen in einem Unterausschuss sollte beibehalten werden.

Die Behandlung von EU-Vorlagen in einem Unterausschuss hat sich grundsätzlich bewährt. Durch das Unterausschussmodell ist sichergestellt, dass der Rechtsausschuss den europäischen Vorlagen getrennt von den nationalen Vorlagen Aufmerksamkeit widmet. Würden sie gemeinsam mit den anderen Vorlagen im Rechtsausschuss beraten, bestünde die Gefahr, dass sie neben den nationalen Vorlagen untergingen. Dieses Modell dürfte auch der Grund dafür sein, dass der Rechtsausschuss im Vergleich zu den anderen Fachausschüssen noch zu den aktiveren Ausschüssen beim Erlass von Beschlussempfehlungen zu EU-Vorlagen zählte. Im Unterausschuss sitzen Rechtspolitiker und Politiker mit besonderer Expertise in europäischen Angelegenheiten zusammen. Diese Mischung ist grundsätzlich geeignet, um zum einen der Komplexität der europäischen Rechtsetzung gerecht zu werden, zum anderen die jeweiligen fachlichen Besonderheiten einschätzen zu können. Auch andere Fachausschüsse könnten sich den Unterausschuss Europarecht zum Vorbild nehmen und selbst eine entsprechende Untergliederung einrichten. Dies würde sich vor allem für diejenigen Ausschüsse anbieten, die sehr viele EU-Vorlagen zu beraten haben wie der Ausschuss für Wirtschaft und Technologie, der Finanzausschuss und der Ausschuss für Ernährung, Landwirtschaft und Verbraucherschutz.

---

[927] Für eine starke Rolle des EU-Ausschusses bei der Subsidiaritätsprüfung: *Friedrich Ebert Stiftung, Arbeitsgruppe Europäische Integration* (Hrsg.), Arbeitspapier Nr. 13, 2002, S. 11 und *Range*, Europäische Verfassung: Neue Kompetenzen für den Deutschen Bundestag, 2004, S. 16.

[928] *Meyer/Hölscheidt*, Die Europäische Verfassung aus der Sicht des Deutschen Bundestages, integration 2003, 345, 348.

2. Das "Timing" bei der Behandlung von EU-Vorlagen muss erheblich verbessert werden.

Am dringlichsten wäre eine Verbesserung des "Timings" bei der Behandlung von EU-Vorlagen. Dafür muss zunächst das Verfahren bei der Überweisung der EU-Vorlagen erheblich beschleunigt werden. Es geht viel zu viel Zeit verloren, bis eine EU-Vorlage nach der Übermittlung des entsprechenden Dokuments an den Rat auf der Tagesordnung der Ausschüsse auftaucht. Wie diese Beschleunigung im einzelnen erreicht werden kann, ist von außen schwierig zu beurteilen. Hier wird die Bundestagsverwaltung selbst Mittel und Wege finden müssen und versucht dies momentan ja auch mit Hilfe des Aufbaustabs Europa. Auch die Einrichtung einer Vertretung des Bundestages beim Europäischen Parlament in der zweiten Hälfte des Jahres 2006 dürfte hilfreich sein, um Entwicklungen auf europäischer Ebene frühzeitig abschätzen zu können. Eine Beschleunigung im Überweisungsverfahren könnte dadurch erreicht werden, dass die EU-Vorlagen nach Eingang beim Bundestag unmittelbar an den entsprechenden Ausschuss weitergeleitet werden und nicht erst beim Vorsitzenden des EU-Ausschusses gesammelt und dann en bloc überwiesen werden. Natürlich muss erst ermittelt werden, welchen Ausschüssen die Vorlage zu überweisen ist, doch dürfte die Federführung in den allermeisten Fällen so offensichtlich sein, dass dies keine Abfrage bei den einzelnen Ausschüssen bedarf. Auch sollte man überlegen, ob angesichts des geringen "Outputs" den die Ausschüsse bei der Beratung von EU-Vorlagen erbringen, insbesondere angesichts der geringen Anzahl erarbeiteter Stellungnahmen, eine Überweisung von Vorlagen an mehrere Ausschüsse zur Mitberatung wirklich sinnvoll ist. Der Rechtsausschuss jedenfalls befasst sich mit den ihm zur Mitberatung überwiesenen Vorlagen nahezu gar nicht. Die Vorlagen in Mitberatung blähen damit nur die Tagesordnungen auf und verursachen zusätzlichen administrativen Aufwand. Das ist wohl auch der Grund für § 45 a Abs. 2 Satz 1 der Geschäftsordnung des Bundes*rates*, in dem es hinsichtlich von EU-Vorlagen heißt: "*Die Beteiligung mehrerer Ausschüsse an der Beratung einer Unterrichtung soll möglichst beschränkt werden.*" Eine ähnliche Regelung wäre auch für das Verfahren im Bundestag sinnvoll.

Neben einer schnelleren Überweisung von EU-Vorlagen sollten die Abgeordneten aber auch von sich aus aufmerksam verfolgen, was in der Europäischen Union gerade auf der Agenda ist. Das ist angesichts der Veröffentlichung aller wichtiger Dokumente, insbesondere auch der Vorarbeiten der Kommission zu Gesetzgebungsvorhaben, sogar relativ einfach möglich. Auch Kontakte zu Parlamentariern des Europäischen Parlaments, die wegen der parteipolitischen Verbundenheit oft sowieso bestehen, könnten hierfür genutzt werden. Darüber hinaus verpflichtet die neue Vereinbarung zwischen dem Bundestag und der Bundesregierung über die Zusammenarbeit in Angelegenheiten der Europäischen Union die Bundesregierung, den Bundestag über aktuelle politische Entwicklungen im Rahmen der Europäischen Union auch im Wege der politischen Frühwarnung zu unterrichten.[929] Sollten Mitglieder des Rechtsausschusses auf diese Weise von wichtigen EU-Vorhaben erfahren, dann hat der Ausschuss die

[929] Antrag der Fraktionen CDU/CSU, SPD, FDP, DIE LINKE und Bündnis 90/Die Grünen, Annahme einer Vereinbarung zwischen dem Deutschen Bundestag und der Bundesregierung über die Zusammenarbeit in Angelegenheiten der Europäischen Union, BT-Drs. 16/2620, vom Plenum angenommen in der 52. Sitzung des 16. Deutschen Bundestages, vgl. Protokoll der Sitzung, S. 5053 ff.

Möglichkeit, diese nach § 93 Abs. 2 Satz 1 GO-BT auch schon vor der formellen Überweisung auf die Tagesordnung zu setzen.

Damit sich der Rechtsausschuss zeitnäher mit den europäischen Vorlagen befassen kann, muss der Sitzungsturnus des Unterausschusses erhöht werden. Insbesondere wenn die Beratung von EU-Vorlagen auf die nächste Sitzung vertagt wird, entsteht jedes Mal ein Zeitverlust von mindestens einem Monat. Angesichts des Anteiles europäischer Vorlagen an der Gesamttätigkeit des Rechtsausschusses wäre ein zweiwöchiger Sitzungsturnus denkbar. Darüber hinaus wäre zu überlegen, ob der Unterausschuss nicht auch in der parlamentarischen Sommerpause und insbesondere in den Phasen zum Ende einer Legislaturperiode bis zur Konstituierung eines neu gewählten Parlaments zu Sitzungen zusammen kommen sollte. Der Zeitplan in Brüssel nimmt nämlich keine Rücksicht auf parlamentarische Pausen im Deutschen Bundestag. In diesen Sondersitzungen könnten solche EU-Vorlagen, die einer näheren Beratung bedürfen, identifiziert werden. Handelt es sich dabei um wichtige Vorhaben der EU müsste dann gegebenenfalls auch der Rechtsausschuss zu einer Sondersitzung zusammen kommen, um eine Stellungnahme vorzubereiten. Nur wenn das "Timing" bei der Behandlung von EU-Vorlagen erheblich verbessert wird, kann der Bundestag im Übrigen auch das neue Recht, das den nationalen Parlamenten durch den Entwurf des geänderten Protokolls über die Anwendung der Grundsätze der Subsidiarität und der Verhältnismäßigkeit zukommen soll, den so genannten "Frühwarnmechanismus", nutzen.

3. Die Intensität der Beratung von EU-Vorlagen sollte erhöht werden.

Der Rechtsausschuss und sein Unterausschuss sollten sich viel intensiver und eingehender mit EU-Vorlagen befassen. Bisher beschränken sich die Beratungen zu oft nur darauf, einen groben Überblick über die entsprechende Vorlage zu bekommen. Für eine Intensivierung bedürfte es mehr Sitzungszeit. Allerdings sollte es neben der oben bereits angedachten häufigeren Sitzungen möglich sein, die Sitzungszeit zu verlängern. Bisher treffen sich die Abgeordneten zumeist für weniger als eine Stunde zu den Sitzungen. Diese Zeitspanne ist angesichts der Menge von Vorlagen, die sich auf jeder Tagesordnung befinden, nicht ausreichend.

4. Der Rechtsausschuss sollte versuchen, sich eine eigenständige Informationsbasis zu erschließen.

Bisher fehlt es den Abgeordneten zumeist an einer eigenständigen Informationsbasis. Eigene Informationen erschließen sie sich zum Teil durch wissenschaftliche Mitarbeiter in den Abgeordnetenbüros, im Europabüro des Deutschen Bundestages und im Wissenschaftlichen Dienst des Bundestages. Überwiegend verlassen sie sich bei der Bewertung der EU-Vorlagen jedoch auf die Auskünfte, die sie von den Vertretern der Regierung erhalten. Das ist auch deshalb problematisch, weil die Aufgabe des Parlaments bei der Beratung von EU-Vorlagen ja gerade darin besteht, die Regierung zu kontrollieren. Natürlich wird es dem Ausschuss niemals gelingen, den Informationsvorsprung, den die Beamten aus dem BMJ und anderen Ministerien haben, völlig auszugleichen. Gleichwohl stehen ihm Möglichkeiten zur Verfügung, um sich eigenständige Informationen zu besorgen. Dazu zählen der Aufbau von Kontakten zu parallelen

Ausschüssen des Europäischen Parlaments und anderer nationaler Parlamente, sowie die Möglichkeit, Mitglieder der europäischen Institutionen zu Beratungen über europäische Vorlagen hinzuzuziehen und auch die Durchführung von öffentlichen Anhörungen. Von diesen Möglichkeiten muss der Rechtsausschuss Gebrauch machen.

5. Der Rechtsausschuss sollte mehr Beschlussempfehlungen zu europäischen Vorlagen erarbeiten und diese schärfer formulieren.

Die Mitwirkung des Bundestages und seiner Ausschüsse sollte nicht nur darin bestehen, dass EU-Vorlagen massenhaft zur Kenntnis genommen werden. Die Ausschüsse müssen auch Beschlussempfehlungen erarbeiten, die dann nach Annahme vom Plenum zu einer Stellungnahme nach Art. 23 Abs. 3 GG werden. Das gilt auch für den Rechtsausschuss, der zwar im Hinblick auf die Erarbeitung von Beschlussempfehlungen aktiver ist als die meisten anderen Ausschüsse des Bundestages, im Vergleich zur Anzahl der ihm überwiesenen Vorlagen aber immer noch deutlich zu wenig Beschlussempfehlungen erlässt. Insbesondere sollte er auch Stellungnahmen zu prälegislativen Dokumenten vorbereiten, da in diesem frühen Stadium des Rechtsetzungsprozesses noch eine echte Chance auf Einflussnahme besteht.

Wenn eine Beschlussempfehlung erarbeitet wird, sollte sich der Rechtsausschuss nicht nur damit begnügen, der Regierung allgemeine Erwägungen mit auf den Weg zu geben, sondern er sollte seine Position klar darlegen und der Regierung auch eine Handlungsanweisung vermitteln. Natürlich sollte der Regierung ein Verhandlungsspielraum auf europäischer Ebene verbleiben, das hindert den Bundestag aber nicht daran, in seinen Stellungnahmen seine Auffassung und damit seinen Anspruch auf Mitwirkung an der europäischen Politik deutlich zu formulieren. Eine völlige Unterordnung unter die Position der Bundesregierung ist im Hinblick auf die notwendige Kompensation für erlittene Kompetenzverluste nicht sachgerecht.

6. Der Rechtsausschuss sollte mehr Öffentlichkeit für die von ihm beratenen EU-Vorlagen herstellen.

Bisher gelingt es dem Rechtsausschuss kaum, seine Tätigkeit bei der Kontrolle europäischer Vorlagen der Öffentlichkeit zu vermitteln. Die Beschlussempfehlungen werden im Plenum nicht debattiert, öffentliche Anhörungen finden nicht statt. Dieser Zustand ist im Hinblick auf die Bedeutung europäischer Vorhaben, gerade auch im Bereich der Rechtspolitik, nicht haltbar. Die Mitglieder des Rechtsausschusses sollten daher darauf dringen, dass die ergangenen Beschlussempfehlungen auch im Plenum diskutiert werden. Auch sollte der Ausschuss häufiger öffentliche Anhörungen zu europäischen Vorlagen durchführen. Nur so kann die Öffentlichkeit von den europapolitischen Aktivitäten des Rechtsausschusses Kenntnis nehmen. Europäische Gesetzesvorhaben müssen auch auf der nationalen Ebene transparent diskutiert werden. Sonst droht sich die negative Haltung der Bevölkerung gegenüber europäischer Politik noch zu verschlimmern. Vor allem aber wird der Bundestag so nicht als -wenn auch nur indirekter - Teilnehmer des europäischen Rechtsetzungsprozesses wahrgenommen.

G) Ausblick: Die bisherige Tätigkeit des Rechtsausschusses in der 16. Legislaturperiode

Im Folgenden soll ein kurzer Blick auf die bisherige Arbeit des Rechtsausschusses des 16. Deutschen Bundestages in europäischen Angelegenheiten geworfen werden. Damit soll überprüft werden, ob sich die für die 15. Legislaturperiode gefundenen Ergebnisse bestätigen lassen. Da aus der 16. Legislaturperiode noch keine Ausschussprotokolle zur Auswertung zur Verfügung standen, konnten nur die Tagesordnungen des Ausschusses, sowie die zugänglichen Bundestagsdrucksachen ausgewertet werden. Daher sind nur sehr vorläufige Aussagen möglich. Der ausgewertete Zeitraum umfasst die Tätigkeit des Ausschusses vom Beginn der 16. Legislaturperiode am 18.10.2005 bis zur Sommerpause 2007.

I) Der Unterausschuss Europarecht in der 16. Legislaturperiode

Auch in der 16. Legislaturperiode setzte der Rechtsausschuss einen Unterausschuss Europarecht ein. Der entsprechende Beschluss wurde in der 4. Sitzung des Rechtsausschusses am 25.01.2006 gefasst.[930] Wie in den vorangegangenen Legislaturperioden erhielt der Unterausschuss neun ordentliche und genauso viele stellvertretende Mitglieder.

Ebenso wie in der 16. Legislaturperiode scheint sich der Sitzungsrhythmus des Unterausschusses auf eine Sitzung pro Monat einzupendeln. Allerdings ist erwähnenswert, dass der Unterausschuss in der ersten Zeit nach seiner Einsetzung zweimal pro Monat tagte.[931] Grund hierfür war sicherlich, dass viele während der sitzungsfreien Zeit eingegangenen EU-Vorlagen abgearbeitet werden mussten.

Der in der 15. Legislaturperiode im Unterausschuss etablierte Tagesordnungspunkt "Aktuelle Berichterstattung" wurde auch in der 16. Legislaturperiode beibehalten und fand sich jeweils als erster Tagesordnungspunkt in den Sitzungen.[932] Damit überließ der Rechtsausschuss also - anders als andere Ausschüsse - die aktuelle Berichterstattung über die Ratssitzungen nicht dem Ausschuss für die Angelegenheiten der Europäischen Union.

II) Die bisherige Tätigkeit des Rechtsausschusses in der 16. Legislaturperiode

Es wurde gezeigt, dass sich die Effektivität der Arbeit des Rechtsausschusses ganz wesentlich an den von ihm erarbeiteten Beschlussempfehlungen ablesen lässt.[933] Nur sie stellen außenwirksame Äußerungen des Rechtsausschusses dar, die im Plenum behandelt und als Bundestagsdrucksache veröffentlicht werden. In den ersten beiden Jahren der 16. Legislaturperiode hat der Rechtsausschuss vier Beschlussempfehlungen zu

---

[930] TOP 1 der 4. Sitzung des Rechtsausschusses am 25.01.2006.

[931] Vgl. Tagesordnungen der 1. und 2. Sitzung des Unterausschusses Europarecht am 10.02.2006 bzw. am 17.02.2006, sowie Tagesordnungen der 3. und 4. Sitzung des Unterausschusses Europarecht am 17.03.2006 bzw. am 28.03.2006.

[932] Z.B. TOP 1 der 1. Sitzung des Unterausschusses Europarecht am 10.02.2006.

[933] Vgl. oben Kapitel 5 D, S. 158 ff.

europäischen Vorlagen erarbeitet. Eine davon betraf eine Richtlinie[934] und erging auf Anträge verschiedener Fraktionen hin, die anderen ergingen unmittelbar zu Verordnungsentwürfen. Zwei betrafen die Verordnung des Europäischen Parlamentes und des Rates zur Einführung eines europäischen Verfahrens für geringfügige Forderungen[935]. Schließlich erging eine Beschlussempfehlung zum Entwurf der Verordnung über die Zuständigkeit in Ehesachen[936]

In der 15. Legislaturperiode hatte der Rechtsausschuss im Zeitraum von drei Jahren acht Beschlussempfehlungen erarbeitet, im Durchschnitt also mehr als zwei pro Jahr. Somit lag in den ersten zwei Jahren der 16. Legislaturperiode keine relative Steigerung der Anzahl der Beschlussempfehlungen vor. Die Schwerpunktsetzung bei der Auswahl derjenigen EU-Vorlagen, zu denen eine Stellungnahme vorbereitet wurde, ist die gleiche geblieben wie in der 15. Legislaturperiode. Der Rechtsausschuss wählte für seine Beschlussempfehlungen Vorschläge für Rechtsakte aus, und zwar überwiegend solche, die inhaltlich auf europäischer Ebene stark umstritten waren. Wiederum nicht für Beschlussempfehlungen ausgewählt wurden prälegislative Dokumente wie beispielsweise Grünbücher.

Die acht in der 15. Legislaturperiode erarbeiteten Beschlussempfehlungen waren alle sehr weich formuliert und beließen der Bundesregierung einen größtmöglichen Verhandlungsspielraum.[937] Dies entspricht der Funktionsweise der deutschen parlamentarischen Demokratie, in der die Regierung von der Parlamentsmehrheit unterstützt wird. Daher ist es nicht verwunderlich, dass auch die in den ersten Jahren der 16. Legislaturperiode entstandenen Beschlussempfehlungen entsprechend formuliert waren. Für die Beschlussempfehlung zur Richtlinie zur Vorratsdatenspeicherung gilt das schon deswegen, weil sie einen Antrag der Regierungsfraktionen annahm, der die Bundesregierung ausdrücklich in ihrem bereits gebildeten Willen unterstützte. In dem durch die Beschlussempfehlung angenommenen Antrag heißt es:

"Der Deutsche Bundestag fordert die Bundesregierung auf, dem [...] gefundenen Kompromisstext für eine Richtlinie über die Vorratsdatenspeicherung von Daten, die bei der Bereitstellung öffentlicher elektronischer Kommunikationsdienste verarbeitet

---

[934] BT-Drs. 16/690 vom 15.02.2006, Beschlussempfehlung und Bericht: Zu dem Antrag BT-Drs. 16/545 - Speicherung mit Augenmaß - Effektive Strafverfolgung und Grundrechtswahrung, zu dem Antrag BT-Drs. 16/128 - Gegen eine europaweit verpflichtende Vorratsdatenspeicherung - und zu dem Antrag BT-Drs. 16/237 - Freiheit des Telefonverkehrs vor Zwangsspeicherungen.

[935] BT-Drs. 16/1684 vom 31.05.2006, Beschlussempfehlung und Bericht: Vorschlag für eine Verordnung des Europäischen Parlamentes und des Rates zur Einführung eines europäischen Verfahrens für geringfügige Forderungen; BT-Drs. 16/4192 vom 31.01.2007, Beschlussempfehlung und Bericht: Vorschlag für eine Verordnung des Europäischen Parlamentes und des Rates zur Einführung eines europäischen Verfahrens für geringfügige Forderungen.

[936] BT-Drs. 16/2784 vom 27.09.2007, Beschlussempfehlung und Bericht: Vorschlag der EU-Kommission für eine Verordnung des Rates zur Änderung der Verordnung (EG) Nr. 2201/2003 im Hinblick auf die Zuständigkeit in Ehesachen und zur Einführung von Vorschriften betreffend das anwendbare Recht in diesem Bereich.

[937] Vgl. oben Kapitel 5 D IV, S. 183.

werden [...] bei der abschließenden Befassung des Rates der Europäischen Union zuzustimmen."[938]

In der ersten Beschlussempfehlung zur Verordnung über das Verfahren für geringfügige Forderungen war die Auffassung des Ausschusses recht ausführlich dargestellt. Nach dem Eingangssatz, dass der Bundestag *"die Bundesregierung dazu auffordere, bei den Verhandlungen im Rat darauf hinzuwirken, dass"*, folgte eine Erläuterung, der einzelnen Punkte, die der Ausschuss berücksichtigt haben wollte.[939] Doch auch in dieser Beschlussempfehlung sind die Handlungsaufforderungen an die Bundesregierung mit Formulierungen wie *"fordert auf, darauf hinzuwirken, dass"*, *"sich dafür einzusetzen, dass"*, sehr weit gefasst. In der Beschlussempfehlung, die zum zweiten Entwurf der Verordnung erarbeitet wurde, gibt der Ausschuss zu erkennen, dass er mit dem Verordnungsentwurf nicht vollständig einverstanden sei, im Hinblick auf die Gegebenheiten im Rat aber damit leben könne:

"Obwohl der Deutsche Bundestag nach wie vor eine geringere Streitwertgrenze für sachorientierter hält, nimmt er, unter Berücksichtigung der Mehrheitsverhältnisse im Rat, eine Streitwertgrenze von 2000 Euro nunmehr hin, zumal die Verordnung in der Fassung des Ratsergebnisses die Verfahrensrechte der Parteien besser garantiert als der Kommissionsvorschlag."[940]

Die Beschlussempfehlung über die Verordnung zur Zuständigkeit in Ehesachen wurde im Rahmen eines Testlaufes zum geplanten Frühwarnmechanismus erlassen und beschränkte sich daher auf die Feststellung, dass keine Bedenken hinsichtlich der Einhaltung der Grundsätze der Subsidiarität und der Verhältnismäßigkeit bestehen.[941]

Auch die bisher in der 16. Legislaturperiode erarbeiteten Beschlussempfehlungen sollten der Bundesregierung also einen großen Verhandlungsspielraum belassen. Damit verzichtete der Rechtsausschuss darauf, durch seine Stellungnahmen eine deutliche politische Bindung im Sinne des Art. 23 Abs. 3 GG zu erzeugen.

Im Verlauf dieser Arbeit wurde bereits mehrfach darauf hingewiesen, dass es immens wichtig ist, für europäische Vorlagen Öffentlichkeit herzustellen. Gleichwohl war das Ergebnis der Bewertung der Tätigkeit des Ausschusses in der 15. Legislaturperiode im Hinblick auf die Herstellung von Öffentlichkeit sehr negativ.[942] Öffentlichkeit für parlamentarisches Handeln wird primär durch die öffentliche Debatte der Beschlüsse des Bundestages im Plenum hergestellt. Auch zu den bisher in der 16. Legislaturperiode beratenen EU-Vorlagen fand bis auf eine Ausnahme keine Debatte im Plenum statt.

Während bei der Behandlung der *BE Verfahren geringfügige Forderungen* die Reden wiederum nur zu Protokoll gegeben wurden[943], fand zur *BE Richtlinie Vorratsdaten-*

---

[938] BT-Drs. 16/545, S. 4.
[939] BT-Drs. 16/1648, S. 3 ff.
[940] BT-Drs. 16/4192, S. 2.
[941] BT-Drs. 16/2784, S. 2.
[942] Vgl. oben Kapitel E, S. 194.
[943] Protokoll der 37. Sitzung des 16. Deutschen Bundestages am 1.06.2006, S. 3384 und 3412 ff.

speicherung tatsächlich eine öffentliche Debatte statt. Für diese war eine Dreiviertelstunde vorgesehen. Es entspann sich eine teils kontroverse Diskussion zwischen Vertretern aller Fraktionen, nicht nur über die Vorlage selbst, sondern auch über den Umgang des Bundestages mit EU-Vorlagen im Allgemeinen.[944] Die zweite Beschlussempfehlung zur Verordnung über das Verfahren über geringwertige Forderungen wurde im Plenum ohne jegliche Debatte angenommen[945], ebenso wie die Beschlussempfehlung über die Verordnung zur Zuständigkeit in Ehesachen.[946]

Neben den Plenarsitzungen sind öffentliche Anhörungen nach § 70 GO-BT ein wichtiges Mittel zur Herstellung von Öffentlichkeit. In der 15. Legislaturperiode hat der Rechtsausschuss eine öffentliche Anhörung zu einer EU-Vorlage durchgeführt.[947] In den ersten beiden Jahren der 16. Legislaturperiode hat der Rechtsausschuss keine öffentliche Anhörung zu einer europäischen Vorlage durchgeführt. Es ist zu bedauern, dass der Ausschuss vom Mittel der öffentlichen Anhörung nicht häufiger Gebrauch macht, da öffentliche Anhörungen eine Möglichkeit für den Ausschuss sind, sich eine eigenständige Informationsbasis zu erschließen.

Zwar hat der Rechtsausschuss damit auch in der bisherigen 16. Legislaturperiode wenig Öffentlichkeit für die von ihm behandelten europäischen Vorlagen hergestellt. Allerdings ist es sehr positiv zu bewerten, dass eine öffentliche Debatte über die Anträge zur Richtlinie über die Vorratsdatenspeicherung geführt wurde. Negativ fällt aber auch hier ins Gewicht, dass die Debatte zu einem sehr späten Zeitpunkt stattfand. Die Diskussionen über die Vorratsdatenspeicherung von Daten hatten sich auf europäischer Ebene bereits seit 2004 hingezogen. Im Plenum des Deutschen Bundestages war sie aber erst nach zwei Jahren, wenige Tage vor ihrer endgültigen Verabschiedung im Rat, ein Thema.

Zusammenfassend gibt es also keine Anhaltspunkte dafür, dass der Rechtsausschuss in der 16. Legislaturperiode seinen Umgang mit europäischen Vorlagen wesentlich verändert hat. Positiv hervorgehoben werden kann aber, dass in der 16. Legislaturperiode eine Debatte zu einem vom Rechtsausschuss beratenen europäischen Sekundärrechtsakt im Plenum stattfand. Auch ist positiv zu bewerten, dass der Rechtsausschuss durch eine erneute Beschlussempfehlung zur Verordnung über das Verfahren über geringfügige Forderungen zeigte, dass er die Erarbeitung eines europäischen Rechtsaktes über einen längeren Zeitraum begleiten kann.

---

944 Protokoll der 19. Sitzung des 16. Deutschen Bundestages am 16.02.2006, S. 1417 ff.
945 Protokoll der 79. Sitzung des 16. Deutschen Bundestages am 1.02.2007, S. 7830.
946 Protokoll der 54. Sitzung des 16. Deutschen Bundestages am 28.09.2006, S. 5193.
947 Vgl. oben Kapitel E II, S. 193.

Zusammenfassende Würdigung und Ausblick

A) Zusammenfassende Würdigung der wesentlichen Ergebnisse der Untersuchung

Die nationalen Parlamente leisten im Modell der dualen Legitimation einen wichtigen Beitrag zur Legitimierung des Handelns der Europäischen Union. Zwar sind sie in den europäischen Verträgen bisher noch nicht ausdrücklich erwähnt, doch ist ihre Rolle gleichwohl auf europäischer Ebene, insbesondere im Protokoll über die Rolle der einzelstaatlichen Parlamente, welches dem Vertrag von Amsterdam beigefügt wurde, anerkannt.

Wie die Mitwirkung der nationalen Parlamente ausgestaltet ist, ist Sache des jeweiligen Mitgliedstaates. In der Bundesrepublik Deutschland sind die Rechte des Bundestages in Art. 23 GG, sowie einfachgesetzlich im Gesetz über die Zusammenarbeit von Bundesregierung und Deutschem Bundestag in Angelegenheiten der Europäischen Union, geregelt. Es wurde gezeigt, dass diese Rechte nicht etwa zusätzlich zu bestehenden Rechten des Bundestages hinzugetreten sind, sondern notwendiger Ausgleich für an die EU verlorene Kompetenzen des Bundestages in der Gesetzgebung sind. Die Mitwirkung des Bundestages in Angelegenheiten der Europäischen Union wird nämlich sowohl vom Demokratie- als auch vom Gewaltenteilungsprinzip des Grundgesetzes verlangt. Im Wesentlichen verpflichtet Art. 23 Abs. 2 und 3 GG die Bundesregierung, den Bundestag in Angelegenheiten der Europäischen Union zu informieren und gibt außerdem dem Bundestag das Recht, Stellungnahmen in Angelegenheiten der Europäischen Union abzugeben. Diese Stellungnahmen sind jedoch nach ganz überwiegender und richtiger Ansicht nicht rechtlich verbindlich, sondern erzeugen lediglich eine politische Bindung.

Die Bundesregierung kommt ihrer Informationsverpflichtung dadurch nach, dass sie den Bundestag über alle Vorhaben der EU unterrichtet. Auf diese Weise werden dem Bundestag jährlich etwa 800 EU-Vorlagen zugeleitet. Diese Vorlagen werden ohne Umweg über das Plenum über den Ausschuss für die Angelegenheiten der EU an die zuständigen Fachausschüsse überwiesen. In deren Aufgabenbereich fällt es gegebenenfalls mittels einer Beschlussempfehlung eine Stellungnahme des Bundestages vorzubereiten. Dem in Art. 45 GG garantierten Ausschuss für die Angelegenheiten der Europäischen Union kommt dabei eine wichtige Koordinierungsfunktion zu. Daneben werden in ihm die primärrechtlichen und sonstigen integrationspolitischen Vorlagen behandelt. Keinesfalls sollte man die Aufgabe des EU-Ausschusses aber dahingehend überschätzen, dass er für die Beratung sämtlicher EU-Vorlagen zuständig wäre. EU-Vorlagen für Sekundärrechtsakte werden vielmehr fast ausschließlich in den verschiedenen Fachausschüssen beraten.

Die EU-Vorlagen werden damit im normalen Ausschussgeschäftsgang bearbeitet und beraten. Es wurde herausgearbeitet, dass diese Aufteilung zwischen dem EU-Ausschuss und den Fachausschüssen sinnvoll ist. Zwar bedarf es eines speziellen EU-Gremiums, um die Integrationspolitik der Bundesregierung zu kontrollieren und zu begleiten und zugleich die Tätigkeit der sonstigen Ausschüsse in europäischen Angelegenheiten zu koordinieren. Für die Beratung der einzelnen sekundärrechtlichen Vorlagen kann auf den Sachverstand der Fachausschüsse jedoch nicht verzichtet werden. Überdies wird so die Mitwirkung am Zustandekommen europäischer Richtlinien mit der später notwendigen Umsetzung der beschlossenen Richtlinien verzahnt.

Einer der Fachausschüsse, die europäische Vorlagen zu beraten haben, ist der Rechtsausschuss. Rechtspolitik ist inzwischen, wenn auch noch nicht in dem Maße wie die Wirtschafts- oder Agrarpolitik, erheblich europäisch geprägt. Zu den rechtspolitischen Kompetenzen der EU aus der ersten Säule sind durch den Vertrag von Maastricht noch die justizielle Zusammenarbeit in Zivilsachen und in Strafsachen in der dritten Säule der EU hinzu gekommen. Die Auswertung der Tagesordnungen des Rechtsausschusses und seines Unterausschusses Europarecht aus der 15. Legislaturperiode hat ergeben, dass mehr als ein Drittel der vom Rechtsausschuss in der 15. Legislaturperiode beratenen Vorlagen für Rechtsakte solche für Rechtsakte der Europäischen Union waren. Der Rechtsausschuss hat im Unterschied zu den meisten anderen Ausschüssen des Bundestages einen Unterausschuss für Europarecht. In diesem werden EU-Vorlagen vorberaten. Der Rechtsausschuss selbst beschäftigt sich nur mit einem Teil der europäischen Vorlagen. Dieses Unterausschussmodell soll dem Rechtsausschuss eine möglichst effektive Behandlung von europäischen Vorlagen ermöglichen.

Trotz der spezialisierten Beratung der EU-Vorlagen im Unterausschuss für Europarecht, ist nach einer Auswertung der Tätigkeit des Rechtsausschusses in Angelegenheiten der Europäischen Union in der 15. Legislaturperiode, ein negatives Fazit zu ziehen. Die Behandlung der EU-Vorlagen im Rechtsausschuss hat keinen effektiven Einfluss auf das Handeln der Bundesregierung in Angelegenheiten der EU. Dies liegt zum einen daran, dass EU-Vorlagen zu spät und zu oberflächlich beraten werden. Auch macht der Ausschuss von den ihm bei der Beratung von EU-Vorlagen zustehenden Sonderrechten keinen Gebrauch. Zum anderen erarbeitet der Rechtsausschuss nur wenige Beschlussempfehlungen zu EU-Vorlagen. Diese sind außerdem zu weich formuliert. Insbesondere gelingt es dem Ausschuss nicht, eine Öffentlichkeit für die beratenen Vorlagen herzustellen, bzw. die Stellung des Bundestages zu den Vorlagen nach außen zu kommunizieren.

Eine Auswertung der bisherigen Tätigkeit des Rechtsausschusses in der 16. Legislaturperiode hat die Ergebnisse der Bewertung der 15. Legislaturperiode überwiegend bestätigt.

B) Gründe für die unzureichende Mitwirkung des Bundestages

Die Untersuchung der Tätigkeit des Rechtsausschusses hat damit gezeigt, dass der Bundestag nach wie vor nicht in der Lage ist, seine Rechte in Angelegenheiten der EU effektiv auszuüben. Es muss davon ausgegangen werden, dass der Bundestag wenig bis gar keinen Einfluss auf die europäische Rechtsetzung ausübt. Das ist angesichts der Menge an Kompetenzen, die zwischenzeitlich auf die EU übergegangen sind, ein besorgniserregender Befund. Selbst wenn die nationalen Parlamente durch den Vertrag über eine Europäische Verfassung zusätzliche Rechte erhalten würden (Stichwort:

Frühwarnmechanismus), ist es äußerst zweifelhaft, ob der Bundestag in der Lage wäre, diese neuen Rechte überhaupt wahrzunehmen. Dafür bedürfte es nämlich einer wesentlich frühzeitigeren Beratung von EU-Vorlagen und überdies einer besseren Vernetzung mit anderen nationalen Parlamenten.

Es stellt sich die Frage, woran die unzureichende Wahrnehmung der Rechte des Bundestages liegt. Denkbar ist, dass die Rechte des Bundestages nach Art. 23 GG nicht ausreichend sind. Möglicherweise sind die Mitwirkungsrechte zu unbedeutsam, um dem Bundestag bzw. seinen Abgeordneten einen Anreiz zu geben, sich mit europäischen Vorlagen überhaupt zu beschäftigen.[948] Immerhin kann der Bundestag keine verbindlichen Stellungnahmen abgeben. Der 65. Deutsche Juristentag hat im September 2004 mehrheitlich einen Beschluss dazu gefasst, wie Art. 23 Abs. 3 GG formuliert sein könnte, um dem Bundestag mehr Rechte einzuräumen:

"Die Bundesregierung gibt dem Bundestag Gelegenheit zur Stellungnahme vor ihrer Mitwirkung an Rechtsakten der Europäischen Union. Würde ein Rechtsetzungsvorhaben der Europäischen Union nach innerstaatlichem Recht der Bundesrepublik Deutschland den Erlass eines Gesetzes erfordern, so ist die Stellungnahme des Bundestages maßgeblich, es sei denn, es bestehen zwingende außen- und integrationspolitische Gründe, die ein Abweichen hiervon fordern. In diesen Fällen muss die Bundesregierung ihr Abweichen von der Stellungnahme des Bundestages zuvor ankündigen. Das Nähere regelt ein Gesetz."[949]

Nach dieser Formulierung könnte die Stellungnahme des Bundestages eine stärkere Bindung erzeugen, würde allerdings noch keine strikte rechtliche Bindung der Bundesregierung an die Stellungnahme des Bundestages bedeuten. Im am 12. Mai 2005 beschlossenen Gesetz über die Ausweitung und Stärkung der Rechte des Bundestages und des Bundesrates in Angelegenheiten der Europäischen Union[950] hat dieser Reformvorschlag keine Berücksichtigung gefunden. Das Gesetz, das erst bei Inkrafttreten des Vertrages über eine Europäische Verfassung in Kraft treten würde, sieht keine stärkere Bindungswirkung der Stellungnahme vor. Ergänzend zur geplanten Gesetzesänderung hat der Bundestag allerdings eine Vereinbarung mit der Bundesregierung über die Zusammenarbeit in Angelegenheiten der Europäischen Union abgeschlossen.[951] Gemäß dieser Vereinbarung sollen die Stellungnahmen des Bundestages Grundlage für die Verhandlungen der Bundesregierung im Rat sein. Die Regierung muss sich bemühen, ein Einvernehmen mit dem Bundestag herzustellen und darf darüber hinaus nur aus außen- oder integrationspolitischen Gründen von der Stellungnahme abweichen. Eine wesentliche Aufwertung der Rechte des Bundestages ist damit nicht verbunden.

---

[948] *Rath*, Entscheidungspotenziale des Deutschen Bundestages in EU-Angelegenheiten, 2001, S. 69.
[949] 40. Beschluss des 65. Deutschen Juristentages 2004, http://www.djt.de.
[950] Beschlussempfehlung des Ausschusses für die Angelegenheiten der Europäischen Union vom 11.05.2005, BT-Drs. 15/5492.
[951] Antrag der Fraktionen CDU/CSU, SPD, FDP, DIE LINKE und Bündnis 90/Die Grünen, Annahme einer Vereinbarung zwischen dem Deutschen Bundestag und der Bundesregierung über die Zusammenarbeit in Angelegenheiten der Europäischen Union, BT-Drs. 16/2620, vom Plenum angenommen in der 52. Sitzung des 16. Deutschen Bundestages, vgl. Protokoll der Sitzung, S. 5053 ff.

Es ist allerdings auch eher zweifelhaft, ob es dem Bundestag tatsächlich an ausreichenden Mitwirkungsrechten fehlt. Denn die Rechte, die der Bundestag bereits hat, nutzt er nicht annähernd aus. So werden nur zu sehr wenigen EU-Vorlagen überhaupt Stellungnahmen abgegeben und das Beispiel der Beschlussempfehlungen des Rechtsausschusses zu EU-Vorlagen zeigt, dass diese sehr weich formuliert sind, mithin noch nicht einmal eine politische Bindung erzeugt werden soll. Wenn der Bundestag aber schon jetzt den Spielraum bei der Herbeiführung einer Bindung der Bundesregierung nicht ausnutzt, warum sollte es dann etwas ändern, wenn die Verfassung eine stärkere Bindung ermöglichen würde? Mangelnde Mitwirkungsrechte sind also nicht der Grund für den geringen Einfluss des Bundestages.

Vielleicht fehlt dem Bundestag einfach der politische Wille, seine nach Art. 23 GG garantierten Rechte wahrzunehmen. Am Anfang der europäischen Integration war der politische Wille zu einer starken Mitwirkung des Bundestages tatsächlich nicht sehr ausgeprägt. Das hatte im Wesentlichen zwei Gründe. Zum einen bestand ein weitgehender politischer und gesellschaftlicher Konsens darüber, dass die Tätigkeit der Europäischen Gemeinschaften sinnvoll ist und insgesamt einen großen Nutzen für die Gesellschaft hat. Dieses Phänomen bekam in der Politikwissenschaft den Titel "*permissive consensus*".[952] Dies führte dazu, dass die Legitimität der Gemeinschaften gar nicht in Frage gestellt wurde und folglich auch kein besonderer Bedarf für eine Mitwirkung des Bundestages gesehen wurde. Der zweite Grund war, dass der Bundestag sich selbst lange nur als eine Art Stellvertreter für das Europäische Parlament sah.[953] Man ging davon aus, dass ein bessere demokratische Legitimation der Europäischen Gemeinschaften nur durch eine Aufwertung des Europäischen Parlamentes erreicht werden könne. Nur bis diese Aufwertung des Europäischen Parlamentes vollzogen sei, müsse der Bundestag überhaupt an der europäischen Rechtsetzung mitwirken.[954] Beide Gründe sind heute jedoch nicht mehr stichhaltig. Von einem "*permissive consensus*" kann sicher nicht mehr gesprochen werden. Die Legitimität der Tätigkeit der Europäischen Union wird vielmehr häufig in Frage gestellt. Außerdem hat sich die Gewissheit durchgesetzt, dass die nationalen Parlamente eine eigene wichtige Rolle bei der Legitimation zu spielen haben. Man kann daher davon ausgehen, dass ein grundsätzlicher Wille des Bundestages, auch an der Rechtsetzung der EU mitzuwirken, gegeben ist. Allerdings fehlt der politische Wille, die Bundesregierung bei ihrer Tätigkeit auf europäischem Parkett deutlich zu binden. Die Beschlussempfehlungen des Rechtsausschusses haben gezeigt, dass der Bundestag bemüht ist, der Bundesregierung größtmögliche Handlungsfreiheit im Rat der EU zu belassen. Wegen der "Einheit" von Bundesregierung und parlamentarischer Mehrheit ist dies in gewisser Weise logisch.

---

952 *Katz*, Representation, the Locus of Democratic Legitimation and the Role of the National Parliaments in the European Union, in: *Katz/Wessels* (Hrsg.), The European Parliament, The National Parliaments and European Integration, 1999, S. 23; *Hansen/Scholl*, Europeanization and Domestic Parliamentary Adaption, EioP, 2002, No. 15, 5.

953 *Süssmuth*, Die Rolle des Deutschen Bundestages im europäischen Einigungsprozeß zwischen Anspruch und Wirklichkeit, in: *Hellwig* (Hrsg.), Der Deutsche Bundestag und Europa, 1993, S. 19.

954 *Niblock*, The EEC: National Parliaments in Community Decision-making, 1971, S. 17 unter Hinweis auf einen Beschluss des Bundestages aus dem Jahre1957; *Weber-Panariello*, Nationale Parlamente in der Europäischen Union, 1995, S. 246; *Günther*, Die Mitwirkung des Bundestages in Angelegenheiten der Europäischen Union, 1998, S. 23.

Allerdings wird es dem Bundestag so nicht gelingen, ein eigenständiges europäisches Profil zu entwickeln.

Denkbar ist auch, dass der Bundestag die Mitwirkungsrechte deshalb nicht ausnutzen kann, weil er institutionell nicht dazu in der Lage ist, EU-Vorlagen effektiv zu behandeln. Hier ist zum einen das oben ausführlich erörterte Verhältnis zwischen dem Ausschuss für die Angelegenheiten der Europäischen Union und den Fachausschüssen angesprochen und zum anderen das Verhältnis zwischen den Ausschüssen und dem Plenum des Deutschen Bundestages. In beiden Fällen wurde aufgezeigt, dass die institutionellen Strukturen an sich geeignet sind, EU-Vorlagen effektiv zu beraten. Wegen der Anzahl und der Vielfältigkeit der europäischen Vorlagen wäre eine Stärkung der Rolle des Plenums im Vergleich zu den Ausschüssen bei europäischen Vorlagen kaum angemessen. Nur fachlich spezialisierte kleine Einheiten können die Vorlagen inhaltlich bewerten. Der Typus des Arbeitsparlaments, dem der Bundestag angehört, ist hier dem Redeparlament überlegen. Allerdings - auch darauf wurde hingewiesen - müssen die Ergebnisse der Arbeit der Ausschüsse im Plenum häufiger diskutiert werden. Zumindest in den Fällen, in denen europäische Vorhaben kontrovers beurteilt werden, muss auf diesem Wege eine Kommunikation mit dem Wahlvolk stattfinden. Die fachliche Vielgestaltigkeit der europäischen Vorlagen ist auch der Grund dafür, dass der EU-Ausschuss keine Allzuständigkeit für europäische Vorlagen erhalten sollte. Die Aufteilung der Zuständigkeiten zwischen EU-Ausschuss und Fachausschüssen ist an sich geeignet, die Vorlagen effektiv zu beraten. Allerdings müssen sich die Fachpolitiker ihrer Rolle auch bewusst sein. Die Existenz eines spezialisierten Europagremiums darf keinesfalls ein Ruhekissen für Mitglieder der anderen Ausschüsse sein. Im Gegenteil, die Fachausschüsse sollten durch die Aktivitäten des EU-Ausschusses dazu angeregt werden, auch selbst kritischer mit europäischen Vorlagen umzugehen.[955] Die Einrichtung von Unterausschüssen für Europarecht auch in anderen Ausschüssen könnte ein geeignetes Mittel sein, um die notwendige Aufmerksamkeit für europäische Vorlagen in den Fachausschüssen herzustellen.

Der Bundestag hat also genügend Rechte, um eine effektive Mitwirkung an europäischer Rechtsetzung zu gewährleisten. Es besteht auch grundsätzlich der politische Wille dazu. Auch die notwendigen institutionellen Strukturen sind vorhanden. Der wesentliche Grund für die Unzulänglichkeiten im Umgang mit europäischen Vorlagen ist viel profaner: Dem Bundestag fehlt zeitliche und personelle Kapazität für die Behandlung von EU-Vorlagen und das Verfahren der Überweisung von EU-Vorlagen funktioniert nicht richtig. Anhand des Beispiels des Rechtsausschusses wurde aufgezeigt, dass EU-Vorlagen in den Ausschüssen zu spät behandelt werden, um noch wirklich Einfluss nehmen zu können. Das Überweisungsverfahren dauert schlichtweg zu lange. Es steht aber auch zu wenig Zeit zur Verfügung, um die EU-Vorlagen zu beraten. Um wirklich Einfluss nehmen zu können, muss wesentlich intensiver über die Vorlagen beraten werden. Notwendig wäre auch eine bessere Aufbereitung der Vorlagen innerhalb des Bundestages. Die Abgeordneten müssten sich eine eigene Informationsbasis über die Vorlagen erschließen. Sie dürfen sich nicht nur auf die Informationen verlassen, die ihnen von der Bundesregierung zur Verfügung gestellt werden. Außerdem sollten sie

---

[955] *Niblock*, The EEC: National Parliaments in Community Decision-making, 1971, S. 64.

wichtige Vorhaben auf europäischer Ebene frühzeitig identifizieren, noch bevor sie den Ausschüssen überwiesen worden sind. All dies kann wohl nur durch eine Aufstockung des Personals, welches den Abgeordneten und den Ausschüssen zuarbeitet, erreicht werden. Die notwendige zeitliche Kapazität für die Beratung der Vorlagen müsste letztlich auf Kosten der Beratungszeit für nationale Vorlagen gehen. Hier müssen sich die Abgeordneten bewusst werden, in welchem Maße gesetzgeberische Entscheidungen inzwischen auf europäischer Ebene getroffen werden. Die Zeit für "Scheingefechte" über nationale Umsetzungsgesetze, bei denen inhaltlich oft gar nichts mehr zu bewegen ist, könnte man sich jedenfalls ersparen, wenn man schon bei der Beratung des europäischen Rechtsaktes effektiv mitgewirkt hätte.

C) Konsequenzen der unzureichenden Mitwirkung des Bundestages

Die unzureichende Mitwirkung des Deutschen Bundestages führt dazu, dass keine ausreichende demokratische Rückkopplung der Handlungen der deutschen Regierungsvertreter im Rat an den Willen des deutschen Volkes erfolgt. Der theoretisch vorhandene Legitimationsstrang zum Bundestag funktioniert in der Praxis nicht. Der Bundestag wird seiner aus den Prinzipien der Demokratie und der Gewaltenteilung abgeleiteten Verpflichtung zur Mitwirkung an der europäischen Rechtsetzung nicht gerecht. Die mangelhafte Mitwirkung des Deutschen Bundestages führt aber nicht nur zu einem Defizit an parlamentarischer Beteiligung, sondern birgt auch die Gefahr in sich, dass auch die Regierung selbst nicht in notwendigem Maße an der europäischen Rechtsetzung beteiligt ist. Unter demokratietheoretischen Gesichtspunkten ist nämlich die Regierung strikt von der Ministerialbürokratie zu unterscheiden.[956] Nur die Regierung ist gegenüber dem Parlament unmittelbar politisch verantwortlich. Wenn der Bundestag von der Regierung keine Rechenschaft über ihr Abstimmungsverhalten bei europäischen Vorlagen verlangt, ist es aber denkbar, dass die Regierung viele Vorhaben gar nicht vollständig selbst hinterfragt, sondern ihrem ministeriellen Unterbau vertraut. Es wurde herausgearbeitet, dass die Mehrheit der Beschlussgegenstände als so genannte A- Punkte auf die Tagesordnung des Rates der EU gelangen. Über diese Gegenstände wird in der Ministerratssitzung ohne vorherige Aussprache entschieden. Hier ist die endgültige Entscheidung also praktisch bereits in den Arbeitsgruppen des Rates gefallen. In diesen Arbeitsgruppen sitzen jedoch nicht die Minister oder Staatssekretäre, sondern Ministerialbeamte. Aufgrund der Masse der jährlich zu bewältigenden EU-Vorhaben ist nicht auszuschließen, dass hier Entscheidungen getroffen werden, ohne dass sie jemals auf der politischen Ebene der Regierung behandelt worden wären.[957] Auch deshalb muss der Bundestag aufmerksam sein und von der Regierung gegebenenfalls Rechenschaft verlangen. Insofern würde eine stärkere Mitwirkung des Bundestages auch eine Stärkung der politischen Leitungsebene gegenüber der operativen Ebene der Ministerien nach sich ziehen.[958]

---

[956] *Hansmeyer*, Die Mitwirkung des Deutschen Bundestages an der europäischen Rechtsetzung, 2001, S. 149.

[957] *Mayer*, Nationale Regierungsstrukturen und europäische Integration, EuGRZ 2002, 111, 113 geht davon aus, dass eine hohe Anzahl von A-Punkten niemals auf die politische Ebene gelangt.

[958] *Rath*, Entscheidungspotenziale des Deutschen Bundestages in EU-Angelegenheiten, 2001, S. 102 und S. 229.

Die mangelhafte Wahrnehmung seiner Rechte bedeutet für den Bundestag darüber hinaus, dass er Boden gegenüber anderen Akteuren verliert, die ihre eigenen Rechte wirkungsvoller wahrnehmen. Auf nationaler Ebene ist es besonders der Bundesrat, der mit seinen Rechten strategischer umgeht. Zwar wurde bei der hier durchgeführten Untersuchung die Rolle des Bundesrates nicht beleuchtet, doch war es auffallend, dass in den Sitzungen des Rechtsausschusses häufig darauf hingewiesen wurde, der Bundesrat habe von seinem Recht, eine Stellungnahme abzugeben, bereits Gebrauch gemacht. Dem Bundesrat kommt dabei zugute, dass er aus 16 Länderexekutiven zusammengesetzt ist, jede für sich mit einem großem Verwaltungsunterbau ausgestattet. Außerdem hat der Bundesrat sich in Art. 23 GG stärkere Rechte sichern lassen als der Bundestag. Diesen Vorsprung wird der Bundestag nicht aufholen können[959], doch sollte er das Feld auch nicht völlig dem Bundesrat überlassen.

Daneben wird die Rolle des Bundestages auch im Vergleich zum Europäischen Parlament wenig wahrgenommen. Die Medien berichten bei umstrittenen europäischen Vorhaben inzwischen häufig über die Beratungen des Europäischen Parlamentes. Die Bürger nehmen das Europäische Parlament immer mehr als Gegenspieler des Rates der EU wahr. Das Europäische Parlament hat sein Profil in den letzten Jahren erheblich geschärft. Auf dieser Basis wird es ihm vermutlich möglich sein, seine Rechte noch weiter auszubauen. Die Tätigkeit des Bundestages in Fragen der EU wird dagegen von der Öffentlichkeit so gut wie gar nicht wahrgenommen. Es wurde gezeigt, dass die Debatte darüber, welche der beiden parlamentarischen Ebenen gestärkt werden soll, letztlich von der Beantwortung der Frage nach der zukünftigen Struktur der EU abhängt. Unabhängig davon ist aber im jetzigen status quo diejenige Ebene die stärkere, die mit ihren Rechten wirkungsvoll und öffentlichkeitswirksam umgeht.

Schließlich konkurriert der Bundestag bei der Mitwirkung an europäischer Rechtsetzung auch noch mit Verbänden und anderen Gruppen von Lobbyisten. Dies wird vor allem bei der Veröffentlichung so genannter Grünbücher durch die Kommission deutlich. Mit diesen fordert die Kommission betroffene Kreise auf, sich zu einem Vorhaben zu äußern. Die entsprechenden Interessenvertreter machen von dieser Möglichkeit natürlich gerne Gebrauch. Der Bundestag verzichtet jedoch überwiegend darauf, sich zu Grünbüchern zu äußern. Damit gelingt es den Verbänden eher, ihre Auffassung durchzusetzen, als dem Bundestag. Zwar ist der Bundestag nicht unmittelbar mit den Lobbygruppen vergleichbar. Er hat verfassungsrechtlich abgesicherte Mitwirkungsrechte und die Regierung ist ihm gegenüber politisch verantwortlich. Doch kommt es in der politischen Wirklichkeit vor allem darauf an, zum richtigen Zeitpunkt die richtigen Entscheidungsträger anzusprechen. Letztlich ist die Position des Bundestages also ähnlich derjenigen der Lobbyisten.

Daneben ist zu bedenken, dass die unzureichende Auseinandersetzung mit europäischen Rechtsakten dazu führt, dass das Parlament möglicherweise auch in nationalen Angelegenheiten nicht auf der Höhe der Zeit ist.[960] Denn viele Rechtsbereiche werden in einem so starken Maße durch europäische Rechtsakte reguliert, dass der nationale

---

[959] *Lang*, Die Mitwirkungsrechte des Bundesrates und des Bundestages in Angelegenheiten der Europäischen Union, 1997, S. 377.

[960] *Rath*, Die unionswärtige Gewalt des Deutschen Bundestages, ZParl 1995, 114, 131.

Gesetzgeber auch dann, wenn er selbst noch die Kompetenz zur Rechtsetzung hat, die europäischen Entwicklungen zu berücksichtigen hat. Auch hier rächt es sich dann, wenn die Parlamentarier an der Beratung der europäischen Rechtsakte nicht teilgenommen haben.

Zum Schluss muss noch einmal auf die mangelnde Herstellung von Öffentlichkeit für europäische Vorlagen durch den Bundestag hingewiesen werden. Europäische Politik lässt sich dem Bürger gegenüber immer schwerer vermitteln. Dies gilt im besonderen Maße auch in Deutschland. Es ist äußerst zweifelhaft, ob der Europäische Verfassungsvertrag in Deutschland ratifiziert worden wäre, wenn zunächst eine Volksabstimmung hätte stattfinden müssen. Natürlich sind die Gründe für die schlechte Stimmung gegenüber der EU vielfältig. Es wäre aber schon viel erreicht, wenn der normale Bürger überhaupt verstehen würde, was die EU im Einzelnen macht und wie die nationale Ebene daran mitwirkt. Entsprechende Aufmerksamkeit für Vorhaben der EU zu wecken und eine öffentliche Debatte darüber zu initiieren, wäre aber auch Aufgabe der deutschen Volksvertretung. In diesem Sinne kann man nur hoffen, dass der Bundestag seine Verantwortung gegenüber den Bürgern in Zukunft besser wahrnimmt.

Literaturverzeichnis

Achterberg, Norbert,
Parlamentsrecht, Tübingen 1984.

Achterberg, Norbert/Schulte, Martin,
Kommentierung zu Art. 40 Abs. 1 GG, in: Mangoldt, Hermann von/Klein, Friedrich/Starck, Christian (Hrsg.), Das Bonner Grundgesetz, 5. Auflage München 2005.

Arter, David,
The Folketing and Denmarks "European Policy": The Case of an "Authorising Assembly?", in: Norton, Philip (Hrsg.), National Parliaments and the European Union, London 1995, S. 120 ff.

Auel, Katrin,
Strategische Anpassung nationaler Parlamente an das europäische Mehrebenensystem - ein deutsch-britischer Vergleich, in: Grande, Edgar/Prätorius, Rainer (Hrsg.), Politische Steuerung und neue Staatlichkeit, Baden-Baden 2003, S. 259 ff.

Basabe Lloréns, Felipe/González Escudero, Teresa Maria,
The Parliament of Spain: Slowly Moving onto the European Direction?, in: Maurer, Andreas/Wessels, Wolfgang (Hrsg.), National Parliaments on their ways to Europe: Losers or latecomers, Baden-Baden 2001, S. 199 ff.

Benz, Arthur,
Europäisierung der Arbeit nationaler Parlamente, Studie an der Fernuniversität Hagen, Abschlussbericht 2004.

Beyme, Klaus von,
Der Gesetzgeber. Der Bundestag als Entscheidungszentrum, Opladen 1997.

Bieber, Roland,
Demokratische Legitimationen in Europa: Das Spannungsverhältnis zwischen den Funktionen von Europäischem Parlament und staatlichen Parlamenten, Die Union 1999, S. 56 ff.

Bila, Jaqueline/Groos, Hartmut/Gehlen, Uwe/Hasenjäger, Beate,
Der Ausschuss für die Angelegenheiten der Europäischen Union des Deutschen Bundestages, Bonn 1998 (zitiert: Bila u.a., Der Ausschuss für die Angelegenheiten der Europäischen Union, 1998).

Bindi Calussi, Federiga/Grassi, Stefano B.,
The Parliament of Italy: From benevolent Observer to Active Player, in: Maurer, Andreas/Wessels, Wolfgang (Hrsg.), National Parliaments on their ways to Europe: Losers or latecomers, Baden-Baden 2001, S. 269 ff.

Blümel, Barbara/Neuhold, Christine,
The Parliament of Austria: A Large Potential with little implications, in: Maurer, Andreas /Wessels, Wolfgang (Hrsg.), National Parliaments on their ways to Europe: Losers or latecomers, Baden-Baden 2001, S. 313 ff.

Bolesch, Cornelia,
Weckruf für Europamuffel. Der Bundestag begreift, wie wichtig die Mitarbeit in der EU ist, Süddeutsche Zeitung, 21./22. Mai 2005, S. 8.

Bossaert, Danielle,
The Luxembourg Chamber of Deputies: From a toothless tiger to a critical watchdog?, in: Maurer, Andreas/Wessels, Wolfgang (Hrsg.), National Parliaments on their ways to Europe: Losers or latecomers, Baden-Baden 2001, S. 301 ff.

Brenner, Michael,
Das Gesetz über die Zusammenarbeit von Bundesregierung und Bundestag in Angelegenheiten der Europäischen Union, ThürVBl 1993, S. 196 ff.

Breuer, Rüdiger,
Die Sackgasse des neuen Europaartikels (Art. 23 GG), NVwZ 1994, S. 417 ff.

Brück, Alwin,
Europäische Integration und Entmachtung des Bundestages: Ein Unterausschuss ist nicht genug, ZParl 1988, S. 220 ff.

Bruckmann, Wolfgang,
Die grundgesetzlichen Anforderungen an die Legitimation der Europäischen Unionsgewalt, Frankfurt am Main 2004.

Brückner, Uli,
Der Deutsche Bundestag im internationalem Maßstab, in: Herzog, Dietrich /Rebensdorf, Hilke/Weßels, Bernhard (Hrsg.), Parlament und Gesellschaft. Eine Funktionsanalyse der repräsentativen Demokratie, Opladen 1993, S. 218 ff.

Bryde, Brun-Otto,
Kommentierung zu Art. 79 GG, in: Münch, Ingo von/Kunig, Philip (Hrsg.), Grundgesetz-Kommentar, 5. Auflage München 2001.

Bulmer, Simon,
The domestic structure of European Community. Policy making in West Germany, New York, London 1986.

Carter, Caitriona A.,
The Parliament of the United Kingdom: From Supportive Scrutiny to Unleashed Control?, in: Maurer, Andreas/Wessels, Wolfgang (Hrsg.), National Parliaments on their ways to Europe: Losers or latecomers, Baden-Baden 2001, S. 395 ff.

Chu, Chin-Peng,
Das Europäische Parlament und seine Bedeutung für den europäischen Integrationsprozeß im Verhältnis zur Europapolitik nationaler Parlamente am Beispiel Deutschlands und Großbritanniens, Diss. Gießen 1995.

Classen, Claus Dieter,
Maastricht und die Verfassung: kritische Bemerkungen zum neuen "Europa-Artikel" 23 GG, ZRP 1993, S. 57 ff.

Classen, Claus Dieter,
Europäische Integration und demokratische Legitimation, AöR 119 (1994), S. 238 ff.

Classen, Claus Dieter,
Kommentierung zu Art. 23 GG, in: Mangoldt, Hermann von/Klein, Friedrich/Starck, Christian (Hrsg.), Das Bonner Grundgesetz, München 2005.

Coombes, David,
Die Parlamente im EG-System, Bonn 1980.

Craig, Paul/de Burca, Grainne,
EU Law. Text, Cases and Materials, 2. Auflage Oxford 1998.

Cygan, Ian,
National Parliaments in an integrated Europe - an Anglo-German perspective, Den Haag 2001.

Dach, Peter,
Das Ausschussverfahren nach der Geschäftsordnung und in der Praxis, in: Schneider, Hans-Peter/Zeh, Wolfgang (Hrsg.), Parlamentsrecht und Parlamentspraxis, Berlin, New York 1989, S. 1103 ff.

Derra, Hans-Jörg (Hrsg.),
Freiheit, Sicherheit und Recht: Festschrift für Jürgen Meyer zum 70. Geburtstag, Baden-Baden 2006.

Deutscher Bundestag (Hrsg.),
Blickpunkt Bundestag. Sonderthema Ausschüsse, Berlin 2003.

Diehr, Christian,
Die Bewahrung der demokratischen und föderativen Struktur der Bundesrepublik Deutschland im europäischen Integrationsprozeß - Der neue Artikel 23, Frankfurt am Main u.a. 1998.

Di Fabio, Udo,
Der neue Art. 23 des Grundgesetzes, Der Staat 1993, S. 191 ff.

Dreier, Horst,
Grundgesetz-Kommentar, Band II (Art. 20-82), Tübingen 1998.

Dubois, Louis,
The European Union: An opportunity for the French Parliament to recover powers, in: Smith, Eivind (Hrsg.), National Parliaments as cornerstones of European Integration, London u.a. 1996, S. 49 ff.

Everling, Ulrich,
Überlegungen zur Struktur der Europäischen Union und zum neuen Europa-Artikel des Grundgesetzes, DVBl 1993, S. 936 ff.

Eylmann, Horst,
Die Umsetzung von EG-Recht in nationales Recht und die Mitwirkung des Rechtsausschusses, in: Hellwig, Renate (Hrsg.), Der Deutsche Bundestag und Europa, München, Landsberg am Lech 1993, S. 114 ff.

Ferdinand, Horst,
EG-Vorlagen im Plenum, in: Roll, Hans-Achim (Hrsg.), Plenarsitzungen des Deutschen Bundestages. Festgabe für Werner Blischke, Berlin 1982, S. 145 ff.

Fischer, Wolfgang,
Die Europäische Union im Grundgesetz: Der neue Artikel 23, ZParl 1993, S. 32 ff.

Fraga, Ana,
The Parliament of Portugal: Loyal Scrutiny and Informal Influence, in: Maurer, Andreas/Wessels, Wolfgang (Hrsg.), National Parliaments on their ways to Europe: Losers or latecomers, Baden-Baden 2001, S. 359 ff.

Friedrich Ebert Stiftung (Hrsg.), Arbeitsgruppe Europäische Integration,
Die Rolle der Nationalen Parlamente in der Europäischen Union durch den Ausbau bestehender Mechanismen stärken, Arbeitspapier Nr. 13, Juni 2002.

Frost, Herbert,
Die Parlamentsausschüsse, ihre Rechtsgestalt und ihre Funktionen, dargestellt an den Ausschüssen des Deutschen Bundestages, AöR (95) 1970, S. 38 ff.

Fuchs, Michael,
Der Ausschuss für die Angelegenheiten der Europäischen Union - kein Ausschuss wie jeder andere!, Berlin 2003.

Fuchs, Michael,
Der Ausschuss für die Angelegenheiten der Europäischen Union des Deutschen Bundestages, ZParl 2004, S. 3 ff.

Gazeas, Nikolaos,
Die Europäische Beweisanordnung - Ein weiterer Schritt in die falsche Richtung?, ZRP 2005, S. 18 ff.

Geiger, Hansjörg,
Die Justizpolitik im EU-Verfassungsvertrag und die künftige Rechtspolitik, in: Derra (Hrsg.), Freiheit, Sicherheit und Recht. Festschrift zum 70. Geburtstag von Jürgen Meyer, Baden-Baden 2006, S. 339 ff.

Geiger, Rudolf (Hrsg.),
Neuere Probleme der parlamentarischen Legitimation im Bereich der auswärtigen Gewalt, Baden-Baden 2003.

Geiger, Rudolf,
Reformvorschläge zur Steigerung der Legitimationswirkung des Europäischen Parlaments, in: ders. (Hrsg.), Neuere Probleme der parlamentarischen Legitimation im Bereich der auswärtigen Gewalt, Baden-Baden 2003, S. 252 ff.

Grabitz, Eberhard/Hilf, Meinhard (Hrsg.),
Das Recht der Europäischen Union (Kommentar), München, Loseblatt.

Grande, Edgar/Prätorius, Rainer (Hrsg.),
Politische Steuerung und neue Staatlichkeit, Baden-Baden 2003.

Groeben, Hans von der/Schwarze, Jürgen (Hrsg,),
Kommentar zum Vertrag über die Europäische Union und zur Gründung der Europäischen Gemeinschaft, Band I Art. 1-53 EUV, Art. 1-80 EGV, 6. Auflage Baden-Baden 2003.

Groeben, Hans von der/Schwarze, Jürgen (Hrsg.),
Kommentar zum Vertrag über die Europäische Union und zur Gründung der Europäischen Gemeinschaft, Band II Art. 81-97 EGV, 6. Auflage Baden-Baden 2004.

Groeben, Hans von der/Schwarze, Jürgen (Hrsg.),
Kommentar zum Vertrag über die Europäische Union und zur Gründung der Europäischen Gemeinschaft, Band III Art. 98-188 EGV, 6. Auflage 2003.

Günther, Ulrich,
Die Mitwirkung des Bundestages in Angelegenheiten der Europäischen Union nach Art 23 GG, Diss. Köln 1998.

Halfmann, Ralf,
Entwicklungen des deutschen Staatsorganisationsrechts im Kraftfeld der europäischen Integration. Die Zusammenarbeit von Bund und Ländern nach Art. 23 GG im Lichte der Staatsstrukturprinzipien des deutschen Grundgesetzes, Berlin 2000.

Hansen, Troels B./Scholl, Bruno,
Europeanization and Domestic Parliamentary Adaption. A Comparative Analysis of the Bundestag and the House of Commons, EioP Vol.6 (2002) No. 15.

Hansmeyer, Sandra,
Die Mitwirkung des Deutschen Bundestages an der europäischen Rechtsetzung, Berlin 2001.

Hauck, Felix,
Mitwirkungsrechte des Bundestages in Angelegenheiten der Europäischen Union, Berlin 1999.

Hegeland, Hans,
The Parliament of Sweden: A Successful Adapter in the European Arena, in: Maurer, Andreas/Wessels, Wolfgang (Hrsg.), National Parliaments on their ways to Europe: Losers or latecomers, Baden-Baden 2001, S. 377 ff.

Hegeland, Hans/Neuhold, Christine,
Parliamentary participation in EU affairs in Austria, Finland and Sweden: Newcomers with different approaches, EioP Vol. 6 (2002), No. 10.

Hellwig, Renate (Hrsg.),
Der Deutsche Bundestag und Europa, München, Landsberg am Lech 1993.

Herman, Valentine/Schendelen, Rinus van (Hrsg.),
The European Parliament and the National Parliaments, Westmead 1979.

Herzog, Dietrich/Rebensdorf, Hilke/Weßels, Bernhard (Hrsg.),
Parlament und Gesellschaft. Eine Funktionsanalyse der repräsentativen Demokratie, Opladen 1993.

Hilf, Meinhard/Burmeister, Frank,
The German Parliament and European Integration, in: Smith, Eivind (Hrsg.), National parliaments as cornerstones of European Integration, London 1996, S. 64 ff.

Hoetjes, Ben J. S.,
The Parliament of the Netherlands and the European Union: Early Starter, Slow Mover, in: Maurer, Andreas/Wessels, Wolfgang (Hrsg.), National Parliaments on their ways to Europe: Losers or latecomers, Baden-Baden 2001, S. 337 ff.

Hölscheidt, Sven/Schotten, Thomas,
Der Unionsausschuß des Deutschen Bundestages, integration 1994, S. 230 ff.

Hölscheidt, Sven,
Parlamentarische Mitwirkung bei der europäischen Rechtsetzung, KritV 1994, S. 405 ff.

Hölscheidt, Sven,
Nationale Parlamente und EU-Angelegenheiten: Dogmatisches, Empirisches und großzügige Linien des Vergleichs, Rezsension von Weber-Panariello, Philippe A., Nationale Parlamente in der Europäischen Union, ZParl 1996, S. 521 ff.

Hölscheidt, Sven,
Mitwirkungsrechte des Deutschen Bundestages in Angelegenheiten der EU, ApuZ B 28, 2000, S. 31 ff.

Hölscheidt, Sven,
Die neuen Bundesländer und der Parlamentarismus in der Europäische Union, ZParl 2001, S. 325 ff.

Hölscheidt, Sven,
The German Bundestag: From Benevolent Weakness towards Supportive Scrutiny, in: Maurer, Andreas/Wessels, Wolfgang (Hrsg.), National Parliaments on their ways to Europe: Losers or latecomers, Baden-Baden 2001, S. 117 ff.

Hölscheidt, Sven,
Europatauglichkeit des Grundgesetzes, in: Derra, Hans-Jörg (Hrsg.),
Freiheit, Sicherheit und Recht: Festschrift für Jürgen Meyer zum 70. Geburtstag, Baden-Baden 2006, S. 205 ff.

Holzapfel, Klaus-J. (Hrsg.),
Kürschners Volkshandbuch der 15. Legislaturperiode, Rheinbreitbach 97. Auflage 2003.

Huber, Peter M.,
Die Rolle des Demokratiedefizits im europäischen Integrationsprozeß, Staatswissenschaften und Staatspraxis 1992, S. 349 ff.

Huber, Peter M./Mößle, Wilhelm/Stock, Martin (Hrsg.),
Zur Lage der parlamentarischen Demokratie, Tübingen 1995.

Huber, Peter M.,
Die parlamentarische Demokratie unter den Bedingungen der europäischen Integration, in: Huber, Peter M./Mößle, Wilhelm/Stock, Martin (Hrsg.), Zur Lage der parlamentarischen Demokratie, Tübingen 1995, S. 105 ff.

Huber, Peter M.,
Die Rolle der nationalen Parlamente bei der Rechtsetzung der Europäischen Union. Zur Sicherung und zum Ausbau der Mitwirkungsrechte des Deutschen Bundestages, Hans Seidl Stiftung, München 2001.

Isensee, Josef/Kirchhof, Paul (Hrsg.),
Handbuch des Staatsrechts der Bundesrepublik Deutschland, Band II Demokratische Willensbildung. Die Staatsorgane des Bundes, Heidelberg 1987.

Ismayr, Wolfgang,
Der Deutsche Bundestag - Funktionen, Willensbildung, Reformansätze, Opladen 1992.

Ismayr, Wolfgang,
Der Deutsche Bundestag im politischen System der Bundesrepublik Deutschland, 2. Auflage Opladen 2001 (zitiert: Ismayr, Der Deutsche Bundestag, 2. Auflage 2001).

Jacqué, Jean Paul,
Kommentierung zu Art. 207 EG, in: Groeben, Hans von der/Schwarze, Jürgen (Hrsg.), Kommentar zum Vertrag über die Europäische Union und zur Gründung der Europäischen Gemeinschaft, Band II Art. 81-97 EGV, 6. Auflage Baden-Baden 2004.

Janowski, Cordula Agnes,
Die nationalen Parlamente und ihre Europagremien: Legitimationsgarant der EU?, Baden-Baden 2005.

Jensen, Jörgen Allbaek,
Prior Parliamentary Consent to Danish EC Policies, in: Smith, Eivind (Hrsg.), National Parliaments as cornerstones of European integration, London u.a. 1996, S. 39 ff.

Jour-Schröder, Alexandra/Wasmeier, Martin,
Vorbemerkung zu Art. 29 bis 42 EUV, Art. 20 EUV, in: Groeben, Hans von der/Schwarze, Jürgen (Hrsg.), Kommentar zum Vertrag über die Europäische Union und zur Gründung der Europäischen Gemeinschaft, Band I, Art. 1-80 EGV, Baden-Baden 6. Auflage 2003.

Kabel, Rudolf,
Die Mitwirkung des Deutschen Bundestages in Angelegenheiten der Europäischen Union. Gedanken zur Umsetzung der Art. 23 und 45 GG in die Geschäftsordnung des Deutschen Bundestages, in: Randelzhofer, Albrecht (Hrsg.), Gedächtnisschrift für Eberhard Grabitz, München 1995, S. 241 ff.

Kamann, Hans-Georg,
Die Mitwirkung der Parlamente der Mitgliedstaaten an der europäischen Gesetzgebung: national-parlamentarische Beeinflussung und Kontrolle der Regierungsvertreter im Rat der Europäischen Union im Spannungsfeld von Demokratie und Funktionsfähigkeit des gemeinschaftlichen Entscheidungsverfahrens, Frankfurt am Main 1997.

Katz, Richard S./Weßels, Bernhard (Hrsg.),
The European Parliament, the National Parliaments and European Integration, Oxford 1999.

Katz, Richard S.,
Representation, the Locus of Democratic Legitimation and the Role of the National Parliaments in the European Union, in: Katz, Richard S./Weßels, Bernhard (Hrsg.), The European Parliament, the National Parliaments and European Integration, Oxford 1999, S. 22 ff.

Katz, Richard S./Weßels, Bernhard,
The European Parliament, the National Parliaments and European Integration, in: Katz, Richard S./Weßels, Bernhard (Hrsg.), The European Parliament, the National Parliaments and European Integration, Oxford 1999, S. 3 ff.

Kaufmann, Marcel,
Europäische Integration und Demokratieprinzip, Baden-Baden 1997.

Kewenig, Wilhelm,
Staatsrechtliche Probleme parlamentarischer Mitregierung am Beispiel der Arbeit der Bundestagsausschüsse, Bad Homburg u.a. 1970.

Kietz, Daniela,
Der Bundestag in der Europapolitik, Stiftung Wissenschaft und Politik, SWP-Aktuell 19, Berlin, Mai 2005.

Klein, Hans Hugo,
Aufgaben des Bundestages, in: Isensee, Josef/Kirchhof, Paul (Hrsg.), Handbuch des Staatsrechts der Bundesrepublik Deutschland, Band II Demokratische Willensbildung. Die Staatsorgane des Bundes, Heidelberg 1987.

Kluth, Winfried,
Die demokratische Legitimation der Europäischen Union: eine Analyse der These vom Demokratiedefizit der Europäischen Union aus gemeineuropäischer Verfassungsperspektive, Berlin 1995.

Kohnen, Dominic,
Die Zukunft des Gesetzesvorbehalts in der Europäischen Union: zur Rolle des Bundestages in den Angelegenheiten der Europäischen Union, Baden-Baden 1998.

Kokott, Juliane,
Kontrolle der auswärtigen Gewalt, DVBl 1996, S. 937 ff.

König, Doris,
Die Übertragung von Hoheitsrechten im Rahmen des europäischen Integrationsprozesses - Anwendungsbereich und Schranken des Art. 23 des Grundgesetzes, Berlin 2000.

Kövel, Svea,
Die Mitwirkung des Deutschen Bundestages in Angelegenheiten der Europäischen Union: unter besonderer Berücksichtigung der Mitwirkung am und der Veränderung durch den Vertrag von Amsterdam, München 2000.

Kretschmer, Gerald,
Kommentierung zu Art. 43 GG, in: Schmidt-Bleibtreu, Bruno/Klein, Franz (Hrsg.), Kommentar zum Grundgesetz, 10. Auflage München 2004.

Laffan, Brian,
The Parliament of Ireland: A Passive Adapter coming in from the cold, in: Maurer, Andreas/Wessels, Wolfgang (Hrsg.), National Parliaments on their ways to Europe: Losers or latecomers, Baden-Baden 2001, S. 251 ff.

Lais, Martina,
Die Rolle der nationalen Parlamente in einer künftigen europäischen Verfassung, ZEuS 2003, S. 187 ff.

Lang, Ruth,
Die Mitwirkungsrechte des Bundesrates und des Bundestages in Angelegenheiten der Europäischen Union gemäß Artikel 23 Absätze 2 bis 7, Berlin 1997 (zitiert: Lang, Die Mitwirkungsrechte des Bundesrates und des Bundestages in Angelegenheiten der Europäischen Union, 1997).

Laursen, Finn,
The Danish Folketing and its European Affairs Committee: Strong Players in the National Policy Cycle, in: Maurer, Andreas/Wessels, Wolfgang (Hrsg.), National Parliaments on their ways to Europe: Losers or latecomers, Baden-Baden 2001, S. 99 ff.

Linck, Joachim,
Die Öffentlichkeit der Parlamentsausschüsse aus verfassungsrechtlicher und rechtspolitischer Sicht, DÖV 1973, S. 513 ff.

Lorenz, Claudia,
Entstehung und Arbeitsweise des Ausschusses für die Angelegenheiten der Europäischen Union des Deutschen Bundestages, Aachen 2004.

Lösche, Peter,
Der Bundestag - kein trauriges, kein ohnmächtiges Parlament, ZParl 2000, S. 926 ff.

Magiera, Siegfried,
Kommentierung zu Art. 40, in: Sachs, Michael (Hrsg.), Grundgesetz: Kommentar, 3. Auflage München 2003.

Magiera, Siegfried,
Die Arbeit des europäischen Verfassungskonvents und der Parlamentarismus, DÖV 2003, S. 578 ff.

Mangoldt, Hermann von/Klein, Friedrich/Starck, Christian (Hrsg.),
Das Bonner Grundgesetz, 5. Auflage München 2005.

Maunz, Theodor/Dürig, Günter/Herzog, Roman (Hrsg.),
Grundgesetz (Loseblatt).

Maurer, Andreas/Wessels, Wolfgang (Hrsg.),
National Parliaments on their ways to Europe: Losers or latecomers?, Baden-Baden 2001.

Maurer, Andreas,
National Parliaments in the European Architecture: From Latecomers`Adaption towards permanent institutional change?, in: Maurer, Andreas/Wessels, Wolfgang (Hrsg.), National Parliaments on their ways to Europe: Losers or latecomers?, Baden-Baden 2001, S. 27 ff.

Maurer, Andreas,
Parlamentarische Demokratie in der Europäischen Union: der Beitrag des Europäischen Parlaments und der Nationalen Parlamente, Baden-Baden 2002.

Maurer, Andreas/Kietz, Daniela,
Die neuen Rechte der nationalen Parlamente. Umsetzungsprobleme und Empfehlungen, SWP-Studie, Stiftung Wissenschaft und Politik, März 2004.

Maurer, Andreas/Becker, Peter,
Die Europafähigkeit der nationalen Parlamente. Herausforderungen des-EU Verfassungsvertrags für den deutschen Parlamentarismus, SWP-Studie, Stiftung Wissenschaft und Politik, Juni 2004.

Mayer, Franz C.,
Nationale Regierungsstrukturen und europäische Integration. Verfassungsrechtliche Vorgaben für den institutionellen Rahmen der Europapolitik auf nationaler und europäischer Ebene, EuGRZ 2002, S. 111 ff.

Mehl, Peter,
Die Europa-Kommission des Deutschen Bundestages: eine neue Einrichtung interparlamentarischer Zusammenarbeit, Kehl, Straßburg 1987.

Melzer, Michael,
Vorbereitung und Gestaltung der Ausschussarbeit durch die Fraktionen, in: Schneider, Hans-Peter/Zeh, Wolfgang (Hrsg.), Parlamentsrecht und Parlamentspraxis, Berlin, New York 1989, S. 1131 ff.

Meyer, Jürgen/Hölscheidt, Sven,
Die Europäische Verfassung aus der Sicht des Deutschen Bundestages, integration 2003, S. 345 ff.

Möller, Franz/Limpert, Martin,
Informations- und Mitwirkungsrechte des Bundestages in Angelegenheiten der Europäischen Union, ZParl 1993, S. 21 ff.

Moravcsik, Andrew,
Warum die Europäische Union die Exekutive stärkt: Innenpolitik und internationale Kooperation, in: Wolf, Klaus-Dieter (Hrsg.), Projekt Europa im Übergang? Probleme, Modelle und Strategien des Regierens in der Europäischen Union, Baden-Baden 1997, S. 220 ff.

Morawitz, Rudolf/Kaiser, Wilhelm,
Die Zusammenarbeit von Bund und Ländern bei Vorhaben der Europäischen Union, Bonn 1994.

Münch, Ingo von/Kunig, Philip (Hrsg.),
Grundgesetz-Kommentar, 5. Auflage München 2001.

Munro, Colin R.,
The UK Parliament and EU Institutions - Partners or Rivals?, in: Smith, Eivind (Hrsg.), National Parliaments as cornerstones of European Integration, London u.a. 1996, S. 80 ff.

Neunreither, Karlheinz,
The Democratic Deficit of the European Union: Towards Closer Cooperation between the European Parliament and the National Parliaments, Government and Opposition 1994, S. 299 ff.

Niblock, Michael,
The EEC: National Parliaments in Community Decision-making, London 1971.

Norton, Philip (Hrsg.),
National Parliaments and the European Union, London 1995.

Norton, Philip,
The United Kingdom: Political Conflict, Parliamentary Scrutiny, in: Norton, Philip (Hrsg.), National Parliaments and the European Union, London 1995, S. 96 ff.

Obrecht, Marcus,
Niedergang der Parlamente? Transnationale Politik im Deutschen Bundestag und der Assemblée nationale, Würzburg 2006

Oetting, Ulf,
Bundestag und Bundesrat im Willensbildungsprozeß der Europäischen Gemeinschaften. Die Unterrichtung der gesetzgebenden Körperschaften nach Art. 2 des Zustimmungsgesetzes zu den Römischen Verträgen, Berlin 1973.

Oertzen, Jürgen von,
Das Expertenparlament. Abgeordnetenrollen in den Fachstrukturen bundesdeutscher Parlamente, Berlin 2006.

Pache, Eckehard (Hrsg.),
Die EU- ein Raum der Freiheit, der Sicherheit und des Rechts, Baden-Baden 2005.

Pernice, Ingolf,
Kommentierung zu Art. 45 GG, in: Dreier, Horst (Hrsg.), Grundgesetz-Kommentar, Band II Art. 20-82, Tübingen 1998.

Pernice, Ingolf,
The Role of National Parliaments in the European Union, Walter-Hallstein-Institut, WHI-Paper 5/01, Berlin 2001.

Pflüger, Friedbert,
Die fortschreitende europäische Integration und der Europaausschuss des Deutschen Bundestages, integration 2000, S. 229 ff.

Pöhle, Klaus,
Parlamente in der EG: Integrationsfortschritte in Europa und die Konsequenzen für die parlamentarische Demokratie, integration 1992, S. 72 ff.

Pöhle, Klaus,
Das Demokratiedefizit der Europäischen Union und die nationalen Parlamente. Bietet COSAC einen Ausweg?, ZParl 1998, S. 77 ff.

Prantl, Heribert,
Sternstunden der Peinlichkeit, Süddeutsche Zeitung 15.04.2005, S. 4.

Randelzhofer, Albrecht (Hrsg.),
Gedächtnisschrift für Eberhard Grabitz, München 1995.

Range, Tatjana,
Europäische Verfassung: Neue EU-Kompetenzen für den Deutschen Bundestag. Befugnisse und Handlungsoptionen, Arbeitspapier der Konrad Adenauer Stiftung Nr. 136, 2004.

Rath, Christian,
Die "unionsgegenwärtige Gewalt" des Deutschen Bundestages. Zur verfassungsrechtlichen Legitimation des gemeinschaftlichen Rechtsetzungsprozesses, in: Steffani, Winfried/Thaysen, Uwe (Hrsg.), Demokratie in Europa, Zur Rolle der Parlamente, ZParl Sonderband I/1995, S. 114 ff.

Rath, Christian,
Entscheidungspotenziale des Deutschen Bundestages in EU-Angelegenheiten. Mandatgesetze und parlamentarische Stellungnahmen im Rahmen der unionswärtigen Gewalt, Baden-Baden 2001.

Raunio, Tapio,
Always one step behind? National Legislatures and the European Union, Government and Opposition, No. 2/1999, S. 180 ff.

Raunio, Tapio,
The Parliament of Finnland: A Model Case for effective Scrutiny?, in: Maurer, Andreas/Wessels, Wolfgang (Hrsg.), National Parliaments on their ways to Europe: Losers or latecomers, Baden-Baden 2001, S. 173 ff.

Ritzel, Heinrich G./Bücker, Josef/Schreiner, Hermann (Hrsg.),
Handbuch für die parlamentarische Praxis mit Kommentar zur Geschäftsordnung des Deutschen Bundestages, Frankfurt am Main, Loseblatt.

Röben, Volker,
Kommentierung vor Art. 29 EUV, zu Art. 29 EUV, Art. 34 EUV, in: Grabitz, Eberhard/Hilf, Meinhard (Hrsg.), Das Recht der Europäischen Union Band I, München, Loseblatt (Stand Mai 1999).

Röhl, Hans-Christian,
Die Beteiligung der Bundesrepublik Deutschland an der Rechtsetzung im Ministerrat der Europäischen Union. Die Rolle des Ausschusses der Ständigen Vertreter (COREPER) und der Ständigen Vertretung, EuR 1994, S. 409 ff.

Rojahn, Ondolf,
Kommentierung zu Art. 23 GG, in: Münch, Ingo von/Kunig, Philip (Hrsg.), Grundgesetz-Kommentar, 5. Auflage München 2001.

Roll, Hans-Achim (Hrsg.),
Plenarsitzungen des Deutschen Bundestages. Festgabe für Werner Blischke, Berlin 1982.

Ruffert, Matthias,
Die unionsverfassungsrechtlichen Grundlagen des Raums der Freiheit, der Sicherheit und des Rechts, in: Pache, Eckehard (Hrsg.), Die EU - ein Raum der Freiheit, der Sicherheit und des Rechts, Baden-Baden 2005, S. 29 ff.

Saalfeld, Thomas,
The German Houses of Parliament and European Legislation, in: Norton, Philip (Hrsg.), National Parliaments and the European Union, 1995, S. 12 ff.

Sachs, Michael (Hrsg.),
Grundgesetz: Kommentar, 3. Auflage München 2003.

Sachs, Michael,
Kommentierung zu Art. 20 GG, in: ders. (Hrsg.), Grundgesetz: Kommentar, 3. Auflage München 2003.

Sattler, Karl-Otto,
Abgeordnete wollen das Gras wachsen hören, Das Parlament, 27. März 2006, S. 15.

Schede, Christian,
Bundesrat und Europäische Union. Die Beteiligung des Bundesrates nach dem neuen Artikel 23 des Grundgesetzes, Frankfurt am Main u.a. 1994.

Schieren, Stefan,
Nationale Parlamente als Legitimationsgrund europäischer Politik? Zum Beispiel des Westminster Parliament, ZParl 2001, S. 339 ff.

Schindler, Peter (Hrsg.),
Datenhandbuch zur Geschichte des Deutschen Bundestages 1983-1991, Baden-Baden 1994.

Schmalenbach, Kirsten,
Der neue Europaartikel 23 des Grundgesetzes im Lichte der Arbeit der Gemeinsamen Verfassungskommission: Motive einer Verfassungsänderung, Berlin 1996.

Schmidt-Bleibtreu, Bruno/Klein, Franz (Hrsg.),
Kommentar zum Grundgesetz, 10. Auflage München 2004.

Schmitt von Sydow, Helmut,
Kommentierung zu Art. 211 EG, in: Groeben, Hans von der/Schwarze, Jürgen (Hrsg.), Kommentar zum Vertrag über die Europäische Union und zur Gründung der Europäischen Gemeinschaft, Band III Art. 98-188 EGV, 6. Auflage 2003.

Schnapp, Friedrich E.,
Kommentierung zu Art. 20 GG, in: Münch, Ingo von/Kunig, Philip (Hrsg.), Grundgesetz-Kommentar, 5. Auflage München 2001.

Schneider, Hans-Peter/Zeh, Wolfgang (Hrsg.),
Parlamentsrecht und Parlamentspraxis, Berlin, New York 1989.

Scholz, Ruppert,
Kommentierung zu Art. 45 GG, in: Maunz, Theodor/Dürig, Günter/Herzog, Roman (Hrsg.), Grundgesetz, Loseblatt (Stand Oktober 1996).

Scholz, Ruppert,
Kommentierung zu Art. 23 GG, in: Maunz, Theodor/Dürig, Günter/Herzog, Roman (Hrsg.), Grundgesetz, Loseblatt (Stand Oktober 1996).

Schoof, Eberhard,
Bundestag und Europäisches Parlament. Zur Neugestaltung der Beziehungen seit der Direktwahl, ZParl 1982, S. 199 ff.

Schröder, Meinhard,
Die Parlamente im europäischen Entscheidungsgefüge, EuR 2002, S. 301 ff.

Schultze-Fielitz, Helmut,
Kommentierung zu Art. 20 GG, in: Dreier, Horst (Hrsg.), Grundgesetz-Kommentar, Band II Art. 20-82, Tübingen 1998.

Schüttemeyer, Suzanne S.,
Funktionsverluste des Bundestages durch die europäische Integration?, ZParl 1978, S. 261 ff.

Schwarze, Jürgen (Hrsg.),
Die Entstehung einer europäischen Verfassungsordnung. Das Ineinandergreifen von nationalem und europäischen Verfassungsrecht, Baden-Baden 2000.

Schwarze, Jürgen,
Deutscher Landesbericht, in: ders. (Hrsg.), Die Entstehung einer europäischen Verfassungsordnung. Das Ineinandergreifen von nationalem und europäischen Verfassungsrecht, Baden-Baden 2000, S. 109 ff.

Schweitzer, Carl-Christoph,
Die nationalen Parlamente in der Gemeinschaft – ihr schwindender Einfluß in Bonn und Westminster auf die Europagesetzgebung, Bonn 1978.

Schweitzer, Michael,
Kommentierung zu Art. 207 EG, in: Grabitz, Eberhard/Hilf, Meinhard (Hrsg.), Das Recht der Europäischen Union, Band III, München, Loseblatt (Stand Januar 2000).

Smith, Eivind (Hrsg.),
National Parliaments as Cornerstones of European Integration, London 1996.

Sommermann, Karl-Peter,
Kommentierung zu Art. 20 GG, in: Mangoldt, Hermann von/Klein, Friedrich/Starck, Christian (Hrsg.), Das Bonner Grundgesetz, 5. Auflage München 2005.

Steffani, Winfried/Thaysen, Uwe (Hrsg.),
Demokratie in Europa. Zur Rolle der Parlamente, ZParl Sonderband I/1995.

Steffani, Winfried,
Das Demokratie Dilemma der Europäischen Union. Die Rolle der Parlamente nach dem Urteil des Bundesverfassungsgerichts vom 12. Oktober 1993, in: Steffani, Winfried/Thaysen, Uwe (Hrsg.), Demokratie in Europa. Zur Rolle der Parlamente, ZParl Sonderband I/1995, S. 33 ff.

Stern, Klaus,
Das Staatsrecht der Bundesrepublik Deutschland, Band II, München 1980.

Sterzing, Christian/Tidow, Stefan,
Die Kontrolle der deutschen Europapolitik durch den EU-Ausschuss des Bundestags - Bilanz und Reformpotenziale, integration 2001, S. 274 ff.

Streinz, Rudolf,
Kommentierung zu Art. 23 GG, in: Sachs, Michael (Hrsg.), Grundgesetz: Kommentar, 3. Auflage München 2003.

Streinz, Rudolf,
Europarecht, 6. Auflage Heidelberg 2003.

Süssmuth, Rita,
Die Rolle des Deutschen Bundestages im europäischen Einigungsprozeß zwischen Anspruch und Wirklichkeit, in: Hellwig, Renate (Hrsg.), Der Deutsche Bundestag und Europa, München, Landsberg am Lech 1993, S. 10 ff.

Szukala, Andrea/Rozenberg, Olivier,
The French Parliament and the EU: Progressive Assertion and Strategic Investment, in: Maurer, Andreas/Wessels, Wolfgang (Hrsg.), National Parliaments on their ways to Europe: Losers or latecomers, Baden-Baden 2001, S. 223 ff.

Thöne-Wille, Eva M.,
Die Parlamente der EG. Das Europäische Parlament und die nationalen Parlamente, Kehl am Rhein 1984.

Töller, Annette Elisabeth,
Europapolitik im Bundestag: eine empirische Untersuchung zur europapolitischen Willensbildung im EG-Ausschuß des 12. Deutschen Bundestages, Frankfurt am Main u.a. 1995.

Töller, Annette Elisabeth,
Dimensionen der Europäisierung - Das Beispiel des Deutschen Bundestages, ZParl 2004, S. 25 ff.

Tomuschat, Christian,
Ungereimtes/Zum Urteil des Bundesverfassungsgerichts vom 18. Juli 2005 über den Europäischen Haftbefehl, EuGRZ 2005, S. 453 ff.

Vandevivere, Claire,
The Federal Parliament of Belgium: Between Wishes, Rules and Practice, in: Maurer, Andreas/Wessels, Wolfgang (Hrsg.), National Parliaments on their ways to Europe: Losers or latecomers, Baden-Baden 2001, S. 77 ff.

Verheugen, Günter,
Die Arbeit des Sonderausschusses "Europäische Union (Vertrag von Maastricht)" des Deutschen Bundestages, ZG 1993, S. 162 ff.

Verstyl, Ludger-Anselm,
Kommentierung zu Art. 43 GG, in: Münch, Ingo von/Kunig, Philip (Hrsg.), Grundgesetz-Kommentar, 5. Auflage 2001.

Vetter, Joachim,
Die Parlamentsausschüsse im Verfassungssystem der Bundesrepublik Deutschland, Frankfurt am Main u.a. 1986.

Wagner, Rolf,
Zur Vereinheitlichung des Internationalen Privat- und Zivilverfahrensrechts vier Jahre nach Inkrafttreten des Amsterdamer Vertrages, NJW 2003, S. 2344 ff.

Wagner, Rolf,
Zur Vereinheitlichung des Internationalen Privat- und Zivilverfahrensrechts fünf Jahre nach Inkrafttreten des Amsterdamer Vertrages, NJW 2004, S. 1835 ff.

Waigel, Theo (Hrsg.),
Unsere Zukunft heißt Europa: Der Weg zur Wirtschafts- und Währungsunion, 3. Auflage Düsseldorf 1997.

Walther, Rudi,
Haushaltsfragen, in: Hellwig, Renate (Hrsg.), Der Deutsche Bundestag und Europa, München, Landsberg am Lech 1993, S. 102 ff.

Wasmeier, Martin,
Kommentierung zu Art. 31 EU, Art. 34 EU, in: Groeben, Hans von der/Schwarze, Jürgen (Hrsg.), Kommentar zum Vertrag über die Europäische Union und zur Gründung der Europäischen Gemeinschaft, Band I Art. 1-53 EUV, Art. 1-80 EGV, Baden Baden 6. Auflage 2003.

Weber, Albrecht,
Die Rolle der nationalen Parlamente in der Verfassungsentwicklung der Europäischen Union, in: Wollenschläger, Michael/Kreßel, Eckhard/Egger, Johann (Hrsg.), Recht-Wirtschaft-Kultur. Herausforderungen an Staat und Gesellschaft im Zeitalter der Globalisierung, Festschrift für Hans Hablitzel, Berlin 2005, S. 325 ff.

Weber-Panariello, Philippe A.,
Nationale Parlamente in der Europäischen Union: eine rechtsvergleichende Studie zur Beteiligung nationaler Parlamente an der innerstaatlichen Willensbildung in Angelegenheiten der Europäischen Union im Vereinigten Königreich, Frankreich und der Bundesrepublik Deutschland, Baden-Baden 1995.

Wieczorek, Norbert,
Mitwirkung des Deutschen Bundestages in der Europäischen Union - Zum Wandel der Rolle der nationalen Parlamente im Integrationsverlauf, in: Waigel, Theo (Hrsg.), Unsere Zukunft heißt Europa: Der Weg zur Wirtschafts- und Währungsunion, 3. Auflage Düsseldorf 1997, S. 315 ff.

Wilhelm, Paul,
Europa im Grundgesetz: Der neue Artikel 23, BayVBl 1992, S. 705 ff.

Wissmann, Matthias,
Perspektiven für die Europapolitik des Deutschen Bundestages, in: Derra, Hans-Jörg (Hrsg.), Freiheit, Sicherheit und Recht: Festschrift für Jürgen Meyer zum 70. Geburtstag, Baden-Baden 2006, S. 233 ff.

Wohnout, Helmut,
Die Mitwirkungsrechte des österreichischen Parlaments an der Willensbildung in der EU, Die Union 1999, S. 69 ff.

Wolf, Klaus-Dieter (Hrsg.),
Projekt Europa im Übergang? Probleme, Modelle und Strategien des Regierens in der Europäischen Union, Baden-Baden 1997.

Wollenschläger, Michael/Kreßel, Eckhard/Egger, Johann (Hrsg.),
Recht-Wirtschaft-Kultur. Herausforderungen an Staat und Gesellschaft im Zeitalter der Globalisierung, Festschrift für Hans Hablitzel, Berlin 2005.

Zeh, Wolfgang,
Gliederung und Organe des Bundestages, in: Isensee, Josef/Kirchhof, Paul (Hrsg.), Handbuch des Staatsrechts der Bundesrepublik Deutschland, Band II Demokratische Willensbildung. Die Staatsorgane des Bundes, Heidelberg 1987.

Zeh, Wolfgang,
Das Ausschußsystem im Bundestag, in: Schneider, Hans-Peter/Zeh, Wolfgang (Hrsg.), Parlamentsrecht und Parlamentspraxis, Berlin, New York 1989, S. 1087 ff.

Zervakis, Peter/Yannis, Nikos,
The Parliament of Greece: Slow but Constant Moves towards European Integration?, in: Maurer, Andreas/Wessels, Wolfgang (Hrsg.), National Parliaments on their ways to Europe: Losers or latecomers, Baden-Baden 2001, S. 147 ff.

Zier, Matthias,
Nationale Parlamente in der EU, Göttingen 2005.

Verzeichnis der verwendeten Dokumente

Protokolle des Rechtsausschusses des Deutschen Bundestages aus der 15. Legislaturperiode

Protokoll der 4. Sitzung des Rechtsausschusses am 18.12.2002

Protokoll der 5. Sitzung des Rechtsausschusses am 15.01.2003

Protokoll der 8. Sitzung des Rechtsausschusses am 12.02.2003

Protokoll der 20. Sitzung des Rechtsausschusses am 4.06.2003

Protokoll der 23. Sitzung des Rechtsausschusses am 25.06.2003

Protokoll der 25. Sitzung des Rechtsausschusses am 24.09.2003

Protokoll der 28. Sitzung des Rechtsausschusses am 15.10.2003

Protokoll der 45. Sitzung des Rechtsausschusses am 28.04.2004

Protokoll der 50. Sitzung des Rechtsausschusses am 16.06.2004

Protokoll der 53. Sitzung des Rechtsausschusses am 30.06.2004

Protokoll der 55. Sitzung des Rechtsausschusses am 22.09.2004

Protokoll der 56. Sitzung des Rechtsausschusses am 29.09.2004

Protokoll der 62. Sitzung des Rechtsausschusses am 27.10.2004

Protokoll der 69. Sitzung des Rechtsausschusses am 26.01.2005

Protokoll der 77. Sitzung des Rechtsausschusses am 20.04.2005

Protokoll der 80. Sitzung des Rechtsausschusses am 11.05.2005

Protokoll der 83. Sitzung des Rechtsausschusses am 1.06.2005

Protokolle des Unterausschusses Europarecht des Rechtsausschusses aus der 15. Legislaturperiode

Protokoll der 1. Sitzung des Unterausschusses Europarecht am 21.02.2003

Protokoll der 2. Sitzung des Unterausschusses Europarecht am 4.04.2003

Protokoll der 3. Sitzung des Unterausschusses Europarecht am 9.05.2003

Protokoll der 4. Sitzung des Unterausschusses Europarecht am 6.06.2003

Protokoll der 5. Sitzung des Unterausschusses Europarecht am 4.07.2003

Protokoll der 6. Sitzung des Unterausschusses Europarecht am 12.09.2003

Protokoll der 7. Sitzung des Unterausschusses Europarecht am 17.10.2003

Protokoll der 8. Sitzung des Unterausschusses Europarecht am 28.11.2003

Protokoll der 9. Sitzung des Unterausschusses Europarecht am 16.01.2004

Protokoll der 10. Sitzung des Unterausschusses Europarecht am 13.02.2004

Protokoll der 11. Sitzung des Unterausschusses Europarecht am 5.03.2004

Protokoll der 12. Sitzung des Unterausschusses Europarecht am 2.04.2004

Protokoll der 13. Sitzung des Unterausschusses Europarecht am 7.05.2004

Protokoll der 14. Sitzung des Unterausschusses Europarecht am 18.06.2004

Protokoll der 15. Sitzung des Unterausschusses Europarecht am 24.09.2004

Protokoll der 16. Sitzung des Unterausschusses Europarecht am 22.10.2004

Protokoll der 17. Sitzung des Unterausschusses Europarecht am 12.11.2004

Protokoll der 18. Sitzung des Unterausschusses Europarecht am 28.01.2005

Protokoll der 19. Sitzung des Unterausschusses Europarecht am 18.02.2005

Protokoll der 20. Sitzung des Unterausschusses Europarecht am 11.03.2005

Protokoll der 21. Sitzung des Unterausschusses Europarecht am 15.04.2005

Protokoll der 22. Sitzung des Unterausschusses Europarecht am 13.05.2005

Protokoll der 23. Sitzung des Unterausschusses Europarecht am 3.06.2005

Protokolle des Ausschusses für die Angelegenheiten der Europäischen Union der 15. Legislaturperiode

Protokoll der 66. Sitzung des Ausschusses für die Angelegenheiten der Europäischen Union am 16.03.2005

Anhang

A) Anhang 1: Fragebogen an Mitglieder des Rechtsausschusses in der 15. Legislaturperiode

Der folgende Fragebogen wurde an alle diejenigen Mitglieder des Rechtsausschusses der 15. Legislaturperiode versandt, die nicht Mitglied des Unterausschusses Europarecht waren. Die Mitgliedschaft im Ausschuss hat während der Legislaturperiode gewechselt. Der Fragebogen wurde an die Mitglieder zum Stichtag 30.06.2005 versandt.

Von den 24 verschickten Fragebögen wurden 11 beantwortet und zurückgesendet.

Fragebogen

Bitte kreuzen Sie die zutreffende Antwort an bzw. antworten Sie in der vorgesehenen Zeile.

I) Zur Rolle des Bundestages bei der europäischen Rechtsetzung

1) Wie beurteilen sie generell die demokratische Legitimation europäischer Sekundärrechtsetzung?

sehr gut gut zufriedenstellend ausreichend mangelhaft

2) Wie beurteilen Sie die Rolle des Bundestages bei der europäischen Rechtsetzung?

ist genau richtig beteiligt
sollte mehr beteiligt sein
sollte weniger beteiligt sein

II) Zum Verhältnis von Europapolitik zur Fachpolitik im Bundestag

3) Haben Sie das Gefühl, dass die Fachpolitiker im Bundestag ausreichend sensibilisiert sind für die besonderen Anforderungen an die Kontrolle europäischer Rechtsetzung?

ja nein teilweise

4) Wie beurteilen Sie das Verhältnis des Ausschusses für die Angelegenheiten der EU zu den anderen Fachausschüssen bei der Bearbeitung von europäischen Vorlagen?

der EU-Ausschuss sollte auch wichtige fachpolitische EG-Vorlagen federführend beraten
fachpolitische EG-Vorlagen sollten nur in den Fachausschüssen federführend beraten werden

[als fachpolitische Vorlagen werden hier Vorlagen für europäische Sekundärrechtsakte verstanden, die einem Fachbereich zugeordnet werden können]

III) Tätigkeit des Rechtsausschusses in Angelegenheiten der Europäischen Union

5) Wie fühlen Sie sich über Europäische Vorlagen, die der Rechtsausschuss berät, informiert?

sehr gut gut zufriedenstellend ausreichend mangelhaft

6) Beschäftigen Sie in Ihrem Abgeordnetenbüro Mitarbeiter, die sich schwerpunktmäßig oder ausschließlich mit europäischen Fragestellungen befassen?

ja nein

7) Haben Sie persönliche Kontakte zu Institutionen der Europäischen Union (Abgeordnete des Europäischen Parlaments, Europäische Kommission etc.), wenn ja zu welchen?

____

____

8) Haben Sie das Gefühl, dass die Bundesregierung die Stellungnahmen des Rechtsausschusses in europäischen Angelegenheiten angemessen berücksichtigt?

ja nein teilweise

9) Wie beurteilen Sie die bisherige Mitwirkung des Rechtsausschusses bei der Kontrolle europäischer Rechtsetzung?

sehr gut gut zufriedenstellend ausreichend mangelhaft

10) Wie hat sich nach Ihrer Auffassung die Mitwirkung des Rechtsausschusses an der Kontrolle europäischer Rechtsetzung in den letzten Legislaturperioden verändert?

intensiver geworden gleich geblieben weniger geworden

11) Wie sollte der Rechtsausschuss künftig vorgehen?

er sollte seine bisherige Praxis bei der Behandlung europäischer Vorlagen beibehalten
er sollte mehr Beschlussempfehlungen zu europäischen Vorlagen erlassen
er sollte Beschlussempfehlungen erlassen, die der Bundesregierung eine detailliertere Handlungsanweisung geben
er sollte mehr Öffentlichkeit für die Vorlagen herstellen
weiteres:

____

Vielen Dank.

B) Anhang 2: Fragebogen an Mitglieder des Unterausschusses Europarecht des Rechtsausschusses in der 15. Legislaturperiode

Der folgende Fragebogen wurde an alle Mitglieder des Unterausschusses Europarecht der 15. Legislaturperiode versandt. Er unterscheidet sich von dem Fragebogen, der an die Mitglieder des Rechtsausschusses, die nicht Mitglied des Unterausschusses waren, verschickt wurde, durch die zusätzlichen Fragen Nr. 4 und 5. Die Mitgliedschaft im Unterausschuss hat während der Legislaturperiode gewechselt. Der Fragebogen wurde an die Mitglieder zum Stichtag 30.06.2005 versandt.

Von den insgesamt 9 verschickten Fragebögen wurden 5 beantwortet und zurückgesendet.

Fragebogen

Bitte kreuzen Sie die zutreffende Antwort an bzw. antworten Sie in der vorgesehenen Zeile.

I) Zur Rolle des Bundestages bei der europäischen Rechtsetzung

1) **Wie beurteilen sie generell die demokratische Legitimation europäischer Sekundärrechtsetzung?**

sehr gut gut zufriedenstellend ausreichend mangelhaft

2) **Wie beurteilen Sie die Rolle des Bundestages bei der europäischen Rechtsetzung?**

ist genau richtig beteiligt
sollte mehr beteiligt sein
sollte weniger beteiligt sein

II) Zum Verhältnis von Europapolitik zur Fachpolitik im Bundestag

3) **Haben Sie das Gefühl, dass die Fachpolitiker im Bundestag ausreichend sensibilisiert sind für die besonderen Anforderungen an die Kontrolle europäischer Rechtsetzung?**

ja nein teilweise

4) **Warum haben Sie sich für einen Sitz im Unterausschuss Europarecht entschieden?**

____

5) **Als was sehen Sie sich am ehesten:**

Rechtspolitiker Europapolitiker europäischer Rechtspolitiker

6) **Wie beurteilen Sie das Verhältnis des Ausschusses für die Angelegenheiten der EU zu den anderen Fachausschüssen bei der Bearbeitung von europäischen Vorlagen?**

der EU-Ausschuss sollte auch wichtige fachpolitische EG-Vorlagen federführend beraten
fachpolitische EG-Vorlagen sollten nur in den Fachausschüssen federführend beraten werden

[als fachpolitische Vorlagen werden hier Vorlagen für europäische Sekundärrechtsakte verstanden, die einem Fachbereich zugeordnet werden können]

III) Tätigkeit des Rechtsausschusses in Angelegenheiten der Europäischen Union

7) Wie fühlen Sie sich über Europäische Vorlagen, die der Rechtsausschuss berät, informiert?

sehr gut gut zufriedenstellend ausreichend mangelhaft

8) Beschäftigen Sie in Ihrem Abgeordnetenbüro Mitarbeiter, die sich schwerpunktmäßig oder ausschließlich mit europäischen Fragestellungen befassen?

ja nein

9) Haben Sie persönliche Kontakte zu Institutionen der Europäischen Union (Abgeordnete des Europäischen Parlaments, Europäische Kommission etc.), wenn ja zu welchen?

____

____

10) Haben Sie das Gefühl, dass die Bundesregierung die Stellungnahmen des Rechtsausschusses in europäischen Angelegenheiten angemessen berücksichtigt?

ja nein teilweise

11) Wie beurteilen Sie die bisherige Mitwirkung des Rechtsausschusses bei der Kontrolle europäischer Rechtsetzung?

sehr gut gut zufriedenstellend ausreichend mangelhaft

12) Wie hat sich nach Ihrer Auffassung die Mitwirkung des Rechtsausschusses an der Kontrolle europäischer Rechtsetzung in den letzten Legislaturperioden verändert?

intensiver geworden gleich geblieben weniger geworden

13) Wie sollte der Rechtsausschuss künftig vorgehen?

er sollte seine bisherige Praxis bei der Behandlung europäischer Vorlagen beibehalten
er sollte mehr Beschlussempfehlungen zu europäischen Vorlagen erlassen
er sollte Beschlussempfehlungen erlassen, die der Bundesregierung eine detailliertere Handlungsanweisung geben

er sollte mehr Öffentlichkeit für die Vorlagen herstellen
weiteres: ____

Vielen Dank.